Couvertures supérieure et inférieure manquantes

HISTOIRE
DU
COMTÉ DE LA ROCHE & DE ST-HIPPOLYTE
SA CAPITALE

HISTOIRE
DU
COMTÉ DE LA ROCHE
ET
DE SAINT-HIPPOLYTE

SA CAPITALE

Par L'ABBÉ LOYE

CURÉ DE FLEUREY-LÈS-SAINT-HIPPOLYTE

Ouvrage couronné par l'Académie de Besançon

DANS SA SÉANCE DU 28 JUILLET 1887,

Prix : 4 francs.

Colligite fragmenta ne pereant.
JOAN. VI, 12.

MONTBÉLIARD
IMPRIMERIE P. HOFFMANN
1888

CHAPITRE Ier

Topographie de St-Hippolyte. — La ville actuelle

La ville de St-Hippolyte, ancienne bourgade gauloise, tire son nom de son glorieux patron, Hippolyte, chevalier romain, martyr de Jésus-Christ sous le règne de Valérien.

Située à l'extrémité nord-est des deux premières chaînes du Jura, à l'endroit où le Doubs, après avoir suivi l'étroite vallée de Vaufrey, reçoit les eaux du Dessoubre, à 100 kilomètres de Besançon et à 32 de Montbéliard (1), cette petite ville, bâtie dans un paysage saisissant, tient dans l'histoire comtoise une place importante. Ses annales méritent d'être étudiées ainsi que les intéressants débris du château des sires de la Roche et les traditions de la ville, chef-lieu de leur seigneurie. Notre province n'offre pas de sites plus pittoresques, tour à tour plus riants ou plus sévères, que cette vallée où viennent se confondre trois gorges profondes formées par de hautes montagnes couvertes de forêts et de rochers à pic. Les deux rivières, rapides et profondes à leur source, adoucissent, en s'élargissant, la pente de leur cours et vont embellir et féconder de fertiles campagnes.

(1) Indicateur du chemin de fer.

Pour jouir d'un merveilleux spectacle et de toute la beauté du site, le touriste doit, par un beau jour d'automne, gravir, une ou deux heures après le lever du soleil, la cime majestueuse qui domine la ville au couchant. Parvenu au bord d'un rocher taillé à pic du côté de la vallée et surmonté d'une croix érigée par M. le comte Amédée Beneyton, à l'extrémité de sa propriété de la Saussaye de Fleurey, le voyageur, qui a suivi des chemins faciles et ombragés, est témoin d'un spectacle vraiment grandiose. Le brouillard, amoncelé pendant la nuit, couvre tout le pays d'un voile blanc et présente absolument l'illusion d'un lac immense dérobant aux regards étonnés la ville et les trois vallées qui l'entourent. Bientôt, le soleil, en s'élevant, perce le brouillard de flèches lumineuses, le lac semble s'écouler et former un fleuve au cours majestueux ; un paysage accidenté se dessine avec une variété et une richesse qui redoublent l'admiration. Trois vallées étroites apparaissent au fond d'un abîme de six cents pieds; elles sont tapissées de verdure, sinueuses, arrosées d'eaux transparentes et abritées par un amphithéâtre de montagnes qui présentent leurs sommets pittoresques et leurs flancs marquetés d'herbe verte, de hêtres et de sapins. Les premières sensations tiennent un peu de l'effroi. La nature s'est plu à jeter en cet endroit privilégié les grands accidents qui étonnent d'abord les yeux, qui les charment ensuite, et élèvent l'âme ravie vers le Créateur.

Ce tableau ne le cède en rien, ni pour le charme de la grâce, ni pour l'imprévu, ni pour la grandeur, aux plus beaux spectacles que les touristes vont chercher bien loin, hors de notre pays.

La petite ville de Saint-Hippolyte, qui remonte à une époque antérieure au XIe siècle, n'a presque plus de traces de son passé. On pourrait la comparer à l'un de ces personnages marquants, dont l'histoire a conservé le souvenir et qui, après avoir été mêlés à tous les événements de leur temps, guerres, triomphes ou revers, se sont retirés dans leurs terres pour y vivre sans se soucier désormais des grandeurs et des agitations d'ici-bas. Ce qui autorise cette comparaison, c'est que Saint-Hippolyte, pendant sept siècles, résidence de familles illustres, boulevard du comté de la Roche, capitale du Val-d'Ajoie et de la Franche-Montagne, plus tard chef-lieu d'un district, puis d'une sous-préfecture, n'est plus aujourd'hui qu'un modeste chef-lieu de canton; on y chercherait en vain quelque pan de mur rappelant son ancienne importance stratégique. Les remparts de Saint-Hippolyte ont été rasés, ses fossés comblés, c'est à peine si l'on peut découvrir les traces de ses murailles. Des quatre tours de son enceinte, trois ont entièrement disparu; on ne retrouve de la quatrième que la base, devenue un modeste kiosque dans le jardin de M. Aug. Prélot. Ce jardin appartenait, avant la Révolution, aux Dames Ursulines, et cette tour fut la prison seigneuriale du comté de la Roche (1) ou la geôle municipale de Saint-Hippolyte. Des anciennes habitations il reste, toutefois, un spécimen remarquable par la puissante construction de ses étages en surplomb et par ses dispositions intérieures encore empreintes des caractères du passé; cette maison est située en face de l'hôtel de ville et fait l'angle de la rue qui aboutit à la route de Soulce. L'hôtel des comtes de la Roche n'existe plus, on ignore même où

---

(1) Archives du Doubs: inventaire du château et des archives de la maison de Rye, XVIIe siècle.

il était bâti; cependant, dans le sol de l'ancien couvent des Ursulines, on trouve encore une sorte de cave ou de casemate, sur la porte de laquelle on croit reconnaître les armes de la maison de la Roche, ce qui fait supposer que cet emplacement était celui de l'hôtel de ces comtes : l'abbé Richard le dit dans sa monographie de Maîche; malheureusement il n'appuie cette assertion d'aucune preuve. Avant l'ouverture, sur la rive gauche du Doubs, de la route de Soulce et Vaufrey, la ville n'avait que deux entrées, l'une au nord, l'autre au midi; de ces deux portes, jadis protégées par deux tours, on ne retrouve aucune trace.

Je ne sais quel voyageur a dit avec humeur : *Quand une ville de province possède une grand'rue, méfiez-vous : le plus ordinairement il n'y a que celle-là.* Cette observation s'applique à Saint-Hippolyte. Outre sa grand'rue, le bourg n'a guère que des ruelles ou des impasses aboutissant aux anciennes murailles ou à la place. Cette place est ornée d'une fontaine formée d'une petite vasque, laquelle s'adapte assez mal au fût ancien et tronqué, qui forme le noyau de ce monument jadis surmonté d'une croix que l'on a enlevée au moment de la Révolution. Près de là, et adossé au chœur de l'église, se voit l'Hôtel de ville, bâtiment moderne qui n'a rien de curieux. Le rez-de-chaussée est affecté aux salles de l'asile, fondé en 1849, comme l'indique l'inscription suivante, placée au-dessous du Christ, dans la salle principale :

A LA RECONNAISSANCE

DES FONDATEURS DE L'ASILE DE ST-HIPPOLYTE.

MM. TOURANGIN, PRÉFET; DAMEY, INSPECTEUR; BOILLON, MAIRE; BRIOT, ADJOINT. — DIRECTEURS, M. BERGIER, VICAIRE-GÉNÉRAL; SŒUR MARIE-ANGÉLIQUE, 1849

L'église paroissiale, ancienne collégiale, est, en revanche, digne d'étude et de vénération par son antiquité et son caractère. Déjà mentionnée dans une charte de l'an 1040, l'église de Saint-Hippolyte fut agrandie d'abord par le comte Jean de la Roche, lors de la fondation du chapitre de ce lieu, puis par Mahaut de Montfaucon, épouse de Richard, comte de la Roche, et par Henri de Villersexel, seigneur de Saint-Hippolyte, comme le confirment les millésimes 1356 et 1370 gravés, le premier au-dessus d'une fenêtre du collatéral droit, le second sur une clef de voûte du collatéral gauche. Elle est à trois nefs, communiquant entre elles par des arcades reposant sur de robustes piliers carrés.

L'église, dans ses parties les plus anciennes, appartient au style ogival primitif le plus lourd; on n'y remarque, dans les nefs latérales et le chœur, aucune ornementation élégante, mais l'aspect général est empreint d'un caractère religieux imposant. Si des vitraux archaïques étaient restitués à ses verrières, l'église y gagnerait beaucoup et les défauts qu'on y regrette seraient moins sensibles. L'axe de la nef, par rapport à celui du chœur, qui occupe presque la moitié de la longueur totale de l'édifice, dévie notablement du côté du nord. Le pavé se compose presque entièrement de pierres tombales du XIIIe au XVIIe siècle; plusieurs dalles recouvrent des sépultures de seigneurs de la maison de la Roche et de celle de St-Mauris-en-Montagne. La plupart de ces pierres tombales viennent du cimetière, qui avoisinait autrefois l'église.

En 1685, on a remplacé la tour gothique, que l'incendie ou la guerre avait abîmée, par un clocher massif et sans cachet; de belles stalles ont été placées au chœur à la même époque.

Vers 1820, on a démoli la voûte de la grande nef qui

menaçait ruine et on l'a remplacée par une voûte de bois en plein cintre.

A l'extérieur, l'église collégiale, enfoncée de plusieurs pieds dans le sol au midi et au couchant, n'offre rien de remarquable que sa solidité qui a résisté depuis des siècles au temps, aux incendies et aux dévastations.

Le couvent des Ursulines ne date que du XVIIe siècle, mais il est bâti avec régularité et dignité. C'est un vaste bâtiment formé d'un corps de logis et de deux ailes séparées par une grande cour, qui donne actuellement accès à la caserne de gendarmerie et à l'école des filles. Le couvent fut construit, en 1700, comme l'indique l'inscription suivante, gravée sur une belle dalle de pierre encastrée dans la muraille, à l'angle occidental, du côté de la rue :

Cy-dessous a esté posé la première pierre
le 13 may 1700.
Bénite par Sr LIGIER chant. et directeur spiri-

Les armes de la ville de Saint-Hippolyte sont d'azur à la croix d'argent cantonnée de quatre annelets d'or. Ce blason, retrouvé il y a quelques années par M. A. Castan, le savant bibliothécaire de Besançon, doit remplacer les armoiries de fantaisie adoptées parfois de nos jours par les habitants; il rappelle d'ailleurs les armoiries des La Roche-Saint-Hippolyte : elles consistaient en *cinq points d'or équipolés à quatre d'azur.*

CHAPITRE II.

Les premiers habitants du pays. — Origine de Saint-Hippolyte.

Tout fait présumer que nos pays furent habités bien des siècles avant le christianisme. De précieux restes de l'industrie primitive des populations de la contrée, dont l'origine est encore couverte d'un voile impénétrable, ont été découverts de nos jours. En 1842, M. Delavelle, enlevant des pierres sur un terrain en friche, à la Combe de Fleurey, remarqua l'une d'elles; façonnée par la main de l'homme, et la remit à M. Faivre, médecin au Russey, qui reconnut aussitôt une hache en pierre polie. (Porphyre bleu-verdâtre des Alpes). Comme l'usage de la pierre polie précéda celui du bronze, si ce n'est pour les couteaux de sacrifice, les pointes de flèches ou les projectiles de guerre, cette hache ne saurait se rapporter qu'aux époques antérieures à l'emploi du métal dans nos contrées, au moins douze siècles avant l'ère chrétienne.

De semblables découvertes ont été faites en Suisse, dans notre voisinage. Plusieurs haches de pierre ont été trouvées, notamment au Valbert et à Dampvans, dans des carrières; l'une d'elles est déposée au musée de Montbéliard. M.

Quiquerez, de Bellerive près de Délémont, en fouillant le Mont-Terrible, a retrouvé les restes de l'âge de pierre au-dessous des vestiges des époques gauloises et romaines. *Dans la couche la plus profonde*, dit-il, *on trouve, au milieu des terres mêlées de charbons et de cendres, sur le roc même, des instruments nombreux en pierre, des ossements poudreux, des morceaux de cornes de cerf, des fragments de poteries à pâles grossières mêlées de grains de quartz, des haches en serpentine, en Siénite, des flèches en silex.*

Au sommet de la montagne qui domine la rive gauche du Dessoubre, à trois kilomètres environ de Saint-Hippolyte, existe une grotte appelée *Baume-Murie* par les habitants du pays. En fouillant cette grotte, M. le comte de Morville a découvert récemment des ossements d'animaux et une arme en granit d'Auvergne. Quelques années auparavant, M. le comte Amédée Beneyton trouvait une pointe de flèche en silex, au-dessus de cette même grotte. Nul doute que la continuation des fouilles n'amène d'autres découvertes plus importantes encore. Cette grotte paraît avoir été dans les temps celtiques un lieu d'habitation, de sépulture ou de réunion pour les fêtes ou les sacrifices. Les nombreux vestiges de tumulus et les ossements que l'on a retrouvés sur le plateau supérieur indiquent la présence d'un antique cimetière.

En face de la *Baume-Murie* se trouve la *Pierre-qui-vire*. L'abbé Richard indique une tradition locale, d'après laquelle ce monolythe tirerait son nom du droit dont jouissait le seigneur de Châtillon, lorsqu'il se rendait à Saint-Hippolyte, de se faire porter par ses vassaux jusqu'à ce rocher. Parvenus en ce lieu, les porteurs *reviraient*, c'est-à-dire s'en retournaient. Les savants voient dans la *Pierre-qui-vire* un monument druidique analogue à ceux que M. l'abbé Narbey a signalés dans le voisinage, notamment à Wouaroly; le président Clerc qui en a fait un dessin qu'il se proposait de publier, se prononçait dans ce sens. Les sceptiques supposent que ce bloc cubique qui ne présente aucune trace certaine du travail humain, se serait détaché naturellement du banc de rochers voisin et aurait *viré* jusqu'au fond du vallon, où il aurait été arrêté par la pente opposée. Quoiqu'il en soit, plusieurs autres pierres réputées druidiques sont appelées comme celle-ci, la *Pierre-qui-vire*; l'une d'elles a donné son nom à un monastère célèbre. La *Pierre-qui-vire* de Fleurey est un parallélipipède rectangle d'une longueur de cinq mètres, d'une largeur de trois mètres vingt-cinq et d'une hauteur de quatre mètres cinquante. Sur la face tournée vers le ciel se trouve une dépression sans doute naturelle.

Mentionnons, pour ne rien omettre, une dernière légende : On assure dans les veillées que la *Pierre-qui-vire* est ainsi appelée parce qu'elle vire sur elle-même, à minuit, une fois tous les cent ans. Celui, qui, à force d'assiduité, deviendrait l'heureux témoin de cette évolution séculaire, découvrirait le trésor enfoui en ce lieu et gardé par une *Vouivre*, devenue inoffensive en ce seul moment. Le gracieux poète comtois, Louis MERCIER, a chanté cette légende en un charmant petit poëme d'abord inséré dans les *Annales Franc-Comtoises*, puis édité par LAPIRAUD, Paris, 1886.

En même temps que leurs premiers habitants, vivaient dans nos contrées l'ours des cavernes, la hyène et le grand cerf. On trouve, en effet, dans notre pays, de nombreuses et profondes cavernes à ossements.

Les grottes du château de la Roche, de Vaucluse, de Mancenans et de Saint-Julien, ont été surtout explorées, et les fouilles ont mis à découvert des ossements d'ours, de hyène, de lion, de cerf, de rongeurs, d'insectivores et de quelques oiseaux [1]. Sous les escarpements du château de Châtillon-sous-Maîche existent des crevasses en partie comblées par des brèches d'argiles rouges ou jaunâtres, durcies et très compactes, pétries d'ossements concassés d'ours des cavernes. Ces ossements d'ours sont les premiers que Cuvier ait connus ; ils lui avaient été envoyés par Duvernois.

Nos pères eurent les cavernes pour premières demeures ; dans la suite ils se construisirent des huttes près des lacs ou des rivières, ils établirent leurs habitations sur l'eau ; ces cabanes lacustres leur donnaient la facilité de se livrer à la pêche et leur offraient en même temps un abri plus sûr contre les embûches de leurs ennemis et contre les attaques des bêtes féroces. Ils n'avaient d'autres armes que des bâtons dans lesquels ils fixaient des morceaux de porphyre ou de silex, qu'ils taillaient en forme de haches grossières ; ils se servaient aussi de flèches, de couteaux, de tranchets, de scies en silex, de marteaux en pierre et d'instruments en os ou en bois de cerf. Leur nourriture se composait de fruits sauvages, de poissons, de coquillages, d'herbages et d'animaux tués à la chasse.

Pendant cette période de l'âge de pierre en Europe, une race d'hommes plus intelligents, les Aryens, se développait rapidement en Asie. Poussés par un esprit aventureux et par la nécessité de pourvoir à leur subsistance, plusieurs tribus de ce peuple quittèrent la mère-patrie et vinrent occuper sous le nom de Celtes, la Gaule et l'Helvétie ; elles étaient nombreuses, aguerries, et se servaient d'armes de bronze : alors commença entre elles et les premiers habitants du pays une lutte terrible, mais iné-

---

[1] M. CARTERON de Maîche possède une collection très curieuse des objets trouvés dans ces différentes grottes.

gale, où la hache de pierre combattit vainement et ne pût briser la hache de bronze. L'établissement des Aryens dans la contrée donna naissance à une nouvelle ère à laquelle on a donné le nom d'âge de bronze. Ces peuples connus sous les noms de Gals, Gaëls, Keltes ou Celtes, amenèrent avec eux leurs animaux domestiques. Armés de haches de bronze, les nouveaux habitants travaillèrent avec activité au défrichement des forêts ; et bientôt ils purent cultiver la terre et l'ensemencer des céréales qu'ils avaient apportées d'Asie. Mais leur principale industrie était l'élevage des bestiaux et des chevaux et la préparation de la chair de porc ; les jambons et, généralement, toutes les salaisons du pays alimentaient les marchés de Mandeure : transportés de là par la Saône et le Rhône dans les entrepôts massaliotes, ils se répandaient en Italie où ils étaient très recherchés. Dans leurs rapports avec les Etrusques, dont l'industrie était très avancée, les Gaulois apprirent l'art de la poterie. Pour façonner leurs vases, ils se servaient d'argile non expurgée de grains siliceux. Les fours à cuire la poterie étaient placés sur la rive des lacs ou des rivières loin des habitations, pour éviter les incendies. Les fouilles considérables que l'on a faites pour la construction du chemin de fer à Saint-Hyppolyte, ont amené la découverte de deux fours qui paraissaient remonter à cette époque. Le fer et l'acier ne furent connus des Celtes qu'après l'invasion des Helvètes dans la Suisse.

Les principaux traits du caractère des Gaulois étaient la bonté, la sympathie, la générosité, l'hospitalité, la franchise, la finesse, la fierté, la vanité, la témérité, un courage indomptable avec une fougue et un point d'honneur excessifs.

Caton définissait nos pères en ces termes: *C'est un*

peuple qui ne se pique que de deux choses, se battre vaillamment et faire de l'esprit. A ce trait on reconnaît encore dans les Français d'aujourd'hui les Gaulois d'autrefois. Le Français sait toujours se battre vaillamment et faire de l'esprit en faveur des causes pour lesquelles il se passionne. Quand son épée se repose, Dieu prend sa parole et continue à remuer le monde. Le *gesta Dei per Francos* de saint Grégoire de Tours est toujours vrai.

Chacun sait que le culte religieux des Gaulois était entre les mains d'une classe privilégiée, qui comprenait trois degrés de hiérarchie : Les *Druides*, les *Ovates*, ou *Vates* et les *Bardes*. Les sacrifices avaient lieu dans les forêts de chênes où se cueillait le gui, la plante sacrée ; les autels étaient faits avec de grosses pierres, c'étaient les *Dolmens*. C'est dans les cavernes nombreuses et spacieuses de nos contrées que les Bardes faisaient entendre la voix mystérieuse de leurs prophétesses.

L'habillement commun à nos pères se composait d'un pantalon ou *braie*, d'une chemise à manches descendant au milieu des cuisses et d'une *saie* rayée qui couvrait le dos et les épaules ; c'est cette saie, *saga*, qui est devenue la blouse de nos paysans ; le manteau qui porte aujourd'hui le nom de *limousine*, reproduit les couleurs en rayure et la forme de la *saga*.

Les Gaulois n'ont pas écrit leur histoire ; mais leurs monuments parlent et nous ont conservé la place certaine de leurs anciens établissements dans notre pays. César, leur vainqueur, nous a laissé dans ses *Commentaires*, de précieux renseignements sur leurs mœurs et la topographie du pays.

On a trouvé à Mandeure beaucoup de monnaies gauloises dont le musée de Montbéliard possède une belle collection ; on y a trouvé également la statuette en bronze d'un hercule gaulois ainsi que la statue d'un druide.

Nous avons déjà parlé des premières fouilles opérées au Mont-Terrible par M. Quiquerez ; elles ont été suivies de nombreuses découvertes d'armes, de médailles, d'objets de toute espèce, appartenant à l'époque gauloise et à la première période de l'âge de fer. De semblables objets ont été trouvés par différentes personnes dans la grotte de la Roche. L'antique destination de cette caverne explique pourquoi elle fut un des premiers lieux sanctifiés par le christianisme dès son introduction dans la contrée. Sur la fin du XVIIe siècle il existait encore une chapelle au-dessous du château de la Roche, sur un petit plateau incliné vers le sud, au lieu appelé aujourd'hui *Clos-Michaud*. Cette chapelle passait pour un reste de l'église primitive de Saint-Hippolyte. On sait par les actes des premiers Conciles tenus dans les Gaules et par les capitulaires de Charlemagne, que les premiers apôtres du pays, pour amener plus facilement les habitants au christianisme, convertissaient en églises les temples souterrains, destinés à la célébration des mystères druidiques ; quand cette transformation ne pouvait s'opérer facilement, ils avaient soin de faire fermer ou combler ces cavernes afin d'empêcher les nouveaux convertis d'y retourner et de retomber dans leurs anciennes idolâtries. Il est bien à croire que c'est là le motif qui avait fait combler la grotte de *Baume-Marie*.

On voit encore dans la vallée du Dessoubre d'autres grottes situées comme celle-ci en face de pierres druidiques. Les deux plus remarquables de ces dolmens se voient à Vaucluse et à Wouaroly, ils sont connus le premier sous le nom de *Roche de Baal* et le second sous le nom de *Château-du-Diable*.

C'est surtout dans les tumulus et dans les murgers

qu'on a retrouvé les plus nombreux vestiges de l'époque gauloise dans notre pays. Des monuments si nombreux, constatant la présence et l'établissement des Gaulois dans nos contrées, ne nous permettent pas d'hésiter à admettre, avec l'historien Perreciot, l'existence de Saint-Hippolyte à l'époque celtique. Cette opinion est du reste partagée par un savant archéologue. M. Quiquerez dit, en effet, des montagnes de Saint-Ursanne et de Montjoie : « *Nos recherches prouveront jusqu'à l'évidence que cette contrée jurassienne réputée déserte aux temps celtiques et à peine habitée à l'époque romaine, était au contraire un pays aussi peuplé que le centre de l'Helvétie et de la Séquanie ; et, ensuite, que les Romains avaient attaché une grande importance à la défense de cette partie du Jura, puisqu'on y trouve un aussi grand nombre de leurs établissements militaires* » (1).

Assurément, les anciens Celtes durent être attirés dans un lieu auquel la beauté du site, la fertilité du sol et la richesse des salines mérita le nom de Vallée d'Or. Qu'était alors Saint-Hippolyte ? On ne sait rien de ses commencements ; les ténèbres qui environnent son berceau s'expliquent par l'éloignement des temps et par cette loi des Druides, qui défendait de rien laisser par écrit ; mais, comme nous venons de le montrer, les découvertes archéologiques peuvent laisser quelque espérance.

L'histoire des Séquanais ne commence réellement qu'à la guerre qui éclata entre eux et les Eduens, guerre mémorable durant laquelle, tour à tour, Arioviste et César furent les arbitres et les Séquanais les victimes. Malgré le défaut de documents précis, nous pensons qu'à l'époque celtique Saint-Hippolyte était déjà une bourgade importante, dépen-

(1) Topographie d'une partie du Jura oriental.

dant de Mandeure, qui elle-même était placée sous la haute direction du Sénat-Séquanais, dont le siège était Besançon. Un peuple esclave et à demi sauvage vivait là, cultivant la terre, exploitant les salines et adorant ses divinités farouches, sous la conduite des Druides, qui le promenaient à travers les épaisses forêts de la contrée à la recherche du gui sacré, ou l'entraînaient dans les profondeurs des cavernes pour y égorger en sacrifice même des victimes humaines. Durant plusieurs siècles les montagnes et les vallées qui entourent Saint-Hippolyte auraient été le théâtre et les témoins de ce culte sanguinaire.

Le titre le plus ancien qui mentionne Saint-Hippolyte, étant une charte de l'an 1040, par laquelle Hugues 1er, archevêque de Besançon donne l'autel de ce lieu à l'abbaye de Baume-les-Dames, cette bourgade n'a pas d'histoire particulière avant le XIe siècle; elle n'en a point d'autre que celle de la contrée; nous allons en donner une rapide esquisse.

La nationalité gauloise dans nos contrées, comme dans le reste de la Gaule, n'était formée que par une confédération de peuples dont les rivalités entraînaient des discussions et des guerres continuelles. Un peuple guerrier, conquérant, conduit par d'habiles généraux, le peuple romain, profita de ces divisions intérieures et envahit le pays.

Soumise à la domination romaine, notre contrée fit en vain de généreux efforts pour recouvrer son indépendance. Vercingétorix, le héros des Gaules, se met à la tête des forces qui s'ébranlent pour rompre le joug de Rome. Brisées dans leur résistance sous les murs d'Alésia, les cohortes gauloises se dispersent, le noble Vercingétorix, trahi par la fortune, vaincu par les événements, vient déposer sa soumission aux pieds de l'orgueilleux César qui se déshonore en l'envoyant au supplice.

Pendant cinq siècles les romains ont habité notre pays; ils y ont construit des villes, des camps, des routes, des villages et introduit leurs lois et leur administration. Nos vallées, nos collines, portent encore la forte empreinte de cette époque et du génie romain.

L'influence des romains fut considérable sur les mœurs et le caractère des habitants avec lesquels ils mélangèrent leur sang. Aussi plusieurs familles portent-elles encore des noms romains très significatifs comme les Dominey (Dominus), les Seigneur (Senior), les Pêcheur (Piscator), les Monnin (Monino), les Vénator; ce dernier a gardé sa forme latine parfaite.

La ville de Mandeure était le centre commercial où les produits du Midi venaient s'échanger contre ceux de la contrée. Les habitants du pays troquaient leurs chevaux, leur bétail, leurs cuirs, leurs viandes fumées, leurs bois, contre les armes, les instruments en fer, la poterie, les huiles, les vins *Marseillais*.

Pendant la première période de la domination romaine nos contrées jouirent d'une prospérité matérielle assez florissante; mais, avec la seconde moitié du IIIe siècle, s'ouvre une période malheureuse de plus de deux cents ans. Dès lors on ne voit qu'invasions et ruines. La destruction, l'incendie, la captivité lointaine, la mort, tel fut le sort de nos pères et le droit de la guerre pour les barbares. En vain les Empereurs, leurs Césars et leurs généraux accouraient avec leurs légions et faisaient des prodiges de valeur. La main de Dieu était là; elle poussait les hordes barbares à punir un peuple qui avait comblé la mesure de ses crimes par son orgueil, par sa corruption et par le sang de douze millions de martyrs. Dans cette lutte, la plus gigantesque de l'histoire, Dieu et les barbares devaient l'emporter; mais pour atteindre cette fin providentielle, que de ruines amoncelées, que de sang répandu ! L'invasion de 406 à 407 est la plus terrible dont la Gaule ait conservé le souvenir. Des essaims de barbares, avides de pillage et d'aventures, franchissent les frontières. Pendant que le midi de la Gaule devient la proie des Visigoths, les Allemands, les Francs, s'établissent sur les deux rives du Rhin ; les Burgondes ou Bourguignons, sous la conduite de Gondocar, jettent dans la Séquanie les fondements de leur premier royaume et absorbent dans leur nationalité nos aïeux les Gallo-Romains.

Dès leur arrivée dans nos contrées les Bourguignons occupèrent Chatel l'ancien Château-Julien en ruines, près de Pont-de-Roide, comme la position la plus inexpugnable du pays ; ils en firent ainsi le berceau de la foi dans nos contrées. De là ils se dispersèrent sur les hauteurs et dans les vallées voisines où ils relevèrent les bourgs et les villages détruits dans les invasions précédentes et dont plusieurs portent encore leur nom. Le plus rapproché de Saint-Hippolyte est le village de Bourguignon.

La situation du pays était alors affreuse. Plus de villes ni de bourgades, les campagnes désertes et en friche, la noblesse tuée ou captive ; la plupart des habitants détruits ; plus des deux tiers des survivants étaient esclaves, ou cachés dans les cavernes et dans les bois. Pour comble de malheur, les soixante années qui suivirent l'établissement des Bourguignons furent marquées par des revers et surtout par l'invasion des Huns.

Les Bourguignons descendaient des Scythes de l'Asie centrale ; ils habitaient depuis longtemps l'Europe orientale, quand ils vinrent s'établir dans nos contrées. C'était un peuple doux et gai, comme ses lois et ses coutumes le prouvent. Sa loi sur l'hospitalité semble appartenir au meilleur temps des sociétés humaines ; on n'en sera pas étonné si on se rappelle qu'ils étaient chrétiens. Elle condamnait à une amende de trois sols d'or celui qui aurait refusé un asile et du feu à un voyageur, ou qui, pour ne pas le recevoir, étant lui-même bourguignon, lui aurait indiqué la maison d'un gaulois ou d'un romain.

Les Bourguignons jouent un rôle ethnique important dans les origines de notre population, comme les autres peuples germains sur le reste de la Gaule. Grâce à leur placidité, ils ont servi à fixer l'esprit gaulois, trop vif, trop remuant, trop agité, qui n'aurait jamais rien produit, s'il n'avait eu pour éducateurs des peuples plus calmes, plus posés, les romains et les germains.

Les Bourguignons s'occupaient principalement de la culture des terres, de la vigne et du soin des troupeaux ; mais par une exception unique parmi les germains, ils pratiquaient fort bien les travaux de la charpenterie, de la menuiserie et de la forge ; ils se faisaient remarquer par leur haute stature qui atteignait jusqu'à sept pieds romains (2 m. 07 c.). Déjà les Gaulois qui étaient venus s'établir dans nos contrées étaient d'une grande taille ; les Bourguignons, en apportant le même caractère ethnique, conservèrent à nos paysans la taille élevée qu'ils ont encore aujourd'hui: notre département se fait remarquer, en effet, dans les conseils de révision comme présentant le minimum d'exemptions pour défaut de taille.

Après la conquête de la Bourgogne par Clovis et durant plus de deux siècles, nos contrées furent placées sous le gouvernement des rois francs mérovingiens ; elles formèrent dès lors le comté de l'Elsgau avec Mandeure pour capitale. Dans une dissertation manuscrite, couronnée en 1769 par l'académie de Besançon, Perreciot lui assigne pour limites : le diocèse de Bâle et de Lausanne à l'est ; à l'ouest, les paroisses du Bizot, Laval, Pierre-Fontaine, Sancey,

Anteuil, Fontaine, Pompierre, Voillans, Vergranne, Mesandans et Gouhelans; au midi le mont Jura et les villages de Boulois, Mulche, Fleurey, Bief, Dampjoux, Neuchâtel; au nord, le comté de Port et les Vosges, depuis Champagney à Rougemont. Le comté relevait civilement du duché d'Alsace; mais ecclésiastiquement il appartenait, au moins pour les trois quarts, au diocèse de Besançon.

Les rois francs, en soumettant la Bourgogne à leur domination, y affermirent le système féodal, dont Gondocar avait jeté les premières assises. La société civile se divisait en quatre classes: les nobles, les propriétaires libres, les colons et les esclaves dont l'église obtint bientôt l'affranchissement et qui devinrent les serfs, travaillant sous la dépendance des nobles, gaulois, romains, bourguignons et francs. La religion seule pouvait opérer un rapprochement entre des rangs que le paganisme avait séparés l'un de l'autre de toute la distance qui sépare le ciel de la terre; grâce à l'influence des idées chrétiennes, qui dominèrent bientôt partout, on vit ce travail d'unification et d'harmonisation entre les classes extrêmes de la société s'opérer sans bruit et sans interruption pendant plusieurs siècles et créer entre elles des rapports aisément acceptés. Ceux qui avaient en partage la puissance et la richesse s'abaissèrent pour élever ceux qui n'avaient ni richesse, ni puissance. C'était une œuvre éminemment humaine et chrétienne que l'empire romain ne put même entrevoir pendant douze siècles avec toutes ses victoires, ses grands génies, ses orateurs et ses philosophes.

Quelques années après la conquête définitive de la Bourgogne par les fils de Clovis, un quatrième peuple vint se fixer dans nos contrées. Les Goths ou Ostrogoths, après la mort de Tejas, leur dernier roi, obtinrent du général Narsès (552) la permission de quitter l'Italie.

Une partie gravit les Alpes et vint se fixer sur les bords du Rhin, d'où elle envahit le comté de l'Elsgau. Le nouveau peuple dressa ses cabanes le long des deux rivières du Dessoubre et du Doubs, sur les plateaux des montagnes et chassa ses troupeaux dans les vallées. Ce furent principalement les zônes comprises entre le Jura et les deux chaînes du Lomont, c'est-à-dire les pays de Baume, de Saint-Hippolyte, de Maîche et de Morteau, qui devinrent leur résidence. Les franches montagnes, de tout temps étrangères au servage, furent probablement peuplées aussi par ces hordes aventureuses, qui ne se plièrent que tard aux coutumes féodales (1).

Sous l'influence des mêmes croyances, des mêmes pratiques religieuses et des mêmes lois, le nouveau peuple se confondit avec l'ancien, en réagissant sur lui par un caractère de rudesse et de simplicité, qui développa la vertu guerrière et se prêta sans peine au genre de vie patriarcale, qui fait encore de nos jours la marque distinctive et l'honneur des habitants de la région. C'est dans le langage antique des montagnes que les différents peuples aujourd'hui confondus, ont laissé les principales traces de leur individualité. Celtes, Romains, Bourguignons et Goths s'y reconnaissent à des mots plus ou moins altérés par la prononciation (2).

Il est certain que dès les premiers temps de la domination des Bourguignons et des Francs, l'Elsgau, comme tous les autres comtés de la Gaule, fut gouverné par des comtes, placés eux-mêmes sous la haute direction des ducs ; mais faute de titres et d'historiens, on ne retrouve

---

(1) Procope, De bello gothico, liber IV, capit. 35. — Bollandistes, Vie de Saint Hermenfroi.
(2) Voir les hautes montagnes du Doubs, par M. l'abbé Narbey.

leur existence et leur nom qu'au commencement du septième siècle. Les premiers connus sont les descendants du célèbre Ethicon, duc d'Alsace. Plusieurs historiens affirment que c'est de ce prince que sont sorties les plus grandes races royales de l'Europe, les illustres maisons de France, de Lorraine, d'Autriche et de Bade.

Outre ses deux filles, sainte Odile et sainte Roswinde, le duc eut quatre fils, le duc Adelbert, le duc Ethicon, le comte Hugues, et le comte Bathicon.

Adelbert, duc d'Alsace et comte de l'Elsgau eut trois fils : Luitfride, Ebérard et Mason. Tandis que Luitfride héritait de la dignité de duc d'Alsace, Eberhard héritait du comté de l'Elsgau, qu'il cédait plus tard à son cousin germain Boronus, fils du comte Bathicon. Son règne fut marqué par une terrible épreuve. L'invasion des Sarrasins est, en effet, une des époques les plus sanglantes de notre histoire.

En 736, ces farouches enfants du désert à qui l'Espagne et son or ne suffisaient plus, franchirent les Pyrénées, traversèrent l'Aquitaine et gagnèrent les deux Bourgognes où ils tracèrent d'horribles sillons de fer et de feu. Par les voies romaines, par le Rhône, la Saône et le Doubs, ils se précipitèrent dans nos contrées et portèrent partout la désolation et la mort.

Les lieux si nombreux de notre pays, baptisés du nom de Sarrasins, rappellent et signalent leur passage. Jamais, depuis Attila, autant de sang n'avait coulé, autant de ruines n'avaient été amoncelées.

Ces envahisseurs momentanés de notre sol, n'eurent aucune influence ethnique sur notre population parmi laquelle ils n'ont laissé que la terreur de leur nom et le souvenir de leurs crimes.

Boronus étant mort sans enfants, le comté de l'Elsgau

retourna à la branche du fils aîné du duc Ethicon et fut annexé au royaume de Lorraine, sous Lothaire II, après le traité de Verdun (août 843), puis à l'empire d'Allemagne sous Louis le Germanique, avec les comtes Alton pour gouverneurs. Ces princes fortifièrent le château de Montbéliard et en firent leur résidence après la ruine définitive de Mandeure par les Hongrois en 932. Dès lors le comté de l'Elsgau prit le nom de comté de Montbéliard.

Le dixième siècle fut pour ce comté naissant un siècle de misères et de calamités, qui commença par les désastres des invasions hongroises et finit par les terreurs de l'an 1000 [1]. Le onzième fut plus heureux. Nous voyons, en effet, les comtes affermir leur autorité, se signaler par de hauts faits d'armes, par des œuvres de foi et de piété, par d'illustres alliances et devenir les plus nobles et les plus puissants seigneurs de l'Empire [2].

Cependant les vastes possessions des comtes de Montbéliard s'affaiblirent dans les démembrements, produits par les partages des descendants de Thierry II. La variabilité des droits aux successions fut encore une source de de décadence. Au commencement, les aînés seuls héritaient du comté ; les puînés et les filles n'avaient part

---

[1] La contrée pendant le X° siècle fut désolée par dix famines et treize pestes. De l'an 1002 à l'an 1014, la famine et le *mal des ardents* moissonnèrent les trois quarts de la population. Dans cette courte période les historiens comptent trois famines dont l'une dura cinq ans.

[2] Rodolphe III, étant mort sans héritier l'an 1032, avait laissé ses Etats à l'empereur Conrad. Ainsi, après avoir appartenu successivement aux Romains, aux Bourguignons, aux Francs, à la monarchie rodolphienne, le comté de Montbéliard passa avec le reste du comté de Bourgogne à l'Allemagne, mais sans devenir une province de l'empire et en conservant sa nationalité.

qu'aux biens allodiaux. Au 12ᵉ siècle, le comté fut regardé comme le patrimoine de tous les enfants mâles et les fils des comtes se le partagèrent entre eux. Plus tard, on vit encore un autre ordre de succession; quand le comte régnant ne laissait que des filles, il pouvait choisir son successeur parmi elles ou parmi leurs enfants [1]. Ainsi à la fin du onzième siècle, sous l'empire de ces formes bizarres de succession, le comté de Montbéliard subit plusieurs démembrements, dont l'un donna naissance au comté de la Roche, au sud-est, avec Saint-Hippolyte pour capitale.

Bientôt commencera l'histoire particulière de Saint-Hippolyte. Il était indispensable, pour les temps antérieurs à nos monuments écrits, de retracer, au point de vue spécial à la région de Saint-Hippolyte, les grands évènements qui ont influé sur notre race et sur ses mœurs; c'est ce que nous venons de faire.

Toutefois, avant de développer les annales d'une ville, d'un comté et d'une région encore peu connus, et pourtant dignes d'attention, il n'est pas moins nécessaire encore de montrer comment un grand fait général, l'introduction du christianisme dans notre contrée, a eu part à notre histoire locale et combien il a influé sur nos mœurs et nos lois particulières.

---

[1] Origine du comté de Montbéliard, par M. l'abbé Bouchey.

CHAPITRE III.

Etablissement du Christianisme dans le pays de Saint-Hippolyte.

Origine des églises et des paroisses du comté de la Roche. Dévotions populaires.

Dans les temps anciens, les Séquanais avaient une religion très simple ; le sommet des montagnes, la profondeur des forêts, les bords des lacs et des rivières, la voûte du ciel, leur servaient de temple et d'idoles. Les Celtes et les Romains avaient leurs divinités: mais ceux-ci, pour amener plus facilement la fusion des deux cultes, persuadèrent aux premiers qu'ils adoraient les mêmes dieux sous des dénominations différentes. Le moyen était habile et réussit. Peu à peu, les Gaulois perdirent une partie de leur répulsion pour les dieux étrangers et finirent par modeler leurs pratiques religieuses sur celles du grand peuple, dont ils subissaient naturellement les mœurs et l'influence. La religion de nos pères ne fut plus qu'un informe mélange des croyances des Celtes, des Germains et des Romains. Cette religion des passions fit enfin place à un culte digne de Dieu et de l'homme, le christianisme.

L'introduction de la religion chrétienne, à Saint-Hippolyte et dans les pays voisins, est enveloppée d'épaisses ténèbres dues aux persécutions et aux invasions. Le christianisme ne s'affermit et ne se développa avec liberté qu'après l'établissement des Bourguignons et des Francs. On ne saurait dire par quels apôtres notre région fut évangélisée tout d'abord. Saint Lin, sur la fin du premier siècle, avait planté la croix du Sauveur sur le Mont-Roland, près de Dôle, et sur le mont Cælius à Besançon; les saints Materne, Valère et Eucharius, à la même époque, avaient évangélisé l'Alsace; enfin saint Béatus est le premier apôtre des Rauraques et des Helvétiens. Ces hommes apostoliques envoyés par Saint Pierre ont fait briller, dès le premier siècle de l'ère chrétienne, la lumière de l'Evangile autour de la contrée; ont-ils annoncé la bonne nouvelle, à Saint-Hippolyte et dans les villages des environs? On ne saurait l'admettre pour saint Lin, ni même pour les saints Ferréol et Ferjeux qui vinrent, deux siècles après lui, reprendre et continuer son œuvre, un instant étouffée par la persécution. On ne doit pas admettre plus facilement que l'apostolat de saint Materne en Alsace se soit étendu jusqu'à nous. Mais n'est-il pas probable que saint Béatus, l'apôtre des vallées du Jura, fit plusieurs stations dans nos villages? N'est-il pas plus probable encore que saint Martin, le thaumaturge du IVe siècle, le grand destructeur des temples d'idoles, l'apôtre des Gaules, se rendant de Tours en Pannonie par le passage des Alpes, et de Lyon à Trèves par la Séquanie, s'arrêta dans le voisinage des châteaux et des monuments druidiques de nos contrées, pour y faire la guerre au démon? Saint Martin appartient, en effet, à notre pays, comme s'il y était né et n'en fut jamais sorti. Une multitude d'églises lui sont dédiées. Si, de tous les apôtres qui furent envoyés dans nos montagnes, aucun n'y a laissé son nom, ne serait-ce pas parce que toutes les pensées se reportaient vers le célèbre thaumaturge, comme vers le premier à qui l'on eût été redevable de la foi chrétienne ?

Quoiqu'il en soit, il est certain que les Bourguignons, en se fixant dans nos contrées, apportèrent le christianisme à nos pères mais ils le leur apportèrent mutilé et défiguré. Les Bourguignons étaient ariens. La conversion de leur roi, saint Sigismond, et les travaux de saint Hilaire de Poitiers, domptèrent peu à peu cette hérésie, mais sans l'éteindre tout-à-fait, surtout dans les vallées et les montagnes du Doubs. L'erreur et la corruption s'y étaient retranchées et s'y maintenaient avec opiniâtreté. « Le Jupiter païen, dit M. l'abbé Bouchey[1] ne pouvait se résoudre à céder la place au vrai Dieu, ni le Christ défiguré des Ariens au vrai Christ des Chrétiens ; le démon s'acharnait à retenir dans ses chaînes les nouveaux comme les anciens habitants de cette région. »

Heureusement pour nos contrées, toute une génération de Saints venait de se lever sur elles. A la voix des évêques, ces apôtres parcourent dans tous les sens nos montagnes et nos vallées ; et ils les éclairent durant deux siècles et les sanctifient par leurs vertus, leurs prières, leurs prédications et quelquefois même par le martyre. Plus de vingt missionnaires s'employèrent à cette œuvre de régénération et de salut, à cette magnifique conquête.

Saint Eustase, abbé de Luxeuil et saint Agile, son disciple, furent désignés pour évangéliser les pays baignés par le Doubs. Leur mission fut longue et périlleuse. Ils eurent à combattre non seulement l'hérésie, mais l'idolâtrie la plus grossière. D'informes statues étaient adorées dans les bois, avec les dieux faunes des Romains. Saint

---

[1] Histoire de Mandeure.

Eutase parcourut les bords du Doubs presque depuis sa source jusqu'à Baume-les-Dames et les environs de Besançon. L'ancienne relation des courses évangéliques de saint Eustase, imprimée dans l'histoire de l'abbaye de Tournus, porte qu'il s'arrêta dans une ville appelée *Urbs Melensi* et dans laquelle il renversa une idole fameuse dans toute la contrée. M. Désiré MONNIER prétend que cette ville serait Maîche ; et M. l'abbé NARBEY, dans son ouvrage sur *les hautes montagnes du Doubs*, ajoute qu'il ne serait pas étonnant que cette statue ait été dressée dans le quartier de Maîche appelé *Batheusse*, où l'on adora sans doute le Dieu Hésus (Bathenses) des Gaulois (1). Cette assertion nous paraît bien gratuite. L'*Urbs Melensis* n'est pas une forme primitive du mot *Maîche* ; il désigne une ville, frontière, bornée, limitée (meta). Du reste, saint Eustase était alors chez les Boies ou Boïens (Boyenses) qui n'étaient autres que les Bavarois. L'Urbs Metensis nous paraît donc être la ville de Metz, en Lorraine, près de laquelle le saint Abbé guérit un possédé.

Saint Agile, jeune seigneur qui avait quitté la cour du roi Gontran, pour venir se ranger sous la conduite de saint Colomban, consacra plusieurs années de son infatigable apostolat à évangéliser la contrée. Ses efforts

---

(1) L'existence de cette statue ne nous paraît guère possible à cette époque, vu la foi vive qui animait déjà les habitants de Maîche. La tradition rapporte, en effet, que sur la fin du sixième siècle, une peste sévissant dans la contrée et nul remède n'étant capable de la faire cesser, les habitants de Maîche eurent recours à St-Colomban. « Allez, leur dit le saint abbé de Luxeuil, et sur la colline qui s'élève au midi de votre village, construisez une chapelle en l'honneur de Saint Michel. » A peine les travaux furent-ils commencés que le fléau disparut. Telle est l'origine de la chapelle de St-Michel, connue également sous le nom de N. D. des Anges.

furent couronnés d'un plein succès. A partir de cette époque, nos populations offrent, en effet, le spectacle de l'unité religieuse, d'une foi intègre, de mœurs pures. Le comté de la Roche a changé sans cesse de limites, de fortune et de maîtres ; le voisinage de la Suisse l'a rendu le théâtre des bouleversements les plus désastreux, et la noblesse remuante qui l'habitait, a ajouté au fléau de la guerre étrangère les sanglantes rivalités de la guerre civile. Institutions, mœurs, coutumes, langage, tout s'est renouvelé plusieurs fois; la religion seule y est demeurée la même.

Bien qu'entièrement converties à la foi catholique au VIIe siècle, les populations du comté de la Roche n'eurent pas tout d'abord des prêtres à demeures fixes. Il fallut plusieurs siècles avant que l'organisation des paroisses fut régularisée. Les moines, sur qui reposait, dès le principe, le soin de bâtir les églises et de répandre parmi le peuple l'instruction et les bienfaits de la religion, se rendaient, sur l'ordre de leur évêque, dans les contrées voisines du monastère pour y exercer les fonctions pastorales, puis ils revenaient prendre place dans leur communauté si ce n'est pendant l'hiver et dans de rares circonstances, où la maison attenante à l'oratoire du hameau devenait leur demeure habituelle. Ce fut seulement au commencement du Xe siècle que furent établies les paroisses dans le diocèse de Besançon. Les premiers titres qui mentionnent les principales églises du comté de la Roche, sont du XIe siècle.

Le plus ancien document, qui fasse mention de l'église de Saint-Hippolyte, est, comme nous l'avons déjà dit, une charte de l'an 1040, par laquelle Hugues, archevêque de Besançon, donne son autel à l'abbaye de Baume-les-Dames. En 1303, cette église devint collégiale. La principale relique vénérée dans la paroisse de Saint-Hippolyte est la Vierge du Mont dont il est parlé dans le cours de cet ouvrage.

Montécheroux, au dire de l'abbé Richard(1), aurait eu déjà son église au commencement du XIe siècle. En 1565, ce village embrasse le luthéranisme sous la pression des princes de Montbéliard. Le 5 juin 1700, les catholiques rentrent en possession de leur église, et la conservent jusqu'en 1789. A cette époque, les princes de Montbéliard surprennent la bonne foi de Louis XVI et obtiennent que leurs coréligionnaires de Montécheroux et des quatre terres soient traités sur le même pied que les catholiques. Au moment de la Révolution, les protestants ont occupé l'église à l'exclusion des catholiques et l'ont gardée depuis. L'église actuelle des catholiques est due au zèle du Cardinal Mathieu et à la générosité des fidèles du diocèse de Besançon.

L'église de Chaux les Chatillon est une église mère du XIIe siècle (2) de laquelle dépendaient Chaux, Neuvier, Peseux, Froidevaux, Courcelles, Chatillon, Valoreille et Fleurey (3); elle est due, sans doute, à la piété des premiers comtes de la Roche, alors seigneurs de Chatillon. L'église de Chaux a pour patron saint Léger et possède une partie considérable du chef du glorieux martyr. (4) Cette insigne relique fut d'abord déposée dans l'abbaye de Murbach (Haute-Alsace), qui eut ce saint pour premier patron ; elle y demeura jusqu'à la guerre de trente ans. Les religieux de Murbach ne se trouvant plus en sûreté, quittèrent

---

(1) Histoire des diocèses de Besançon et de Saint-Claude, tome I, page 235.
(2) Etat du diocèse, année 1855.
(3) Elle était une dépendance du prieuré de Lanthenans.
(4) Il ne manque que la mâchoire inférieure.

leur retraite. Plusieurs vinrent chercher un asile auprès de leurs frères de Lure ; mais comme l'abbaye de Lure n'était pas éloignée du théâtre de la guerre, les religieux jugèrent prudent d'envoyer dans l'intérieur du comté de Bourgogne quelques uns des leurs avec ce qu'ils avaient de plus précieux. C'est alors que le vénérable chef de saint Léger fut déposé dans l'église de Chaux, à la grande joie des populations du voisinage, qui l'ont toujours eu en grande vénération. Un buste en argent renferme la relique, autour se trouve la légende du saint en lettres gothiques ; le tout accuse un travail fort ancien. Dès l'an 1632, nous trouvons, à Chaux, les statuts d'une confrérie, établie en l'honneur de N. D. et de saint Léger. Le pape Urbain VIII, voulant favoriser la dévotion des paroissiens de Chaux, enrichit cette confrérie d'indulgences considérables et valables à perpétuité. (1)

De nombreux pèlerins viennent encore vénérer les reliques de saint Léger. On invoque surtout le saint martyr pour la guérison des maladies des yeux. On cite plusieurs faveurs obtenues par son intercession. (2)

A deux kilomètres de Chaux, sur le territoire de Valoreille, se trouve la fontaine de saint Léger. Les pèlerins ne manquent jamais de boire et d'emporter de cette eau réputée miraculeuse. A l'endroit même où la fontaine prend sa source, existe un petit oratoire, dédié au saint protecteur. Cet oratoire a été construit, en 1720, comme l'indique le millésime placé au sommet du monument ; au dessus du

---

(1) Archives de la cure de Chaux.
(2) L'église de Chaux possède une parcelle de la vraie croix, envoyée de Rome en 1782 et donnée trois ans plus tard par sœur Marie Elisabeth Colard de Neuvier, religieuse de Sainte Claire à Besançon.

millésime est gravée l'inscription suivante : *cy est la fontaine de Monseigneur Saint-Ligier. Sancte Leodegari, ora pro nobis*. Dans cet oratoire on avait placé la statue du saint ; mais cette statue en bois fut bientôt mutilée par la dévotion indiscrète des pèlerins. En 1854, on dut la remplacer par une statue en pierre douce. Une main sacrilège demeurée inconnue, ayant brisé cette statue, M. le curé de Valoreille, grâce à la générosité de ses paroissiens, a pu la remplacer, en 1884, par une belle statue, que protège une grille de fer forgé.

L'église de Valoreille, bâtie en 1724, fut bénite, l'année suivante et reçut ce même jour une parcelle de la vraie croix, don de Monsieur de Valoreille, résidant à Porrentruy.

Fleurey possédait, avant 1585, une chapelle dont on voit encore la porte dans le mur latéral de l'église actuelle ; il a été desservi par un prêtre résidant depuis 1724. La paroisse de Fleurey vénère les reliques de la vraie croix et de saint Laurent son patron ; elles lui ont été données, en 1867, par Madame Marie Blanche de Serlay, comtesse de Morville. Saint Laurent provient de l'évêché de Nancy ; la vraie croix a été détachée par l'évêché d'un superbe reliquaire, donné à la famille de Morville par un duc de Lorraine et contenant un morceau insigne de la vraie croix et une épine de la sainte couronne. M. le comte Amédée Beneyton a fait don à l'église de Fleurey d'un riche reliquaire, dans lequel sont placées les saintes reliques pour être exposées à la vénération des fidèles.

Le village de Montandon possédait, dès la fin du XIVe siècle, une chapelle dédiée à saint Ursin ; il a fait partie de la paroisse de Saint-Hippolyte jusqu'au XVIIIe siècle. On vénère dans l'église actuelle les reliques de sainte Placide et de saint Félicien, martyrs, ainsi qu'une parcelle de la vraie croix donnée par l'abbé Monniot, ancien curé de la paroisse.

Le village de Chamesol eut de bonne heure son église. Les premiers comtes de la Roche en étaient les patrons et les gardiens ; ce qui laisserait à croire que s'ils ne l'avaient pas édifiée eux-mêmes, ils en étaient du moins les bienfaiteurs. Ce fut seulement au commencement du XIVe siècle qu'ils échangèrent leur droit de patronage sur cette église contre celui que l'abbaye de Baume exerçait sur l'église de Saint-Hippolyte.

Outre les reliques de la vraie croix et de saint Ermenfroi, l'église de Chamesol possède depuis 1850 le corps d'un martyr des catacombes, baptisé du nom de saint Désiré, ainsi qu'une coupe renfermant une éponge imbibée du sang du martyr. Une confrérie a été établie en l'honneur de ce saint ; les jeunes gens de la paroisse ont pour lui une grande dévotion.

Soulce, comme Saint-Hippolyte et Chamesol, a eu, pour première église, l'ancienne chapelle, bâtie au-dessous du château de la Roche. La paroisse n'a eu son église propre qu'au commencement du XIIe siècle.

L'église de Dampjoux est une ancienne église mère du XIIe siècle, de laquelle dépendaient Bief, Dampjoux, Villars, Noirefontaine, Feule et Solemont. Au XVIIe siècle, ces deux dernières localités ont été détachées de Dampjoux pour former la paroisse de Solémont.

L'église de Dampjoux possède depuis un temps immémorial une partie du bras de sainte Agathe ; la paroisse a une grande dévotion pour cette glorieuse martyre.

Les deux premières églises de la franche montagne sont celles de Fessevillers et de Malche. Les curés qui les desservaient, avaient plusieurs vicaires pour les aider dans l'administration des sections nombreuses et disséminées de leur paroisse respective.

L'église de Fessevillers est déjà mentionnée au XI° siècle ; elle servait aux habitants de Fessevillers, de Trévillers, de Charmauvillers, d'Indevillers, de Damprichard et de Courtefontaine (1).

Trévillers, siège de plusieurs fiefs importants, appartenant aux seigneurs dits *Montagnons*, eut de bonne heure une chapelle vicariale ; elle est déjà mentionnée en 1177 dans la bulle d'Alexandre III pour le prieuré de Lanthenans. Sur la fin du XVI° siècle, les seigneurs de Trévillers firent construire en l'honneur de la Sainte Vierge la chapelle *du Mont*. M. Doyen, curé de la paroisse, établit dans cette chapelle, en 1676, la confrérie du scapulaire qui en 1680, comptait jusqu'à douze cents confrères.

Charmauvillers avait une chapelle au commencement du XV° siècle. Cette chapelle n'est devenue église vicariale qu'au commencement du XVIII° siècle ; elle avait pour dépendances *Boulois Essart-Cuenot et Urtière*.

Indevillers et Courtefontaine qui avaient leurs chapelles, au commencement du XV° siècle, devinrent en 1700 des sections de la paroisse de Trévillers.

Damprichard dont la chapelle remonte à 1498, a ses offices depuis 1501 (2).

(1) Fessevillers et ses quatre annexes dépendaient du prieuré de Lanthenans.

(2) Fessevillers conserva la maternité sur toutes ces églises jusqu'au commencement du XVIII° siècle. A cette époque un grave procès s'éleva entre Trévillers, Fessevillers, Damprichard et Courtefontaine à l'occasion de réparations considérables à faire aux édifices paroissiaux de Trévillers. L'archevêque François-Joseph de Grammont à qui fut porté le différent, ordonna que Trévillers serait la mère église et Fessevillers annexe indépendante.

Les Plains qui dépendaient de Courtefontaine, n'eurent leur chapelle qu'en 1767. Dans l'église des Plains se trouve une statue de Notre Dame de Pitié; elle est en grande vénération non seulement dans la paroisse, mais encore dans le voisinage. *C'est la Notre Dame des malades du pays.* La dévotion à sainte Philomène, si chère au curé d'Ars, est en honneur dans les deux paroisses des Plains et de Courtefontaine.

Le premier document, qui fasse mention de l'église de Matche, est la donation qu'Humbert, archevêque de Besançon, fit de cette église au prieuré de Lanthenans.

L'église primitive n'existe plus. « Tout ce que nous savons de son architecture, dit l'abbé RICHARD dans sa monographie de Matche, c'est que le chœur était surmonté d'une voûte basse et à plein cintre et la nef d'un plafond; qu'elle était peu large, qu'elle renfermait les cinq chapelles : du *Sanctissime Salvator*, à laquelle on avait une grande dévotion, du Rosaire, des Trois-Rois, de saint Eloi, de saint Sigismond fondée par les paroissiens, sans parler de celle du seigneur. A l'exception de celle-ci, elles n'étaient que de simples autels renfermés dans l'enceinte de l'église; si on leur donnait le nom de chapelles, ce n'est qu'à cause des fondations pieuses qui y étaient attachées et dont les fondateurs s'étaient réservé la collation. »

L'église actuelle, commencée en 1753, a été achevée en 1760. L'abbé Petit, originaire du Vaudey, vicaire à Matche, en a été l'architecte. Cet édifice n'a coûté que 20,000 livres. A quoi, cependant, il faut ajouter l'extraction et le transport des matériaux, dus à la fervente piété des paroissiens. Les tufs des voûtes, tirés de Valory, furent passés de mains en mains et rendus sur place par les habitants formés en chaîne. Les femmes elles-mêmes voulurent participer à cette œuvre et ne cessèrent d'encourager au travail leurs maris et leurs enfants.

L'église de Malche est une des plus belles de la contrée. C'est un parallélogramme d'un aspect grandiose et majestueux. La grande nef, qui se termine par un chevet semi-circulaire, de longueur quarante-deux, de largeur vingt-six et de hauteur seize mètres; huit gros piliers carrés la séparent des deux collatéraux; ceux-ci n'ont que trois mètres de largeur sur quatorze de hauteur et sont embarrassés par des murs buttants, reliant chaque pilier aux murailles latérales de bas en haut avec des arcs de deux mètres de hauteur pour la circulation. La disproportion des collatéraux disparaît devant le coup d'œil que présente l'ensemble de l'édifice, vu depuis la porte d'entrée. Les piliers sont terminés par des chapiteaux corinthiens, surmontés d'un entablement d'un mètre de hauteur, dont le couronnement est soutenu par des modillons carrés reposant sur la frise, ce qui est d'une élégante hardiesse. Le chœur et les deux sacristies latérales surmontées de tribunes, ont une longueur de treize mètres. Le style des voûtes et des fenêtres, surmontées chacune d'un œil de bœuf, est du plein cintre.

L'église de Malche possède, depuis 1688, le corps de saint Modeste [1]. Claude Richard, curé de Malche, rapporta de Rome cette précieuse relique. La tradition redit encore comment la population se transporta en foule jusqu'à Seignelégier à la rencontre de la précieuse relique et comment elle la reçut en triomphe dans la paroisse. Elle redit également une foule de faveurs signalées, obtenues par son intercession. Citons entre autres un fait récent. Après la

[1] Ce nom ne lui a point été donné comme à tant d'autres, au jour de son arrivée au pays; il a été trouvé dans son tombeau aux catacombes de s. Calliste, avec une fiole de sang, preuve de son martyre.

restauration de l'église, une colonne de l'autel de saint Modeste, mal consolidée par les ouvriers, s'abbattit un jour d'Assomption, pendant la grand'messe. Les marches de l'autel étaient toutes occupées par les enfants de la paroisse ; à côté, les bancs des petites filles étaient pareillement occupés. Ce jour-là, fête patronale de la conférence, afin de laisser un passage plus libre pour l'offrande, les religieuses avaient laissé une place vide à l'extrémité de chaque banc ; c'est précisément sur cette place vide que tomba la colonne. Une légère déviation à droite ou à gauche aurait amené de graves accidents. Et ce qui est plus remarquable encore, c'est qu'au témoignage de M. de Meaux, gendre de M. de Montalembert, la colonne avait oscillé d'abord vers un point occupé par les enfants, puis sans raison apparente, était revenue sur elle-même pour tomber à l'endroit libre.

Les reliques de saint Modeste sont en grande vénération dans la contrée ; chaque jour on voit des pèlerins agenouillés devant l'autel qui les renferme. Un grand nombre d'entre eux font toucher du linge à la châsse et s'en servent pour les malades, surtout pour les enfants ; de nombreuses guérisons ont été obtenues par ce moyen.

En 1776 les reliques de saint Modeste furent visitées par un pieux pèlerin, qui devait être un siècle plus tard placé lui-même sur les autels, le Bienheureux Benoît Labre. Un laisser-passer, délivré par Bulliard, administrateur des terres de Maîche, a été trouvé dans les souvenirs du saint, à Rome, par Monseigneur de Mérode ; M. le comte l'a fait reproduire par la photographie. Un exemplaire est déposé à la cure de Maîche. (1) On cite encore la maison où il aurait logé à Romboz, chez Désiré Cartier.

(1) Voir pièces justificatives.

Un détail qui n'est pas sans intérêt. En 1760, les religieuses Ursulines de Porrentruy, confectionnèrent la robe qui recouvre, aujourd'hui, les reliques de saint Modeste ; elles étaient loin, sans doute, de penser que, 114 ans plus tard, elles viendraient s'établir à Maîche.

La paroisse de Maîche comprenait primitivement Charquemont, Cernay-sur-Maîche, Frambouhans, les Écorces, les Bréseux et Fournets-Blancheroche.

Charquemont construisit une chapelle, au commencement du XVIe siècle ; en 1510, il avait son cimetière et ses fonts baptismaux ; il obtint sa séparation de Maîche, le 26 mars 1526, moyennant 86 écus d'or au soleil une fois donnés, pour l'entretien de l'église et de la cure de Maîche, et un petit blanc ou cinq deniers tournois, payables à Pâques de chaque année, comme marque de sa filiation.

Cernay-sur-Maîche, avait sa chapelle sur la fin du XVe siècle, et était desservi par un vicaire de Maîche.

Frambouhans construisit une chapelle en 1524 et eut un prêtre résidant en 1622.

Les Ecorces bâtissent leur église en 1622. Dans cette église est érigée, depuis 1678, en l'honneur de saint Joseph, une confrérie qui a toujours été très florissante.

Les Bréseux ont leur chapelle en 1614.

Blancheroche a sa chapelle bâtie, en 1717, dans un terrain dit *le Creux-des-Batailles*, à cause des rixes qu'occasionna la fixation de son emplacement.

Mont-de-Vougney, section de la paroisse de Saint-Maurice ; bâtit une église en 1635 et obtient un cimetière et des fonts baptismaux en 1740.

Le village de Vauclusotte était aussi une section de la paroisse de saint Maurice ; il n'a eu de prêtre résidant qu'au XVIIIe siècle.

L'église de Saint-Maurice est une église mère du XIe siècle et distincte de l'abbaye de Vaucluse.

CHAPITRE IV.

Apparition de Saint-Hippolyte dans l'Histoire.

L'ancien Saint-Hippolyte. — La grotte de la Roche. — La ville de Saint-Hippolyte chef-lieu du comté de la Roche. — Dénombrement du comté. — Le château de la Roche. — Les comtes Simon ; Odon ; Jean 1 ; Odon II et Vuillerme I. — Châteaux et seigneuries de Châtillon-sous-Maiche, de Clémont, de Maiche et de Montjoie. — Leur position stratégique. — Démembrement du Comté. — Sa hiérarchie féodale.

Sur la rive droite du Doubs, non loin du village de Soulce, existent encore aujourd'hui plusieurs sources salées, dont les puits à muire furent exploités dès les temps les plus reculés. C'est là que s'élevèrent les premières habitations du pays. Le voisinage de la ville de Mandeure, qui fut pendant de longues années la première ville commerçante de la contrée, donna de bonne heure une importance considérable à ces salines ; leur exploitation était d'ailleurs facilitée par le Doubs, qui, au dire de Perreciot, était alors navigable jusqu'en deçà de Pont-de-Roide. A cause de cette industrie, les habitants se groupèrent en ce lieu et donnèrent naissance à un village ou bourgade, qui exista anciennement au pied de la montagne escarpée d'où sortent les sources ; c'est là que fut bâtie la première chapelle, dédiée au vrai Dieu dans le pays[1].

Une tradition constante a toujours dénommé ce lieu l'ancien Saint-Hippolyte. Les nombreux débris de murailles et ustensiles, qu'on y a retrouvés et qu'on y retrouve encore, confirment cette tradition. Il y a quelques années, un fermier, en défrichant cet endroit, découvrait quatre cercueils en tuf, renfermant des ossements humains d'une haute antiquité. Le propriétaire de la ferme voisine du château, a trouvé aussi, non loin de là, une quantité considérable d'ossements humains, qui indiquent un ancien cimetière. Du reste, cette position très salubre et très agréable, était encore rendue plus sûre par le voisinage d'une immense caverne où les habitants du pays pouvaient se retirer en cas d'alarme.

Cette grotte, située à trois kilomètres de Saint-Hippolyte, est creusée dans un rocher de quatre-vingts mètres de hauteur, elle présente une ouverture cintrée de cinquante mètres d'élévation sur dix-sept de largeur. Sa profondeur, dans la direction droite, depuis l'entrée, est de cinquante-quatre mètres que l'on peut aisément parcourir. A cette profondeur la caverne n'a plus que sept mètres de largeur sur cinq de hauteur ; de là, elle se prolonge dans une direction oblique vers la gauche, mais la lumière du jour n'y pénètre plus. Un silence solennel, n'est interrompu que par le murmure d'un ruisseau d'eau limpide, qui traverse le fond de l'antre. On arrive au bord de ce

---

[1] Cette chapelle a existé jusqu'à la fin du XVIII° siècle ; elle servait aux populations qui se retirèrent si souvent dans le château de la Roche pendant les guerres et les invasions du moyen-âge. En 1667, l'abbé Godet la desservait et y acquittait douze messes annuellement. Les revenus de ce bénéfice étaient administrés par deux fabriciens.

ruisseau souterrain, après avoir fait environ cent vingt pas, sur un sol rapidement incliné vers le fond. A ce point, la grotte se rétrécit et n'a plus que quatre mètres de largeur. Il n'en est pas de même de la voûte supérieure; elle s'élève rapidement et, dans la partie la plus étroite, dont nous venons de parler, cette voûte est si élevée qu'on a peine à la découvrir avec de nombreux flambeaux. On prétend que cette caverne se prolonge fort au-delà du ruisseau et peut-être jusque sous le village de Chamesol d'où vient le ruisseau lui-même. La hauteur de la voûte le fait assez présumer; mais l'entrée sur l'eau est très-basse, et personne n'a encore pénétré, croyons-nous, dans les dernières profondeurs de ces cavités; on prétend même que la présence d'une vaste nappe d'eau nécessiterait une légère embarcation.

Cette grotte, l'une des plus curieuses de notre département fut fortifiée au moyen-âge et devint, comme nous le verrons plus loin, le château fort de l'une des plus illustres et des plus anciennes maisons du comté de Bourgogne.

Saint-Hippolyte fut donc situé primitivement non loin du château de la Roche. Quelques maisons se groupèrent d'abord auprès de l'immense caverne, qui offrait aux habitants un asile assuré en cas d'attaque. Mais bientôt la fertilité du sol et la richesse des salines attirèrent de nombreux étrangers; alors de nouvelles habitations s'élèvent des deux côtés du Doubs et donnent naissance à deux villages : Soulce, situé sur la rive gauche, et Saint-Hippolyte, qui continue à s'étendre et à descendre sur la rive droite. Sur la fin du VIIIe siècle, quelques habitants vinrent se fixer au confluent du Doubs et du Dessoubre. Le site était moins agréable; mais le lit des deux rivières formait une fortification naturelle, très précieuse à une époque où les invasions et les guerres étaient presque continuelles. Grâce à cet avantage, les habitations se multiplièrent en cet endroit, et le nouveau Saint-Hippolyte s'accrut au point que l'ancien fut presque entièrement abandonné. Les quelques maisons qui continuèrent à être habitées, dit l'abbé RICHARD, furent désignées sous le nom de Saint-Ahon, Sainte-Anne.

Lorsque vers le milieu du Xe siècle, la partie orientale de la Franche-Comté appelée l'Elsgaw ou l'Ajoye, de la rivière de l'Œls, ou l'Allan qui l'arrose, fut, selon PERRECIOT, divisée en deux parties, Saint-Hippolyte était déjà considérable, puisque quelques temps après, il devenait la capitale du comté de la Roche, donné en apanage à un fils cadet de la maison de Montbéliard. En prenant possession de leurs terres, les seigneurs de la Roche fixèrent leur résidence dans le nouveau Saint-Hippolyte qu'ils s'empressèrent de fortifier. Cette ville, qui, à son origine n'était qu'un fortin, fut entourée d'une muraille de deux mètres d'épaisseur et d'un large et profond fossé dans toute la partie, qui ne touchait pas à l'une des deux rivières. Elle n'avait que deux entrées, l'une au nord et l'autre au midi, placées aux deux extrémités de la rue principale et fermées par deux portes en bois. Tels furent les premiers travaux de défense de la ville. Jean II, le prince le plus sage et le plus illustre de sa maison et qui passe à juste titre pour le fondateur du Saint-Hippolyte moderne, les augmenta considérablement et fit de sa capitale une des places les plus fortes de la contrée.

Voici, d'après les pièces d'un procès entre Claudine de Rye et les habitants de Saint-Hippolyte, quel était l'état des fortifications de la ville, aux XVe et XVIe siècles. Une muraille de deux mètres d'épaisseur, dont le sommet formait un chemin garni d'un parapet, entourait la ville de toutes parts. Du midi au levant, où elle n'était pas baignée par les eaux, cette muraille était bordée d'un fossé large et profond. Deux portes s'ouvraient à chacune des extrémités de la rue principale sur le pont du Dessoubre et du Doubs, avec des corps de garde, dits porteries. L'entrée extérieure des ponts était fermée par deux barrières en bois, garnies de fortes serrures. Près de la porte du Dessoubre, du côté de la montagne, s'élevait une grande tour ; de l'autre côté, on avait construit un chaffault ou vaste guérite, qui commandait les chemins de Fleurey, de Bief et de Dampjoux. Cette porte à double battant était garnie, au milieu, d'une herse et protégée par un pont-levis. En 1555, celle du Doubs fut flanquée de deux tours par crainte d'une attaque des protestants. Auparavant, elle n'était surmontée que d'un vaste chaffault pour faire le guet. Au XVIe siècle, on construisit encore deux autres tours : l'une, au lieu dit en la Motte, appelée la grande tour, et l'autre, du côté des prisons du seigneur. Il y avait en outre, de distance en distance, des guérites dans les murs. Les portes de la ville étaient fermées régulièrement chaque soir ; le capitaine de la Roche, ou son lieutenant, en gardait les clefs.

Les comtes de la Roche, d'abord vassaux du comté de Montbéliard, puis des Sires de Vercel, étaient placés sous la haute autorité des archevêques de Besançon, seuls dépositaires du pouvoir suprême dans la province. La puissance des empereurs se réduisait, en effet, à peu de chose par suite des empiètements successifs des seigneurs. Hugues Ier ratifia volontiers l'existence de la hiérarchie féodale ; mais en l'acceptant, il voulut en devenir le chef et faire prévaloir partout son omnipotence. Ce lui fut chose facile ; car, ainsi que l'a très justement fait remarquer M. Aug. CASTAN, dans ses *Origines de la commune de*

Besançon, « les évêques étaient alors les seuls dépositaires des traditions d'humanité, de science et de civilisation. La religion du Christ, dont ils enseignaient les préceptes, devenait pour les populations opprimées un oasis de paix et d'espérance. » Les évêques se trouvaient naturellement placés entre les seigneurs et leurs sujets comme les représentants de la miséricorde. Ils intervenaient pour effacer ce que le servage avait de rude et d'inhumain, dans un temps où les mœurs étaient encore barbares. Ils donnaient les premiers l'exemple d'une autorité douce et tutélaire ; de là ce proverbe populaire. *Il fait bon vivre sous la crosse.*

Sans parler de ses fiefs dans les terres de Neuchâtel, de l'Isle et de Granges, la seigneurie de la Roche renferma primitivement les villages dont furent formées dans la suite les seigneuries de Clémont, Châtillon-sous-Maîche, Saint-Julien, Maîche, Trévillers, c'est-à-dire presque la totalité des communes composant les cantons actuels de Saint-Hippolyte, de Maîche et du Russey ; en tout une quarantaine de villages (1). Ce grand fief avait, comme on le voit, une importance considérable et pouvait rivaliser avec les plus hautes baronies du comté de Bourgogne ; on ne comprend pas dès lors que Dunod ait pu dire qu'il n'a pas été d'une qualité et d'une étendue, capables de donner à ses possesseurs le titre de comte, bien que tous l'aient porté.

On s'est demandé si les comtes de la Roche-St-Hippolyte n'étaient pas de la même famille que les comtes de la Roche-sur-l'Ognon. Il y a, dit Dunod, un fort argument pour cette opinion ; c'est la ressemblance des armes, car les comtes de la Roche en montagne portaient cinq points

---

(1) *Monographie de Saint-Hippolyte*, par l'abbé Richard.

d'or équipolés à quatre d'azur ; et les seigneurs de la Roche-sur-l'Ognon, ducs d'Athènes, ont porté de gueules à quatres points équipolés d'hermine.

Le plus ancien comte de la Roche, dont l'histoire ait conservé le nom, est Simon ou Sigismond, qui dans les chartes est qualifié d'illustrissime seigneur. Comme tous ses successeurs, Simon fut généreux envers les églises et les monastères. Lieu-Croissant, Lucelle, Vaucluse, Belchamp participèrent à ses bienfaits. Par acte de l'an 1133, il fonda et érigea l'abbaye des Trois Rois, à l'Isle-sur-le-Doubs. Eudes de la Roche et ses frères, Simon et Bernard firent à cette même abbaye une concession dont Wuillames de Chamesol fut témoin (1). Simon coopéra à la fondation de la collégiale de Saint-Ursanne, en 1139. Il donna à cet effet deux cent deux quartes de blé, tant à Mandeure qu'à Pierrefontaine-les-Blamont, quatre-vingt-huit livres d'argent, qu'il percevait en ces lieux ainsi qu'à Saint-Ursanne, et ses dîmes à Chenevey, Courtedoux et autres lieux de l'Ajoie (2).

A Simon succéda son fils aîné, le comte Odon. En 1140, ce seigneur céda à l'abbaye de Lucelle les salines de Saint-Hippolyte et de Soulce, et, en 1180, le territoire de la seigneurie de Clémont (3). En 1176, il fonda le prieuré de Miserey (Haute Alsace), sous la dépendance de celui de Lanthenans, et le dota de neuf cents mesures de grains, à prélever sur divers villages des seigneuries de Maîche et de Trévillers (4).

Odon avait épousé, en 1147, Ermengarde, fille de

---

(1) Archives de l'abbaye des Trois-Rois.
(2) Monographie du bourg et de la terre de Maîche.
(3) Monographie de Saint-Hippolyte.
(4) Monographie du bourg et de la terre de Maîche.

Thierry II, comte de Montbéliard (1). En 1184, Odon assistait à la diète de Mayence, où s'étaient rendus de toutes les parties de l'Europe quarante mille chevaliers ou écuyers (2). Ce fut en présence de cette illustre assemblée que Frédéric *ceignit l'épée* à ses deux fils aînés, Henri et Frédéric, et désigna le quatrième Otton, comte palatin de Bourgogne et régent du royaume d'Arles.

Jean I, fils d'Odon I, devint comte de la Roche à la mort de son père. En 1216, les chartes du monastère de Vaucluse le mentionnent comme bienfaiteur de cette maison. A cette époque, les comtes de la Roche favorisèrent l'abbaye de Vaucluse, dont ils avaient la gardienneté (3) et dans laquelle ils se faisaient inhumer. Ces seigneurs l'avaient dotée des terrages de la Lizerne, qui étaient à la sixième gerbe. Jean I fonda son anniversaire dans ce monastère et lui abandonna, à cet effet, sa dîme sur les prés nouveaux d'Orgeans et d'autres revenus à Montandon et à Soulce; il voulut que ses restes fussent transportés dans ce pieux asile, témoin de ses libéralités. Il fut imité en cela par Hugues de la Roche, époux d'Adeline de Belvoir (1280) (4).

Odon II, fils et successeur de Jean I, épousa N. de Montmartin; en 1225, il donna la terre de Saint-Lieffroi, près Clerval, au Saint-Esprit de Besançon pour y bâtir un hôpital. En 1240, il racheta les salines de Soulce de Thiémo de Ramestein, abbé de Lucelles, grand dissipateur des biens de son église. (5)

En 1230, Odon II avait reçu la visite de Jean de Châlons

---

(1) Monographie du bourg et de la terre de Maiche.
(2) Récit du trouvère Guyot, de Provins.
(3) La gardienneté donnait droit au tiers d'un revenu ecclésiastique.
(4) L'abbé RICHARD.
(5) L'abbé RICHARD.

l'*Antique*. Ce seigneur venant visiter sa seigneurie de Maîche, récemment achetée des sires de Salins, passa par Saint-Hippolyte où il fut reçu avec pompe. Dom Valery, religieux de Vaucluse, prévenu de bonne heure, avait préparé un fort beau compliment en partie double ; car la première moitié était pour le sire et la seconde pour la noble et illustre Mahaut de Bourgogne, qui avait bien voulu accompagner son auguste époux. « *Ne roi ne prince*, dit une vieille chronique, *n'hal oncques ouï plus amiable languaige et plus biaux enlogues que le dict sire de Chalons en peust ouïr en le jor ou il feust receu en la borgaide de Saint-Hyppolyte par le très reverend frère Valery de Vaucluse* ».

Toutefois, cette réception fut encore surpassée par celle que les francs-montagnards avaient organisée à Maîche ; non que les apprêts fussent magnifiques, que les arcs de triomphe fussent autre chose que de simples arcades de verdure ; mais ce qui frappa et réjouit vivement le cœur des deux nobles époux, c'était la foule qui s'était rendue de toutes les parties de la contrée, c'était l'air de bonheur qui animait toutes les figures. La fête dura trois jours, durant lesquels Jean de Châlons et Mahaut de Bourgogne se plurent à vivre familièrement au milieu de cette foule épanouie (1).

Ce fut au milieu de ces réjouissances que l'on apprit la nouvelle du crime épouvantable, commis dans la cathédrale de Bâle. Le 10 du mois d'août, jour de la fête du glorieux saint Laurent, des voleurs pénétrèrent dans l'église, forcèrent le tabernacle du maître-autel, enlevèrent les vases sacrés, répandirent en plusieurs endroits les saintes hosties qu'ils foulèrent aux pieds, ainsi qu'il était

(1) Cartulaire de l'abbaye de Vaucluse.

visible aux traces imprimées sur elles (1). Les auteurs de cet horrible attentat étaient deux juifs, les frères Jonathan et Jéchonias. Tel était l'esprit de foi, qui animait alors nos populations, que le souvenir de la fête de Malche laissa dans la contrée des traces moins profondes que la nouvelle de cette sacrilège profanation, dont le souvenir s'est perpétué jusqu'à nos jours et a donné naissance à la légende suivante :

Après son crime, Jonathan avait aussitôt pris la fuite et s'était retiré sur les terres de Franquemont et de Malche, avec sa belle-mère, sa femme et ses trois enfants. Surprise près de Franquemont, la belle-mère de Jonathan fut enfermée au château. Sa culpabilité n'ayant pu être établie, elle fut relâchée après plusieurs mois de détention. Rendue à la liberté, la prisonnière s'éloigne aussitôt du château et s'engage, en tremblant, dans le sentier qui cotoie la rivière du Doubs. Après une heure de marche, elle arrive dans une vallée profonde, formée par des rochers élevés, taillés à pic et ne laissant aucun passage sur leurs flancs. Pour gagner le sommet de la montagne, les paysans ont suspendu à ses parois une échelle en bois ; placée verticalement, elle offre une ascension dangereuse, mais que ces intrépides montagnards affrontent gaiement même avec des charges pesantes. La pauvre juive s'achemine vers la redoutable échelle. Cinquante degrés la composaient. Elle pose le pied sur l'un, puis sur l'autre et sent son cœur palpiter d'effroi. L'abîme se creuse sous elle ; et bientôt une sorte de délire la saisit, elle perd la conscience d'elle-même....

Le lendemain, un pâtre trouva son cadavre au pied de

---

(1) Lettres de l'évêque de Bâle Henri II, comte de Thonn à Jean de Châlons.

la montagne. Chacun voulut voir là un signe de la colère divine, une punition du sacrilège attentat de Bâle. Le souvenir de cet évènement s'est perpétué dans le pays jusqu'à ce jour ; et depuis, ce lieu fatal a toujours porté le nom *d'échelles de la mort*.

Odon II eut pour successeur son fils Vuillerme I. Sous ses prédécesseurs, la seigneurie de la Roche (1) avec ses dépendances à Chamesol et à Soulce, était demeurée sous la suzeraineté des princes de Montbéliard ; en 1280, le jeudi avant la nativité de Notre-Dame, le comte palatin de Bourgogne, Othon IV, fit don à Thiébaud IV de Neuchâtel-Bourgogne du fief de la Roche, à condition qu'il lui en ferait hommage. L'hommage convenu eut lieu en 1290. Par là, Othon dont l'autorité affaiblie cherchait des appuis et des vassaux, acquit un nouveau soutien. Ce traité mécontenta les princes de Montbéliard ; ils réclamèrent aussitôt auprès du comte palatin, qui déclara non fondée leur demande. Jean de Montfaucon-Montbéliard ne se tint pas pour battu ; il insista de nouveau et si vivement, qu'Othon revint sur sa première décision ; depuis, les princes de Montbéliard ont toujours gardé la suzeraineté sur la seigneurie de la Roche. Les seigneuries de Saint-Hippolyte, de Châtillon et de Maîche furent attachées comme mouvances au château de Vercel, sous Amédée III, sire de Montfaucon et seigneur de Vercel, au commencement du XIII° siècle, lors du partage de la succession de son père Richard III (1228) ; elles devinrent ainsi un arrière fief des princes de Montbéliard.

Le premier soin des seigneurs de Saint-Hippolyte fut

(1) Le comté de la Roche comprenait alors les quatre seigneuries de la Roche, de Saint-Hippolyte, de Châtillon et de Maîche. La seigneurie de Clémont avait déjà passé à la maison de Neuchâtel-Bourgogne.

de fortifier la grotte de la Roche, à l'entrée de laquelle ils assirent leur formidable castel. La position était des plus heureuses ; cette grotte très vaste et d'un accès très difficile pouvait offrir à plus d'un millier de personnes un abri assuré contre les attaques et les surprises de l'ennemi.

Malgré de longues recherches, nous n'avons pu découvrir aucun document, qui nous permit de fixer l'époque où le château de la Roche fut construit ; mais en revanche, nous pouvons déterminer d'une manière précise et indubitable sa position, et même en donner une description assez complète. L'inventaire du château, fait en 1647 et 1648, sur l'ordre de la cour souveraine du parlement de Dôle, et déposé au palais des archives de Besançon, bien que très succinct, nous a fourni sur ce point de précieux renseignements ; voici la partie de ce document qui concerne le château :

« Environ à l'heure des vêpres du 28e jour du mois de janvier l'an 1648, par devant nous Jacques Bonnefoy de Belvoir, juge et lieutenant au comté de la Roche, seigneurie de St-Hippolyte, Maîche et la Franche-Montagne : y appelé Pierre Ignace Guyon de Damprichard, scribe ordinaire de la justice des dits lieux, a comparu honorable Estienne Lambert de Guyan en Venne, procureur d'office de la dite justice, au lieu d'honorable Didier Millardet de Dôle, procureur d'illustre haute et puissante dame Christine Claire d'Haraucourt, marquise de Varembon, comtesse de Varax, et de la Roche et mère et tutrice aux corps et biens d'illustre, haut et puissant seigneur Ferdinand François de Rye, de la Palud, marquis de Varembon, comte de la dite Roche . . . .

Ce fait, je, ledit juge, procureur d'office et scribe, assisté des dits tacseurs et témoins susnommés, nous sommes transportés au château de la Roche et, estant entré en iceluy, nous avons donné commencement au dit inventaire, et les dits taxeurs procédé à la taxe des meubles qui se sont rencontrés audit château comme s'ensuyt :

1º Nous avons retrouvé sur les murailles du boulevard du dit château une petite pièce de fer en forme de canon qui peut porter une balle d'une demie livre ou environ, servant à la défense de la dite place.

Item, sur la galerie du dit boulevard, se sont rencontrés plusieurs coffres de divers bois, fermant à clef, lesquels ont été réfugiés par divers particuliers.

Au joignant des cuisine et poisle dudit château, s'est trouvé un moulin a bras . . . . fort vieux et caduque.

En la chambre y joignante, un vieux chaly ;

Dès là, étant passé en la chambre en haut du coté du vent, nous y avons rencontré deux petites pièces de campagnes ou fauconneaux, faits de bronze, montés sur pieds de chèvres . . . .

Et le lendemain, 21ᵉ jour du susdit mois et an, nous avons continué la dite inventaire pour les immeubles dépendant dudit comté . . . . consistant :

1º En un château qui est celui de la Roche susmentionné, SITUÉ DANS UNE ROCHE de très difficile accès, auquel ont été retrouvés les meubles cy-dessus spécifiés, au bâtiment duquel il y a plusieurs défauts et manquements, même en la couverture selon qu'il se pourra reconnaître.

Au bas duquel château, il y avait un moulin dressé sur le bief du Bresset [1] deppendant du dit château lequel a été ruiné depuis plusieurs années.

Ce document, établissant d'une manière précise la position du château, met fin à toutes les difficultés qu'on a pu soulever en ces derniers temps sur ce point. Le château

---

[1] *Bresset*, du celtique, broce, brote ou broge, marécage.

n'était point situé *au-dessus du rocher*, comme le prétend M. Rougebief, dans son *histoire de la Franche-Comté ancienne et moderne*, et ne portait pas par conséquent, « audacieusement! dans les cieux sa couronne de créneaux (1). »

Bâti à l'entrée de la grotte, qui se trouve au-dessus du ruisseau du Bresset, et qui présente une ouverture cintrée de 54 mètres d'élévation sur 17 de largeur, ce château était d'un accès très difficile, comme l'indique la seule inspection des lieux. Les comtes de la Roche, ne trouvant pas encore suffisantes ses fortifications naturelles, l'avaient protégé par d'importants travaux. Trois murailles épaisses dont on voit les ruines, en défendaient l'entrée; elles étaient séparées les unes des autres par deux fossés d'environ 4 mètres de largeur; la dernière était munie d'une vaste galerie, elle avait été renforcée, du côté de l'est où le rocher offrait un point moins difficile à attaquer, d'une tour considérable dont on apercevait encore les ruines au commencement de ce siècle.

L'ouverture pratiquée dans la première muraille, à en juger par ce qu'il en reste aujourd'hui, était très étroite; c'était la seule entrée du château. On pénétrait dans la grotte par une galerie, pratiquée sous le château. Cette galerie, encore intacte en deux endroits, a un mètre cinquante de largeur. En somme, les abords du château étaient défendus par un boulevard inattaquable; aussi ne lit-on nulle part dans l'histoire qu'il ait jamais été forcé.

Le château de la Roche, comme on le voit par le titre cité plus haut et, comme on en peut juger encore par les entailles creusées dans le rocher, avait deux étages: le

(1) Charles Joliet dans son roman sur Saint-Hippolyte, intitulé : *une petite reine de ville*, et d'un goût plus que douteux, a commis la même erreur que Rougebief.

rez-de-chaussée, renfermant la cuisine, le poêle et une chambre ; le premier contenait les appartements destinés aux maîtres ; le second était réservé aux gens de service. Toutes les pièces étaient, du reste, aménagées de manière à recevoir l'artillerie, les munitions de guerre et les défenseurs du château, pendant un siège.

A droite, et un peu au-dessus de la forteresse, dans une petite grotte, était établi le poste du guetteur. De cet endroit on apercevait très bien la ville de Saint-Hippolyte, le château de Châtillon et toute la vallée des deux côtés de La Roche.

Les possessions des seigneurs de la Roche touchaient à celles du comté de Bourgogne. Ce voisinage causa, de bonne heure, de nombreuses difficultés et finalement la guerre. Elle éclata les premières années du XIIIe siècle entre Othon II de Méranie, comte de Bourgogne, et Odon II, comte de la Roche et seigneur de Châtillon. Ce dernier, pour se mettre à l'abri des attaques de son puissant rival, fit construire les deux forteresses de Châtillon et de Clémont.

Bâti sur le plateau inférieur à celui de Malche, sur un rocher perpendiculaire, qui domine la vallée un peu plus haut que Dampjoux, sur la rive gauche du Doubs, le château de Châtillon, comme la plupart de ceux de ce temps, était moins un manoir commode et agréable qu'une forte et puissante citadelle. Il formait extérieurement un carré long, flanqué aux quatre coins de tours élevées. Les murailles de huit à dix pieds d'épaisseur, dont on voit encore aujourd'hui quelques parties, étaient construites avec d'énormes pierres et pouvaient défier tous les efforts de l'ennemi. En somme, l'aspect de ce noble manoir était triste ; il offrait l'image d'un géant aveugle ; sa haute stature et sa position pittoresque lui donnaient un aspect imposant. La situation de Châtillon s'imposait naturellement au choix des comtes de la Roche ; il leur eut été impossible de rencontrer de ce côté une position plus inexpugnable. Dans l'enceinte fortifiée, jaillit un abondant ruisseau qui se jette dans la rivière du Doubs, à peu de distance, et qui était, en cas de siège, une précieuse ressource. L'entrée du château, défendue par deux puissantes tours, était protégée, en outre, par un large et profond fossé taillé dans le roc et que l'on ne pouvait franchir que sur un pont-levis. L'élévation du plateau, les aspérités des montagnes qui l'entourent et cette effrayante bordure de précipices rendaient une surprise impossible.

Tel était le féodal manoir qui, pendant quatre siècles, domina la vallée. Un silence profond y règne aujourd'hui ; le lézard niche, le hibou gémit dans ces décombres qui furent jadis un puissant castel ; et, mémorable exemple des vicissitudes humaines, c'est à peine si le nom de la noble famille qui régna sur ces contrées se retrouve encore dans les traditions locales.

Aux XIV et XV° siècles, les comtes de Neuchâtel, de la maison de Hochberg, par leur alliance avec les seigneurs de la Roche, acquirent la seigneurie de Châtillon-sous-Maîche et entretinrent habituellement des garnisons dans la forteresse, ainsi qu'en témoigne leur histoire[1]. Jeanne, fille de Philippe marquis de Hochberg, et de Marie de Savoie, vendit cette terre à Louis d'Orléans, duc de Longueville, de qui Marguerite d'Autriche, tante de Charles V, l'acheta pour la réunir au domaine en 1518.

Charles IV, duc de Lorraine, acquit Châtillon et sa seigneurie de Philippe II, roi d'Espagne, en avril 1647,

---

[1] Voir la description de la mairie de Neuchâtel en Suisse par M. Samuel DE CHAMBRIER, 1840.

pour 122,764 florins, 16 patagons, et les donna comme dot à sa fille Anne, épouse de François Marie de Lorraine, prince de Lillebonne ; cette terre passa successivement par mariages dans les maisons de Melun, de Rohan-Soubise et de Gaston de Lorraine. La comtesse de Marsan, veuve de ce dernier et gouvernante des *enfants de France*, l'a possédée jusqu'à la révolution de 1789. Les Rheinach et les Tranchant de Borey étaient les capitaines commandants du château aux XVIe et XVIIe siècles (1).

La seigneurie de Châtillon comprenait les villages de Bief, Châtillon, Chaux, Neuvier, Courcelles, Froidevaux, Péseux, Solemont, Fleurey, Valoreille et Vauclusotte.

Nous avons dit que les comtes de la Roche firent construire au commencement du XIIIe siècle deux forteresses, Châtillon et Clémont, pour protéger leurs domaines contre les entreprises du comte de Bourgogne. Le château de Clémont occupait le sommet d'une montagne conique sur la rive droite du Doubs, au levant de la vallée de Dampjoux, et était véritablement la clef des montagnes.

La seigneurie de Clémont comprenait Clémont, détruit avec le château, en 1519, Montécheroux, Liebvilliers, Noire-Fontaine, Poset, Dampjoux et Villars-sous-Dampjoux (2).

---

(1) Voir les *châteaux et seigneuries de la Franche Montagne*, par l'abbé RICHARD.

(2) Les frères Gruber, propriétaires de la ferme de Clémont, racontent que, il y a vingt et quelques années, en réparant leur maison, ils trouvèrent, sous le seuil de la porte, quelques bouteilles de vin portant la date de 1500. Ils pensent qu'elles avaient été cachées là au moment de la destruction du château et du village. Il y eut grande fête à la ferme à l'occasion de cette heureuse trouvaille. Plusieurs amis furent invités et l'un d'eux nous a dit avoir trouvé exquis le parfum de l'antique nectar.

La seigneurie de Clémont passa, en 1240, dans la maison de Neuchâtel-Bourgogne, qui acheta cette terre de Thiemo de Ramestein, abbé de Lucelle. En 1506, le prince Ferdinand la vendit au duc de Wurtemberg-Montbéliard, avec les seigneuries de Blamont, Héricourt et Chatelot (1).

Le comté de la Roche était gardé au midi par le château de Malche, qui servait de boulevard à la Franche-Montagne. Ce château, bâti au Xe siècle, a été détruit par Louis XIV au moment de la première conquête de la Franche-Comté. Les ruines de la forteresse, actuellement couvertes de broussailles et d'arbres, existent à l'extrémité nord-est d'une colline, située au couchant de Malche. Ce monticule, d'une contenance de trente-cinq ares, est séparé du restant de la colline, au sud, par une tranchée pratiquée de main d'homme. Le sommet présente une esplanade de forme elliptique, longue de soixante-trois mètres et large de trente. Une dépression circulaire du terrain, auprès du donjon, au midi, indique la place de la tour principale avec laquelle il communiquait. On voit encore les vestiges de deux tourelles en face l'une de l'autre, vers le milieu et sur chacun des côtés de la forteresse, terminée au nord par une deuxième tour; des murs crénelés reliaient ces tours entre elles et ceignaient la forteresse. Sous le château et dans toute sa longueur, était pratiqué un souterrain dont la porte voûtée existe encore au levant; quelques pans de murailles, à la teinte rougeâtre, annoncent que l'édifice a passé par le feu. Le château de Malche, quand il était couronné de ses fortifications, devait offrir un aspect imposant, et l'approche en devait être redoutable (2). Du haut de ces tourelles qui s'élan-

(1) Cartulaire de Neuchâtel, Année 1506.
(2) Monographie du bourg et de la terre de Malche, par l'abbé RICHARD.

çaient en quelque sorte jusqu'au ciel, la vue embrassait un vaste horizon et plongeait jusque dans le château de Châtillon (1). En 1432, Marguerite de Cusance disait : « *qu'en la Franche-Montagne n'a point de place plus forte que le chastel de Maîche où tous les habitants doivent se retraire à savoir ceux des villes de Grand-Essert, Facevillers, Tremeu, Cernier-d'Ambray, Massevaux, Orgens, Cernay, Fremondans, Varin* » (2).

La position des quatre châteaux de la Roche, Clémont, Châtillon et Maîche, n'était pas due au hasard, mais calculée. C'étaient à la fois des postes d'observation et de défense, établis par les premiers comtes de la Roche pour surveiller et arrêter leurs inquiétants voisins. Obliquement, ces châteaux s'apercevaient les uns les autres ; le château de Maîche était le point central de cette fédération. Ces postes stratégiques communiquaient entre eux à l'aide de signaux aériens pendant le jour, et de feux pendant la nuit. Lorsque des mouvements suspects se

---

(1) Ed. CLERC. Essai, t. II. pages 402 et 404.

(2) Le château de Maîche a sa légende merveilleuse. Dans un de ces caveaux existe un coffre-fort, rempli d'or et d'argent. Ce trésor est le fruit des épargnes d'un vieux chevalier trop cupide, dont l'âme gémit en purgatoire depuis quatre à cinq siècles. Une fois tous les cent ans, ce chevalier, revêtu d'un manteau blanc, une clef de feu entre les dents, revient à la minuit de Noël. Il appelle quelqu'un de ses vassaux ou de ses sujets pour puiser dans ce trésor afin de faire des aumônes pour hâter sa délivrance ; le restant doit appartenir à celui qui lui rendra ce service. Mais pour cela, il faut avoir jeûné, être en état de grâce, se trouver à l'entrée du souterrain quand sonne la cloche de minuit, crier trois fois: *Chevalier du trésor !!!* et lorsqu'il paraît, lui arracher la clef de feu qu'il tient entre ses dents. Conditions difficiles à remplir, à ce qu'il paraît, car la tradition ne dit pas que les richesses du vieil avare soient jamais sorties de leur mystérieuse retraite.

manifestaient sur un point, celui de ces postes qui les apercevait le premier, avertissait le poste central ; l'alarme était donnée en très peu de temps, et les habitants des villages, ainsi avertis, pouvaient chercher un asile pour leurs bestiaux et leurs objets les plus précieux, soit dans les châteaux eux-mêmes, soit dans les grottes et les cavernes du voisinage.

Ce fut vraisemblablement au commencement du XIIIe siècle que Richard Ier, de Glère, construisit le château de Montjoie. Nulle part signalée avant ce seigneur, cette forteresse n'est mentionnée, pour la première fois, qu'en 1233. Sa position, sur les limites de la seigneurie, annonce assez que le motif de sa construction était de protéger et de défendre, de ce côté, les possessions des seigneurs de Glère. Ce n'est qu'à dater de la fondation de ce château, qu'ils prirent le nom de Montjoie.

Richard de Glère, sire de Montjoie, a laissé une lignée dont tous les membres ont constamment porté le nom de Montjoie jusqu'au commencement du XVe siècle, époque à laquelle cette antique maison s'éteignit et fut remplacée par celle de Thuillières [1]. Jean de Montjoie mourut en 1438, sans laisser d'héritiers directs, et transmit ses terres à Jean Louis de Thuillières, son neveu par alliance [2].

A l'imitation des princes de Montbéliard, leurs aînés, qui mettaient leur gloire dans le nombre de leurs vassaux, les comtes de la Roche distribuèrent des fiefs allodiaux à des seigneurs appartenant, soit à la branche cadette de leur famille, soit à la noblesse secondaire. C'est ainsi, comme nous l'avons dit, qu'on vit se former successivement dans leur comté, les seigneuries de Châtillon-

---

[1] Histoire de Montjoie, par l'abbé RICHARD.
[2] Voir chapitre XXV, fin.

sous-Maîche, de Clémont, puis celles de Trévillers et de Maîche.

Bien que fractionné en plusieurs fiefs secondaires, le comté de la Roche forma assez longtemps un tout compact, obéissant à une seule impulsion religieuse et militaire. Le droit d'hommage aidait puissamment à contenir les pouvoirs dans leurs limites respectives et à prévenir la confusion dans le commandement. On peut juger de l'autorité qu'il conférait par le prix qu'y attachaient les seigneurs et par les luttes sanglantes qu'ils engageaient pour l'acquérir ou le conserver. Avant de prendre possession de leurs fiefs, les seigneurs placés sous la dépendance du comte de la Roche, se rendaient au château; et là, à genoux devant leur suzerain, les mains placées entre les siennes, ils se déclaraient ses hommes liges et lui juraient fidélité sur les saints évangiles. Dès lors, ils étaient tenus, par les lois de l'honneur et de la religion, à le servir, à l'accompagner sur les champs de bataille et à embrasser toutes ses querelles. Que la cloche vînt à sonner l'alarme au château de la Roche, le signal répété de montagne en montagne par les tours de Clémont, de Châtillon, de Maîche et de Trévillers, avait bientôt réuni de vaillants hommes au pied du château où se passaient les montres d'armes.

Cette hiérarchie féodale était tellement conforme aux mœurs et au caractère de l'époque, qu'on en retrouve la puissante empreinte dans la constitution des familles; elle contribua grandement à rendre plus auguste l'autorité paternelle. Un enfant voulait-il sortir de la tutelle de son père pour s'établir, la cérémonie de l'émancipation rappelait les cérémonies de l'hommage prêté par les vassaux à leur suzerain. S'étant mis à genoux, tête nue, les mains jointes, le fils priait humblement son père, en présence du juge de la seigneurie, de le vouloir bien *mettre hors de sa puissance et autorité, afin qu'il pût gérer ses biens comme chef de famille*. Le père, après avoir relevé son fils, lui ouvrait les mains, déclarait l'émanciper, et le juge en délivrait acte authentique. C'était à vingt-cinq ans qu'était fixé l'âge de la majorité. Cette coutume était encore en vigueur au XVIII° siècle ; Ignace Parrenin-Mossard du Russey fut émancipé de la sorte par son père Clément-Parrenin-Mossard, en 1709 (1).

(1) Archives de la famille Parrenin du Russey. Voir aux *Pièces Justificatives*, la teneur de cet acte d'émancipation, tout à la fois instructif et attristant, par les comparaisons qu'il suggère en notre temps où le respect filial est si affaibli.

CHAPITRE V

Jean II, comte de la Roche.
1260—1317.

Situation des habitants du comté de la Roche sous le régime féodal. — Affranchissement de Saint-Hippolyte et établissement de la commune dans cette ville. — La Franche-Montagne. Saint-Hippolyte chef-lieu de baillage. — Droit coutumier. — Droits réservés au comte de la Roche.

Jean II, successeur de Wuillerme [1], était seigneur de Châtillon-sous-Maîche. Ce noble comte est regardé comme le fondateur du Saint-Hippolyte moderne, tant sont nombreuses et bienfaisantes les institutions dont il le dota. Avant de faire connaître cette curieuse période, il est bon d'étudier la situation des habitants de la contrée sous le régime féodal jusqu'à leur affranchissement.

Les habitants de Saint-Hippolyte et du comté de la Roche étaient divisés en trois classes : les serfs proprement dits, les serfs de condition douce et les hommes libres.

A l'origine des seigneuries, les terres et les habitants étaient la propriété des seigneurs ; il n'y avait alors que

---

[1] Wuillerme mourut sans enfants et laissa le comté de la Roche à son neveu Jean II, fils de son frère Hugues de la Roche.

des hommes taillables, main-mortables et exploitables au gré du seigneur pour les terres qu'ils avaient reçues de lui à cultiver. C'étaient les serfs proprement dits ; ils ne possédaient pas foncièrement la terre, ils ne pouvaient en disposer ni la léguer à leurs familles ; ils n'en étaient qu'usufruitiers moyennant certaines redevances en nature. Tous étaient tenus de se mettre à la disposition de leur seigneur en cas de guerre, de péril imminent ou d'affaires pressantes; de son côté, le seigneur récompensait les services signalés, par des dons pécuniaires et, plus souvent encore, par des concessions de terres, moyennant une redevance annuelle. De là l'origine des serfs de condition douce, tenant, pour ainsi dire, le milieu entre les hommes libres et les serfs proprement dits, ayant à la fois des prérogatives libérales et des charges serviles ; s'ils pouvaient disposer de leurs biens, ils devaient acquitter certaines redevances comme les serfs proprement dits.

De cette bonne entente des seigneurs et des populations résultait l'harmonie sociale et un généreux échange de bienfaits et de services, qui tira promptement de leur humble condition un certain nombre d'hommes attachés à la glèbe. Il n'était guère de villages où l'on ne rencontrât des hommes libres; c'étaient ces guerriers robustes et fidèles, qui avaient suivi les comtes et les barons en Terre-Sainte et sur les champs de bataille. S'ils ne dégénéraient pas trop de leurs pères, leurs fils touchaient à un avenir meilleur encore.

Les comtes, trop élevés au-dessus de cette bourgeoisie naissante et éparpillée dans les hameaux pour en concevoir de l'ombrage, la virent d'un bon œil et firent souvent plus que de créer des bourgeois : ils lui concédèrent des privilèges qui ne tendaient à rien moins qu'à accorder une véritable noblesse.

Les premiers qui, dans notre pays, sortirent ainsi de la condition commune pour s'élever à la noblesse, furent les Viviens de Provenchères. Armés chevaliers dès le XII⁰ siècle par les seigneurs de Belvoir, ils se créèrent dans leur village une seigneurie qui, sans être bien vaste, était constituée dans toute la plénitude de la juridiction féodale, avec la haute, la moyenne, la basse justice et toutes les redevances d'usage. Une branche de cette maison alla s'établir en Lorraine vers 1400, et y prit rang à la cour et dans les assemblées des états (1).

En 1285, Thiébaud de Belvoir concédait à son prévôt Pierre de Molens la propriété des biens dont il jouissait à Belvoir et l'exemptait de toute charge et contribution; il ne se réservait que le droit de l'en dépouiller dans le cas où il ne ferait pas la garde au château pendant un an et un jour (2).

Les Perrin, les Guillaume, les Thiébaud dits Siblat, de Trévillers, écuyers des premiers comtes de la Roche, avaient obtenu de ces seigneurs d'importantes concessions. Ils possédaient dans le finage même de Saint-Hippolyte plusieurs terres exemptes de tout impôt (3).

Jean de Vy, écuyer de Humbert de Villersexel, comte de la Roche, avait reçu de ce seigneur plusieurs meix et maisons dans la ville de Saint-Hippolyte, *à toujours mais pour lui et ses hoirs, francs, quittes et exempts de toutes charges et servitudes quelconques* (4).

Les Bouhélier de Cernay-sur-Maîche, les Monnot de Bonnétage, les Brenot et les Millot d'Orchamps-Vennes

---

(1) Armorial de la maison de Saint-Mauris.
(2) Chartes de PERRECIOT. Année 1285, n° 74.
(3) Cartulaire du comté de la Roche. Bibliothèque de Besançon.
(4) Ibid.

obtinrent au XV⁰ siècle de nombreux privilèges des sires de Varembon, comte de la Roche.

Pour apprécier la situation des habitants de Saint-Hippolyte et du comté de la Roche avant leur affranchissement, il ne faut pas, comme on l'a fait trop souvent, la juger avec nos idées actuelles. En tenant un compte exact de l'époque, on est amené à conclure que ce régime était conforme aux mœurs, au caractère et au tempérament des populations de ce temps. La féodalité est le gouvernement qui convient à l'enfance et à la jeunesse des peuples. La France l'a conservée longtemps, et son histoire ne manque ni d'éclat ni de grandeur. Ce système prêtait certainement à de graves abus; mais les peuples comme les individus ont les défauts de leur âge ; en grandissant, ils en changent et ne s'en dépouillent jamais entièrement. Nous ajouterons qu'un des caractères les plus marqués de notre féodalité franc-comtoise est de n'avoir pas trop abusé de ses droits, de s'être distinguée par une autorité plus douce ou, si l'on veut, moins oppressive que partout ailleurs. Aussi, à part quelques traits particuliers, la tradition ne fait pas de reproches aux seigneurs de la Roche ; leur nom, bien loin de soulever cette haine profonde dont l'opinion poursuit ailleurs les grandes ombres féodales est resté en honneur.

La féodalité ne paraissait donc pas aussi dure à nos ancêtres que nous pourrions le supposer. Nous voyons en effet que la charte d'affranchissement de Montbéliard, de 1283, qui servit de modèle à celle de Saint-Hippolyte, constituait pour les bourgeois une liberté telle que la Révolution française n'y a rien ajouté. Cette charte fut néanmoins accueillie par les habitants avec froideur; le gouvernement qu'ils avaient eu jusqu'alors devait faire naître en eux plutôt des regrets que le désir d'un nouveau régime dont ils n'éprouvaient pas le besoin (1).

En Franche-Comté, l'affranchissement présente un tout autre caractère que dans le nord de la France ; il suit le mouvement graduel de l'espèce humaine, le progrès de la science et de la civilisation ; aussi s'opère-t-il sans secousse, sans lutte violente. Suivant l'expression d'Augustin Thierry, le mouvement de la bourgeoisie vers son affranchissement était devenu une des nécessités de l'époque. Jean II, comte de la Roche, s'y prêta avec une bonne grâce qui fait honneur à son cœur.

Le samedi, veille de la saint Mathieu 1298, par un acte rédigé en présence de vingt-un habitants de la ville agissant tant en leur nom qu'au nom de leur communauté, le comte Jean affranchit les bourgeois de Saint-Hippolyte de toutes tailles et censives et leur accorda des franchises semblables à celles des bourgeois de Montbéliard, se réservant, toutefois, la haute et basse justice avec toutes ses appartenances, l'ost et la chevauchie toutes les fois que besoin serait, et toutes les prestations réservées par les us et coutumes de Montbéliard. En retour, les bourgeois devaient payer, à lui et à ses successeurs, chaque année, à la fête de l'Annonciation de Notre-Dame, douze deniers de la monnaie ayant cours en la ville ou dans le diocèse de Besançon, pour chaque toise (ou dix mètres) de la façade de leur maison. D'après la même charte, tout étranger qui voulait habiter la ville devait d'abord en demander l'autorisation au comte; en cas d'absence, à sa femme ou bien au prévôt de Châtillon; payer 12 deniers au seigneur; lui prêter serment de fidélité et prendre l'engagement de s'opposer à ce qu'il lui arrivât dans ses biens une perte s'élevant à 4 petits deniers tournois. Si

---

(1) A. TUETEY. Étude sur le droit municipal à Montbéliard.

quelque bourgeois voulait renoncer au bénéfice de la franchise, il devait, avant son départ, prendre congé du comte, le recommander à Dieu et lui offrir 12 deniers; le comte, de son côté, s'engageait à l'accompagner, lui, sa famille et ses biens, pendant un jour et une nuit et à acheter sa maison dans le cas où il ne trouverait pas à la vendre. Si l'on négligeait la formalité du congé, le seigneur se trouvait, par le fait même, déchargé de toute obligation vis-à-vis de celui qui sortait ainsi de la ville; il pouvait même le faire admonester, le faire poursuivre et le forcer à rentrer dans les huit jours avec tous ses biens. Pour garantir la validité de cet acte, et en assurer l'exécution, le comte Jean et les bourgeois jurèrent sur les saints évangiles et sous peine d'excommunication, d'en maintenir avec soin toutes les dispositions. Pour imprimer à cette charte un caractère d'authenticité plus grand, les officiaux de la cour de Besançon, Villames, seigneur de Montjoie, et Jacques, prieur de Vaucluse, consentirent, à la requête des deux parties, à y apposer leurs sceaux en témoignage de vérité (1).

L'engagement contracté par Jean de la Roche de respecter les libertés et immunités ci-dessus énoncées, ne constituait pas un simple engagement personnel, il obligeait encore ses successeurs. Ceux-ci avant de prendre possession de leur ville, s'astreignaient par serment à en maintenir et conserver les privilèges, qu'ils devaient, en outre, confirmer par lettres spéciales, munies de leurs propres sceaux ou de sceaux équivalents (2).

Les chefs de la bourgeoisie veillèrent toujours avec le plus grand soin à ce que cette clause fût rigoureusement

---

(1) Pièces justificatives, note 2.
(2) Loc. cit.

observée. Tout nouveau seigneur faisant son entrée à Saint-Hippolyte, se rendait solennement à l'hôtel de ville, et là, en présence du corps municipal assemblé, il jurait, la main sur les saints Évangiles, de respecter les libertés et franchises de la ville et faisait rédiger séance tenante des lettres de confirmation qu'il remettait aux magistrats; alors seulement le comte de la Roche était reconnu seigneur de Saint-Hippolyte. Dans une seconde charte, donnée le mardi après la Toussaint 1310, Jean II vendait encore aux prud'hommes et communautés de Saint-Hippolyte leurs aisances, ruaiges (passages) et affouaiges, tant en plain qu'en bois, dans toutes ses forêts du comté de la Roche, de Châtillon et de la Franche-Montagne, dès la *charrière de messire Girard de Vauchamps*, jusqu'au pré *dit Bélérel de Soyères, comme les joux déjettent l'eau vers les rivières*; et *dès le pré que messire Girard a acheté de messire Baumal de Fleurey jusqu'à la pierre qui tourne (pierre qui vire)*[1]. Il leur accordait en outre les pâturages, rai (parcours) et usages sur toutes ses villes voisines, sans faire dommage, comme c'est le droit et la coutume: et leur remettait toutes les amendes qu'ils avaient encourues jusqu'à ce jour. Ces concessions étaient faites moyennant 120 livres de bons estevenants, une fois payées, et 2 sols estevenants pour chaque chariot de foin récolté par les particuliers. Le comte retint les terrages sur le territoire de Saint-Hippolyte, la dîme à la quinzième gerbe dans les Essarts, et à la douzième dans les terrains en culture. A ces conditions, les bourgeois eurent tout pouvoir de louer, vendre, échanger leurs héritages en toute franchise entre gens de la même seigneurie; car il priva

---

[1] Pierre druidique située au lieu dit les Combes de Fleurey en face de la grotte dite Baume Murie.

de cet avantage ceux qui avoueraient un autre seigneur et défendit de rien transporter hors des limites de sa terre. Cette seconde charte rédigée comme la première par les officiaux de Besançon, portait les sceaux de la cour, du comte Jean et de sire Villames, seigneur de Montjoie (1).

La charte de 1298, concédant aux bourgeois de Saint-Hippolyte des franchises semblables à celles des bourgeois de Montbéliard, leur accordait par le fait le droit de se constituer en communauté et d'être gouvernés par des magistrats de leur choix. Jusque là, leurs chefs avaient dépendu de la volonté du seigneur qui pouvait augmenter et restreindre à son gré leur pouvoir. C'était le privilège le plus considérable et le plus précieux; aussi, les bourgeois s'empressèrent-ils d'en jouir. Le 3 du mois d'avril 1303, ils obtinrent du comte de la Roche une copie des franchises de Montbéliard et commencèrent à organiser leur nouvelle commune (2).

Les statuts primitifs de la commune de Saint-Hippolyte ont disparu avec les siècles; ceux que nous allons donner sont de la seconde moitié du XVe siècle, d'une date un peu postérieure à ceux de la ville de Montbéliard dont ils ne sont que la reproduction; ils ont été rédigés par Pierre Poulier et Richard, fils de Pierre Croslot, alors maîtres bourgeois de la ville.

Chaque année, le dimanche après la Saint Michel, tous les habitants de Saint-Hippolyte devaient, sous peine d'une amende de 5 sols estevenants s'assembler à l'hôtel de ville pour procéder à une nouvelle élection.

---

(1) Cartulaire du comté de la Roche, Bibliothèque de la ville de Besançon.
(2) Ibid.

Après l'appel nominal fait par le sergent de ville, l'ancien conseil nommait un maître bourgeois ; les habitants en nommaient un deuxième. Les deux élus étaient appelés prud'hommes jurés, gouverneurs de la ville. Ils portèrent le titre d'échevins, après la conquête de la Franche-Comté. Ils s'adjoignaient deux conseillers auxquels les habitants en ajoutaient quatre.

Le conseil étant ainsi composé de huit membres, on procédait à l'élection du corps des *Seize*, choisis parmi les notables de la ville et nommés, moitié par ledit conseil et moitié par les habitants. Nul ne pouvait être élu maître bourgeois s'il n'avait passé un an dans l'un de ces deux corps. Dans toutes les circonstances graves, le conseil municipal devait faire appel aux Seize et même à tous les habitants ; ceux-ci étaient alors obligés de se rendre à l'hôtel de ville, sous peine d'une amende de 3 sols estevenants.

Une telle organisation très sage et très bien vue, avait pour but et pour résultat de perpétuer dans ceux qui avaient entre les mains le gouvernement de la ville, la tradition des usages administratifs et d'empêcher la formation d'un nouveau corps sans expérience des affaires. Les conseillers et les membres du corps des Seize avaient tout le temps et toutes les facilités de s'exercer au maniment des affaires et de connaître l'administration. On évitait ainsi les tâtonnements et les erreurs qui sont toujours le fruit de l'inexpérience.

La municipalité une fois constituée nommait le forestier dont l'office consistait à garder les terres et les forêts, le sergent ou valet de ville, le procureur syndic, le greffier, le sonneur et le pâtre. Ces officiers et agents municipaux prêtaient serment d'accomplir consciencieusement leurs devoirs.

Les maîtres bourgeois étaient nommés pour un an comme leurs agents. Leurs fonctions pouvaient être renouvelées deux autres fois, après trois ou cinq ans ; après quoi, nul ne pouvait plus être contraint à devenir maître bourgeois. Ils rendaient leurs comptes chaque année, la veille de la circoncision de Notre-Seigneur, en présence de la nouvelle municipalité et de quelques autres bourgeois en qualité d'auditeurs.

Voyons maintenant quelles étaient les attributions des maîtres bourgeois.

Ils étaient, en premier lieu, chargés de l'admission des nouveaux bourgeois. Si quelqu'un voulait faire partie de la communauté, il devait s'adresser aux maîtres bourgeois ; ceux-ci après avoir obtenu un arrêt de la cour du comte, assemblaient leur conseil pour s'assurer que le postulant était de bonne vie et mœurs, de franche condition et non mainmortable ; plus tard, on exigea qu'il fut catholique. Ces formalités remplies, le nouveau bourgeois prêtait serment entre les mains des chefs de la commune, donnait trente écus d'or avec deux *soillots* (1) à la ville et offrait la *banquette* (dîner) aux vingt-quatre. L'étranger, ayant épousé une fille, bourgeoise de la ville, était admis pour la somme de 10 écus soleil avec les soillots et la banquette. Les habitants des villages voisins pouvaient, sans quitter leur domicile, se faire agréger à cette bourgeoisie en remplissant les mêmes conditions et en payant de plus une prestation annuelle qui s'élevait pour chacun à douze ou treize francs. Leur nombre varia de treize à soixante, on les appelait, *bourgeois déforains*.

(1) Soillot, petite seille, petit seau, objet destiné au service des incendies. Prévenir et combattre le feu était une des grandes sollicitudes du temps.

Personne ne pouvait louer d'appartement à un étranger sans l'autorisation des maîtres bourgeois et de leur conseil.

En second lieu, les maîtres bourgeois étaient chargés de l'administration, de la police et de la sûreté de la ville. Ils devaient prendre les règlements, passer les contrats, traiter toutes les affaires au nom et profit de la communauté et avec la plus grande impartialité. Les bourgeois, de leur côté, étaient tenus de leur obéir, sous peine d'une amende de dix sols estevenants pour chaque défaillance. Les maîtres bourgeois devaient, en outre, veiller à la sûreté des habitants, requérir les gardes, assurer les postes en temps de guerre, de peste et d'autres dangers ; visiter les hôtels (les maisons), quatre fois l'an aux veilles des foires, pour s'assurer du bon état des cheminées, des chambres à feu et des greniers ; ils devaient ordonner aux propriétaires d'exécuter les réparations jugées nécessaires aux cheminées sous peine d'une amende de dix sols et, en cas d'urgence, de l'interdiction d'allumer du feu. La transgression de ces ordres était punie d'une amende de trente sols et entraînait la réparation du dommage causé aux voisins par le feu. Défense était faite d'aller sans lanterne dans les écuries, greniers à foin et remises. En cas d'incendie, chaque bourgeois devait accourir sur le lieu du sinistre et se mettre à la disposition des maîtres bourgeois sous peine d'une amende de dix sols. Chaque bourgeois était également tenu de loger en lieu commode les objets servant à combattre le feu ; il ne pouvait en disposer sans l'autorisation des maîtres bourgeois, sous peine de la même amende.

En troisième lieu, les maîtres bourgeois étaient chargés, sous leur responsabilité personnelle, du recouvrement des impôts, de la taxe du pain et du vin, de la police des boucheries et des fontaines, de la distribution du sel, faite conformément au rôle des habitants établi chaque année, de l'entretien des chemins, murs et fortifications de la ville. Ils avaient le droit d'imposer aux habitants toutes les corvées nécessaires à cet effet ainsi qu'au bien public, sous peine d'une amende variant de trois à cinq sols. Ils devaient en outre veiller à la garde des archives et des propriétés particulières et communales. Les archives et titres de la ville étaient déposés dans un coffre-fort fermant à trois clefs qui étaient gardées, l'une par les maîtres bourgeois, l'autre par un des conseillers et la troisième par un des Seize. Chaque particulier avait le droit de requérir les maîtres bourgeois, moyennant une rétribution de cinq sols, pour procéder à la délimitation et au bornage de ses propriétés. Les maîtres bourgeois accompagnés du conseil devaient faire une fois, durant l'exercice de leur charge, la visite des biens communaux pour constater et réprimer les empiétements des particuliers.

En cinquième lieu, les maîtres bourgeois faisaient les ordonnances et les règlements concernant l'administration des forêts, l'affouage et la récolte des fruits sauvages. Ils en confiaient l'exécution au sergent de ville qui était tout à la fois commissaire de police et garde-champêtre.

Les bois d'affouage étaient marqués par le sergent de ville, et personne n'avait le droit de les couper sans son autorisation ; les bois de merrain, tels que poiriers et pommiers sauvages, tilleuls, chênes, cerisiers, étaient vendus au profit de la ville et aux enchères publiques. Dans un cas pressant, les particuliers pouvaient s'adresser à la municipalité, qui leur donnait le bois dont ils avaient besoin. Les délits commis dans les forêts communales étaient punis d'une amende de soixante sols pour le merrain, et de dix sols pour les autres bois, avec confiscation du bois coupé. La garde des troupeaux, tant gros que menus, était confiée aux bergers de la ville, payés pour chaque tête de bétail au taux fixé par la municipalité ; les bergers étaient responsables des dommages causés par leur faute ou leur négligence. Les fruits sauvages, tels que glands, faînes, poires et pommes, étaient mis en bans ; quiconque y touchait avant la levée du ban était puni d'une amende de dix sols. Toutefois, après les orages, les pauvres pouvaient être autorisés à recueillir ces fruits tombés.

Enfin, les maîtres bourgeois étaient chargés de la basse justice, sauf le recours au seigneur. La haute justice qui statuait sur toutes les causes civiles et criminelles, était réservée au comte de la Roche. Les fourches patibulaires en étaient l'insigne. Celles de Saint-Hippolyte existaient au-dessus d'un tertre en face de la ville, dans le lieu appelé encore de nos jours le *Pré des fourches*. Dans le principe, les seigneurs de la Roche connaissaient de toutes les affaires ; leur juridiction était complète et absolue, mais dans la suite, ils ne se réservèrent spécialement que les causes importantes, les affaires criminelles qui entraînaient une peine de corps, ce que nous appelons aujourd'hui les crimes ou attentats, soit contre les personnes, soit contre les propriétés ; ils laissèrent à la ville le soin et la charge de connaître des délits et des causes peu importantes. Les maîtres bourgeois tenaient leurs audiences quatre fois l'an, selon les besoins. Ils étaient assistés, à cet effet, d'un procureur syndic et d'un greffier. Ils connaissaient des contraventions aux règlements de police, des délits contre les propriétés, et pouvaient frapper les contrevenants d'amendes s'élevant de trois à soixante sols estevenants au profit de la ville. Ils pouvaient également, après avoir consulté leur conseil et, au besoin, les Seize, régler tous les différents, qui surgissaient entre les bourgeois. Quiconque se permettait d'injurier les maîtres bourgeois et leurs conseillers, était puni d'une amende de dix sols pour la première fois, de vingt sols pour la seconde; mais, à la troisième, il était à tout jamais banni de la communauté (1).

Ces institutions administratives, cette organisation tout à la fois civile et judiciaire, d'une simplicité et d'une sagesse qu'on ne saurait trop admirer, surtout si on se reporte au temps qui les a produites, sauvegardaient parfaitement les droits de l'autorité et les intérêts des habitants de Saint-Hippolyte. Aussi les bourgeois y étaient-ils fortement attachés. Dans tous les cœurs s'enracinait le désir de maintenir, à tout prix, envers et contre tous, ces libertés si chères, de les transmettre aux enfants pures et intactes comme les pères les avaient reçues de leurs pères. Aussi exigeait-on des maîtres bourgeois et de leurs conseillers, avant leur entrée en fonctions, le serment sur les saints Evangiles de gouverner loyalement et fidèlement la communauté et surtout de conserver ses franchises. C'est ainsi qu'en 1674, lors de la réunion du comté à la France, ces franchises, qui existaient depuis quatre siècles, n'avaient rien perdu de leur simplicité primitive. Nous allons montrer comment les empiétements tentés par plusieurs comtes avaient échoué devant la résistance énergique de la bourgeoisie.

De 1481 à 1547, les comtes de la Roche défendent à plusieurs reprises aux habitants de Saint-Hippolyte de s'assembler pour affaires communales sans leur permission, sous prétexte qu'ils sont gens de *poêle*; mais ceux-ci préfèrent se faire condamner à l'amende par la justice seigneuriale plutôt que de se soumettre. Un demi-siècle

(1) Pièces justificatives.

plus tard, ils résistent énergiquement aux empiètements de Claudine de Rye. Forts de leurs droits, ils portent leurs réclamations devant le parlement qui les confirme dans l'exercice de leur administration municipale.

Ainsi, depuis la première moitié du XIV⁰ siècle, c'est-à-dire près de cinq cents ans avant la Révolution française, la communauté de Saint-Hippolyte jouissait d'une liberté plus grande et de pouvoirs plus étendus pour gérer ses affaires qu'aujourd'hui, après cent ans de tentatives dangereuses et d'inutiles efforts. Aussi, en 1789, les habitants de la ville pouvaient donner à ceux qui venaient proclamer chez eux les prétendus droits de l'homme, la même réponse que fit le maître bourgeois de Montbéliard à Bernard de Saintes entrant dans la ville à la tête de ses troupes : « Je vous apporte la liberté, lui dit le conventionnel. — Vous vous trompez, répondit courageusement Ferrand, nous la connaissons de longue date et aussi complète qu'il est possible ; elle a été un des bienfaits de nos princes, nous n'avons d'expressions que pour les bénir [1] »

La charte d'affranchissement de Saint-Hippolyte en 1298 est le premier titre qui fasse mention de la *Franche-Montagne*. Ce nom fut d'abord celui des premières chaînes du Jura, parce qu'elles étaient exemptes de la servitude et de la mainmorte, et que la terre y appartenait au premier occupant. Il était permis à chacun d'y défricher le terrain qu'il voulait s'approprier. *Sibi quasi de franco jure occupare et vindicare sicut se habet Jurensis consuetudo* [2]. Peu à peu, les seigneurs voisins s'étant approprié ce qui leur convenait, le nom de *franches* ne fut réservé qu'aux

[1] Tuetey, étude sur le droit municipal à Montbéliard.
[2] Histoire de Pontarlier. Charte de l'année 1294.

montagnes de l'ancienne principauté de Porrentruy et à la partie orientale de la contrée dont les seigneurs de la Roche respectèrent les libertés. Les montagnards établis auprès du château de Saint-Julien apparaissent hommes de franche condition à une époque très reculée, sans que l'on n'ait aucun indice d'une charte d'affranchissement parmi les anciens titres qui rappellent leurs droits.

La circonscription de la Franche-Montagne dans notre province comprenait les seigneuries de Saint-Hippolyte, Saint-Julien, Maîche, et avait pour chef-lieu la première de ces localités dont la terre, selon une reprise de fief faite, le 13 avril 1312, par Jean de la Roche à Renaud de Bourgogne, comte de Montbéliard, comprenait les villages de Trévillers, Thiébouhans, Grand-Essart, Chaitel, Charmauvillers, Courtefontaine, Soulce, Montandon, Mouillevillers et les fiefs de Chamesol et de Cernay. Nul doute que la Franche-Montagne ne fut comprise dans le comté de la Roche, puisque, en 1308, on voit un Perrenins de Bavans, damoiseau, entrer dans la vassalité de Gauthier de Montbéliard, sire de Montfaucon, pour ce qu'il tenait à *Franquemont, Tréveler, Fesseveler, Thiébouhans, Cortefontaine et à Charmauveler, sauf*, est-il dit dans l'acte, *la féauté lo comte de la Roche* (1).

Les revenus de la seigneurie de Saint-Hippolyte varièrent de 2,500 à 3,500 francs depuis la fin du XIVe à la fin du XVe siècle. Ils étaient administrés par un receveur spécial qui, ordinairement, était notaire et touchait un honoraire de 12 francs.

La Franche-Montagne était divisée en quatre juridictions de basse police, appelées *Grandes mairies*, dont les sièges étaient Saint-Hippolyte, Trévillers, Maîche et

(1) Cartulaire de Montfaucon. Année 1308.

Damprichard. Les fonctions des *Grands maires* consistaient à fixer les bans ordonnés par le seigneur et à connaître des délits et dommages jusqu'à 3 sols. Ces circonscriptions administratives et judiciaires ressortaient du bailliage de Saint-Hippolyte, auquel on appelait des sentences rendues par les chatellenies et par les grandes-mairies. C'est ainsi que, sans parler de la justice des bourgeois, la ville possédait encore un bailliage seigneurial dont on ne pouvait appeler qu'à celui du souverain. Le grand bailli du seigneur était toujours un noble ou un gradué docteur ès lois; le capitaine de la Roche cumulait les fonctions de juge châtelain et celles de tabellion. Un seul procureur fiscal et un seul greffier fonctionnaient dans les tribunaux de ces deux juges et tous ces officiers judiciaires prenaient le titre de *juges du comté de la Roche et de la Franche-Montagne*; ils tenaient leurs assises deux fois l'an et étaient rétribués par le seigneur. Les frais du bailliage s'élevaient à environ soixante francs par chaque session, ceux de la châtellenie à vingt francs. Le grand bailli touchait annuellement dix francs, le capitaine cent francs et trois bichots de froment, son lieutenant trois francs, et le procureur fiscal trois francs. Les grands baillis dont les noms ont été conservés sont :

Guillaume DYNÉSY en 1385 ;
VIENNOT MAGUER en 1492 ;
Claude SONNET en 1555 ;
Hugues LAFERTEY en 1585 ;
Claude PIAGET, docteur ès-droit, en 1620 (1).

A ces différents règlements venait s'ajouter le *droit coutumier*, dont nous croyons utile de dire un mot, car la

(1) Monographie de Saint-Hippolyte, par l'abbé Richard.

connaissance des coutumes et des usages d'un peuple n'est pas la partie la moins instructive de son histoire, et rien n'est plus propre à nous donner une juste idée de son caractère et de ses mœurs.

Les plus importantes de ces coutumes étaient celles qui concernaient la société conjugale et les droits de succession.

Le mariage émancipait la femme et la mettait hors de la puissance paternelle, pour la disposition de ses biens, et hors de celle de son mari, pour en disposer par acte de dernière volonté ; mais elle ne pouvait, sans l'autorisation de celui-ci, ester en jugement et faire une donation entre vifs. Au XVe siècle, époque de la rédaction du droit coutumier en Franche-Comté, comme dans les siècles suivants, la soumission la plus profonde des femmes pour leurs époux s'était conservée dans nos mœurs, à tel point que les femmes nobles appelaient ceux-ci *Monseigneur*, et les bourgeoises *notre maître*. Cette prééminence maritale impliquait l'intervention nécessaire du mari dans les contrats et les procès de la femme. Cette disposition conservait sagement les biens de la femme ; celle-ci, par suite de sa faiblesse et de son inexpérience des affaires, aurait été exposée à se nuire à elle-même ainsi qu'à son mari. Si elle n'avait pas besoin de l'autorisation de celui-ci, pour faire des dispositions de dernière volonté, c'est que ces sortes d'actes exigent une entière liberté, et que, d'ailleurs, ils ne pouvaient nuire d'aucune manière aux intérêts du mari, puisqu'ils n'avaient d'effet qu'après la dissolution de la communauté.

En cas de survie à son mari, la femme avait un droit d'usufruit sur les immeubles du défunt. Entre nobles, le douaire était de la moitié des biens du mari, et du tiers seulement entre bourgeois. Les veuves qui se remariaient, perdaient la moitié de leur douaire; elles le perdaient entièrement, si une action en adultère leur avait été intentée avant la mort de leur mari et si elles s'étaient séparées de lui ou avaient vécu impudiquement dans l'année du deuil. Ces dispositions, il faut l'avouer, contribuaient singulièrement à maintenir l'honnêteté dans les mœurs des femmes et les engageaient à respecter le nom de leurs maris. Si elles se faisaient religieuses, elles conservaient leur douaire dans son entier.

Pour régler les intérêts de leur communauté conjugale, les époux avaient la faculté d'adopter les coutumes de n'importe quelle province. D'après la coutume comtoise, la communauté comprenait les meubles et les acquêts faits durant le mariage; le mariage contracté, on ne pouvait renoncer à cette société conjugale pour en adopter une autre.

Les maris nobles étaient favorisés en ce que, en cas de survie, ils conservaient tous les meubles.

La femme pouvait renoncer à la société conjugale, si elle craignait qu'il y eut plus de dettes que de biens; avant le XVe siècle, la seule formalité qu'elle eût à remplir consistait à ôter sa ceinture et à la déposer, incontinent après la mort de son mari, sur son cercueil ou sur sa fosse. C'est de la sorte que Marguerite, épouse de Philippe, duc et comte de Bourgogne, renonça à la communauté de son mari. Mais, depuis la rédaction de nos coutumes, les femmes furent autorisées à faire renonciation devant un juge, un notaire, un prêtre ou tous autres témoins, pourvu que ce fût avant l'enlèvement du corps du trépassé de la maison mortuaire.

Ce délai était bien court; aussi l'ordonnance de 1667 finit-elle par leur accorder le même temps qu'aux autres héritiers pour accepter ou refuser la succession de leurs maris. S'il était prouvé que la femme eût soustrait quelque effet de la succession, elle perdait son privilège de renonciataire et payait sa part des dettes.

Voici maintenant de quelle manière la possession des biens des défunts passait à leurs héritiers. L'article 1er du droit coutumier disait : *Le mort saisit le vif, son héritier testamentaire, ou son plus prochain héritier habile à lui succéder ab intestat.* L'héritier était mis en possession de son héritage, sans démarches ni dépenses. Les biens des hommes morts civilement n'étaient point, en Franche-Comté, confisqués au profit du fisc au détriment des héritiers, si ce n'est dans le seul cas de *lèse majesté*.

Quant aux successions collatérales, la coutume y était *souchère*, c'est-à-dire qu'elle conservait les biens anciens et les immeubles du défunt à la souche, ligne et parenté desquelles ils provenaient, elle empêchait les biens d'une ligne de passer dans une autre, tant qu'il y avait des parents de cette ligne aptes à les recueillir, et préférait les parents du côté d'où provenaient ces biens, quoiqu'ils fussent plus éloignés, à des parents plus rapprochés d'un autre côté, selon cet axiome : *Paterna paternis, materna maternis*, les biens paternels aux parents paternels et les biens de la mère aux parents de la mère. Les immeubles étaient seuls biens de ligne, les biens meubles passaient toujours aux parents les plus proches, sans distinction de ligne. Les ascendants n'avaient à réclamer dans les successions de leurs descendants que leur part des acquêts, des meubles et des donations qu'ils pouvaient avoir faites.

Lorsqu'il y avait des enfants de plusieurs lits, la succession des pères et mères décédés *ab intestat* se partageait par lits et non par têtes. Cette disposition produisait entre les enfants une inégalité révoltante ; aussi fut-elle remplacée par le droit romain en 1606. Les petits-enfants succédaient aux biens de leurs grand-pères et grand-mères, par ligne et non par tête.

Les religieux qui n'avaient pas disposé de leurs biens avant de faire profession, les laissaient à leurs monastères. En 1581, une ordonnance réduisit les droits des monastères sur les biens des religieux à leur succession mobilière ; après leur mort, les immeubles retournaient aux héritiers du sang. Au siècle suivant, on alla plus loin ; on n'admit plus dans la province d'ordres religieux qu'à la condition qu'ils ne succéderaient pas même aux meubles et à l'usufruit des immeubles de leurs membres.

Les bâtards étaient exclus de la succession de leurs père et mère. Les biens de ces derniers passaient à leurs descendants légitimes, s'ils en avaient ; au fisc dans le cas contraire.

Mais l'article le plus important du titre des successions était celui de la renonciation des filles à la succession de leurs parents. La coutume franc-comtoise inspirée par la loi bourguignonne, toute favorable aux enfants mâles, admettait les filles à renoncer, au moment de leur mariage, à la succession de leurs père et mère, moyennant une dot que ceux-ci leur constituaient dans les conditions suivantes. Le mariage devait s'accomplir du vivant du père et de la mère ; la dot, constituée pour en jouir sur-le-champ ou seulement après leur décès, devait être *divise*, c'est-à-dire clairement déterminée, une somme d'argent ou quelque immeuble qui ne pût, en aucun cas, être regardé comme une quotité d'hoirie. Cette renonciation devait être purement volontaire, et entraînait, pour les enfants des filles renonçantes, l'exclusion aux mêmes successions. Les pères et mères pouvaient rappeler à leurs successions des filles qui y avaient renoncé, leur faire des donations entre vifs et à cause de mort. Les filles n'étaient point exclues des successions collatérales et pouvaient rentrer même de plein droit dans celles de leurs auteurs, si tous leurs frères mouraient avant elles. Une ordonnance de 1587 les autorisa aussi à demander un supplément de dot, lorsque dans celle qui avait été accordée, il y avait lésion de la moitié pour les filles majeures, et du tiers au quart pour les mineures.

Ce singulier usage de donner aux filles, en les mariant, le moins de biens possible, avait jeté de si profondes racines qu'il subsiste encore dans plusieurs familles. On y est trop imbu de ce préjugé que les garçons seuls sont les soutiens de la famille ; que les filles sont incapables, à cause de leur faiblesse, de lui rendre aucun service ; qu'elles en vont même perdre le nom en s'unissant par le mariage à d'autres familles. Les filles trouvent, il est vrai, dans les avantages faits aux maris qu'elles épousent, un dédommagement à la défaveur attachée à l'infériorité de leur sexe; mais, aujourd'hui, les pères et mères vraiment prudents et sages doivent porter indistinctement à leurs enfants des deux sexes, s'ils ne s'en rendent pas indignes, une égale affection et leur donner une égale part dans leurs biens.

Nous avons vu que toute personne qui mourait sans laisser de testament devait avoir pour héritier son plus proche parent. Si l'héritier ne se présentait pas aussitôt après le décès, les biens du défunt devaient être gardés fidèlement un an et un jour ; ce terme écoulé, le seigneur devait, après avoir pris conseil des bourgeois, faire une aumône à l'église et accomplir toutes les obligations auxquelles aurait été tenu le véritable héritier. Ce qui restait alors de la succession lui appartenait de plein droit. La même chose avait lieu pour un marchand, pour un pèlerin ou pour un voyageur qui venaient à décéder dans le pays.

Les bourgeois de Saint-Hippolyte avaient entière liberté d'aliéner leurs biens d'une façon quelconque et par conséquent de les vendre, mais seulement en faveur d'habitants admis dans la franchise et moyennant une redevance payable au seigneur, c'était le droit de *lods*. Quand, pour plus de sûreté, ils demandaient l'apposition du sceau seigneurial à l'acte de vente, ils payaient une seconde redevance appelée *droit de Scel* ; ces deux droits se confondirent dans la suite. Le chiffre généralement adopté était celui de douze deniers, par livre de vente. La vente ne passait à l'état de fait accompli qu'après un an et un jour, pendant lequel laps de temps pouvait s'exercer le *retrait lignager*.

Voici quelle était à ce sujet la coutume générale dans la contrée. Le plus proche parent du vendeur, qui voulait retraire et rappeler à lui un immeuble vendu et aliéné par son agnat ou par son consanguin, pouvait et devait, pendant un an et un jour à compter de l'époque de la vente, être admis au retrait de la chose vendue, à condition de rembourser au vendeur le prix de la vente avec le coût de l'acte. Ce droit offrait le précieux avantage de conserver les biens anciens dans les familles.

La prescription pour les dettes s'établissait sur les fonds par trente années ; mais le roi Philippe II rendit une ordonnance en 1564 pour reporter la prescription à quarante ans et réduire à cinq celle des arrérages. Les instances en matière de procès n'étaient périmées que par une interruption de poursuites de trente ans.

En accordant les franchises aux bourgeois de Saint-Hippolyte, le comte de la Roche s'était réservé, outre la haute et basse justice dont nous avons parlé, un impôt désigné sous le nom de *cens des toises*. Cet impôt, proportionné à l'étendue du front du bâtiment, était de douze deniers par toise. Il ressemblait beaucoup à l'impôt foncier des maisons d'habitation et à celui des portes et fenêtres, actuellement en usage ; le nom a varié, mais la chose est analogue. Compter par portes et fenêtres ou par mètres carrés du sol au lieu de compter par toises de façade, change bien peu le mode d'imposition.

Dans la charte d'affranchissement, le comte de la Roche s'était encore réservé certains privilèges accordés au seigneur par les us et coutumes de Montbéliard. C'étaient le droit de chasse et de pêche, le droit d'aide, le droit de banalités, le banvin, l'ost et la chevauchie.

Les seigneurs tenaient beaucoup au premier de ces droits, tant à raison de l'honneur qu'ils y attachaient que pour les revenus importants qu'ils en retiraient. Chasser était un des plus anciens privilèges des nobles ; concéder ce droit à des roturiers, eût paru amoindrir la noblesse ; aussi, le droit de chasse ne figure-t-il pas dans les premières concessions faites aux bourgeois de Saint-Hippolyte ; aussi quand, plus tard, les seigneurs de la Roche le leur octroyèrent, n'en permirent-ils l'exercice que sur les terrains communaux et à certaines conditions. Des restrictions analogues étaient apportées au droit de pêche.

Conformément au droit romain, la propriété du gibier appartenait à celui qui l'avait levé et qui le poursuivait et non à celui qui le prenait. Les chasseurs, gens nobles et non nobles, ayant la permission de chasser, devaient au seigneur haut justicier, sur le territoire de qui la bête était abattue, le *creu*, c'est-à-dire le tribut ou l'offrande du meilleur quartier, quand même l'animal avait été levé ailleurs. Les moyens et bas justiciers ne jouissaient pas de ce dernier droit.

Sans parler du petit gibier, devenu rare de nos jours et qui abondait alors, on rencontrait fréquemment l'ours, le lynx, le loup, le sanglier, le cerf et le chat sauvage.

L'ours et le lynx étaient communs à cette époque dans le pays et ils y ont existé jusqu'à une époque assez rapprochée de nous. Le dernier ours fut tué en 1826, dans la vallée du Doubs près de Glères. Les loups étaient aussi fort communs et portèrent fréquemment la terreur dans la contrée; mais c'est surtout pendant les années 1575, 1590, 1653, 1695 et 1700 qu'ils ont désolé les campagnes. Les ravages causés par les loups enragés, en 1590, ont été décrits par Jean Bauhin, médecin du duc de Wurtemberg-Montbéliard. Aujourd'hui ils ne se montrent plus qu'à de rares intervalles. Quant aux sangliers, ils se trouvent encore cachés au fond de quelques forêts; on leur fait une chasse à outrance lorsqu'ils sortent de leur retraite, et le jour n'est peut-être pas éloigné où l'on n'en verra plus.

Le cerf a complètement disparu, et c'est à peine si l'on rencontre encore quelques couples de chevreuils dans les grandes forêts.

Le chat sauvage s'est mieux conservé dans nos montagnes, où il fait grand carnage de souris, d'oiseaux et d'écureuils.

La coutume autorisait le seigneur haut justicier à demander une subvention à ses sujets dans quatre circonstances : quand il était armé chevalier; pour le voyage d'outre-mer; pour payer sa rançon, quand il était fait prisonnier; enfin lorsqu'il mariait sa fille. Ces différentes prestations, laissées dans le principe à l'arbitraire du seigneur, amenèrent de nombreuses contestations; pour y mettre un terme, les états de la province réglèrent, en 1586, que l'aide, dans les cas de *nouvelle chevalerie* et de *mariage de sa fille*, serait d'un écu en valeur de quatre francs et demi ; pour *prison du seigneur*, de deux écus en valeur de six francs par chaque feu et ménage, à répartir la somme entière par les échevins selon les richesses et facultés de chacun, le fort portant le faible. Si plusieurs seigneurs étaient hauts justiciers dans un même village, chacun d'eux pouvait imposer ses sujets particuliers ; s'il y avait lieu d'imposer plusieurs fois l'aide dans le cours d'une même année, on ne pouvait l'exiger que pour un seul cas, les autres ne pouvant être levés que les années suivantes. Cette disposition avait pour objet de ne pas accabler les sujets d'impôts.

D'autres droits, non moins importants pour le seigneur, à raison des revenus qu'il en tirait, étaient ceux que nous désignons sous la dénomination de *banalités*, c'est-à-dire l'obligation pour les bourgeois de faire moudre leur blé au moulin du comte, de faire cuire leur pain au four banal et de porter leur vendange au pressoir banal. Plusieurs chartes s'occupent de régler avec les plus grands détails les rapports des meuniers, fourniers et autres agents du seigneur avec les bourgeois, et déterminent avec soin le prix qui pourra être exigé pour la mouture et la cuisson de chaque mesure de blé et d'avoine.

Dans la plupart des chartes de franchise données par les comtes de la Roche, on voit exprimée la réserve d'un droit particulier qui porte le nom de *banvin*. C'était le droit qu'avait le seigneur, exclusivement à tout autre, de vendre son vin, de Pâques à la Pentecôte, et de percevoir pendant toute l'année une petite somme au-dessus de la taxe faite par les bourgeois ; cette somme était d'un niquet ou d'une engrogne.

Les habitants de Saint-Hippolyte étaient astreints à un double service militaire ; l'un dû au comte de la Roche et l'autre à la ville. Le premier prenait le nom d'*Ost* et *Chevauchée*, et constituait, à l'origine, une véritable servitude. En effet, avant que le régime communal eût apporté des modifications sensibles à toutes les charges que devaient acquitter les sujets du seigneur et notamment à celles désignées sous le nom d'*ost* et *chevauchée*, le seigneur pouvait requérir le service militaire toutes les fois qu'il le jugeait convenable, que ce fût pour défendre ses possessions menacées, ou, et c'était souvent le cas, pour servir ses projets ambitieux et arrondir ses domaines ; de plus, il avait le droit de conduire ses hommes où bon lui semblait. Le service, obligatoire pour tous, devait être rempli aux frais de chaque individu, ce qui rendait cette charge d'autant plus onéreuse.

Toutefois, il y avait gradation dans le service ; d'abord, la convocation simple ou le ban ; et, dans le cas de nécessité absolue, l'arrière-ban auquel devaient répondre tous les hommes valides. Une amende de trois sols était infligée à celui qui n'avait pas répondu à la première convocation ; quand on manquait à l'arrière-ban, l'amende se montait à soixante sols.

L'historien PERRECIOT fait deux choses différentes de l'*ost* et de la *chevauchée* ; il veut que l'*ost* soit le service militaire en qualité de fantassin, et la *chevauchée* le service militaire en qualité de cavalier. Rien cependant n'autorise cette distinction qui n'existe dans aucun texte ; l'*ost* et la *chevauchée* sont toujours réunis et ne forment, pour ainsi dire, qu'un seul et même mot ; nous les regarderons donc comme indiquant purement et simplement le service militaire dû au seigneur. La transformation principale subie par l'*ost* et la *chevauchée*, lors de l'établissement du régime municipal, consiste en ce qu'ils cessent d'être arbitraires et deviennent un service dont les conditions sont déterminées par le seigneur et les bourgeois. Il faut observer encore que différentes classes de personnes étaient exemptes de l'*ost* et de la *chevauchée*; les clercs, les religieux, les maris de femmes en couches jouissaient de ce privilège.

A côté de l'*ost* et de la *chevauchée*, figure un autre service militaire auquel étaient assujettis les bourgeois, en raison même des obligations qu'ils avaient contractées en entrant dans l'association communale : la garde de la ville, l'obligation de la défendre dans toutes les circonstances critiques.

Le privilège précieux accordé aux habitants de Saint-Hippolyte, par les comtes de la Roche, d'enfermer leur ville dans une enceinte fortifiée, à la construction de laquelle ils voulurent même coopérer, imposait aux Saint-Hippolytains une charge nouvelle. Ils dûrent veiller à leur sûreté en faisant eux-mêmes le *guet* et l'*échauguet* et payer des *guettes* ou *vailes* chargés de faire le guet du haut des remparts, et de signaler immédiatement ce qui paraîtrait suspect. Il est facile de comprendre l'importance de cette charge qui mettait la ville à la discrétion du commandant de l'échauguet; aussi cet officier devait-il jurer en présence des bourgeois de remplir loyalement son office, tant à l'égard du seigneur qu'à l'égard des bourgeois eux-mêmes. Tout individu qui, ayant reçu l'ordre de faire le guet, faisait défaut, encourait la même peine que s'il eût manqué au ban du comte. Les personnes exemptes de l'*ost* et de la *chevauchée* jouissaient de l'exemption du guet.

CHAPITRE VI

Chapitre de Saint-Hippolyte.

Tout en prenant les mesures les plus propres à assurer la prospérité matérielle de la ville et des bourgeois de Saint-Hippolyte, le comte Jean n'oubliait pas leurs intérêts spirituels. Il y pourvut par une importante et pieuse fondation qui contribua puissamment à conserver pendant des siècles, dans la ville et la région, l'esprit religieux et la pureté des mœurs. Ce puissant seigneur échangea, en 1303, son droit de patronage de l'église de Chamesol contre celui que l'abbaye de Baume exerçait sur l'église de Saint-Hippolyte [1]. En cette même année, il fonda, en l'honneur de Dieu, de la Vierge et de tous les saints, un Chapitre composé de huit chanoines. L'un d'eux avait le titre de doyen. Le comte pourvut à l'entretien du Chapitre par une riche dotation qu'il augmenta en 1312, et lui concéda toutes ses dîmes à Saint-Hippolyte. Jean II s'était réservé, à lui et à ses successeurs, la nomination des chanoines. [2].

L'acte de la fondation du Chapitre serait intéressant à

---

[1] *Cartulaire de l'abbaye de Baume.* Année 1303.
[2] *Monographie de Saint-Hippolyte*, par l'abbé RICHARD.

citer (1); malheureusement nous n'avons pu le découvrir.

Pendant plusieurs années, les chanoines n'eurent point de règlement écrit. Les premières conventions furent verbales. Le comte Jean s'était contenté de la promesse faite par le Chapitre de rédiger ses statuts aussitôt que ses membres seraient au complet et auraient pourvu à leur organisation définitive. Ce fut seulement quatre ans après la mort du comte Jean II, le 4 mars 1321, que les chanoines se réunirent et rédigèrent les statuts de leur collégiale. Ces statuts ne sont qu'un résumé de ceux de l'an 1399 que nous donnons plus loin.

Pour recevoir cette nouvelle corporation, le comte de la Roche avait agrandi l'église primitive de Saint-Hippolyte. Cette église existait depuis trois siècles au moins, puisqu'elle est citée, comme nous l'avons dit, dans une charte de Hugues Ier, archevêque de Besançon, de l'an 1040; mais elle n'était pas assez vaste et elle n'avait qu'un autel.

La présence des chanoines produisit dès le principe les plus heureux résultats dans la ville; malheureusement leur zèle et leurs efforts furent paralysés par les guerres sans nombre qui désolèrent la contrée durant le XIVe siècle. Leur position devint même si critique que bientôt ils eussent été forcés de renoncer à leur mission, si la générosité du comte Henri ne fût venue fort à propos relever leur courage.

---

(1) L'abbé RICHARD parle de ce document, mais il n'indique pas le dépôt où il en a pris connaissance. En parcourant l'*Inventaire des Archives nationales*, (Principauté de Montbéliard), nous avons cru découvrir cette charte; elle est cotée K 2'171, mais ne se trouve pas dans le carton indiqué. M. Ulysse Robert, le savant et obligeant inspecteur général des bibliothèques et archives de France, nous a promis de rechercher encore ce titre intéressant.

Après avoir pourvu convenablement à l'entretien du Chapitre, ce prince voulut aussi lui assurer une vie religieuse qui, en mettant ses membres à l'abri de tout reproche, les mit à même de faire tout le bien qu'on était en droit d'attendre d'eux. A cet effet il fit venir son cousin Hugues de la Roche, chanoine et chambrier de Besançon, personnage renommé par sa science et sa vertu. Hugues réunit le Chapitre et, de concert avec ses vénérables collègues, rédigea de nouveaux statuts qui furent publiés dans une charte donnée le 13 novembre 1399. En voici les dispositions.

Le stage annuel fut fixé à 40 semaines; il commençait à partir des premières vêpres de l'Assomption de Notre-Dame. Les chanoines étaient tenus d'assister au moins à deux des trois offices principaux, matines, messe et vêpres; ils ne pouvaient paraître à l'office qu'en habit de chœur, surplis et cape noire, depuis la Toussaint à Pâques, et de Pâques à la Toussaint, l'aumusse sans chaperon ni guernaiche porté sur coste (soutane) honnête sans boutons, de la poitrine en aval. Faute de se conformer à cette prescription, ils étaient considérés comme absents. S'ils arrivaient au chœur après l'heure fixée, ou s'ils ne chantaient pas quand ils le pouvaient, ils perdaient le bénéfice correspondant à l'heure de l'office.

Deux des chanoines étaient semainiers à tour de rôle et chargés de chanter les messes et de présider les offices. S'ils y manquaient, ils perdaient un denier pour chacune des heures de prime, tierce, sexte, none, vêpres et complies ; la retenue était de six deniers pour matines ou pour la messe.

La messe devait être chantée tous les jours de l'année seulement avec sous-diacre aux fêtes simples et aux dimanches ordinaires ; et avec diacre et sous diacre aux grandes fêtes solennelles.

Le comte de la Roche pouvait choisir parmi les chanoines son aumônier, qui malgré son absence jouissait de sa prébende, mais non des distributions quotidiennes et du casuel. Les offrandes faites par les fidèles sans destination de personne, étaient distribuées aux chanoines présents.

Tout chanoine qui ne remplissait pas son stage, était privé de sa prébende. On exceptait celui qui faisait un pèlerinage, après en avoir obtenu la permission et s'être fait remplacer.

A l'époque de la moisson, chaque chanoine avait droit à quatre jours d'absence pour recueillir ses dîmes, deux pour le blé et deux pour l'avoine. Toutefois, ces jours devaient être réglés de manière à ce que la régularité du service divin ne fût pas interrompue.

Si un chanoine était envoyé en mission par le Chapitre, il était considéré comme présent ; il en était de même dans le cas de maladie réelle.

Quand un anniversaire fondé tombait un jour de grande fête ou un dimanche, on le célébrait l'avant veille de cette fête ou le vendredi avant le dimanche. Comme dans les précédents statuts, le nouveau chanoine devait, au jour de son admission, jurer d'observer les statuts du Chapitre et offrir à l'église une chape de la valeur de 60 sols ; dans les deux ans il était tenu d'acheter une maison canoniale dans l'enceinte du cimetière. A sa mort cette maison appartenait au Chapitre, qui devait la vendre au plus offrant et pour le profit de l'âme du trépassé, c'est à savoir pour apaiser ses clameurs (1), pour faire son obit et les autres choses appartenantes en tel cas. Toutefois le plus ancien

---

(1) Les clameurs ou réclamations des créanciers ; payer les dettes du défunt.

des chanoines pouvait prendre la dite maison pour le prix, mais à condition de laisser la sienne pour le nouveau chanoine et d'employer le surplus à payer les dettes du défunt. Les officiers du Chapitre étaient : le *Doyen*, nommé par le seigneur ; le *Chantre* et le *Séchal* ; ces deux derniers étaient élus chaque année par les chanoines.

Le Chantre, choisi parmi les chanoines, devait être agréé par le comte de la Roche ; soixante sols de terre étaient affectés à l'office de chantre. Une retenue de deux deniers pour les jours ordinaires et de trois pour les fêtes était opérée pour une absence à une des heures principales.

Le Séchal administrait les revenus du Chapitre, rendait ses comptes quatre fois l'an, de trois mois en trois mois, à partir du premier décembre, et les soumettait au receveur seigneurial. C'est à lui qu'incombait la charge de pourvoir au luminaire, pour les différents offices, et d'entretenir, nuit et jour, une lampe ardente devant l'autel de Notre-Dame. Le Chapitre s'assemblait tous les mois pour traiter ses affaires ; il y avait en outre quatre assemblées générales à l'époque où le séchal rendait ses comptes.

La messe canoniale était précédée de deux messes basses, l'une du saint du jour, et l'autre de la Vierge ; de la psalmodie de Prime et de Tierce, ainsi que de l'office de Notre-Dame.

Le cardinal Androin de la Roche avait fondé son anniversaire sur ses rentes de l'Ajoie. En certaines semaines, on célébrait pour lui quatre messes basses à l'autel de saint Antoine ; elles étaient rétribuées deux cents francs payés par le seigneur. Trois autres messes basses pour le Siblotat de Trévillers, une autre pour Huguenin le Montagnon, étaient dites à l'autel sainte Marguerite (1).

(1) Pièces justificatives.

Ces statuts, d'une simplicité et d'une précision qui caractérisent bien les mœurs de l'époque, ne laissaient rien à désirer. Ils furent désormais la règle définitive du Chapitre, et ne subirent aucune modification pendant quatre siècles, c'est-à-dire tout le temps qu'exista l'église collégiale de Saint-Hippolyte. Les chanoines s'engagèrent à les observer à perpétuité, et, en témoignage de leur engagement, ils apposèrent le grand sceau du Chapitre à côté des sceaux de Hugues de la Roche, commissaire réformateur, et du comte Henri.

Le Chapitre avait deux sceaux : l'un, qui présentait l'image de la Vierge debout, portant l'enfant Jésus, avec cette légende : *Capitulum Sancti-Hippolyti*. On voyait sur le second l'effigie d'une rose à sept pointes, le dedans carré, un croissant dans ledit carré servant de la huitième pointe(1). C'était le grand sceau de la collégiale ; les pointes de la rose faisaient allusion au nombre des suppôts.

A partir de cette époque, le Chapitre continua à desservir régulièrement et sans interruption jusqu'en 1789, non seulement l'église collégiale, mais encore la paroisse de Saint-Hippolyte. Un de ses membres faisait les fonctions de curé avec le titre de vicaire perpétuel (2).

Nous avons dit que l'établissement du Chapitre de Saint-Hippolyte contribua grandement à affermir les habi-

---

(1) Nous donnons cette description défectueuse d'après la copie déposée aux archives du Doubs, série G, Chapitre de Saint-Hippolyte, et collationnée sur les vrais originaux par Claude Pajet, docteur ès droits, bailly de St-Hippolyte, à la réquisition d'illustre et puissant seigneur Christophe de Rye et des Révérends doyen et chanoines du Chapitre. Si nous sommes assez heureux pour en découvrir une empreinte, cette leçon si peu héraldique sera rectifiée.

(2) En 1438, le comte Humbert, fils d'Henri de Villersexel, porta à 13 le nombre des chanoines et des enfants de chœur. En 1690, le prince d'Aremberg ramena le nombre des chanoines à huit.

tants dans la foi et les pratiques de la piété chrétienne. Cette petite ville fut, en effet, jusqu'au moment de la Révolution française, une des plus religieuses de la contrée, et nous verrons sa piété et sa foi se manifester fréquemment dans le cours de cette histoire, par des actes souvent touchants, parfois sublimes. On peut encore juger par les faits suivants, combien les actes publics de piété étaient en honneur dans la ville. Chaque année, les bourgeois appelaient un religieux pour prêcher dans leur église la station du carême. Tous les mardis, on célébrait une grand'messe en l'honneur de saint Sébastien, en exécution d'un vœu des bourgeois pour obtenir, à la fin du XV⁰ siècle, que Saint-Hippolyte fût préservé de la peste. Tous les dimanches, un *estal* ou torche de cire brûlait devant l'image de ce saint. Enfin, la dévotion des habitants pour Notre-Dame du Mont, la construction de sa chapelle et les nombreux pèlerinages publics et privés, montrent assez leur confiance et leur foi.

Les canonicats du Chapitre de Saint-Hippolyte furent occupés dans tous les temps par les membres des familles les plus honorables de cette ville et des montagnes ; par les *Boudinel*, les *Faivre*, les *Maillot*, les *Buessard*, les *Guyot*, les *Donzelot*, les *Petit*, les *Pelletier*, les *Courtot*, les *Brun*, les *Bruard*, les *Monnin*, les *Darceot*, les *Ligier*, etc.

Les curés de Saint-Hippolyte, dont les noms ont été conservés, sont :

HUGUES	1334	Jean FAIVRE	1617
Hugues BOUDINEL	1385	Claude SALIVE	1621
Pierre FAIVRE	1399	Jean-Bapt. GÉRARD	1633
Franç. BONVALOT	1545	Jean BUESSARD	1642
François MAILLOT	1582	Jean GUYOT	1648

Denis DOLET	1663	ARDIN	1801
Louis GUILLON	1673	GUÉRAND	1815
NOËL	1692	CHALON	1848
Claude DONZELOT	1700	BONNET	1853
ROMER	1753	JEANCLER	1879
Ignace PRIEUR	1783	ROBERT	1885

Ce n'était pas assez pour les vénérables chanoines de soutenir les sentiments religieux de l'honnête et chrétienne population au milieu de laquelle ils vivaient ; ils voulurent encore la faire participer aux bienfaits de la science. C'est dans ce but, qu'ils établirent un collège où étaient admis les jeunes gens de la ville et du voisinage. Leur école, très florissante au XVIe siècle, fut fréquentée par des sujets qui ont laissé un nom dans l'histoire : les *Babet*, les *Boissard*, les *Goudimel* et les *Courtois*.

Les chanoines montrèrent à la ville qui les aimait un dévouement exemplaire dans toutes les circonstances graves.

Nous les voyons à plusieurs reprises, en temps de guerre, contribuer largement aux réparations des murs et des remparts de la cité. Quand la peste et la famine vinrent fondre sur leurs concitoyens, ils leur prodiguèrent leurs soins, leurs aumônes et leurs consolations. En retour, les bourgeois de Saint-Hippolyte témoignèrent au Chapitre leur affection et leur estime particulièrement au moment de l'expulsion des prêtres en 1792.

Nous allons donner les détails peu nombreux que nous avons pu recueillir sur la vie et les actes de ces vénérables persécutés.

En 1785, le Chapitre était composé ainsi :

Jean Simon BRUART, docteur en théologie, doyen.

Sébastien CARTERON, chantre.
Guillaume Félix LIGIER, chanoine.
Charles Joseph JOBIN, id.
François Joseph DARCEOT, id.
Jean Pierre MONNIN, id.
Claude Ignace PRIEUR, curé d.

En 1789, les revenus du Chapitre se montaient à près de 9000 livres. Le doyen en prenait 2000 pour sa part et le reste, distribué entre les sept autres chanoines, portait à peu près à 1000 livres la prébende de chacun d'eux. Les chanoines, comme on le voit, n'étaient pas très riches ; leur église était dans la même situation, car au jour de l'expulsion, le zèle patriotique ne put prélever sur ses très modestes vases sacrés, que deux calices, un ciboire et un encensoir pour les envoyer à la monnaie (2).

Un seul chanoine, l'abbé Prieur, prêta serment à la constitution civile du clergé et continua à remplir les fonctions de curé de Saint-Hippolyte.

MM. Bruart et Ligier restèrent dans la ville; MM. Monnin et Carteron se fixèrent à Soulce ; M. Darceot s'établit à Montandon. Nous n'avons pu découvrir aucun renseignement sur MM. Jobin et Jeannin ; peut-être étaient-ils morts au moment de la suppression du Chapitre.

Les membres du Chapitre demeurèrent dans leur paisible retraite jusqu'au mois de septembre 1792, époque à laquelle ils furent dénoncés comme fauteurs d'incivisme et de fanatisme, par douze jacobins *d'élite* de Chaux, Châtillon et Fleurey. Cette dénonciation ayant été transmise au district, celui-ci appela en témoignage de la con-

(1) Almanach historique de la Franche-Comté pour l'année 1785.
(2) *Histoire de la persécution révolutionnaire dans le Doubs*, par Jules Sauzay. Tome 1, page 242.

duite irréprochable des prêtres dénoncés, les municipalités des communes où ils résidaient. Les municipaux de Soulce et de Montandon attestèrent à l'envi que les chanoines Darceot, Carteron et Monnin menaient une vie très retirée, s'abstenant de toute fonction ecclésiastique, et même de tout entretien avec les habitants, et que la paix la plus profonde régnait autour d'eux. La municipalité de Saint-Hippolyte, dirigée par le jacobin Vallat, déclara que *la loi du 26 août étant claire et précise, sur la déportation des prêtres, lorsque six particuliers en avaient formé la demande, elle n'avait d'autres observations à faire sur la conduite des citoyens Bruart, ex-doyen, et Ligier, ex-chanoine, sinon que les messes célébrées par eux les dimanches et fêtes étaient fréquentées, même par les gens du voisinage, au préjudice de la messe paroissiale, mais qu'elle ne pouvait d'ailleurs s'empêcher de rendre justice à leur civisme et patriotisme, si ces qualités n'étaient pas incompatibles avec la liberté d'énoncer une opinion contraire à la constitution civile du clergé.*

Quelle que fût en effet la clarté du décret de proscription, les honnêtes administrateurs de Saint-Hippolyte ne purent se résoudre à l'exécuter. Ils écrivirent, le 26 octobre, au département, *qu'il résultait de tous les renseignements qu'ils avaient pu recueillir, que les six prêtres dénoncés n'avaient jamais occasionné aucun trouble; que bien loin de là, les témoignages rendus partout à leur civisme, malgré leur opinion religieuse bien connue, leur faisaient le plus grand honneur; que la plupart même, quoique exempts, par leur âge, du service militaire, avaient voulu contribuer à la solde des gardes nationaux destinés à former le contingent de leurs communes dans le bataillon des volontaires; qu'enfin ils étaient tous sexagénaires et la plupart très infirmes.* Toutes ces représentations furent inutiles ; le département qui n'avait aucune confiance dans le zèle des administrateurs de Saint-Hippolyte, envoya l'un de ses membres les plus ardents, Cl. L. Quirot, pour surveiller et hâter le départ de ces paisibles vieillards.

Ils furent conduits d'abord à Besançon puis à Dijon. M. Ligier mourut en prison ; MM. Darceot, Monnin et Carteron y demeurèrent jusqu'au 7 fructidor, jour où ils furent mis en liberté et purent rentrer dans leurs familles. Malgré leurs infirmités, leur âge et leur dure captivité, ils n'échappèrent pas aux persécutions qui atteignirent les prêtres après le coup d'état du 18 fructidor ; s'ils ne furent pas transférés une seconde fois dans la maison de réclusion de Besançon, c'est que, comme le constate le rapport officiel, ils se trouvaient *hors d'état de supporter même la voiture la plus douce.*

Nous avons vu que l'abbé Prieur, ayant prêté serment, avait continué à desservir la paroisse de Saint-Hippolyte ; mais bientôt il se trouva dans la plus grande détresse. Le millier de francs en assignats, qui lui était alloué pour sa pension, ne pouvait même lui assurer un demi kilogramme de pain, par jour, pendant le quart de l'année; encore cette misérable indemnité ne lui était-elle pas payée régulièrement; il y avait quelquefois jusqu'à deux ou trois trimestres en retard. Aussi se vit-il obligé, pour vivre, de joindre à ses fonctions, celle d'instituteur primaire de la ville. Il se soumit à aller subir l'examen du jury d'instruction ; et le département lui délivra, bien à contre-cœur, un diplôme d'instituteur public. Nous n'avons pas besoin d'ajouter que son école était déserte. Vallat, commissaire du directoire, écrivait à Quirot le 10 janvier 1798 : « *Notre ci-devant curé, le citoyen Prieur, nommé instituteur, dont les talents en ce genre n'ont pas mérité la confiance, a fort peu d'élèves.* » Il en donnait la véritable raison dans une lettre en date du 18 août de la même année. « *Les écoles sont toujours désertes, et je persiste dans l'opinion que l'instruction publique sera nulle dans les campagnes, tant que les ministres du culte en seront chargés ; parce que, d'un côté, un républicain pénétré de la vérité que la cagoterie et le fanatisme sont inséparables du prêtre qui tient à ses préjugés, ne peut se décider à fanatiser son fils, et que, d'un autre côté, le grand fanatique, celui qui considère comme intrus le prêtre constitutionnel, se gardera bien d'envoyer ses enfants à ses leçons* ».

CHAPITRE VII

Richard comte de la Roche
1317-1323

Dernières années du comte Jean II. — Il inféode plusieurs terres du comté et se ligue contre Philippe-le-Bel. — Le comte Richard fonde l'anniversaire de son père et augmente les franchises de Saint-Hippolyte. — Le cardinal Androin de la Roche, légat du pape. — Eudes de la Roche.

Après avoir doté Saint-Hippolyte et le comté des belles institutions et fondations dont nous venons de parler, le comte Jean II inféoda plusieurs de ses terres en moyenne et basse justice à quelques nobles, qui prirent le nom commun de *Montagnons*, parce que leurs fiefs se trouvaient dans les montagnes. Le plus important, puisqu'il consistait dans le neuvième des revenus seigneuriaux dans toute l'étendue du comté de la Roche, fut inféodé, en 1292, à noble Jean *Peul* grand maire à Trévillers, en récompense de ses services. Ce fief passa successivement aux *Laviron*, aux *Bouslellen* de Berne, aux *Doyen* de Saint-Hippolyte ; ceux-ci le cédèrent, au milieu du XVIIIe siècle, aux comtes de Montjoie-la-Roche contre l'abandon de leurs droits seigneuriaux et de la haute justice ; les droits d'appel au bailliage furent réservés pour Trévillers, Thiébouhans, Ferrière et la Burdelière, villages qui formèrent dès lors la circonscription de la seigneurie de Trévillers. Jean II donna le fief de Chamesol à Jean Thomassin de Vesoul, celui de Montandon et de Vacheresse, à Guy de Perceval, seigneur de Dampjoux. Ces deux fiefs étaient également considérables. Les *du Tartre*, capitaines de la Roche, les possédèrent au XVIe siècle ; Les *Guyot* de Malseigne au XVIIe siècle et pendant la première moitié du XVIIIe ; en 1755, ils retournèrent aux Montjoie-la-Roche.

Le comte de la Roche exigea que ses vassaux eussent des maisons à Saint-Hippolyte et y résidassent habituellement. Les hôtels des Laviron et des Perceval, flanqués de tours, étaient voisins de celui du comte ; Jean de Frotey avait son hôtel près du Doubs. Ces personnages étaient en quelque sorte sous la main du suzerain ; ils pouvaient à toute heure recevoir ses ordres, ils lui formaient une petite cour avec ses officiers civils et militaires. Cette société d'élite, l'accroissement de la bourgeoisie par suite des franchises octroyées à la ville, les foires et les marchés considérables qui s'y tenaient, le débit du sel, les marchandises de toutes sortes qu'on y trouvait, rendaient cette petite ville très vivante et en faisaient un séjour aussi agréable qu'avantageux (1).

Pour subvenir aux frais de la guerre qu'il avait entreprise contre Edouard I, roi d'Angleterre, l'insatiable Philippe-le-Bel, gouverneur de la Franche-Comté pour son fils, voulut lever de nouveaux impôts sur cette province. Cette mesure, inique et vexatoire, souleva les seigneurs contre lui. A l'appel des comtes de Bourgogne, Jean II, malgré son grand âge, convoqua aussitôt ses vassaux, réunit ses braves montagnards et alla rejoindre son suze-

(1) Monographie du bourg et de la terre de Maîche par l'abbé RICHARD.

rain avec tous les autres seigneurs de la Comté. Leur attitude fière et menaçante fit reculer le monarque et évita au pays de nouvelles exactions.

Jean II mourut en 1317. Aucun seigneur ne fut plus libéral ni plus généreux. D'après, ses sages conseils, son cousin, le sire Guillaume de Montjoie, avait adouci, en 1317, la condition de ses serfs ; il les affranchit bientôt après. Ils avaient conclu entre eux un traité, statuant qu'ils recevraient gratuitement les hommes, qui viendraient s'établir dans leur seigneurie respective en passant de l'une à l'autre (1).

Marguerite de Neuchâtel-Bourgogne, fille de Thiébaud IV et épouse de Jean II, vécut jusqu'en juin 1356. Elle fut inhumée dans le chœur de l'église de Saint-Hippolyte. Sa tombe existe encore. La comtesse est représentée debout et de grandeur naturelle, à côté de la comtesse Mahaut de Montfaucon, et ayant comme elle un chien couché à ses pieds. A gauche de cette tombe on lit l'inscription suivante : ANNO MILLESIMO CCCLVI, VIX DIE MENSIS JUNII OBIIT DOMINA MARGUERETA DE ROCHA DOMINA DE MACHES, CUJUS ANIMA REQUIESCAT IN PACE ! AMEN !

Marguerite avait porté en dot à Jean II : 1° Le château et la seigneurie de Chatelneuf-en-Vennes ; ses successeurs l'ont conservée jusqu'au XVIII° siècle. 2° Le château et la seigneurie de Maîche (2).

---

(1) La baronie de Montjoie, par le même.
(2) La seigneurie de Maîche appartint d'abord aux rois bourguignons. En 1028, Rodolphe III dernier souverain de la monarchie transjurane, concéda cette terre à Lambert de Semur, qui fut le premier seigneur de Maîche. Ermemburge, fille de Lambert, apporta ces biens en dot à Humbert II, sire de Salins. Les sires de Salins possédèrent la seigneurie de Maîche jusqu'en 1228, époque à laquelle ils la vendirent à Jean de Châlons *l'antique*. Ce prince la céda en

Jean II eut trois fils : Eudes, Androin, et Richard qui hérita de la seigneurie de la Roche (1). En juillet 1317, le comte Richard fonda l'anniversaire de Jean II, son père, dans la collégiale de Saint-Hippolyte, et assigna à cet effet au Chapitre douze bichots moitié blé et avoine, mesure de Belvoir (poids de trente livres), à lever sur les dîmes des Bréseux, Mancenans, la Lizerne et Orgeans ; à raison de cette charge, il exempta du terrage ces différents villages. Marguerite de Neuchâtel, mère de Richard, fonda, vingt ans plus tard, son propre anniversaire dans la même église et donna pour cela un demi bichot de blé à prendre sur les dîmes de Tremeux et de Courtefontaine, et deux livres neuf sols deux deniers. Ces deux donations contiennent la clause expresse que si les dîmes de ces villages sont insuffisantes pour parfaire la quantité du blé dû au Chapitre, ce qui manquera sera tiré des dîmes des villages les plus voisins et au besoin des greniers du seigneur de Maîche (2).

Le jour de la fête de Saint Clément, 23 novembre 1317, le comte Richard ratifia les franchises et les ventes consenties par son père en faveur des bourgeois de Saint-Hippolyte. Comme Jean II, il exclut des avantages de la bourgeoisie tous ceux qui quitteraient la ville et ses terres pour avouer un autre seigneur. Il fit remise aux bourgeois de toutes les amendes encourues par eux et non encore

---

1245 à *son bien aimé neveu et fidèle ami*, Amédée III de Montfaucon et à ses héritiers pour en jouir à perpétuité. Des sires de Montfaucon la seigneurie de Maîche passa aux comtes de la Roche qui la conservèrent en partie jusqu'à la fin du XVIIIe siècle.

(1) Le successeur de Jean II ne fut point Jean III comme le prétend Dunod, mais bien Richard qui, contrairement à ce que dit le même historien, ne mourut pas sans enfants, mais eut deux filles Jeanne et Marguerite.

(2) Monographie du bourg et de la terre de Maîche.

soldées. Par le même acte, il leur vendit, moyennant une rente de cent livres estevenantes, la redevance de deux sols estevenants, qui lui était due pour chaque chariot de foin, sauf toutefois les droits de l'église et du Chapitre; et tous ses bois depuis la *Charrière* jusqu'au pré dit *Béléret de Soyères, dès le pré de Lal-luë jusqu'au finage de Liebvillers : et dès le pré que messire Girard a acheté de Baumat de Fleurey, jusqu'à la pierre du Tonnel.* Les bourgeois s'engagèrent, de leur côté, à nommer un forestier pour la garde de ces bois. Il fut stipulé aussi que les amendes infligées aux délinquants, seraient au profit de la ville, à moins que le délit, à raison de sa gravité, ne fût porté devant le tribunal du seigneur. Une dernière clause était la défense, faite par le comte à son meunier, de prélever plus d'une cassette de blé, contenant la vingt-quatrième partie d'une quarte de Montbéliard pour chaque mesure mise à son moulin ; cette cassette était soumise à la vérification annuelle des prud'hommes de la ville (1). Le moulin seigneurial situé sur le Dessoubre à sept cents mètres environ de la ville, existe encore aujourd'hui et porte le nom de *Vieux-Moulin.* C'est le plus ancien du pays.

Pendant que Richard marchait libéralement sur les traces de son père, Androin, son frère cadet, renonçait aux honneurs et aux biens de sa famille et allait s'ensevelir dans la solitude de Saint-Benoît. Ses pieux et savants confrères prouvèrent, en le mettant à leur tête, qu'ils avaient su apprécier cette âme humble et héroïque. Successivement abbé de Saint-Seine et de Cluny, Androin administra ces importants monastères avec une sagesse et une prudence dignes d'éloges. Le pape Innocent VI, voulant

---

(1) **Cartulaire** du comté de la Roche. Bibliothèque de la ville de Besançon.

s'attacher un auxiliaire aussi précieux, confia, en 1357, à Androin de la Roche la légation d'Italie. A son retour, le légat fut envoyé en qualité de nonce à la cour de France. Il y fit preuve d'une rare habileté en amenant la réconciliation du roi Jean II avec Edouard III. Le fameux traité de Bretigny, onéreux pour la France, mais que le monarque anglais voulait rendre plus onéreux encore (1360), est son ouvrage; le chapeau de cardinal, demandé pour lui par les deux rois, fut sa récompense. Il n'avait pas été installé encore quand s'ouvrit le conclave pour l'élection d'Urbain V, successeur d'Innocent; néanmoins Androin y fut admis. Le nouveau pape, après lui avoir assigné le titre de saint Marcel, lui confia une nouvelle mission pour l'Italie. Le cardinal de la Roche mourut à Viterbe, le 27 octobre 1369. Son corps fut ramené à l'abbaye de Cluny, qui hérita de la plus grande partie de ses biens. Il avait fondé son anniversaire dans l'église de Saint-Hippolyte, sur ses rentes de l'Ajoye. En certaines semaines, on célébrait pour le cardinal quatre messes basses à l'autel de saint Antoine. Elles étaient rétribuées deux cents francs par le comte de la Roche.

Le comte Richard mourut le 24 mars 1329. Il fonda des messes et des prières dans l'église de Saint-Hippolyte, où il fut inhumé près du grand autel du côté de l'évangile. Son monument est une pierre tombale avec effigie en bas relief, de grandeur naturelle, travaillée avec beaucoup de délicatesse et portant cette épitaphe :

HIC JACET
DOMINUS RICHARDUS, MILES, COMES DE RUPE,
CUJUS ANIMA REQUIESCAT IN PACE. AMEN.
ANNO DOMINI MCCCXXIX. KALEND. APRILIS IN VIGILIA
ANNUNTIATIONIS M. V.

Son frère Eudes, seigneur de Châtillon et de Nolay, voulut aussi être inhumé dans l'église de Saint-Hippolyte, où il fonda une rente de douze livres pour trois messes par semaine célébrées dans la chapelle de Sainte-Catherine (1).

Avec le comte Richard s'éteignit la maison des seigneurs de la Roche-Saint-Hippolyte. Cette famille posséda pendant plus de deux siècles le comté de la Roche, et son règne fut marqué par de nombreux bienfaits.

---

(1) Manuscrit de Duvernois, Bibliothèque de Besançon.

CHAPITRE VIII

Mahaut de Montfaucon, comtesse de la Roche et de Fribourg.

Mahaut épouse le comte de Fribourg. — Elle lutte contre Thiébaud V de Neufchâtel-Bourgogne et contre le seigneur de Châtillon. — Le mal des Ardents. — Difficultés avec les bourgeois de Saint-Hippolyte.

A la mort du comte Richard, Mahaut de Montfaucon, son épouse, conserva le titre de comtesse de la Roche. En 1334, elle donna sa main à Frédéric dit le Jeune, comte de Fribourg. Ils confirmèrent tous deux les franchises de Saint-Hippolyte, le lendemain de la Toussaint de la même année (1). Six ans après, ils furent choisis pour arbitres avec Hugues de Faucogney, Thiébaud de Bavans et Hugues, doyen du Chapitre, pour terminer un différend entre la ville et les habitants de Montandon ; ils rejetèrent les prétentions de ces derniers sur la propriété du bois de Vauchamps et en assurèrent la libre possession aux bourgeois de Saint-Hippolyte (2).

A cette époque, les seigneurs du pays étaient divisés

---

(1) Archives du Doubs, Collection Droz. Cartulaire du Comté de la Roche.
(2) Cartulaire de Montfaucon. Année 1340.

en deux partis; l'un avait pour chefs Thiébaud, comte de Blamont en Lorraine, le comte de Montbéliard, les seigneurs de Villersexel, de Montfaucon, de Belvoir et la comtesse de la Roche. L'autre était conduit par Thiébaud de Neufchâtel-Bourgogne, le comte Louis de Neuchâtel en Suisse, Jacques et Louis de Vienne, Guillaume de Granson et Thiébaud de Faucogney.

Thiébaud V de Neuchâtel fit *barrer* les chemins que les sujets de la comtesse de la Roche avaient le droit de suivre auprès de Mambouhans et renversa le four banal, qui lui appartenait dans ce village. Il fit satisfaction pour ces griefs, mais il ne voulut pas reconnaître les prétentions de la comtesse sur un bois situé au-dessus de Mambouhans; il s'obstina à percevoir la *geiste aux chiens* dans ces lieux [1] et ordonna l'exécution de quatre hommes sous prétexte de vols, quoique deux d'entre eux réclamassent la justice de leur seigneur. Enfin Thiébaud réclamait la mise en liberté de plusieurs de ses sujets, qui avaient enlevé six bœufs à la comtesse de la Roche.

Jacques de Vienne, seigneur de Châtillon, contestait en même temps au comte et à la comtesse de la Roche la propriété de la rivière depuis le gouffre du *Lo* jusqu'à la pierre du *tonnel* [2] et refusait aux bourgeois de Saint-Hippolyte les droits d'usage dans ses forêts. Les arbitres, choisis pour terminer ce différend, reconnurent que les bourgeois de Saint-Hippolyte les tenaient légitimement du comte Jean II.

Deux hommes de la terre de Châtillon avaient placé en dépôt quelques objets à Saint-Hippolyte, et les déposi-

---

(1) *Geiste aux chiens*, impôt perçu par le seigneur pour l'entretien de ses chiens durant les chasses dans une localité.
(2) Pierre qui vire.

taires ne voulaient pas les rendre, sous prétexte que la comtesse de la Roche, ayant été en guerre avec le seigneur de Châtillon, ces objets étaient censés confisqués; cependant ils furent rendus. Deux hommes de *Courcelles* avaient des biens à Saint-Hippolyte ; mais, comme la franchise du lieu ne permettait pas d'y tenir bien en reconnaissant un autre seigneur, les gens de la comtesse de Fribourg réclamaient ces biens comme leur étant acquis. Il arrivait souvent que les gens de la terre de Châtillon excitaient des émeutes et faisaient du tapage aux marchés de Saint-Hippolyte, et qu'ils ne voulaient pas payer l'amende fixée par les us de Bourgogne. Eudes de la Roche retenait aussi un manteau en petits vairs, appartenant à la comtesse, sous prétexte que celle-ci lui devait onze livres estevenantes. Jacques de Vienne s'obligea à faire rendre le manteau de la comtesse, à condition qu'elle paierait ce qu'elle devait; il lui fit encore satisfaction pour le feu que ses gens avaient mis à Saint-Ahon, devant Saint-Hippolyte, avant la guerre, et pour un de ses hommes qu'ils y avaient tué (1).

Aux malheurs de la guerre vinrent s'ajouter les ravages de la peste. Une maladie contagieuse, connue sous le nom de *peste noire* ou *mal des ardents*, qui sévissait en Europe, envahit le pays de Montbéliard; le comté de la Roche et les Franches-Montagnes furent atteints par le terrible fléau. Les juifs furent accusés d'en être les auteurs. On les soupçonnait d'empoisonner les fontaines et de jeter des maléfices sur la contrée. C'en était assez pour les mettre en prison et même pour les massacrer en plusieurs endroits. Les hauts barons de la province, réunis à Gray (avril 1349) pour délibérer avec Jeanne,

---

(1) Recherches sur Neufchâtel, par l'abbé Richard.

veuve de Eudes de Bourgogne, sur les affaires du pays, rendirent une ordonnance qui obligeait les juifs à quitter le pays. Cette ordonnance, renouvelée en 1350 et en 1374, ne fut jamais mise à exécution dans toute sa rigueur (1).

En 1354, une difficulté ayant surgi entre la comtesse Mahaut et les bourgeois au sujet des bois que ceux-ci avaient achetés du comte Jean, la ville fit valoir ses droits, titres en main ; la comtesse les reconnut par un acte authentique; mais par le même acte, elle reprit à la ville le droit de *langal* : c'était le droit de percevoir trois pintes sur chaque tine de vin vendue dans les auberges. Les bourgeois cédèrent à condition que la comtesse se chargerait de l'entretien des fortifications de la ville (2).

En 1358, le vendredi avant la fête de saint Luc, Mahaut de Montfaucon avait accordé aux habitants de Chamesol jusque là mainmortables, toutes les franchises dont jouissaient les bourgeois de Saint-Hippolyte (3).

Dès 1351, elle avait donné plusieurs franchises aux habitants de Thiébouhans (4).

La comtesse Mahaut mourut le jour de sainte Madeleine (1360). Elle fut inhumée dans le chœur de l'église de Saint-Hippolyte, du côté de l'évangile. Sa tombe existe encore. C'est une pierre tombale avec effigie en bas-relief de grandeur naturelle. Aux pieds de la comtesse est couché un chien. A droite du monument on lit l'inscription suivante : ANNO DOMINI 1360, DIE BEATÆ MAGDALENÆ, OBIIT DOMINA MAHAUT DE MONTE FALCONE, DOMINA DE SANCTO HIPPOLYTO, CUJUS ANIMA REQUIESCAT IN PACE!

(1) Ephémérides de DUVERNOY.
(2) Cartulaire de Montfaucon, Année 1354.
(3) Archives du Doubs, Cartulaire du comté de la Roche.
(4) Manuscrit de DUVERNOIS, Bibliothèque de la ville de Besançon.

CHAPITRE IX

Henri de Villersexel, comte de la Roche.
1360—1406.

Henri ratifie les franchises de Saint-Hippolyte, fonde plusieurs messes. — Il partage la terre de Maîche d'abord avec ses cousins, puis avec ses beaux-frères. — Il épouse Guillemette de Vergy. — Il guerroie contre Thiébaud V, contre le comte de Neuchâtel en Suisse, contre les ennemis du duc de Bourgogne. — Triste situation du comté. — Réforme du Chapitre. — Guerre contre Philippe le Hardi, contre Jacques Artevelt.

Richard, le dernier comte de la maison de la Roche, n'eut que deux filles, Jeanne l'aînée, qui porta en dot le comté à Aimé de Faucogney, sire de Villersexel; et Marguerite, dame de Maîche,[1] qui épousa Jean de Senecey. Henri, fils aîné d'Aimé et de Jeanne, devint comte de la Roche, à la mort de son aïeule Mahaut de Montfaucon. Par lettres du 11 décembre 1360 [2], il ratifia les franchises accordées par ses prédécesseurs aux habitants de Saint-Hippolyte. En 1362, il fit au Chapitre une fondation de plusieurs messes pour ses parents défunts [3].

(1) Voir la généalogie de Montfaucon, par GINGINS LA SARRAZ.
(2) Cartulaire du comté de la Roche.
(3) Manuscrit de DUVERNOIS, page 163.

En octobre 1372, le comte Henri partagea la terre de Maîche avec ses deux cousins Henri de Senecey et Jacques I de Longwy[1]. Les portions qui appartenaient à ces derniers, étant revenues à la maison de la Roche, le comte Henri en fit un premier partage, le 13 juillet 1386, avec ses deux beaux frères, Jean de Ville seigneur de Saint-Remi,et Gérard de Cusance. Les villages et hameaux de Charquemont, Frambouhans, le Friolet, Blanche-Fontaine et dix familles de Maîche, formèrent le lot du comte de la Roche. Celui de Jean de Ville comprit les Bréseux, les Ecorces, le Prélot, sept familles à Maîche, autant à Longevelle et trois à Bretonvillers. Enfin Gérard de Cusance eut les villages de Mancenans, de Battenans, d'Orgeans, à l'exception du moulin de Valory, qui dépendait de la seigneurie de Saint-Hippolyte et dix ménages à Maîche. Chacun des co-partageants eut sur les villages à lui échus les droits et émoluments seigneuriaux ; la haute justice demeura indivise à Maîche sur les terrains communaux. Mais les possesseurs des deux derniers lots durent reprendre de fief leurs portions du comte de la Roche, qui reprenait lui-même toutes ses terres du seigneur de Vercel. Le château de Maîche fut aussi partagé par tiers. Le donjon appartint à Jean de Ville, avec six toises de terrain au devant, le reste appartint aux deux autres seigneurs. Les dépendances et passages restèrent en commun. Lorsque ce partage eut lieu, la portion de Jacques de Longwy n'était pas encore revenue à la maison de Villersexel ; le second partage n'eut lieu que le 27 mai 1391. Le comte de la Roche eut les villages et hameaux de Montandon, du Sauley, Vacheresse, Mouillevillers, neuf

[1] Jacques de Longwy, époux de Marguerite, fille d'Odon III de Châtillon, était cousin par alliance de Henri de Senecey.

familles à Chamesol, trois à Soulce, deux à Tremeux ; Jean de Ville eut Courtefontaine, Cernay, deux familles à Tremeux, quatre à Soulce, neuf à Chamesol où les droits et terrages restèrent communs. Gérard de Cusance obtint les hameaux et villages de Grand-Essart, Fessevillers, Cernier d'Ambray, Urtière, Montaumont, avec trois familles à Tremeux, six à Chamesol, autant à Soulce. Les salines, les planches de Chamesol *ès prés Lavionnet*, Sapois, La Rivière et Le Magny près du Bief-d'Etoz, restèrent dans l'indivision. A cette époque, la terre de Malche comprenait vingt-sept villages ou hameaux (1)).

Henri de Villersexel, comte de la Roche, épousa Guillemette de Vergy, sœur de Guillaume de Vergy archevêque de Besançon. Il eut à guerroyer d'abord contre Thiébaud V de Neuchâtel-Bourgogne, dont les gens avaient incendié le bourg de Villers-la-Ville, et enlevé plusieurs pièces de bétail à ceux de la Roche ; puis contre le comte de Neuchâtel, en Suisse, qui se plaignait de ce que les sujets d'Henri se refusaient au paiement du péage établi à son profit dans le village du Luhier, pour le transport des planches barils et seilles, fabriqués en grand nombre à cette époque dans les villages et la montagne. Le village de Bonnétage fut horriblement ravagé pendant ces querelles auxquelles mit fin une commission arbitrale réunie à Beurre près de Besançon, par l'intervention du roi de France. Plusieurs seigneurs de la Haute-Alsace, le comte de Thierstein, Rodolphe de Ramestein, Ludovic Mayer, Petreman de Moribond, faisaient sur les terres d'Henri de fréquentes irruptions, à grandes courses de chevaux, et après le pillage et des violences de toutes sortes, ils

---

(1) Monographie du bourg et de la terre de Malche, par l'abbé RICHARD.

disparaissaient, ne laissant que l'incendie par tout le comté. Dans une de ces courses, Henri de Senecey tomba entre les mains du comte de Thierstein, et ne put sortir de ses prisons, en 1372, que moyennant une rançon de trois cents florins, cautionnée par Jean de Vienne, évêque de Bâle. Les habitants de la montagne avaient beau garder les passages, les ennemis profitaient des gués ou de la baisse des eaux du Doubs pour pénétrer dans cette contrée, qui n'était défendue que par le seul château de Malche (1). En 1366, Henri eut encore à lutter contre les ennemis du comte de Bourgogne, pour maintenir la tranquillité publique. (2).

Cette époque fut, avec le XVIIe siècle, la plus féconde en malheurs pour la contrée. Ces dissensions, ces guerres sanglantes et sans cesse renaissantes eurent des suites aussi funestes que les causes en étaient parfois futiles. La population du comté de la Roche fut décimée à tel point, que les bras manquaient pour la culture des terres. Le 1er mars 1385, Perrin de Trévillers et ses cousins Guillaume et Thiébaud, à qui les comtes de la Roche avaient inféodé leurs terrages de Saint-Hippolyte, firent avec le Chapitre, un accord en vertu duquel ils renoncèrent, sur la demande des habitants de Saint-Hippolyte, aux redevances qu'ils percevaient à Soyères, Vauchamp, la Roche, Plainchamp, Rosières, le Mont, et les autres finages et territoires leur appartenant, moyennant la cession que les chanoines leur firent de la moitié des dîmes sur ces héritages « vu, disent-ils, *la stérilitey et le peu de fructuositey de ces champs, et de crainte qu'ils ne viennent bientôt en planche et sans culture.* » Le comte

---

(1) Monographie du bourg et de la terre de Malche.
(2) Manuscrit de Duvernois, page 163.

approuva et ratifia ce contrat qu'il scella de son sceau le jour même de sa rédaction ; il voulut que le susdit contrat fût mis en forme publique par le notaire juré de la cour de Besançon (1).

Les habitants que la guerre avait épargnés, étaient entièrement ruinés ; le comte de la Roche se vit forcé de les dispenser, pour quelque temps, par un acte du 31 août 1405, du paiement des dîmes et des redevances sur les foins (2). Le Chapitre, de son côté, était dans une situation critique et célébrait à peine le service religieux. Pour le relever et le réformer, Henri fit venir, comme nous l'avons dit dans un chapitre spécial, son cousin Hugues de la Roche, chanoine et chambrier de Besançon.

Le 19 février 1386, Henri donna sa fille Jeanne, en mariage à Jean I de Montjoie, maréchal du pape, avec une dot de deux mille francs d'or (3). Elle reçut en outre cinq cents francs d'or de Guillaume de Vergy, archevêque de Besançon, et pareille somme de Jean de Vergy, sire de Fouvent. Comme son gendre le sire de Montjoie, le comte de la Roche prit, en 1391, le parti de Guillaume, archevêque de Besançon, contre Philippe le Hardi, duc de Bourgogne, qui contestait à ce prélat et à son Chapitre le privilège de battre monnaie (4). En 1382, Henri de la Roche avait combattu contre Jacques Artevelt, et pris part à la victoire de Rosebecque. Les franchises qu'il donna l'année suivante à ses sujets furent sans doute une marque de sa reconnaissance à l'égard de ceux qui avaient combattu à ses côtés dans cette journée mémorable.

---

(1) Voir Cartulaire du comté de la Roche.
(2) Monographie de Saint-Hippolyte, par l'abbé Richard.
(3) Histoire de Montjoie par le même.
(4) Chartes de Perrecot. N° 129, année 1360.

CHAPITRE X

Humbert, Comte de la Roche.
1406 — 1438.

Humbert reçoit la gardienneté du château de Chauvilliers. — Il marche à la suite de Jean-sans-Peur. — Il épouse en secondes noces Marguerite de Charny. — Un saint-Suaire à Saint-Hippolyte. — Différents entre Humbert et Conrad de Fribourg, et le comte de Thierstein.

Humbert, fils de Henri de Villersexel, devenu comte de la Roche, se distingua comme son père par sa bravoure et sa loyauté ; comme lui, il soutint la gloire du nom et des armes des comtes de la Roche. Ce fut sa vaillante renommée qui détermina, sans doute, l'évêque de Bâle, Jean de Fleckenstein, à lui confier, en 1425, la garde de son château de Chauvilliers près d'Indevillers, moyennant une somme de 675 florins. Ce château construit au commencement du XVe siècle, fut incendié et détruit par les Bourguignons, en 1475 (1).

Humbert ratifia les franchises de Saint-Hippolyte le 12 avril 1410 (2). Il avait épousé Marguerite de Montbéliard ; elle mourut, jeune encore, pendant que le comte était à Paris à la suite de Jean-sans-Peur, duc de Bourgogne. La guerre terminée, il épousa, en secondes noces, Marguerite,

(1) Archives de Bâle.
(2) Cartulaire du comté de la Roche.

fille de Geoffroi de Charny, fondateur du chapitre de Lirey en Champagne. Ce seigneur, craignant le pillage de la collégiale de Lirey pendant les guerres de France, en confia les vases sacrés et les reliques à son gendre, le comte de la Roche en montagne (1418) (1).

Un des suaires de Notre Seigneur Jésus-Christ faisait partie de ce trésor. Beaucoup plus grand que celui de Besançon, ce précieux linceul a pu envelopper en entier le corps du Sauveur. Il a quatre mètres de longueur ; il est en lin un peu jauni et rayé comme du basin. On y voit de grandes taches de sang, dont quelques-unes indiquent certainement la place de la tête. Humbert avait promis de rendre ce précieux dépôt dès que la paix serait faite ; mais il mourut en 1438, avant d'avoir exécuté sa promesse. Marguerite sa veuve, ayant refusé de restituer la sainte relique au chapitre de Lirey qui la réclamait, fut traduite successivement devant le parlement de Dole et devant l'officialité diocésaine de Besançon. Condamnée par ces deux tribunaux, elle s'obstina néanmoins dans son refus. Craignant enfin qu'on ne la contraignit par la force, elle transporta le saint suaire à Chambéry, en mai 1452, et le remit entre les mains de Louis, duc de Savoie. Ce prince le fit déposer dans une grande chapelle où l'on voit encore l'histoire du St Suaire retracée sur de magnifiques vitraux du XVIe siècle. Les chanoines de Lirey firent excommunier Marguerite en 1457 et réclamèrent auprès du duc de Savoie ; mais celui-ci, moyennant une aumône considérable qu'il s'obligea à leur donner annuellement, obtint de conserver la précieuse relique. Son fils, Emmanuel Philibert, la transporta à Turin et la déposa dans une magnifique chapelle qu'il fit construire pour la re-

(1) Monographie de Saint-Hippolyte, par l'abbé RICHARD.

cevoir. Dès lors, elle y est restée et reçoit encore chaque jour les hommages des fidèles. Saint Charles Borromée visita le S‍t Suaire de Turin en septembre 1578, pour obtenir l'extinction de la peste qui désolait son diocèse. Les armées de la République française, conquérant l'Italie, à la fin du siècle dernier, respectèrent la chapelle et la châsse d'argent ornée de pierreries.

La ville de Saint-Hippolyte a possédé ce trésor insigne pendant 34 ans ; il était placé dans la chapelle dite des Buessard sur les murs de laquelle on avait peint à fresque un dessin du S‍t Suaire. Tous les ans, on en faisait l'ostension dans un pré dit *le pré du Seigneur*, sur les bords du Doubs. Avant de consentir à l'enlèvement de la relique, Marguerite de Charny voulut prendre l'avis des habitants de Saint-Hippolyte qu'elle fit assembler dans un champ, au revers d'une montagne voisine. Ce lieu a conservé jusqu'à nos jours le nom de *mauconseil*, en souvenir du mauvais avis donné à regret, pour permettre l'enlèvement du saint Suaire (1).

Humbert de Villersexel eut maille à partir avec Conrad de Fribourg. Il semblait au contraire que la paix dût régner entre eux, car les comtes de la Roche s'étaient mis de bonne heure en relations avec les familles de Fribourg et de Neufchâtel. Des alliances matrimoniales furent même contractées à plusieurs reprises entre ces nobles maisons et celle de la Roche. Par suite de ces alliances, les sires de Fribourg acquirent plusieurs fiefs dans le comté de la Roche, ce qui leur permettait de s'établir indifféremment, selon les occasions, en deçà ou au-delà du Jura. Un fait singulier, mais conforme au droit féodal, c'est que ces

(1) Voir pour plus de détails l'ouvrage de M. ROHAULT de Fleury sur les reliques de la Passion.

seigneurs étrangers entretinrent habituellement des garnisons dans les places fortes du comté, ainsi qu'en témoigne leur histoire (1).

Mais, comme il était difficile à cette époque, pour un état, d'avoir des frontières bien certaines, il en résulta entre les comtes de la Roche et leurs alliés des difficultés qui dégénérèrent plusieurs fois en querelles et en rixes sanglantes. Le différend d'Humbert de la Roche avec Conrad de Fribourg eut pour cause leurs possessions dans les villages de Bonnétage et des Fourgs. Voulant maintenir ses droits ou ses prétentions sur certaines propriétés tant en terres qu'en bois, situées près de ces deux villages, le comte de Fribourg avait envoyé soixante à quatre-vingts hommes armés pour délimiter ses possessions et en lever les récoltes. Les sujets du comte de la Roche repoussèrent ces gens d'armes et en blessèrent plusieurs. Ceux-ci se voyant maltraités ripostèrent ; une femme enceinte, qui se trouvait derrière les paysans, fut atteinte d'une flèche lancée par un arbalétrier et mourut peu de temps après. Craignant que le comte de la Roche ne prit les armes pour venger ce meurtre, Conrad envoya aussitôt de Neuchâtel, de nouvelles milices. Ses soldats brûlèrent deux maisons, coupèrent une partie des blés et des herbes, foulèrent le reste avec leurs chevaux et causèrent plusieurs autres dommages. Humbert porta plainte au bailliage de Dôle. Les principaux coupables furent arrêtés, mis en prison, puis relâchés sous caution. Leur procès ne fut terminé que vingt ans plus tard, en 1430, par l'amnistie que leur accorda le duc de Bourgogne. (2).

Humbert eut aussi à repousser les attaques de Thierstein.

(1) Voir description de la mairie de Neuchâtel en Suisse, par Samuel DE CHAMBRIER, 1840.
(2) Archives de Neuchâtel.

Pendant l'été 1426, le comte pénètre dans la Franche Montagne par le passage d'Urtières, brûle ce village et quelques autres. De son côté, le comte de la Roche, assisté de son ami François de la Palud, use de cruelles représailles dans le comté de Ferrette et dans l'Ajoie. Soupçonnant sa tante, Marguerite de Cusance, de favoriser son adversaire, il n'y eut sortes d'exactions qu'il ne commit dans la partie de la seignenrie de Maîche qui lui appartenait. *Avant la guerre*, disait Marguerite, *à peine en tirais-je trois cents francs de revenus, mais depuis je n'en puis plus faire une obole!* Les populations avaient cherché protection dans un acte de combourgeoisie avec la ville de Bienne; mais le concile de Bâle, intéressé à éloigner la guerre des murs de cette ville, s'entremit pour ramener la paix et la sécurité dans la Franche-Montagne.

Le comte Humbert fut un seigneur bon et craignant Dieu. S'il fit la guerre, il faut l'attribuer à l'esprit de son temps et aux circonstances dans lesquelles il se trouva placé. L'année même de sa mort, 1438, il concéda au Chapitre de Saint-Hippolyte des dîmes dans tous les villages de la franche-montagne et au val de Vennes, afin de porter le nombre des chanoines à treize et d'augmenter pareillement celui des enfants de chœur (1).

Humbert n'avait pas d'enfants. A la mort de sa sœur, les seigneuries de la Roche, de Saint-Hippolyte et de Maîche sortirent, après 108 ans de possession, de la famille de Villersexel pour entrer, comme nous allons le voir, dans celle des Varambon, qui à son tour, devait les posséder 105 ans.

---

(1) Monographie du bourg et de la terre de Maîche.

CHAPITRE XI

Gillette de Villersexel, comtesse de la Roche.
1438-1440

Guerre contre Jean Louis de Montjoie et les archiducs d'Autriche.—
Délimitation du Sundgaw et du comté de Bourgogne.

Humbert de Villersexel mourut sans enfant et transmit sa seigneurie à Gillette sa sœur, qui avait épousé Burcard de Petite Pierre, seigneur allemand. Elle ne survécut que quelques années à son frère. Elle fut témoin de la guerre entre l'Autriche et Jean Louis de Montjoie. Ce baron refusant de faire hommage et de rendre le devoir de fief aux princes d'Autriche, s'associa avec Jean de Fribourg et le comte de Neuchâtel et lutta pendant deux ans. Mais le sort des armes se déclara contre lui et les archiducs s'emparèrent de ses terres et de ses forteresses. Le vaincu fit sa soumission, demanda pardon, pour lui et ses complices, des dommages causés à la maison d'Autriche ; il s'obligea en outre à être *homme vrai et féaul de la seigneurie de Ferrette* et à servir l'empereur en cas de guerre, avec vingt hommes d'armes et à ses propres dépens. A ces conditions, il rentra en possession de ses seigneuries de Montjoie et Moron avec leurs appartenances. (1)

(1) Extrait du traité de paix entre le duc d'Autriche et Jean Louis de Montjoie, 19 novembre 1440.

La baronnie de Montjoie fut, dès lors et définitivement, réunie à l'empire d'Allemagne. C'est sans doute à cette époque qu'il faut rapporter la ligne de séparation du Sundgaw avec le comté de Bourgogne dont la seigneurie de la Roche faisait la limite. Elle consistait dans un fossé semblable au *Landgraben*, qui délimite la haute et basse Alsace. Ce fossé dont on voit encore les vestiges à la limite des territoires d'Indevillers et des villages bourguignons des Plains, Grand-Essarts et Courtefontaine, traversait en ligne droite le plateau dans toute sa largeur et correspondait avec la plus grande précision à la grosse pierre borne qui existe encore sur la rive gauche du Doubs, à deux kilomètres plus bas que la forteresse de Montjoie.

CHAPITRE XII

François I de la Palud, Comte de la Roche
1440 — 1454

François de la Palud, devient comte de la Roche. — Invasion des Ecorcheurs. — Le comte part pour la croisade. — Sa miraculeuse délivrance. — Notre-Dame de Consolation. — Notre-Dame du Mont. — Différentes expéditions de François de la Palud.

François de la Palud, sire de Varembon, principal représentant d'une des plus illustres familles de Bourgogne et de Savoie, était chambellan et conseiller du duc de Bourgogne. Il avait épousé Anne de la Palud, sa parente. Celle-ci mourut quelque temps après la miraculeuse délivrance de son mari et après lui avoir donné un fils, Philibert-Philippe.

L'illustre chevalier épousa en secondes noces Marguerite, fille de Burcard de Petite-Pierre et de Gillette de Villersexel (17 juillet 1432) et devint comte de la Roche. Il confirma les franchises de Saint-Hippolyte et accorda aux bourgeois la taxe du vin, réservant seulement le *banvin*, c'est-à-dire le droit de percevoir pendant l'année la somme d'un niquet ou d'une engrogne au-dessus de la taxe faite par les bourgeois. Moyennant ce faible impôt, François de la Palud voulut bien se charger de l'entretien des fortifications de la ville (1).

(1) Archives de St-Hippolyte.

L'empereur d'Autriche, Frédéric III, se voyant menacé par les forces coalisées des Suisses, avait imploré le secours du roi de France. Charles VII, qui venait de forcer les Anglais à demander une trêve, fut heureux de lui envoyer une partie de ses gens de guerre, qui épuisaient le trésor et qui, par leur brutalité, faisaient l'effroi de toutes les provinces. Leur cruauté leur avait valu leur odieux et terrible surnom : *les Ecorcheurs*.

Ramassis d'aventuriers, de soldats licenciés, pour qui la guerre était devenue un besoin et un moyen d'existence, hordes de proscrits ou de brigands de toutes les nations, portant partout le fer et la flamme, sans autre drapeau que celui de l'indépendance, sans autres chefs que ceux qu'ils se créaient capricieusement et qu'ils destituaient avec la même facilité, ces misérables étaient la terreur des villes et des campagnes, des châteaux et des chaumières. Dans leur férocité, ils allaient jusqu'à écorcher vifs ceux qui osaient leur résister ; quelquefois ils les pendaient aux arbres ou les noyaient dans les rivières.

Sous la conduite du Dauphin Louis XI, ces bandes pénétrèrent en Alsace, puis s'emparèrent de la ville de Montbéliard que la lâcheté du commandant livra entre leurs mains ; de là elles se dirigèrent sur Saint-Hippolyte, en ravageant tout sur leur passage (1). (1444) Le pays se trouva bientôt couvert de ces soldats de fortune qui, sous tous les noms et sous toutes les formes, rançonnèrent et sacca-

---

(1) L'abbé RICHARD s'appuyant sur une supposition de GOLLUT, raconte que les Ecorcheurs s'emparèrent de la ville de St-Hippolyte et l'incendièrent après l'avoir mise au pillage. Dans le texte de GOLLUT, comme le fait remarquer DUVERNOIS, il s'agit non de Saint-Hippolyte en montagne, mais d'un bourg de ce nom dans la Haute-Alsace, et nous avons tout lieu de croire que la capitale de la Franche-Montagne résista aux attaques de ces bandits.

gèrent nos campagnes. La terreur était universelle ; pas une bourgade ou un village de la Franche-Montagne qui ne fût obligé de se fortifier contre les assauts de ces brigands. On s'entourait de murailles ou de fossés ; on transformait les clochers en petites citadelles, où des sentinelles montaient la garde jour et nuit pour jeter le cri d'alarme, et donner le signal de la défense ou de la fuite. Ceux des habitants de Saint-Hippolyte et du voisinage, qui se trouvaient hors d'état de porter les armes, se réfugièrent dans la grotte du château de la Roche. Les chroniques du temps, dit l'abbé Devoille, sont pleines du détail des atrocités commises dans le pays à l'époque du passage des Écorcheurs. Pour arrêter leur marche dévastatrice, les seigneurs de la contrée réunirent leurs vassaux et se mirent eux-mêmes à la tête de leurs milices. A l'appel du comte de la Roche, les campagnes furent bientôt couvertes de paysans, vêtus à la manière du pays : habit long ; haut-de-chausses à braguettes ; guêtres en cuir, serrées par une jarretière rouge ; chapeau de feutre grossier et à larges bords ; gros souliers surmontés d'une boucle de cuivre. Leurs armes étaient quelques rares fusils, des faulx, des gourdins noueux, des frondes, des arbalètes, des fléaux à battre, des fourches ou tout autre instrument d'agriculture. Une troupe ainsi équipée serait aujourd'hui un objet de dérision, mais alors elle était redoutable, car non seulement les ennemis n'étaient guère mieux vêtus et armés, mais nos paysans avaient sur eux l'avantage d'une constitution à l'épreuve de la fatigue, d'une force musculaire que la débauche n'avait point énervée et surtout d'un dévouement sincère ; ils avaient cette persévérance infatigable qui caractérise l'âpre enfant de nos montagnes. L'opiniâtreté qui nous est reprochée, est un défaut dans la vie civile, mais elle devient, parfois, une vertu sur le champ de bataille. Les Ecorcheurs, traqués de toutes parts par les paysans, subirent de cruelles représailles ; car, au dire d'un chroniqueur contemporain (1), la rivière du Doubs était si pleine de corps d'iceux Ecorcheurs que maintes fois les pêcheurs les tiraient au lieu de poissons, deux à deux, trois à trois liés et accouplés de cordes ensemble.

Quatre ans après l'invasion des Ecorcheurs, le 24 janvier 1448, François de la Palud intervint comme bienfaisant conciliateur dans un différent survenu entre son écuyer Jean de Vy et les bourgeois de la ville. Ceux-ci, réduits à 50 chefs de familles, environ, voulaient frapper d'impôt les meix et maisons, alors en ruines, construites par le comte Humbert pour son hôtel, donné par lui à Jean de Vy pour le récompenser de ses services. Ce dernier soutenait que ses propriétés, étant un domaine noble ne devaient pas être imposées. Pour concilier l'affaire, François de la Palud concéda aux bourgeois un pré de quatre faulx situé au lieu dit Vauchamp et vulgairement appelé *le pré Messire Girard*, entre les communaux et les bois jurés de la ville ; ils devaient jouir de ce pré en toute propriété et franchise, moyennant quoi ils renoncèrent à toute contribution sur les propriétés du noble écuyer (2).

François de la Palud, sire de Varembon et comte de la Roche, fut une des gloires de la Bresse et de la Franche-Comté au commencement du XVe siècle. Sa devise était: *Mort plutôt que souillure*, et son cri dans les batailles : *Hè Dieu, aidez-moi*(3).

Nous allons raconter la merveilleuse légende de la déli-

---

(1) Olivier de la Marche.
(2) Archives de St-Hippolyte.
(3) Guichenon. Histoire de la Bresse.

vrance du sire de Varembon Comte de la Roche-Saint-Hippolyte, telle qu'elle est restée jusqu'à nous dans les traditions de nos pieux montagnards.

A la voix du pape Martin V, François était parti pour secourir Lusignan, roi de Chypre et de Jérusalem. Ecrasé plutôt que vaincu dans les plaines de Domy, il fut fait prisonnier. Après cinq ans de captivité arriva pour lui l'heure de choisir entre la mort et l'apostasie ; encore une nuit d'angoisse et il allait subir le martyre. Mais à une nuit de prières succéda une merveilleuse délivrance. Le sire s'était souvenu de l'image de Notre-Dame qu'il avait appris à vénérer dès son enfance et devant laquelle il s'était agenouillé avec sa noble épouse le jour de son départ du château de Varembon. Il invoque la Vierge avec ferveur et s'endort. Quand le soleil se leve, ce n'est plus dans une prison que s'éveille le chevalier. C'est le comté qu'il revoit, c'est la terre natale, avec ses sapins, ses rochers et ses tours. Varembon n'en peut croire ses yeux. Il est encore vêtu de la tunique des esclaves, ses chaînes pendent à ses mains et le carcan à son cou, mais le prisonnier d'hier est au pied du donjon de Châtel-Neuf, les lèvres encore ouvertes par la prière qu'il adressait la veille à la Vierge de l'Ermitage.

Plein de reconnaissance pour sa libératrice, François de la Palud, pour accomplir son vœu, fit ériger un oratoire près du château et la vallée prit dès lors le nom de *Notre-Dame de Consolation*. Le sire y déposa une copie de l'image vénérée dans son manoir de la Bresse, il y suspendit ses chaînes et sa tunique ainsi qu'un tableau votif sur lequel il était représenté chargé de fers et adressant du fond de son cachot sa prière à Notre-Dame.

Pendant toute la vie du noble seigneur, sa piété envers la Sainte-Vierge ne se démentit point. Ce n'est pas seulement à Châtel-Neuf qu'elle se manifesta, mais dans toutes ses terres et notamment dans son comté de la Roche. C'est à François de la Palud que nous attribuons l'établissement du culte de Notre-Dame-du-Mont de Saint-Hippolyte et le don de sa statue.

D'après une ancienne légende, la statue de la Vierge du Mont aurait, il est vrai, été découverte dans le creux d'un rocher, sur une colline qui domine la ville. Cette image, découverte par des bergers, aurait été transportée sur le champ dans l'église collégiale ; mais dès le lendemain, elle aurait disparu et serait retournée au lieu même où on l'avait découverte, manifestant ainsi la volonté d'y être honorée. D'autres prétendent avec plus de vraisemblance que cette statue est due à la piété de François de la Palud. Il serait naturel, en effet, que le sire de Varembon miraculeusement délivré, étant devenu comte de la Roche par son mariage avec Marguerite de Petite-Pierre eût voulu répandre dans ses nouveaux domaines son culte reconnaissant envers sa libératrice.

Nous avons déjà montré d'ailleurs au chapitre VI combien les bourgeois de Saint-Hippolyte avaient de dévotion pour la Sainte-Vierge. Le nouveau comte de la Roche n'eût donc fait que répondre aux sentiments du pays.

Quoiqu'il en soit de la découverte et de l'origine de la Vierge du Mont, il est certain qu'elle reçut d'abord, et pendant près d'un siècle, l'hommage de ses enfants dans la petite niche taillée naturellement dans le banc de rochers qui se trouve au dessous de la chapelle actuellement existante. La piété des fidèles continue à orner ce rocher de guirlandes et de fleurs, témoignage touchant du respect et de la confiance des générations actuelles et souvenir fidèle du rustique sanctuaire où les premiers pèlerins de N. D. du Mont-de-St-Hippolyte sont venus s'agenouiller jadis, tantôt isolément, le bâton à la main, tantôt en longues processions, bannières déployées.

La statue de N. D. du Mont est en bois ; elle représente la Mère de Dieu debout, tenant son cher Fils sur le bras gauche et porte le costume des grandes Dames du XVe siècle (1).

Revenons à l'histoire de François de la Palud.

Après la croisade, le comte de la Roche ne se reposa pas longtemps. Il reprit sa vie aventureuse et ses expéditions guerrières. Honoré de la double charge de conseiller et de chambellan du duc de Bourgogne, il défendit pour lui les terres du Charollais. La même année, il entra au service du duc de Savoie avec cinq cents lances et trois mille hommes. Surpris sur les bords du Rhône, il est fait prisonnier et a le nez abattu d'un coup de hache ; il rachète sa liberté moyennant une rançon de huit mille florins et, dès l'année suivante, il recommence à guerroyer contre Jean, duc de Bourbon, pour tirer vengeance de certains déplaisirs qu'il avait reçus de ses gens. On le retrouve ensuite à Calais où il combat avec les Bourguignons ; à Pontoise où en 1436 il commande les soldats de Philippe le Bon contre les Anglais, et dans maints autres combats où toujours la bannière armoyée des armes de Varembon et de la Roche (2), paraît avec honneur.

Les braves et fidèles milices de la Roche et de Châtel-Neuf ne se lassaient, ni de ces guerres sans fin, ni des pé-

---

(1) La chaîne qui pend à la ceinture de la statue semble prouver que celle-ci fut donnée par François de la Palud en souvenir de sa délivrance miraculeuse.

(2) Le comté de la Roche avait sa bannière gardée à Saint-Hippolyte ; la Franche-Montagne avait également la sienne au château de Maîche ; mais celle-ci ne marchait qu'après la grande bannière du comté.

rils, qui avaient coûté la vie à un si grand nombre de leurs compagnons. Elles étaient remplies de l'ardeur, qui animait leur chef; celui-ci, de son côté, ne négligeait aucune occasion de leur témoigner son attachement et sa reconnaissance. Fêtes, parties de chasse, contrats, cérémonies religieuses, les réunissaient à Châtel-Neuf et à la Roche où il leur prodiguait les dons, les emplois honorifiques autour de sa personne, et les exemptions des redevances féodales.

CHAPITRE XIII

Philibert I de la Palud, Comte de la Roche.

1454-1473.

Commerce et industrie de la ville. — Monnaies en usage. — Valeur des denrées et des salaires. — Anciennes familles de Saint-Hippolyte.

François de la Palud ne laissa de ses trois mariages que Philibert-Philippe, Marguerite et Philibert. Par son testament il avait institué son fils Philibert, héritier de ses seigneuries du comté de la Roche et de tout ce qu'il pouvait et devait avoir et tenir dans toute la Franche Montagne (1).

Philibert-Philippe, chevalier de Saint-Georges et, comme son père, conseiller et chambellan de Philippe le Bon, duc de Bourgogne, sut comprendre les besoins de son siècle et s'efforça de les satisfaire par de sages mesures ; il respecta et accrut les institutions libérales octroyées par ses prédécesseurs aux habitants de Saint-Hippolyte qui, de leur côté, s'appliquaient avec la plus vigilante sollicitude à les conserver. Les salines et les différentes industries de la ville attirèrent surtout son attention et ses soins. Le sel était un grand objet de commerce à cette époque. Les

(1) Archives de Saint-Hippolyte.

habitants de la Franche-Montagne n'ayant pas le droit de s'en procurer ailleurs, venaient régulièrement aux foires et aux marchés de Saint-Hippolyte pour faire leurs provisions. Indépendamment du marché qui se tenait comme aujourd'hui tous les lundis, il y avait quatre foires annuelles. La première, le 14 janvier, fête de saint Hilaire ; la seconde, le 1er mai, fête de saint Philippe et saint Jacques ; la troisième, le 22 juillet, fête de sainte Madeleine ; la quatrième, le 21 septembre, fête de saint Mathieu ; cette dernière était appelée la foire grasse, parce qu'on y vendait une grande quantité de bœufs gras. L'institution de ces foires et marchés remonte à l'époque de la fondation du Saint-Hippolyte moderne.

Les comtes de la Roche avaient établi dans la ville un octroi, qui était pour eux la source d'un revenu considérable. Voici quels étaient, en 1584, les droits perçus par le seigneur : les jours de foire, chaque pièce de bétail, tant gros que menu, était soumise à un droit de deux liards, payé moitié par l'acheteur, et moitié par le vendeur ; ce droit était d'un niquet les jours de marché, et d'un denier les autres jours de la semaine. Les denrées et marchandises payaient cinq engrognes les jours de foire et un engrogne les autres jours. Les étrangers, acheteurs d'autres denrées que le bétail, payaient un liard les jours de foire, et un niquet seulement en d'autres temps. Le vendeur de tout grain devait donner une coupe pour chaque quarte vendue. Toute contravention à ces règlements était punie d'une amende de soixante sols estevenants. Il y avait en outre un péage établi sur les deux ponts du Doubs et du Dessoubre. Le char ferré payait cinq engrognes, la charrette ferrée, trois engrognes, les chars et charrettes non ferrés payaient la moitié moins. Le péage était loué chaque année environ huit-vingts livres, autant de livres de cire, six livres *d'espices* par moitié *poyvre* et *gingembre* avec une pièce de futaine (1). Les marchés se tenaient aux halles situées au milieu de la ville et louées chaque année sept à huit francs. Les denrées et marchandises se pesaient au peson du seigneur ; les particuliers ne pouvaient posséder de poids et mesures au-dessus de vingt livres (2). La veille des foires, les maîtres bourgeois avec le sergent visitaient les cheminées des hôtelleries et prescrivaient toutes les précautions contre les accidents du feu, et les jours où elles se tenaient, on montait la garde aux portes de la ville. La population de Saint-Hippolyte était alors composée de quelques agriculteurs, mais principalement d'ouvriers occupés dans les salines, d'artisans et de marchands. C'étaient les pêcheurs, les boulangers, les menuisiers, les ébénistes, les bouchers, les tanneurs, les felandriers, les colporteurs connus sous les noms de *crampets*, les marchands dits à *la grande verge* chargés d'approvisionner les habitants des localités les moins peuplées et les plus retirées, celles par conséquent où il ne pouvait s'établir de commerçants à demeure. Les *crampets* étaient chargés des denrées alimentaires ; les *marchands à la grande verge* avaient pour spécialité les toiles et les étoffes, ils pouvaient vendre à la *grande aune*, appelée alors *verge* en Franche-Comté. Les felandriers filaient la laine, le chanvre, le coton pour faire des tissus et surtout de la futaine. On fabriquait alors en grand cette étoffe à Saint-Hippolyte. Chaque veuve qui se remariait en offrait une pièce au seigneur. Les tanneries de Saint-Hippolyte sont aussi anciennes que la ville. Elles étaient alors alimentées

---

(1) Archives du Doubs. Chambre des comptes. Saint-Hippolyte Cote $\frac{a}{46}$

(2) Inventaire du château de la Roche. Archives du Doubs.

comme aujourd'hui par les peaux tirées du pays même, et particulièrement propres à la fabrication des cuirs forts, très estimés sur les marchés de Paris, Lyon, Châlon-sur-Saône et Besançon (1).

Une des principales industries de la ville et de la contrée, était encore la fabrication des fromages dits *vachelins* et la préparation des viandes salées. Les jambons et généralement toutes les salaisons de Saint-Hippolyte et de la Franche-Montagne alimentaient les marchés des principales villes de la contrée. Chaque fois que le nouveau seigneur faisait son entrée dans la ville, on lui offrait en présent quelques pièces de fromage et de viande salée.

Ces différents états formaient, selon l'usage du temps, diverses corporations présidées par des prévôts, qui jugeaient des abus et des fraudes et réglaient les difficultés qui pouvaient survenir entre leurs membres ; leur juridiction s'étendait sur toute la Franche-Montagne. Cette organisation professionnelle, adoptée par nos pères, sous le regard maternel de l'Eglise, et consacrée par l'expérience de plusieurs siècles de paix et de prospérité, réunissait dans une union touchante tous les éléments de l'industrie de la ville, assurait l'honneur et la dignité du travail chrétien et mettait le maître et l'ouvrier à l'abri de ces conflits sanglants, de ces longues et ruineuses grèves, fruits amers de l'individualisme que la théorie révolutionnaire a introduit dans le régime de la production sous la menteuse étiquette de la liberté.

Un autre fait qui mérite d'être signalé, c'est que la plupart des artisans travaillaient à domicile. Le fabricant remettait à l'ouvrier le travail qu'il devait faire, moyennant un prix convenu. Il est facile d'apprécier les avantages

(1) Monographie de Saint-Hippolyte par l'abbé RICHARD.

qu'offrait à l'ouvrier, au point de vue matériel et surtout au point de vue moral, cette organisation du travail. Il demeurait au foyer, entouré de sa femme et de ses enfants qui l'aidaient. Sa tâche ne l'empêchait pas de cultiver son champ, de soigner son petit jardin ; même quand elle réclamait tout son temps, il vivait au moins de la vie de famille et conservait les habitudes régulières des populations agricoles, en même temps que l'activité et le bien-être que l'industrie répand autour d'elle.

L'usage reconnaissait aux prévôts, comme aux maîtres bourgeois et aux autres personnages marquants, le droit de se faire inhumer dans l'église collégiale. On y retrouve encore aujourd'hui plusieurs de leurs tombes.

Les monnaies des divers états auxquels elle fut annexée et celles des provinces qui l'avoisinaient, avaient cours dans notre contrée. C'était la monnaie estevenante, qui devait son nom à l'église métropolitaine de Saint-Etienne, et dont la fabrication appartenait aux archevêques et au chapitre de Besançon ; et la monnaie comtoise, battue par les souverains de la province. Les archevêques de Besançon, princes de l'empire, usaient de ce droit régalien en vertu d'un privilège accordé par Charles le Chauve en 874, et confirmé en 1153 par Frédéric Barberousse, empereur d'Allemagne.

La monnaie estevenante a été la plus usitée en Franche-Comté depuis le Xe siècle jusqu'au milieu du XVIe ; on peut même dire que, seule, elle y eut cours depuis le milieu du XIe siècle jusqu'à la fin du XIIIe ; elle valait un quart de plus que la monnaie de France et se divisait en livres, sols, pites, niquets, deniers et oboles.

La monnaie comtoise valait un peu plus d'un quart de plus que la monnaie de France et se divisait en francs, gros, sols, blancs, engrognes, deniers et oboles. Le franc valait douze gros ou vingt sols. Le gros valait quatre blancs, le blanc, trois niquets ou cinq deniers, le denier valait la douzième partie d'un sol ou le tiers d'un liard.

Nous allons donner une courte statistique du prix des denrées du pays pendant le moyen-âge jusqu'à nos jours. Cette statistique, extraite des recherches faites par l'abbé RICHARD, tout en permettant à nos lecteurs de se rendre compte de la valeur du bétail, des terres, des salaires et des divers objets de consommation dans les temps qui nous ont précédés, leur donnera une idée de la situation, du commerce et des produits de notre pays à ces différentes époques.

VIIIe et IXe siècles. — Les céréales se vendaient alors au muid de Charlemagne, du poids de 88 livres de 12 onces chacune.

Année			MONNAIE DE FRANCHE-COMTÉ	DE FRANCE.
794.	Blé,	le muid. . .	4 deniers	26 sols.
»	Avoine	» . . .	1 denier	6 sols 6 deniers.
»	Orge	» . . .	2 deniers	13 sols.
»	Seigle	» . . .	3 deniers	19 sols 6 deniers.
»	Pain, la livre . . .			4 deniers 1/3.

IXe, Xe, XIe, XIIe siècle. — Cette période fut le temps de la féodalité la plus dure. Les seigneurs étaient les seuls propriétaires des terres, dont les serfs faisaient partie par destination. Le peuple, ainsi attaché à la glèbe, ne possédant rien, n'avait rien non plus à vendre ni à acheter. Ses maîtres, qui n'étaient guère plus riches, ne faisaient le commerce que par l'échange des denrées et échangeaient même les hommes contre les animaux. Au IXe et au Xe siècle et antérieurement, un homme serf, terme moyen, avait la même valeur que quatre chevaux, mais au commencement du XI₀ siècle, le prix des esclaves baissa, il fallait en donner trois pour avoir un cheval. Le numéraire excessivement rare, n'était pas monnayé. On achetait et on vendait au poids brut de l'argent et plus souvent de l'or, dont le marc pesait 8 onces.

Après les dix famines et les treize pestes du X₀ siècle, au commencement du XII₀.

Année.	MONNAIE	
	DE FRANCHE-COMTÉ.	DE FRANCE.
Le blé se vendait le boisseau	70 sols estevenants	43 livres 7 sols.

XIII₀ siècle. — Depuis le IX₀ siècle, la mesure de Charlemagne avait perdu environ 8 livres de son ancien poids et ne pesait plus que 80 livres, dont le quart ou la quarte était de vingt livres. A cette époque, les seigneurs, les villes et les bourgs avaient adopté chacun une mesure particulière et des poids différents, de telle sorte qu'au milieu de cette multiplicité confuse des mesures féodales, il aurait été fort difficile d'apprécier le prix du blé. Pour en venir à bout, on eut recours à l'expédient d'attacher la valeur d'un denier à la livre pesant de blé. Le denier, de son côté, donné en paiement des marchandises, représentait la valeur d'une livre de blé au poids.

L'expédient dura plusieurs siècles.

	MONNAIE	
	DE FRANCHE-COMTÉ.	DE FRANCE.
Vers 1250, le blé, mesure du poids de 30 livres.	30 deniers	2 sols.
Le vin de Beaune, la pièce de 220 litres.	25 sols	18 sols 7 den.
306 Blé mesure de 80 liv.	2 sols	1 sol.

MONNAIE

		DE FRANCHE-COMTÉ	DE FRANCE
1330	Vin, le muid de 309 pintes	40 sols à 4 liv.	29 sols, 6 den. à 12 sols 3 den.
1366	Poulaille	6 gros	6 sols 8 deniers.
»	Une poule	4 à 10 deniers	2 à 6 deniers.
»	4 livres de riz.	6 gros	6 sols 8 deniers.
»	Une livre de cire	2 sols 6 deniers	1 sol 11 deniers.
»	id. de suif	12 deniers	8 deniers.
»	id. de plomb	1 sol	8 deniers.
»	id. d'étain	20 deniers	
»	Une quarte de noix	4 deniers	2 deniers.
»	Huile de noix, la pinte	3 gros	3 sols 4 deniers.
»	Un boisseau de pois	4 gros	4 sols 5 deniers.
»	Cheval pour la guerre	16 liv. estevenantes	11 liv. 16 sols 11 deniers.
»	Journée d'un soldat	8 deniers	5 deniers.
»	id. d'un fosseyeur de vigne	18 deniers	11 deniers.
»	id. d'un manœuvre	12 deniers	8 deniers.
»	id. d'une femme	5 deniers	3 deniers.
»	id. d'un cheval	2 sols 6 den.	1 à 2 sols.

XVe siècle le prix des denrées resta à peu près le même que dans les siècles précédents.

1420	un porc gras	3 liv 6 s.	4 d. 2 l. 12 sols 3 den.
1430	vin, 6 pintes à la montagne	4 gros	6 sols 6 deniers.

MONNAIE

Années.		DE FRANCHE-COMTÉ	DE FRANCE
1474	Un bœuf et un porc gras	110 francs	73 liv. 8 sols 3 d.
»	2 bœufs gras	40 florins	36 livres.
»	Nourriture d'un cheval par jour	16 deniers	10 deniers.
»	2 journées de charrue	6 gros	6 sols, 8 deniers.
»	Repas d'un cavalier	4 blancs	1 sol 4 denier.
»	» d'un valet	2 blancs	6 deniers.
1478	Une paire de souliers d'homme	10 blancs	2 sols 6 deniers.
»	Une paire de souliers de fille	6 blancs	1 sol 7 deniers.
»	Un gros veau	1 franc	13 sols, 4 den.
1486	Blé, mesure de 30 liv.	5 blancs	16 deniers.
»	Avoine, la quarte de 20 livres	3 gros	3 sols 4 deniers.
»	Orge, 3 mesures de 20 livres l'une	10 blancs	2 sols 6 deniers.
»	Vin, le muid de 360 pintes	8 francs	5 liv. 6 sols 8 d.

XVIe siècle. — La découverte de l'Amérique, produisant l'abondance du numéraire, produisit aussi peu à peu la hausse sur le prix des denrées. La monnaie battue par l'empereur Charles V étant de meilleurs poids et aloi que la monnaie estevenante, cette dernière n'eut désormais que peu de cours.

MONNAIE

Années.		DE FRANCHE-COMTÉ	DE FRANCE.
1550	Traitement annuel de l'instituteur primaire	5 francs	3 livres 6 sols.
»	Le poisson, la livre	4 blancs à 1 gr.	6 den. à 1 sol 1 denier.
»	Une poule grasse	2 gros	2 sols 2 deniers.
»	Dîner d'un homme à cheval	5 sols	5 sols.
»	Le souper du même	7 sols	7 sols.
»	Dîner d'un homme à pied	6 blancs	1 sol 7 deniers.
»	Le souper du même	3 sols 6 deniers	2 sols 4 deniers.
1573	Une livre de bœuf gras	1 gros	1 sol 1 denier.
»	id. id. maigre	3 blancs	10 deniers.
»	id. de vache	1 sol	8 deniers.
»	id. de mouton	2 sols	1 sol 4 deniers.
»	id. de veau	6 liards	6 liards.
»	id. de porc frais	1 gros 1/2	1 sol 8 deniers,
»	id. de porc salé	2 gros	2 sols 2 deniers.
»	Un lièvre	4 gros 1/2	
»	Une livre de beurre frais	1 gros 3 engrognes	1 sol 4 deniers.
»	Une livre de beurre cuit	1 gros 1/2	1 sol 8 deniers
»	Une livre de fromage vachelin	2 sols	1 sol 4 deniers.
»	Une livre de fromage vieux	1 gros	1 sol 1 denier.
1510	2 étalons propres à la saillie	28 francs	17 livres 4 den.

MONNAIE

Années.		DE FRANCHE-COMTÉ	DE FRANCE
1515	1 bœuf	6 francs	4 livres
1515	1 cheval pour la guerre	18 francs	15 liv. 6 sols 8 deniers.
1560	Terres de qualité médiocre, le journal	2 à 9 francs	1 à 6 livres.
1578	Blé, l'émine de Besançon rendant 25 liv. de pain blanc	3 à 4 francs	2 liv. à 2 liv. 13 s.
»	Avoine	3 francs	2 livres
»	Vin, la pinte de rouge	6 à 10 blancs	1 sol 7 deniers.
»	id., la pinte de clairet	7 blancs	1 sol deniers.
»	id., la pinte de blanc	2 gros	2 sol deniers.

XVIIe siècle. — L'abondance du numéraire maintint à un prix assez élevé les denrées pendant les 30 premières années de cette période ; mais les guerres de 1636, les famines et les pestes qui les suivirent, ayant occasionné la dépopulation et l'abandon de la culture des terres, il en résulta une grande augmentation de prix sur les denrées alimentaires et une grande baisse de valeur sur les terres et le bétail.

1602	Blé, mesure de 85 liv.	21 francs	14 livres.
1693	Blé	23 sols à 11 fr.	16 sols 4 deniers à 7 l. 6 den.
1606	Le poisson, la livre	4 blancs à 2 gr.	1 à 2 sols.
»	Vin, muid de Besançon 256 pintes	15 à 27 florins	30 à 53 livres.

MONNAIE

Années.		DE FRANCHE-COMTÉ	DE FRANCE
1606	Vin, la tine ou les 50 pintes, au voisinage de Montbéliard	8 francs	5 francs 6 sols.
1650	Dans les montagnes du Doubs, la channe ou les 2 pintes de vin	7 gros	7 sols 9 deniers.
1602	Le lard, les 100 livres pesant	17 francs	11 liv. 10 sols.
1634	Cire, la livre	30 sols	23 sols.
»	Filasse de chanvre dite œuvre, la livre	18 blancs	4 sols 7 deniers.
1639	Pain, la livre	5 sols 10 den.	4 sols 2 deniers.
»	Fromage, la livre	12 à 16 sols	8 à 10 sols.
»	Œufs, la douzaine	15 sols	10 sols.
1650	Les plus gros bœufs	30 à 40 francs	20 à 26 livres 10 sols.
»	Vache	30 francs	20 livres.
»	Veau d'un an	6 à 7 francs	4 liv. à 4 liv. 13 sols.
1650	Bois de chauffage de hêtre et de bonne essence, la corde de 5 pieds de longueur sur 4 de hauteur, la buche de 3 pieds 1/2	30 sols	22 sols.
1650	Et années suivantes, le tiers des terres étaient en friche et celles qu'on louait auparavant	40 francs	26 livres 13 sols.

MONNAIE

Années.		DE FRANCHE-COMTÉ	DE FRANCE
	Trouvaient à peine des colons pour	5 francs	3 livres 6 sols.
1604	Un pré produisant 3 voitures de foin avait été vendu	300 francs	200 livres.
1675	Un autre pré dans le même lieu contenant 4 voitures de foin fut vendu	24 francs	16 livres 19 sols.

XVIIIe siècle. — Depuis la réunion de la Franche-Comté à la France, l'argent monnayé de ce royaume devint à peu près le seul usité dans la province. C'est pourquoi nous n'enregistrerons plus le prix des denrées, à partir du XVIIIe siècle, que d'après la monnaie française.

1700	Salaire de l'instituteur de St-Hippolyte	de 20 à 30 livres.
»	Id. d'un valet de ferme durant tout le cours de ce siècle . . .	de 60 à 120 livres.
»	Id. d'une servante.	de 30 à 60 livres.
1700 à 1735	Blé, la mesure de 42 livres .	22 sols à 6 livres.
Le prix moyen du blé, de 1700 à 1756, fut de.		2, 3 et 4 livres.
Id.	avoine	10 sols à 25 sols.
Id.	orge.	22 sols.
Id.	orgier de la montagne .	8 sols.
Id.	pain blanc, la livre . .	1 à 2 sols.
Id.	viande de boucherie, la liv.	3 à 6 sols.

Années.		MONNAIE DE FRANCE
Id.	beurre, la livre . . .	2 sols 1/2 à 4 sols, prix moyen.
Id.	vendange de première qualité, le muid . .	27 à 60 livres.
Id.	vin vieux, la pinte . .	3 à 6 sols.
Le prix moyen de la filasse de chanvre la plus belle . . . . . ,		4 à 6 sols la livre.
Id.	le bois taillis, l'arpent de 44 perches carrées . .	40 livres.
1725	Une paire de bœufs.	60 livres.
»	Une vache.	18 livres.
»	Une génisse de 2 ans	15 à 21 livres.
»	Une jument de 2 ans	75 livres.
»	Id. de 7 ans	60 livres.
1760	Les plus beaux bœufs de la montagne, la paire	150 à 900 livres.

XIXᵉ siècle. — Tarif des communes rurales des montagnes du Doubs au commencement de ce siècle.

Journée d'homme	12 à 15 sols.
Id. de femme	6 à 10 sols.
Pendant les foins, journée d'homme	18 sols.
Id. id. de femme	12 sols.
Journée de tailleur, cordonnier	12 sols.
Id. de leurs apprentis	6 sols.
Id. de tailleur de pierre, avec la nourriture	45 sols.
Id. de tailleur de pierre, sans nourriture	3 livres.

		MONNAIE DE FRANCE
	Journée de charron, menuisier, charpentier, couvreur de maison.	20 sols en été, 15 sols en hiver.
	Id. des batteurs en grange au gerbier	9 sols.
	Id. des manœuvres pendant les semailles d'automne et du printemps	9 sols.
	Viande fraîche	7 sols.
	Filasse de chanvre (œuvre) . . .	18 sols.
	Id. (étoupes). . . .	8 sols.
	Laine, la livre	40 sols.
	Huile à brûler, la pinte	13 sols.
	Beurre frais, la livre	8 sols.
1835	Vin, la pinte	5 sols.
	Une paire de bœufs, de 3 ans à 4	450 francs.
1835	Une vache (prix moyen)	135 à 150 francs.
	Une génisse de deux ans, portant .	120 à 130 francs.
	Un veau	15 à 20 francs.
1835 à 1840	Blé (prix moyen), mesure de St-Hippolyte, 48 livres . .	5 francs.
»	Avoine (prix moyen)	1 franc.
	Foin (les 1000 liv.), prix moyen	30 francs.
	Journée d'un faucheur . . .	15 sols.
	Journée de tailleur, cordonnier	12 à 15 sols.
	Journée de charron, menuisier, charpentier, couvreur . . .	25 sols.
	Journée de batteur en grange pour la semence . .	15 sols.
	Id. de batteur au gerbier	12 sols.

Nous nous dispenserons de rapprocher ces différents prix de ceux qui existent actuellement. Chacun peut faire cette comparaison.

Les principaux noms patronymiques que nous avons retrouvés dans les chartes de Saint-Hippolyte sont : au XIVe siècle, les Vuillemin, les Girardoz, les Faivre, les Emonin, les Girard, les Menneguay, les Jeannin, les Varescon, les Lambert, les Simonin; au XVe siècle, les Boissard, les Babet, les Devillers, les Croslot, les Chenier, les Henriot, les Dominey, les Roy, les Buessard, les Eschappe, les Poulier, les Pêtremant, les Guyot, les Boucon, les Virot, les Courtois, les Sauvageot, les Selorcet, les Preslot, les Gurnel, les Doyen, etc. etc.; au XVIIe siècle, les Cugnottet, les Boisseron, les Belleberbe. les Sanespée, les Juliard, les Saunier, les Frouhard, les Rayot, les Vuillier, les Tissot, les Godot, les Briot, les Jobard, les Gentil, les Coppin, les de Maîche, etc., etc....

CHAPITRE XIV

Claude de la Palud, comte de la Roche.

1473 — 1517.

Invasion des Suisses. — Occupation et pillage de Saint-Hippolyte et de la Franche-Montagne. — Alliance avec Berne. — Nouvelle invasion. — Occupation et rachat des salines. — Franchises données par Claude de la Palud. — Le comte de Furstemberg dans la Franche-Montagne.

Philibert Philippe de la Palud mourut en 1473, laissant pour enfants de son mariage avec Isabeau de Neuchâtel, Claude, chevalier et comte de la Roche; Jean, seigneur de Villersexel; Henri, seigneur de Bouligneux et Marguerite.

Claude de la Palud, comte de la Roche, seigneur de Varembon, Saint-Hippolyte, Maîche, Châtel-neuf en Vennes et autres lieux, fut, en 1477, l'une des cautions de la dot de Louise de Savoie, comtesse d'Angoulême. En 1489, il fut reçu chevalier de l'ordre de Saint-Georges, au comté de Bourgogne.

Grâce à sa sage et prévoyante administration, Saint-Hippolyte, qui avait retrouvé sous ses prédécesseurs la paix et la tranquillité, devenait chaque jour plus prospère, quand de nouveaux malheurs vinrent fondre sur lui.

Sigismond d'Autriche avait vendu à réachat au duc de

Bourgogne le comté de Ferrette et les places du Rhin ; quelques années après, sur les conseils de Louis XI jaloux de la puissance de Charles-le-Téméraire, il voulut en effectuer le retrait. Le duc de Bourgogne s'y étant refusé, Nicolas de Diesbach, commandant les troupes de l'archiduc, envahit la Franche-Comté, au commencement de décembre 1474, avec une armée de seize mille hommes autrichiens et suisses, s'empara de Blamont puis d'Héricourt.

L'année suivante, les Suisses unis aux habitants du comté de Ferrette pénètrent une seconde fois dans le pays, s'emparent des forteresses de Pont-de-Roide et de Clémont puis les démolissent. De là, pendant qu'une partie de leur armée s'avance jusque sous les murs de Belvoir qui résiste, ils arrivent devant Saint-Hippolyte. Privée de ses meilleurs défenseurs, occupés au siège de Nuits avec le comte de la Roche, la ville ne peut tenir longtemps. L'ennemi s'en rendit maître et la livra au pillage ; il en resta même possesseur jusqu'à la paix de Zurich, 30 juin 1478.

En même temps, un autre corps d'armée pénétrait dans la Franche-Montagne. Les troupes de l'évêque de Bâle en faisaient partie sous le commandement du colonel Hermann d'Eptinguen. Cet officier assiégea le château de Malche. Des combats plus ou moins sanglants se livrèrent au pied de la forteresse, comme le prouvent les cadavres de plusieurs soldats découverts dans un fossé en 1810 ; ces soldats avaient été ensevelis avec leurs flèches et leurs lances dont les fers gisaient à côté de leurs ossements. Après plusieurs assauts, le château fut emporté, puis brûlé, du 15 au 25 novembre 1475. Rien de plus triste et de plus affligeant, dit Gollut, que la conduite des Suisses dans cette guerre : incendies, pillages, mauvais traitements de tous genres, profanations des lieux saints et jusqu'à l'exhumation des cadavres afin de les dépouiller des modestes linceuls qui les recouvraient. Duxon ajoute que cette guerre fut la cause d'une grande famine et que le pays n'avait point souffert une pareille dévastation depuis l'invasion des barbares.

Pour se soustraire à la fureur des Suisses, les habitants de Trévillers et du voisinage se réfugièrent dans la caverne du *Chatela*, située à quelques pas au levant de Thiébouhans, comme l'attestent les chaînes et objets précieux, les pièces d'or et d'argent qu'on y a retrouvés au commencement de ce siècle et qui tous sont des XIVe et XVe siècles. Cette grotte offre tous les caractères de l'époque celtique. Quatre murs légèrement courbés en demi cercle autour de l'ouverture ont encore là leurs assises en pierres brutes, non cimentées et garnies de terre et de sable, tels que ceux qui sont décrits par César. *Trabes murorum multo aggere vestiuntur, intervalla grandibus in fronte saxis effarciuntur* [1]. Ils sont à deux ou trois mètres l'un de l'autre et en grande partie recouverts de débris amoncelés. La caverne perce le rocher et débouche sur la vallée au fond de laquelle une élévation de terrain indique une très ancienne voie, faite à travers les marais pour aboutir à la côte de Thiébouhans, aujourd'hui hameau dépendant de Trévillers. Au commencement de ce siècle on pénétrait encore dans la cavité souterraine, où l'on voyait des bancs de pierre taillés de main d'homme. Au nord, un fossé flanqué sur ses bords d'énormes quartiers de rochers protégeait les murs placés à l'entrée de la caverne.

Saint-Hippolyte, Maîche et toute la Franche-Montagne furent réunis à l'évêché de Bâle par droit de conquête et prirent le nom de *petite Suisse* [2]. Le 25 novembre, des

---

[1] De bello gallico, VII, XXIII.
[2] Archives de Saint-Hippolyte.

députés de chaque village se rendirent, au nombre de cent quatre-vingt-onze, au château de Chauvilliers, pour prêter serment de fidélité au prince évêque, Jean de Venningen. Pour protester contre leur annexion violente à la Suisse, les bourgeois de Saint-Hippolyte et de Maîche refusèrent seuls d'envoyer leurs députés. (1).

En 1478, les francs montagnards rachetèrent leur liberté moyennant une forte rançon ; seule la terre de Franquemont demeura sous la dépendance de l'évêque de Bâle. Rendus à eux-mêmes, mais ne se voyant pas assez nombreux pour former un Etat indépendant, ils se décidèrent à rentrer sous la souveraineté du comte de Bourgogne, mais à la condition d'être considérés comme un peuple libre, de ne payer aucun impôt, de ne fournir aucune troupe, si ce n'est dans le seul cas d'invasion, et de conserver pour leur pays le nom de Franche-Montagne. Ces conditions furent acceptées, et nos fiers montagnards conservèrent leurs libertés et leurs privilèges jusqu'au milieu du XVIIe siècle. Cet amour de la liberté était très vivace dans les terres de Maîche. Ainsi, en 1630, le comte de la Roche, Christophe de Rye, voulant s'attribuer exclusivement le commandement des milices de la Franche-Montagne, défendit au capitaine de Maîche de nommer un bannelier et de passer des montres d'armes, et le somma de tenir cinquante mousquetaires et sept arquebusiers prêts à marcher sur ses ordres. Le capitaine Jean Guyot s'y refusa. L'affaire fut portée au bailliage de Baume, qui reconnut les droits des francs montagnards et condamna les prétentions du comte de la Roche (2).

Peu de temps après, la guerre éclata entre la France

(1) Archives de Maîche.
(2) Monographie du bourg et de la terre de Maîche.

et l'Autriche. Claude de la Palud ayant pris parti pour l'archiduc Maximilien, son suzerain, contre le roi Louis XI, le comté de la Roche par sa position avancée se trouva exposé à tous les coups et fut encore cruellement éprouvé. Une saine politique conseillait aux Suisses de se défier du voisinage de la France ; mais ils se laissèrent gagner par l'or et les promesses du monarque « Le bruit flatteur des mulets chargés d'argent, qui descendaient chez eux des hauteurs du Jura, fut seul écouté.......... Ainsi ce malheureux peuple, (le peuple comtois), qui s'était jeté dans leurs bras, fut mis à l'encan et livré au plus offrant : trafic odieux dont les Suisses ne se seraient pas souillés, du moins il faut le croire, si l'or et l'intrigue ne les eussent corrompus. » (1).

Les Suisses abandonnèrent Maximilien et passèrent au service de l'armée française. Grâce à ce secours, le général Charles d'Amboise (2) put envahir le comté et pénétrer jusqu'aux portes de Saint-Hippolyte. Le château de Châtillon fut pris en 1481. Reconquise quelque temps après par les Bourguignons, cette forteresse fut de nouveau investie par les Français, qui mirent à mort le châtelain Chrestien de Digoine, pour intimider la noblesse du pays (3).

Il s'en suivit de grandes calamités et une affreuse dévastation dans le pays voisin de Saint-Hippolyte, qui fut ainsi deux fois traité en pays conquis, alors même que les habitants déclaraient n'avoir été les ennemis de personne et n'avoir pu se soustraire à la force armée. Après la mort

---

(1) Histoire des Suisses par MULLER, tome 10, page 202.

(2) Charles d'Amboise, sire de Chaumont, gouverneur des deux Bourgognes pour Louis XI.

(3) Annuaire du Doubs, Année 1853. GOLLUT, livre XIII, chapitre XV.

de Charles le Téméraire, la Franche-Comté, un instant abandonnée à elle-même, isolée, sans amis, sans alliés, dut s'occuper seule de son salut. Craignant l'ambition de la France, ne doutant en rien des droits de la duchesse Marie, mais inquiets de la possibilité de les faire valoir et, dans tous les cas, très désireux de s'entendre avec les Suisses, les états du Comté avaient envoyé, dès le mois de janvier 1477, des députés à Berne pour y solliciter la paix et leur admission parmi les confédérés. Cette démarche s'expliquait par les fautes déplorables du règne du duc Charles. L'esprit public voulait, pour l'avenir, un gouvernement plus sage, moins personnel, donnant plus de part à l'expérience, économe du sang et de l'argent de ses sujets. Cette démarche était, du reste, dictée par la communauté des intérêts et par l'analogie de caractère des deux peuples qui, plusieurs fois déjà, s'étaient unis. Ces premières avances étaient demeurées sans succès, grâce aux intrigues du roi de France. Mais quand les armées bourguignonnes eurent chassé les armées françaises, les Suisses devinrent moins exigeants et plusieurs villes de la province se firent associer aux bourgeoisies de Berne et de Fribourg. Le comté de la Roche, l'un des plus rapprochés de la Suisse, fut aussi l'un des premiers à entrer dans l'alliance. Claude de la Palud, espérant trouver chez ses voisins un appui et une protection en cas d'attaque nouvelle de la part des Français, associa la ville de Saint-Hippolyte et toute la Franche-Montagne à la bourgeoisie de Berne. Cette association de défense mutuelle, très avantageuse aux Suisses, puisqu'elle leur permettait de s'approvisionner aux salines, dura jusqu'à la réforme religieuse, qui vint creuser comme un abîme entre les deux populations. Par suite des menées hostiles et toujours persistantes de la France, l'alliance suisse ne procura jamais un grand avantage au comté.

Claude de la Palud continua ses relations d'intimité avec la maison d'Autriche et reçut la visite de l'empereur Maximilien qui, des montagnes d'Ornans, passa par Saint-Hippolyte en se rendant à Montbéliard, dans les premiers jours de janvier 1493.

Jaloux de cette bonne entente, le roi de France excita de nouveau les Suisses contre Claude de la Palud et bientôt on s'aperçut que l'alliance avec Berne était une barrière insuffisante pour conjurer une nouvelle agression. Pancras de Petite-Pierre, capitaine de la Roche, s'empressa de mettre la ville en état de défense. Ces mesures de précaution sauvèrent Saint-Hippolyte d'une nouvelle invasion, mais ne purent empêcher les salines de tomber au pouvoir des Suisses, en 1499(1). Ils les gardèrent jusqu'en 1502, époque à laquelle l'archiduc Philippe le Beau fit intervenir son lieutenant général, Englebert, comte de Nassau, seigneur de Bréda. Le comte de la Roche rentra en possession des salines, moyennant une somme de 3,000 écus d'or au soleil, valant 4,000 florins du Rhin. Le traité fut conclu à Berne, 10 novembre 1505, entre les députés des cantons et les commissaires de l'archiduc (2).

Le comte de la Roche restaura aussitôt les salines et ne négligea rien pour en rendre l'exploitation plus facile et plus prospère. Dans ce but, il fit construire à Soulce un pont sur le Doubs et l'ouvrit au public. Le 30 avril 1514, il sollicita et obtint des bourgeois de Saint-Hippolyte les bois de chêne nécessaires à cette construction ; il leur accorda en retour le droit de chasse. Voici la lettre qu'il leur écrivit à cette occasion :

« *Messieurs les bourgeois que me faites ce plaisir que*

---

(1) Nouveau Gollut, Livre 13e
(2) Archives du Doubs. Saunerie de Soulce 1502-1506.

me donner du bois de chaine pour faire un pont sur le Doux à droit de la Saulnerie et serat le dict pont à proffit pour le bien publique car le plus souvent les eaux sont si grandes que l'on ne peut passer et ne veut et n'entend que ce soit au préjudice de vos droits le surplus mon procureur dicy vous dira et adieu a Villerssussey le dernier d'april 1514 Ainsin signey Claude de la palu et sus escript a Messires les bourgeois de St-hippolyte [1]. »

Les dernières années de Claude de la Palud furent assez tranquilles; il en profita pour rétablir les murs de Saint-Hippolyte; il confia ce soin à son capitaine Antoine Dutartre et fit appel au patriotisme des bourgeois pour l'aider dans cette entreprise; ceux-ci répondirent avec empressement à ces utiles projets. Chaque ménage fit une journée de travail et la municipalité donna le bois nécessaire. Le comte de la Roche témoigna sa gratitude par la lettre suivante :

« *Nous Claude de la Palud chevalier, comte de la Roche, seigneur de Varambon, Villerssuccey, St-Hipolite, Chatel-Neuf et de Mesche, en partie, Ce savoir faisons que comme il soit que nos bourgeois de St-hipolite ont accordey à Antoine Dutartre, escuyer, nostre chastelain dudit St-hipolite de faire par ménage une journey pour le décombre du fondement, de la muraille que prétendons faire auprès de la tour de nos prisons dudit St-hipolite et aussi le bois qu'ils nous ont donney de leur bois de Vauchamps duquel avons fait faire le chaufourg pour lad. muraille refaire, ne voulons, n'entendons, que les d. journey et bois soit à eux préjudiciables ne nuisibles contre leurs droits, franchises et liberley de lad. ville, tesmoins notre sein manuele mit le*

---

[1] Cartulaire du comté de la Roche. Année 1514.

2⁰ *jour du mois de 7ᵇʳᵉ l'an 1512 ainsi signey Claude de la palud* (1).

A l'exemple de ses prédécesseurs, Claude de la Palud continua l'accensement des terres et la concession des franchises. Il permit les fours particuliers à Charquemont, moyennant trente francs une fois payés et trois quartes d'avoine annuellement pour chaque four (8 mai 1496). Pancras de Petit-Pierre, capitaine de la Roche, accensa en 1488, au nom du seigneur, le moulin et la foule sur le Rupt de Malseigne, diverses terres à Chamesol ainsi que le four banal de Grand-Essart (1494 et 1495) et permit des fours particuliers à Courtefontaine, Valdieu et Gruesse pour une quarte d'avoine et un florin d'or pour chaque four (1506) (2).

En 1506, le prince Ferdinand de Neuchâtel-Bourgogne avait vendu ses terres de Clémont, de Blamont, d'Héricourt et de Chatelot au comte de Montbéliard ; mais les héritiers du prince ne voulurent point consentir à cette vente et résolurent de faire valoir leurs droits par la force des armes. Pendant plusieurs années, ils guerroyèrent contre les comtes de Montbéliard. En 1515, le comte de Furstemberg obtint de Claude de la Palud la permission de séjourner dans la Franche-Montagne avec ses gens d'armes. Mais la garnison qu'il avait placée au château de Maîche ayant causé de grands dégâts dans le pays, les habitants le contraignirent à déloger en se coalisant pour ne pas lui fournir de vivres (3).

---

(1) Collection Droz. Cartulaire du comté de la Roche.
(2) Monographie du bourg et de la terre de Maîche.
(3) Ibidem.

CHAPITRE XV

Jean III de la Palud, Abbé de Luxeuil, Comte de la Roche.

1517 — 1520.

Ecole fondée par le Chapitre. — Hugues Babet. — Jean-Jacques Boissard. — Représentations données à St-Hippolyte par les jeunes gens de la villle.

Claude de la Palud mourut en 1517. « En lui, dit Guichenon, faillit pour la première fois la ligne directe des seigneurs de Varembon, car il n'eût d'enfant de Constance Marie Sforce, fille de Louis Sforce, duc de Milan, laquelle il épousa le 21 mai 1497 ». Par son testament, il légua toutes ses terres et seigneuries à son frère, Jean I de la Palud, abbé de Luxeuil et de saint Paul de Besançon. Ce nouveau seigneur marqua son trop court passage par les encouragements et les faveurs qu'il accorda au Chapitre de Saint-Hippolyte.

Amateurs des lettres, les chanoines avaient établi, comme nous l'avons dit, une école de langue et de poésie latine. Leurs efforts furent couronnés de succès et Saint-Hippolyte contribua à la renommée littéraire de la Franche-Comté au XVI° siècle ; le latin y était alors parlé et écrit avec autant de facilité que d'élégance.

Hugues Babet sortit de l'école capitulaire de Saint-Hippolyte ; né en cette ville, en 1474, d'une des meilleures familles, il y fit ses premières études qu'il termina dans les plus célèbres universités de France et d'Allemagne. Appelé à professer dans le collège de Buirbeiden, à Louvain, Babet visite les universités d'Oxford et de Cambridge et revient occuper sa chaire de langues anciennes. Le cardinal Granvelle l'eut pour maître et lui conserva toute sa vie la reconnaissance la plus vive. Babet fut l'intime ami de Gilbert Cousin, chanoine de Nozeroy, qui lui dédia sa description du comté de Bourgogne où Saint-Hippolyte et les sites qui l'environnent font le sujet de pages brillantes. Celui-ci reçut à son tour de Babet une églogue pour le consoler de la mort de son élève Guillaume de la Baume. Théologien, philosophe, rhéteur, philologue et poète, Babet mourut à Louvain à l'âge de 82 ans, le 19 août 1556, laissant diverses poésies. Jean-Jacques Boissard, son neveu, lui a consacré une place dans son *Théâtre des hommes illustres.*

Boissard, non moins distingué que son oncle, naquit en 1528 à Saint-Hippolyte, de Thiébaud Boissard et de Jeanne Babet. Sa famille fut investie pendant plus de deux siècles de diverses magistratures seigneuriales et bourgeoises.

Le jeune Boissard reçut dans sa ville natale les premières leçons de langues et fit ensuite ses humanités à Besançon où son père résida pendant quelques années. Son ardente passion pour l'antiquité le conduisit dans les Pays-Bas, en Allemagne et en Italie, à la recherche des monuments anciens. Il n'accomplit pas ces lointaines pérégrinations sans quelques traverses et sans privations, mais les vives sympathies qui l'accueillirent partout, adoucirent ces épreuves. Le cardinal Caraffa lui donna l'hospitalité pendant quelque temps. Rentré en Franche-Comté vers 1560, il fit successivement l'éducation de Marc de Rye et de Claude Antoine de Vienne. Ses recherches sur l'antiquité, illustrées de beaux dessins, l'ont rendu célèbre en Europe ; elles ont ouvert et éclairé la route des temps anciens aux savants qui l'ont suivie après lui. Les recueils de poésies latines, qu'il a laissés, respirent le naturel et les grâces de l'esprit. Il mourut à Metz en 1601. Ses œuvres ont été publiées à Bâle en 1574 et à Metz en 1589. Elles contiennent les épitaphes de Laurent Maguer, chanoine ; de Hugues Dordan doyen du Chapitre de Saint-Hippolyte en 1576 ; une épître à Nicolas Clément, religieux de Luxeuil et son ami d'enfance. On y trouve encore, sous le titre de : le *Théâtre de la vie humaine*, la vie de 198 personnages illustres, des emblèmes, ses antiquités romaines, illustrées de magnifiques dessins tracés par lui. Boissard a laissé, enfin, un traité inédit sur la divination et les maléfices. Son frère Richard a écrit aussi quelques vers estimés. Leurs descendants marchèrent sur ces nobles traces. Pierre François Boissard était lieutenant du marquis de Saint-Mauris en 1636. Ce fut vers cette époque que la famille Boissard quitta Saint-Hippolyte pour se fixer à Pontarlier : F. X. Boissard était alors lieutenant-général de la ville. A Pontarlier, comme à Saint-Hippolyte, les Boissard ont toujours occupé un rang marquant parmi les familles les plus notables et ont toujours su se concilier par leur noble conduite l'estime et l'affection de leurs concitoyens. Pendant la Révolution, au moment de la Terreur, Théodore Joseph Boissard, avocat, procureur syndic du district de Pontarlier, écroué d'abord à la prison de Dijon comme suspect, fut extradé à Paris où il fut condamné à mort. Son frère, officier à Pontarlier, fut obligé de s'expatrier pour échapper à l'échafaud. Leur sœur Euphrasie fut inincarcérée comme suspecte. Leur parente Josephe Zoé

Boissard, ursuline à Pontarlier, avait été forcée d'émigrer. L'un des fils de Théodore, séminariste, dut également prendre le chemin de l'exil. Un descendant de cette noble famille, actuellement avocat à Aix en Provence, était procureur général à la cour de Dijon quand vint devant elle le fameux procès des Frères de Calluire contre Challemel-Lacour. On se rappelle que l'établissement des Frères de Calluire fut saccagé en 1870 par les ordres et sous la responsabilité de Challemel-Lacour. Les Frères intentèrent une procès. Le digne procureur général eut le courage de n'écouter en cette circonstance que la voix de la justice et les devoirs de sa charge; il conclut contre l'accusé qui fut condamné à 100,000 francs de dommages-intérêts. (Il ne les a, dit-on, jamais payés). M. Boissard fut immédiatement révoqué et....... l'avocat de Challemel-Lacour nommé procureur général à sa place.

Les armes des Boissard sont d'azur à la tête de cerf d'or tournée à dextre. Ces armes sont parlantes et allusives au *bois* de cerf et au nom de Boissard.

L'abbé Richard raconte dans ses deux monographies de Saint-Hippolyte et de Maîche que les jeunes gens de Saint-Hippolyte à l'exemple de leurs frères de Montbéliard, donnaient de temps en temps devant le public des représentations dont le sujet était tiré de l'Ecriture sainte ou de la vie des Saints.

CHAPITRE XVI

Jean IV Philibert de la Palud, comte de la Roche.

1520 — 1529

Célébrité et influence de Jean-Philibert. — Sa mort trop prompte. — Claude Goudimel.

Jean I de la Palud, lié par les ordres sacrés, voulut assurer la splendeur du nom de la Palud. Il transmit ses possessions féodales à Jean-Philibert de la Palud, son proche parent, fils de Hugues, comte de Varax et de la Roche, vicomte de Salins, seigneur de Richemont et de Châtillon.

Jean-Philibert de la Palud était d'ailleurs un haut et puissant chevalier, qui promettait de relever la gloire de sa famille et de lui rendre son ancien éclat. Déjà, en 1515, il avait été envoyé comme ambassadeur au concile de Latran et le duc de Savoie l'avait fait son lieutenant-général en Bresse; il fut même créé chevalier de l'Ordre suprême de l'Annonciade et reçu dans celui de saint Georges, en 1518. Malheureusement il mourut en 1529, sans laisser de son mariage avec Dame Blaise de Laubespin, d'enfant qui pût soutenir l'honneur de sa maison (1).

(1) GUICHENON.

Jean de la Palud se montra très libéral envers les bourgeois de Saint-Hippolyte. Le vendredi après Pâques, troisième jour du mois d'avril 1520, après avoir ratifié leurs franchises, il les déchargea de l'impôt de deux sols prélevé sur chaque chariot de foin que récoltaient les particuliers ; il leur permit même d'aliéner, de vendre ou de louer leurs communaux, moyennant le droit de Lods et une somme de 58 écus d'or au soleil et ne se réserva que la rente annuelle sur les affouages. Les motifs qui déterminèrent le comte de la Roche à faire ces concessions, sont exprimés en ces termes au commencement de la charte :

« *Nous Jean-Philibert de la Palud, comte de Varax et de la Roche, vicomte de Salins, baron et seigneur de Varembon, Villersaussey, St-Hippolyte, Chatel-Neux en Veine, Richemont et Mesche . . . . Inclinant à la requête et supplications des susdits habitants qui toujours du passé nous ont estey bons et loyaulx sujets et pour plusieurs bons et agréables services qu'ils nous ont faits du passé et à nos prédécesseurs, font un chacun jour de bien en mieux et espérons qu'ils feront au temps advenir . . . . .* » (1) Ces paroles font également honneur à la générosité du comte Jean-Philibert et au dévouement des bourgeois de Saint-Hippolyte.

L'année même ou Jean-Philibert prenait possession du comté de la Roche, naissait à Saint-Hippolyte le fameux Claude Goudimel. Issu d'une des premières familles de la ville, Claude Goudimel montra dès sa plus tendre jeunesse de rares dispositions pour la musique. Séduit par la réputation de l'illustre Palestrina, qui commençait à attirer l'attention de l'Italie et de l'Europe, le jeune Claude part pour Rome et va augmenter le nombre des disciples du

---

(1) Cartulaire du comté de la Roche.

prince de la musique. De retour en France, entraîné par une sorte d'exaltation que son talent avait développée, il eut le malheur d'embrasser les erreurs de la réforme. En 1555, il habitait Paris où il avait établi une imprimerie avec Nicolas Duchemin pour l'impression de la musique des Psaumes de Marot et des Odes d'Horace. Par crainte des persécutions, il vint à Lyon (1572), mais il fut précipité dans le Rhône à l'époque des massacres de la Saint-Barthélemy. Les écrivains français et allemands sont unanimes à le présenter comme une des gloires de la Franche-Comté au XVIe siècle et Saint-Hippolyte le réclame à juste titre. Le poète allemand, Paul Melinus, Bayle, dans son dictionnaire, Rousseau, dans son traité de la musique et Fétis dans sa biographie des musiciens font le plus grand éloge de cet illustre enfant de notre ville.

CHAPITRE XVII

Jean V de la Palud, comte de la Roche
1529 — 1544.

Réparations des fortifications de la ville. — Les montagnards combattent avec Charles-Quint. — Confrérie de Saint-Georges. — Notre-Dame du Mont. — Le protestantisme à Clémont.

Jean Philibert légua ses terres et seigneuries à son cousin Jean, seigneur de Jarnosse. Ce dernier épousa la veuve du défunt; mais leur union ne fut pas de longue durée, et le 17 août 1533, il contractait une nouvelle alliance avec Claudine de Rye, fille de Simon de Rye, seigneur de Balançon. Par ses soins, et sous la direction de Claude Dutartre, capitaine de la Roche, les habitants de St-Hippolyte travaillèrent au pavage de la grande rue (1532); ils reconstruisirent la porte du Doubs et la tour dite en la Motte, ainsi que la muraille voisine. Le Chapitre s'associa à ces importants travaux de défense et fit relever à ses frais la plus grande partie des murs le long du Dessoubre (1).

Jean II mourut en 1544, de la lèpre, en Italie, à la suite de l'empereur Charles-Quint.

(1) Archives de Saint-Hippolyte.

Au commencement du XVIe siècle, tous les esprits, attentifs à la grande lutte des puissances catholiques contre l'hérésie, suivaient avec anxiété les progrès de celle-ci dans le voisinage de la province de Bourgogne. L'ardeur belliqueuse se réveillait dans la population guerrière de nos montagnes, au récit des combats que Charles-Quint livrait aux protestants d'Allemagne. La cause catholique était populaire parmi nous. A la voix de Guillaume de Vergy, baron d'Antre, le comte de la Roche était accouru avec ses fidèles milices et s'était bravement conduit à la bataille de Pavie (1).

Un véritable enthousiasme guerrier marqua le réveil religieux de la contrée et fut la sauvegarde de sa foi. C'est la fidélité de nos comtes qui explique comment le comté de la Roche a pu échapper aux envahissements de la réforme, qui troublait si profondément les pays de Montbéliard et de Neuchâtel auxquels notre destinée semblait liée depuis tant de siècles. Environné de déserteurs de l'ancienne foi, le comté a pu se préserver de toute défection. Pendant que les princes de Montbéliard et de Neuchâtel recouraient à la séduction et à la violence pour imposer au peuple les nouvelles doctrines, si favorables à leur cupidité et à leur ambition, les comtes de la Roche, de concert avec les seigneurs de la province, dans un élan de généreux enthousiasme, ressuscitent à Rougemont la confrérie de saint Georges fondée dans ce bourg, en 1390, par Philibert de Molans. Les liens sacrés de l'honneur

---

(1) Afin de se procurer l'argent dont il avait besoin pour suivre l'empereur, le comte de la Roche eut recours aux franchises. Moyennant mille quatre-vingt dix-huit écus d'or au soleil fournis par ses sujets de la seigneurie de Maîche, il réduisit l'application du cens de charrue à un seul bœuf par ménage.

militaire et de la foi opposent un faisceau indissoluble aux ennemis de l'Eglise Romaine. En se tournant contre eux, le Comté devient une sentinelle avancée sur la frontière. Les comtes de la Roche et de Réaumont furent les premiers chevaliers de saint Georges. Leurs successeurs jurèrent de rester fidèles à l'antique religion et, excepté le sire Michel de Franquemont, qui, en 1584, fut rayé de la liste, à cause de son apostasie, aucun d'eux ne trahit son serment malgré les incessantes sollicitations des princes de Montbéliard.

Les habitants de Saint-Hippolyte et du comté de la Roche durent la conservation de leur foi à la forte trempe de leur caractère et à la fidélité de leurs seigneurs. Ils attribuèrent aussi cette heureuse préservation à la protection de Notre-Dame du Mont. L'oratoire primitif ne répondant plus aux besoins des pèlerins dont le nombre augmentait chaque jour en ces années d'épreuve, les bourgeois de la ville, d'accord avec les chanoines du Chapitre, résolurent de construire une chapelle, au-dessus du rocher, pour recevoir avec honneur la statue de la Vierge. Cette pieuse résolution fut aussitôt accomplie. Le jour de Pâques de l'année 1542, la population accourut en foule vers le nouveau sanctuaire pour y chanter les louanges de la Vierge protectrice ; on ne laissa dans la ville que quelques hommes chargés de veiller aux dangers du feu.

Si grande était la dévotion des Saint-Hippolytains pour leur chère Notre-Dame, que dans l'ardeur de leur zèle, ils oublièrent de recourir à l'autorité diocésaine et se firent condamner à l'amende. Cet incident, loin de ralentir leur ferveur, ne fit que l'accroître; ils firent si bien qu'au mois de mai de la même année, Nicolas Guerrin, prieur de Cherlieu, évêque d'Alésio, *in partibus infidelium*, et suffragant de Besançon, touché de leur foi, vint en personne faire la bénédiction de la chapelle et du cimetière qui l'avoisine (1).

La reconnaissance des habitants de Saint-Hippolyte pour N. D. du Mont se comprend facilement si l'on se rappelle le danger imminent auquel ils venaient d'échapper. En 1506, le prince Ferdinand de Neuchâtel-Bourgogne avait vendu, comme nous l'avons dit, la seigneurie de Clémont aux princes de Montbéliard. Le duc Georges, imbu des idées nouvelles, en était devenu un ardent zélateur. Par un édit du 17 novembre 1538, il avait aboli la religion catholique dans le comté de Montbéliard. Il résolut ensuite d'entraîner dans la révolte les quatre seigneuries de Chatelot, Héricourt, Blamont et Clémont. A la tête de ses hommes d'armes et des paysans, soulevés par la contagion des idées nouvelles contre la noblesse et le clergé, il envahit les seigneuries de Blamont et de Clémont. Surpris, Saint-Hippolyte et le château de la Roche, tombèrent au pouvoir du prince. A cette nouvelle, les francs-montagnards *se mirent en armes et sans autre assistance que d'eux, à vive force, réprendirent les dites places* (2) et poursuivirent l'ennemi jusque sur ses terres. Le duc se vengea sur les catholiques de cette honteuse défaite. Pendant quatre années il employa l'intrigue et l'oppression pour amener à l'apostasie les populations de la seigneurie de Clémont, qui firent aux nouvelles doctrines et à leurs fauteurs une opposition d'autant plus vive qu'elles en contemplaient tout autour d'elles depuis une trentaine d'années l'application et les fruits. La violence triompha enfin de toutes les résistances, (3) et, au mois d'avril 1565,

(1) Monographie de Saint-Hippolyte par l'abbé RICHARD.
(2) Archives de Saint-Hippolyte.
(3) Seuls les habitants de Dampjoux résistèrent à l'intrigue et à la persécution.

la religion catholique y fut abolie et proscrite. L'archevêque, le Chapitre métropolitain et le parlement de Dôle, qui avaient des droits de souveraineté sur cette seigneurie comme sur les trois autres, eurent beau réclamer et protester, on ne tint pas plus compte de leurs remontrances que de la liberté des populations. Après la conquête de la Franche-Comté par Louis XIV, le culte catholique fut rétabli en plusieurs endroits ; mais, grâce aux intrigues persistantes des princes de Montbéliard, les catholiques ne purent recouvrer qu'une faible partie de leurs droits.

CHAPITRE XVIII

Claudine de Rye, Comtesse de la Roche.
1544 — 1593.

La maison de Rye. — Dénombrement de la seigneurie de la Roche. — Procès de Claudine avec les bourgeois de Saint-Hippolyte. — Incendie général de la ville. — Le comté de la Roche défendu par les francs-montagnards.

Jean V mourut ne laissant que deux filles, Marie et Françoise de la Palud qui épousèrent, la première René, comte de Chalant, seigneur de Valangin; la seconde, Ferdinand de Lannoz, duc de Royanne. L'abbé Richard raconte que l'une d'elles vint à Saint-Hippolyte avec son mari en 1557. Les bourgeois lui offrirent les présents d'usage, qui consistaient dans des fromages dits vachelins et des pièces de viande salée. Pendant la journée elle alla avec sa suite visiter le château de la Roche; à son retour on fit grande fête dans la ville. Le pont du Doubs et les maisons voisines furent illuminés.

Marie et Françoise moururent toutes deux sans enfant et avant leur mère qu'elles firent héritière de tous leurs biens. Claudine resta ainsi en possession de toutes les terres et seigneuries de la Palud, qui passèrent dès lors dans la maison de Rye. Cette famille, que l'on prétend originaire d'Angleterre, était depuis longtemps établie dans le comté de Bourgogne, où elle s'était rendue illustre par les hommes de mérite qu'elle avait donnés à l'Eglise et à l'Etat ; mais c'est au XVIe siècle qu'elle parvint au plus haut degré de sa gloire, précisément à l'époque où elle hérita des biens de la maison de la Paloud.

A cette époque, le comté de la Roche, toujours sous la mouvance de la seigneurie de Vercel, tenue par haute et puissante Dame Jeanne Baptiste de Peloux, bien qu'il ait subi plusieurs morcellements, avait encore une importance considérable. Il comprenait :

Avec Saint-Hippolyte, le château de la Roche et les fermes voisines, les villages de Chamesol et de Soulce, le village de Charquemont et toutes ses appartenances et dépendances auquel sont soixante-quatre feux et chefs d'hôtel ;

Le village de Frambouhans où sont cinquante-quatre feux et chefs d'hôtel ;

Le village du Friolais où sont pour le présent neuf sujets et habitants tenant feu ;

Les villages de Blanchefontaine, Clan et le Maignyer de Courtain ;

Les villages de Montandon, des Plains, de Damprichard, de Trévillers et Courtefontaine ;

Le tiers du château et du bourg de Maîche. Les deux autres tiers appartenaient à Jean Thomas Perrenot qui les tenait en fief des comtes de la Roche. Le dit Jean Thomas Perrenot tenait également en fief des mêmes seigneurs, les villages et terres des Bréseux, du Prélot, des Ecorces, de Cernay-sous-Maîche, de Mancenans, d'Orgeans, de Fremondans, de Longevelle et de Bretonvillers(1). Nous avons dit au chapitre IX que les deux tiers de la seigneurie de

(1) Cartulaire du comté de la Roche.

Maîche appartenaient aux de Ville et aux de Cusance. Marguerite de Vergy, fille de Charles de Vergy et de Marguerite de Cusance porta en dot à Guy de Pontaillier le tiers appartenant à sa famille. En 1539, le chancelier de Granvelle acheta cette portion de la seigneurie d'Henri de Pontaillier pour dix mille livres ; neuf ans auparavant il avait acheté la part des de Ville ; de sorte que Thomas Perrenot de Granvelle se trouvait seul possesseur des deux tiers de la seigneurie de Maîche, quand Claudine de Rye hérita du comté de la Roche. Les Granvelle possédèrent cette terre pendant soixante-dix-sept ans ; de là elle passa entre les mains des d'Oiselet, puis des de la Baume-Saint-Amour, qui la vendirent aux Guyot de Maîche sur la fin du XVIIe siècle.

Claudine de Rye, moins libérale que les anciens comtes de la Roche, eut plusieurs fois maille à partir avec les bourgeois de Saint-Hippolyte. Elle commença par s'attribuer le profit de la distribution du sel ; elle défendit aux habitants de s'assembler pour affaires communales sans sa permission, leur fit infliger plusieurs amendes par la justice seigneuriale et leur contesta d'autres droits. Elle essaya ensuite de retirer aux bourgeois la moyenne et basse justice ; mais ceux-ci, leurs registres à la main, prouvèrent qu'ils avaient joui de ces privilèges sans discontinuer, et ils furent maintenus dans leurs droits par le bailliage de Baume. Claudine en appela au parlement. En 1577, cette cour conserve à la dame de Rye la haute justice, les droits sur les ventes et marchés, mais confirme les bourgeois dans l'exercice de l'administration communale, leur accorde l'institution d'un forestier, le profit des amendes de 60 sols et au-dessous et celui de la vente du sel, tout en leur défendant de recevoir de nouveaux bourgeois sans le consentement du seigneur et sans s'être assurés qu'ils sont catholiques et nés non mainmortables (1).

Claudine de Rye suscita encore d'autres tracasseries aux habitants de Saint-Hippolyte. Les fortifications étaient entièrement dégradées; elle se refusait à les rétablir sous prétexte de leur inutilité à cause des hautes montagnes qui les dominaient et parce que les bourgeois contribuaient à ruiner les murailles d'enceinte en appuyant contre elles leurs maisons, en y prenant des jours et des aisances et en faisant leurs jardins dans les fossés. Elle réclamait encore le droit de prendre dans la forêt de Vauchamps le bois nécessaire à l'entretien des portes, alléguant que, quoique ses prédécesseurs l'eussent aliéné, ils ne pouvaient être censés avoir renoncé aux droits d'usage qui leur compétaient en qualité de hauts justiciers et de premiers habitants, surtout quand il s'agissait de la conservation de la ville. Le parlement condamna Claudine de Rye, le 18 mai 1584, à la reconstruction des murailles, mais les dégradations faites par les particuliers furent mises à leur charge. Le conseiller Tricornot, commis par le parlement à une vue des lieux, fixa les réparations incombantes à chacune des parties. Ce procès était à peine terminé que Claudine de Rye souleva une nouvelle difficulté. Elle demandait la destruction des tanneries, qui étaient dans l'intérieur de la ville. La peste qui désola Saint-Hippolyte pendant l'été de 1586, fut l'occasion de cette exigence. Déjà, depuis les années précédentes, la crainte de ce fléau faisait tenir fermées les portes de la ville dans laquelle on ne laissait plus entrer ni les pauvres, ni les pèlerins; les bourgeois leur portaient des aumônes au dehors des portes (2).

(1) Archives de Saint-Hippolyte.
(2) L'abbé RICHARD,

Au milieu de ces querelles et de ces procès, un incendie général, qui détruisit la ville, vint de nouveau jeter les habitants dans la désolation et la misère. Il ne resta de l'église que sa puissante construction; les toitures et le mobilier furent brûlés, les cloches fondues; la maison curiale, les archives et jusqu'aux portes de la ville furent la proie des flammes (1554). Les habitants obtinrent assez promptement de Philippe II, roi d'Espagne, l'autorisation d'un renouvellement de terrier (1560). L'église avait été restaurée, des cloches neuves avaient été suspendues au clocher dès 1557, mais la reconstruction du presbytère et de la maison de ville ne fut pas si rapide. Un procès s'engagea entre le Chapitre et la commune concernant la maison curiale.

Le Chapitre voulait que la bourgeoisie contribuât à rétablir la cure, et la ville prétendait que les chanoines devaient se loger. Plus tard, celle-ci se refusa aussi à fournir un missel au curé, et à payer le port des saintes huiles dont le Chapitre voulait lui imposer les frais. Les autres dépendances de la paroisse se refusaient aussi à l'acquit de ces charges; de là des procès, des délais tels tels que le curé et l'instituteur étaient encore en location en 1596. Leurs loyers coûtaient chacun huit francs par an. Les bourgeois avaient offert volontiers à Claudine de Rye les chênes nécessaires pour rétablir les portes et les ponts-levis. Le pont du Doubs emporté par les grandes eaux en 1572 ne fut reconstruit qu'en 1584. La dame de Rye fit pour cela un cadeau de cent livres aux habitants à la condition qu'ils se montreraient plus obéissants et plus soumis à sa prééminence seigneuriale [1].

En 1584, le comté de la Roche fut de nouveau menacé

---

[1] L'abbé RICHARD.

par les protestants. François de Châtillon, fils de l'amiral de Coligny, appelé par le duc Frédéric de Montbéliard, voulut traverser le comté pour aller réunir ses trois mille hommes aux troupes lorraines et allemandes, accourues au secours des huguenots de France. Quinze cents francs-montagnards s'opposent à son passage, et secondés par les troupes du duc de Guise et du marquis de Pont-à-Mousson, fils du duc de Lorraine, ils font reculer l'ennemi jusqu'aux frontières du royaume, après l'avoir décimé par plusieurs défaites. En 1571, douze cents francs-montagnards étaient accourus à Morteau et s'étaient opposés au passage des Suisses, qui sous la conduite du baron d'Aubonne (pays de Vaux) avaient essayé de se réunir aux protestants qui attaquaient Besançon (1).

---

(1) Archives de Saint-Hippolyte.

CHAPITRE XIX

Marc de Rye, comte de la Roche.

1593 — 1602

Différentes franchises et libertés accordées dans le comté de la Roche. — Attaque de Saint-Hippolyte. — Précautions prises par les bourgeois. — Leur foi en Notre-Dame du Mont. — Garnisons à Saint-Hippolyte et dans la Franche-Montagne.

Claudine de Rye mourut en 1593 et laissa le comté de la Roche et toutes ses seigneuries à son neveu Marc de Rye. Ce noble chevalier fut, comme son oncle Joachim, honoré de la faveur des rois d'Espagne qu'il servit avec dévouement jusqu'à épuiser les ressources que lui donnaient ses nombreuses possessions. Créé chevalier de la Toison d'or et gouverneur de l'Artois, par lettres patentes du 10 août 1590, il poussa vigoureusement la guerre contre la France dans les Pays-Bas. Comme il conduisait un convoi de vivres aux Espagnols, il tomba sur un détachement de soldats français, qui mirent en fuite son escorte, et le livrèrent au maréchal de Biron commandant les troupes de Henri IV (1596). Condamné à une rançon de cent vingt mille livres, il eut la liberté de venir la lever dans ses terres, sous l'engagement de se constituer de nouveau prisonnier, après un délai de trois mois, s'il ne pouvait la payer. Au commencement de décembre 1596, Marc de Rye arrive chez Jean Guyot IV de Maîche et propose de lui vendre le comté de la Roche et la seigneurie de Maîche. Celui-ci refuse, à cause d'une substitution qui grevait les biens de la famille de Rye; mais il offre au comte de la Roche le prêt d'une grande somme d'argent et persuade aux plus riches habitants des montagnes de venir en aide à l'illustre prisonnier. C'est à ce moment que les communautés de Damprichard, de Charquemont, de Frambouhans, du Friolais, de Courtain, de Blanchefontaine, de Montandon, de Trévillers, obtinrent des franchises à prix d'argent, et commencèrent à former des corps de bourgeoisie exempts de la taxe de trente écus et des taxes imposées jusque là aux étrangers qui venaient résider dans le pays. Quatre familles de Maîche et de Courtain, les Guyot, les Vesseau, les Petit, les Vuillemey furent aussi affranchies des charges féodales pour quatre cents écus d'or, somme considérable, qui montre dans quelle aisance étaient les campagnes avant la guerre. En reconnaissance de ce généreux service, Marc de Rye investit Jean Guyot de la moyenne et basse justice à Maiseigne, et par là le fit entrer dans les rangs de la noblesse [1].

La famille Guyot, qui forma deux branches, les seigneurs de Malseigne [2] et les marquis de Maîche, sortie des rangs de la bourgeoisie de Besançon, fut connue dans nos mon-

---

[1] Archives du château de Maîche.
[2] Le domaine de Malseigne situé sur le territoire des Écorces et de Frambouhans, est ainsi nommé à cause des terrains marécageux et peu salubres qui existent dans cette contrée. Depuis 1655, Malseigne a échangé son nom contre celui de Joux, à cause des belles forêts de sapin du voisinage, et maintenant on l'appelle *Cour-Malseigne*, *Cour-Jeanbrun*.

tagnes au commencement du XV⁰ siècle. Noble Jean Guyot, premier du nom, acheta, le 13 août 1469, le pré des *Reucholles*, fonda dans l'église de Maîche la chapelle du *Sanctissime Salvator*, et fit bâtir, avant 1482, une autre chapelle dédiée à saint Michel, sur la montagne au midi de Maîche. En 1544, un de ses descendants, Jean Guyot, frère de l'official Claude de la Baume, fut pourvu de la charge de capitaine du château de Maîche et se fixa dans cette contrée où il possédait des terres. Sa noblesse, reconnue par lettres patentes de Charles-Quint, en 1552, prétendait remonter au moins à quatre générations. Ses armes étaient d'azur au chevron d'argent accompagné de trois roses d'or. Cette famille s'éteignit en 1824 dans celle de Grammont à laquelle elle porta le marquisat de Maîche. Ainsi la terre de Maîche rentra, en partie du moins, dans la maison de Villersexel quatre cents ans après qu'elle en fut sortie. Elle appartient maintenant aux de Mérode et aux de Montalembert qui, par leurs alliances, l'ont reçue de la famille de Grammont.

La paroisse de Maîche a érigé dans l'église, au dernier des Guyot de Maîche, un monument avec cette inscription:

D. O. M.

ET PIAE MEMORIAE NOBILIS VIRI
JOS. FR. XAV. GUYOT DE MAICHE, MARCHIONIS
NOBILISQUE Dⁿᵃᵉ LUD. ALEX. M. THEODULAE DE GRAMMONT
UXORIS EJUS
QUI INTRA PRIOREM HUJUS SAECULI PARTEM
VITA FUNCTI, AMBO RELIGIONE
LARGITIONIBUS IN PAUPERES ENOTUERUNT
SACRIS HANC ECCLESIAM VASIS BINISQUE PRAEDIIS
ET ALIIS INSUPER DONIS DITAVERUNT
HOC GRATI PAROCHIANI POS. AN. DOM. MDCCCLXXIII

Avant son départ pour l'Artois, Marc de Rye avait ratifié les franchises de la ville de Saint-Hippolyte, lui avait confirmé la propriété du bois de Vauchamp, vendu ses cens sur les foins moyennant huit cents écus d'or au soleil et permis de bâtir des tanneries en dehors de la ville; il lui concéda en outre toutes aisances sur les rivières, la pêche, la chasse, fors les bêtes réservées au seigneur d'après la coutume. Il diminua l'impôt sur le four banal; cette redevance fut réduite à un sol pour la cuisson d'une quarte de farine; le comte s'obligea de plus à l'entretien des murs et des remparts de la ville. Cette condition, mise par les bourgeois, était commandée par l'arrivée de soldats français et allemands que le prince de Montbéliard, Frédéric, avait appelés sur ses terres pour combattre la ligue des catholiques. Ces troupes tinrent en alarme, pendant deux ans, le comté de la Roche. A Saint-Hippolyte on organisa en compagnies les bourgeois et les retrahants, c'est-à-dire tous ceux qui avaient droit de retraite dans la forteresse. Dans la crainte d'une surprise, on fit la garde nuit et jour aux portes. Les curés et ecclésiastiques de la Franche-Montagne se cotisèrent à quatre cents écus pour aider à la défense de la contrée (1).

Toutes ces précautions étaient utiles, car l'année suivante, 1595, un détachement de l'armée de Tremblecourt, qui, à la tête de cinq mille hommes, portant partout le fer et le feu, arriva à Montécheroux. Le lendemain, jour de l'Exaltation de la Sainte-Croix, cette troupe prend ses dispositions pour surprendre Saint-Hippolyte; l'ennemi arrête son plan d'attaque, ne doute pas du succès et s'en réjouit d'avance. Les soldats de Tremblecourt

---

(1) Extrait des archives de Saint-Hippolyte.

descendent de la montagne ; mais, arrivés presque à l'entrée du pont du Doubs, ils sont tout à coup ensevelis dans un brouillard si épais qu'ils ne s'aperçoivent plus les uns les autres. Il leur semble entendre un grand bruit dans la ville, une terreur secrète s'empare d'eux; ils craignent de se précipiter dans les eaux du fleuve. Aveuglés, épouvantés, ils reprennent le chemin de Montécheroux. Les bourgeois de Saint-Hippolyte attribuent leur délivrance à la protection de N.-D. du Mont qui, du haut de son sanctuaire, a veillé sur eux, et pour perpétuer le souvenir de leur reconnaissance, ils érigent une croix au milieu de laquelle ils incrustent une image de la Vierge, à l'entrée du *clos Derrière-les-Vergers*, lieu où les ennemis ont été invisiblement arrêtés. La ville fonde par un vœu, le 23 septembre 1597, une messe et une procession solennelle à la *Croix Derrière-les-Vergers*. La renommée de cette étonnante délivrance accroît l'affluence des pèlerins à N.-D. du Mont. On les voit s'y rendre lentement et en procession, surtout depuis la fête de l'Invention jusqu'à celle de l'Exaltation de la Sainte-Croix. En ce temps, il n'y a pas de semaine où des prêtres du voisinage n'y vienne célébrer la sainte Messe (1).

Cet échec des soldats de Tremblecourt préserva Saint-Hippolyte et le comté de la Roche de l'invasion de la réforme. Nos pères ne connurent point les railleries et les blasphèmes du protestantisme. Ailleurs, règnent les troubles et les désordres ; ici, règnent la prière, les grâces et les prodiges.

Après ce coup de main auquel Saint-Hippolyte venait d'échapper, les maîtres bourgeois prièrent le capitaine de la Roche de résider désormais dans la ville afin de veiller

(1) L'abbé RICHARD

de plus près à sa sûreté. Cet officier était alors Jean de Saint-Mauris, qui avait succédé dans cette charge à Claude Dutartre. Pendant plus de deux siècles, les Saint-Mauris, de génération en génération, ont été capitaines de la Roche. C'est à cette époque (1597) que les fortifications furent réparées, de nouveaux fossés creusés autour des murailles. Toutes les précautions militaires furent observées; on monta soigneusement la garde sur les remparts; on fit crier les heures pendant la nuit. Le marquis de Saint-Martin mit à Saint-Hippolyte des soldats en quartier.

En ce temps, Saint-Hippolyte fournissait cinq hommes aux milices comtoises, à savoir : deux arquebusiers, deux cavaliers et un hallebardier. Chaque année, au mois de décembre, le gouverneur de la province assignait à la ville son contingent, qui était équipé et entretenu aux frais de la communauté. Quelque utile que fût à la bourgeoisie la présence des troupes dans la ville, elle ne les reçut que moyennant des *Lettres de non préjudice* pour ses franchises et en n'acquittant qu'une partie des dépenses qu'elles occasionnaient ; car au XVI° siècle, comme on le voit par ses comptes de plusieurs années, la ville n'était pas riche; à peine possédait-elle trois à quatre cents francs de revenus annuels. Aussi les habitants s'imposaient-ils extraordinairement pour l'entretien des troupes levées pour la défense de la province; c'est ainsi qu'en 1596, ils payèrent leur quote-part des rations du capitaine Antoine Carvini qui commandait à Noroy deux compagnies de cavalerie (1).

La Franche-Montagne n'était pas mieux traitée. Lors-

---

(1) Monographie de Saint-Hippolyte, par l'abbé Richard.

que les troupes d'Henri IV, alors ennemi des Espagnols, firent irruption au nord-ouest de la province Vergy, qui, en était gouverneur, manda, le 6 février, à Marc de Saint-Mauris, capitaine de la Roche, et à Jean IV Guyot de lever chacun trois compagnies et de les diriger sur Gy sous la grande bannière de la Franche-Montagne, *cela sans préjudice des libertés et franchises de cette contrée.* Les miliciens sont convoqués et passent la revue à Maîche le 13 du même mois. Ils nomment leurs commandants et leur signifient aussitôt qu'ils ne doivent marcher que dans le seul cas d'invasion du territoire de la province et aux frais de sa Majesté pour les vivres et les munitions. Acte leur est donné de leur déclaration et ils sont immédiatement dirigés sur Gy et Gray, et de là sur Fontaine-Française.

Les six compagnies partagèrent le sort du connétable de Castille, qui ne put soutenir la vigoureuse attaque du roi de France. Après avoir essuyé une sanglante défaite, elles se replièrent précipitamment sur Saint-Hippolyte, avec les troupes espagnoles. Celles-ci, cantonnées dans les villages de la Franche-Montagne, se livrèrent, pendant l'été de 1595, à tous les genres de vexations contre leurs alliés. Vergy gémissait de voir les exactions et les violences dont les pauvres villageois étaient les victimes; il visitait souvent les cantonnements pour recommander la discipline aux soldats et ne négligeait aucun moyen de mettre leur entretien, autant que possible, aux frais de l'Etat; mais souvent on ne l'écoutait pas. Jean Guyot se rendit auprès du capitaine Georges Crescia et obtint sûreté et protection pour les villages de Maîche, de Cernay, de Mancenans, d'Orgeans, des Bréseux, de Courtefontaine et des Ecorces. Les paysans étaient ruinés par les taxes de guerre et les déprédations des soldats espagnols, et Vergy parlait encore de leur emprunter mille écus d'or au soleil, qui leur seraient remboursés par les trois bailliages. Jean Guyot, qu'il chargea d'en faire la levée, profondément touché de la misère de ses compatriotes, fournit les mille écus de sa bourse et demanda de nouveau que le pauvre peuple fût épargné (1).

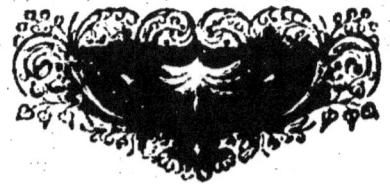

(1) Archives du château de Malche.

CHAPITRE XX

Philibert de Rye, comte de la Roche.
1602 — 1608.

Philibert de Rye réunit toutes les possessions de la famille de Rye. Claudine de Montjoie. — Charité des bourgeois de Saint-Hippolyte.

Marc de Rye épousa la veuve du duc de Brunswick, sœur du duc de Lorraine ; mais il n'eut pas d'enfant, et ses terres et seigneuries passèrent à son frère Philibert, comte de Varax, général d'artillerie dans les Pays-Bas. Ce dernier réunit avec le comté de la Roche presque tous les biens de la maison de Rye, ses autres frères étant morts sans postérité.

A cette époque, et non loin de Saint-Hippolyte, vivait, au château de Montjoie, une pieuse et noble dame dont le nom est resté populaire dans tout le pays. C'était Claudine, fille du baron Jean II de Montjoie.

Les abondantes aumônes de Claudine sont devenues l'objet d'une pieuse légende, qui s'est transmise jusqu'à nos jours. Les pauvres de la contrée accouraient en foule aux portes du château, et plus d'une fois la charitable fille épuisa les provisions de la maison seigneuriale. Cette générosité inépuisable attire d'abord à Claudine les tendres représentations de ses parents ; elles sont suivies de réprimandes sévères, qui n'arrêtent point sa charité.

Certain jour, le baron rencontra sa fille, qui descendait au bourg : elle portait aux pauvres des morceaux de pain dans son tablier. Son père, qui soupçonnait quelque charitable larcin, exigea qu'on étalât devant lui le mystérieux fardeau. La jeune baronne obéit. O merveille ! un magnifique bouquet de roses apparaît aux regards du père émerveillé ! l'approbation du ciel est manifeste, le baron de Montjoie ne met plus d'entraves aux bienfaits de sa fille. Claudine mourut en odeur de sainteté et fut enterrée dans la chapelle de Montjoie. Son corps, dont les chairs sont conservées sans corruption, repose dans une châsse placée dans la muraille, à droite de la nef. On voit aussi dans cette chapelle un tableau qui représente sainte Claudine tenant une rose à la main gauche, et donnant de la droite un morceau de pain à une vieille femme accompagnée d'un petit enfant. Ce monument confirme la légende, non moins que la sainteté de Claudine, dont les restes mortels sont visités depuis bientôt trois cents ans par de nombreux pèlerins : *Le juste qui compatit aux malheureux et les soulage dans leurs besoins vivra éternellement dans le souvenir des hommes.*

† Ce n'était pas seulement aux portes du château de Montjoie que les pauvres trouvaient assistance et protection, mais dans toute la contrée. On ne saurait, en effet, assez louer la charité qui animait nos ancêtres aux XVIe et XVIIe siècles. Les ordres mendiants de Besançon, tels que les Clarisses et les Minimes, faisaient chaque année des quêtes abondantes à Saint-Hippolyte, et la générosité des bourgeois était connue au loin des pèlerins. On en peut juger par les deux lettres suivantes :

Messieurs

Messieurs nos très honorés père en la charité de Jésus-Christ sa sainte paix vous soit pour très humble salut la confiance que nous avons en vos piétez et charitez nous faict vous supplier élergé quelque ausmône à notre bon père religieux porteur de celle que nous envoyont exprès en vos contréz pour faire nos pauvre queste pour nous aider en nos grande nécessitéz vous ferez une heuvre très méritoire pour vous acquérir la vie éternelle laquelle nous vous souaitons pour la recompense de la grande ausmône de 20 solz qui vous plut nous envoyer l'annez passéz Notre Seigneur vous en soit le remunerateur et nous fasse digne de vous demeurez perpétuellement

Messieurs

nos très honorés père

vos filles selon Dieu et indigne oratrice seur

FRANÇOISE DUBETY

humble abbesse et ces religieuses

du monastère de. . . . . (1).

De Besançon ce 22 novembre 1618.

Messieurs les maîtres bourgeois-salut

Supplie en toute humilité un pauvre jeune homme maistre d'escole natif de Troyes en Champagne venant pour le présent de faire le voiage de Rome et de notre Dame de Laurette lequel retournant de son voyage en passant par le pays de Lombardie il a estez rencontré par des bandits gens n'ayant la crainte de Dieu devant les yeux qui lui ont ostez un peu de commodité qu'il avait jusqu'à le fort blesser

(1) Archives de Saint-Hippolyte.

et le depouillé tout nud ce qui le réduit pour l'heure présente en grande nécessité n'ayant averly de demander l'ausmône donc monseigneur, son chemin estant par icy addressés ayant entendu que vous etiez fort misericordieux envers les pauvres etrangers dehors de leur patrie reduitz en telles calamités c'est pourquoy il a prises la hardiesse de vous importuner de ce petit mot à celfin qu'il plaise à vos seigneuries d'user envers lui des œuvres de misericorde de lui élargire quelque liberalité de vos aulmôsnes comme de quelque vieille paire de souliers ou chemises car il n'en a point. En ce faisant il sera grandement tenu et obligé à prier Dieu le créateur qu'il lui plaise de vous conserver toujours en ces saincte prospérité, santé heureuse vie a jamais

Claude FRANÇOIS

Je Claude François confesse avoir reçu dix solz par Monsieur le maistre bourgeois ce 18 du mois d'octobre 1618 (1).

(1) Archives de Saint-Hippolyte. Compte de l'année 1618.

CHAPITRE XXI

Christophe de Rye, comte de la Roche.
1608 — 1633.

Sages mesures prises par le comte de la Roche et par les bourgeois de Saint-Hippolyte. — Aventure de Christophe en Flandre. — Les Ursulines à Saint-Hippolyte. — La peste fait invasion dans le Comté de la Roche.

De son mariage avec Claudine de Tournon, Philibert eut plusieurs enfants. L'aîné, Christophe, continua la ligne et devint marquis de Varembon et comte de la Roche. Ce fut un vaillant chevalier qui, au témoignage du seigneur de Beauchemin, avait mûri dans les armes aux Pays-Bas et avait appris les bonnes leçons du comte de Varax, son père. Ce fut sous ce seigneur que le comté de la Roche fut rangé au nombre des baronies du comté de Bourgogne. Il fut chargé avec le baron de Scey, lorsque les Français attaquèrent la Franche-Comté (1632), de défendre Dôle et tout le pays. Lorsque le prince de Condé assiégea Dôle, où s'était renfermé l'archevêque Ferdinand de Longwy, qu gouvernait la province, Christophe de Rye leva des troupes, car la présence de son oncle dans la ville investie « *lui donnoit des pensées non pareilles.* » Il prit une part active à toutes les guerres de cette époque, et quand il « *mourut*

« à *Poligny* (avril 1637), *de fièvre pestilentielle, ce fut grand*
« *dommage,* dit le seigneur de Beauchemin, *car il estoit*
« *très vaillant et d'aage meur et très bien intentionné* (1) ».

Les guerres auxquelles Christophe de Rye prit part et ses prodigalités épuisèrent plus d'une fois les ressources qu'il pouvait tirer de ses terres et de ses seigneuries. On rapporte à ce sujet une anecdote curieuse qui achèvera de faire connaître ce chevalier.

« La mémoire des services de Joachim et de Marc de Rye lui avait fait obtenir la Toison et par une nouvelle grâce, qui lui épargnait un voyage dispendieux, on lui écrivait qu'il la recevrait en Bourgogne par les mains du comte de Champlitte, gouverneur de la province. Le marquis de Varembon, très mal avec le gouverneur, alla en Flandre pour la prendre de la main de l'archiduc Albert, son souverain, sans l'avoir pour lors averti de son voyage ni pris congé du gouverneur pour le faire.

« Etant en Flandre, il fut mal reçu à l'audience par l'archiduc, qui lui fit connaître l'irrégularité de son procédé. Sortant de cette audience, il rencontra malheureusement pour lui Jean Richardot, chef président des Pays-Bas, un des grands hommes de son siècle au sentiment du roi Henri le Grand, qui le considérait comme l'auteur de la paix de Vervins.

« Richardot, qui s'était élevé par son mérite à cette haute dignité, autant que par l'appui de l'évêque d'Arras, son oncle, était originaire de ce pays, natif de la ville de Champlitte, appartenant au gouverneur de la province, aux intérêts duquel il avait toujours été très attaché.

« Le marquis l'ayant donc rencontré en sortant de sa fâcheuse audience, sa colère s'émut à la vue du président,

(1) Histoire de dix ans, par Girardot, seigneur de Beauchemin.

il lui dit que l'archiduc l'avait maltraité à cause du comte de Champlitte, que c'était lui qui en était la cause, parce qu'il était sujet du comte et qu'il la lui payerait.

« Le président, que sa dignité si relevée semblait mettre à couvert d'une si pitoyable insulte, ne se démonta point, mais s'approchant avec un grand froid de l'oreille du marquis, il lui dit doucement : Vous avez menti de m'appeler sujet du comte de Champlitte, je ne le suis que du roi et vous me la payerez vous-même et tôt, tôt, tôt, et puis passa son chemin, suivi d'un cortège plus grand que celui du marquis.

« A peine le marquis, qui était venu à Bruxelles avec un équipage de Jean de Paris et une suite très grande de domestiques qu'il avait fait habiller de ses livrées en cette ville, où l'on contraint par corps pour dettes, fut de retour à son logis qu'il fut saisi et réduit en prison de la part d'un marchand qui avait fourni des étoffes pour habiller ses domestiques. Ce premier créancier ayant été satisfait avec grand'peine, le marquis pensant sortir de prison s'y vit aussitôt arrêter par le tailleur, qui avait fait les habits de ses gens, et à ce nouveau créancier il en succéda tant d'autres qu'il fallut recourir à la bénignité du président pour les payer ; et pour peine de lui avoir reproché sa naissance, il lui demanda son alliance, le marquis n'ayant pu trouver la clef des prisons que par le mariage d'Anne de Rye, sa sœur, fille de Philibert de Rye, comte de Varax, et de Claude de Tournon avec Guillaume Richardot, baron de Limbet, fils aîné du président et d'Anne Carcol de Belancourt.

« Le baron de Ray, de la première noblesse de la Province se trouva à Bruxelles au temps de cette mortifiante aventure pour le marquis, avec lequel il s'était depuis longtemps brouillé ; pour rendre la mortification encore plus sensible, il fit afficher des billets à tous les carrefours de la ville, portant qu'il retournerait dans 15 jours en Bourgogne, qu'il logeait sur le sablon au Chapeau-Rouge, et que si quelqu'un le prétendait son débiteur, il ait à lui venir demander son payement, ce qu'il fit encore trompetter la veille de son départ (1) ».

En 1608, Christophe de Rye renouvela les franchises de Saint-Hippolyte et ses privilèges, notamment celui de la pêche et de la chasse, sauf, est-il dit dans la charte, la chasse à la grande bête ; mais il exigea qu'on n'admit de nouveaux bourgeois qu'en présence de ses officiers, à qui les récipiendaires payeraient douze deniers de Besançon, pour la bienvenue (2). Cette condition était imposée par la crainte de laisser pénétrer le protestantisme dans le comté. Christophe de Rye vint à Saint-Hippolyte en 1620 ; les bourgeois lui offrirent un banquet, qui coûta soixante et onze francs à la municipalité. Sans cesse occupé du bien-être de ses sujets, il prit les mesures les plus propres à assurer la prospérité du pays. Dans ce but, il essaya de relever les salines abandonnées depuis le milieu du siècle précédent ; malheureusement, le parlement s'y opposa par le motif que la propriété en avait été dévolue à l'Etat. De leur côté, les Saint-Hippolytains répondaient généreusement aux avances de leur seigneur et s'occupaient activement de la restauration matérielle et morale de la ville. En 1619, ils règlent les droits curiaux avec le Chapitre, lui concèdent la dîme à la douzième gerbe sur le froment et à la quatorzième sur les menus grains, à la charge d'entretenir le chœur, les deux chapelles, le luminaire, les ornements et la petite cloche de l'église. La commune

(1) Labbey de Billy.
(2) Archives de Saint-Hippolyte. Année 1608.

s'obligea à toutes les autres dépenses. Les écoles pour la jeunesse étaient bien tenues.

L'année même où Christophe de Rye prenait possession du comté de la Roche, les religieuses ursulines s'établissaient dans la ville de Saint-Hippolyte. Voici ce que nous lisons à ce sujet dans la *Vie* de leur fondatrice.

« Pendant que la mère de Xaintonge travaillait à la fondation de la maison de Besançon, une demoiselle de Saint-Hippolyte, petite ville dans le comté de Bourgogne, vint expressément à Besançon pour la prier de faire un pareil établissement dans sa patrie. La réputation de la mère Anne et de son institut, avait allumé un grand zèle pour l'instruction dans le cœur de plusieurs demoiselles de cette ville qui, de leur propre mouvement, assemblaient les jeunes filles pour leur enseigner les principes de la religion, en les attirant dans leurs classes, où elles leur apprenaient à lire et à écrire. La mère Anne, édifiée de ces heureux commencements, promit à cette demoiselle de la satisfaire. Pendant le séjour qu'elle fit avec elle à Besançon, elle lui inspira son esprit, et commença de la former à son institut ; après quoi elle la renvoya à Saint-Hippolyte pour disposer ses compagnes à cette fondation, avec promesse de s'y transporter elle-même pour la commencer, dès que les importantes occupations dont elle était accablée pour son nouvel institut, le permettraient. Etant retournée à Dôle dans ce dessein, l'état de sa santé et de ses affaires ne lui permit pas de faire un si long et si pénible voyage. C'est pourquoi ne voulant pas laisser refroidir le zèle de ces jeunes demoiselles, qui l'attendaient avec de si grands empressements, elle y envoya deux de ses filles remplies de son esprit, qui donnèrent l'habit à plusieurs autres, qui s'y disposaient depuis longtemps (1) ».

(1) Vie de la mère Anne de Xaintonge.

Ces deux religieuses arrivèrent à Saint-Hippolyte en 1618, et furent reçues par une pieuse demoiselle de la famille Dominey, qui consacra sa dot à leur établissement. Plusieurs particuliers ayant ajouté des dons à ce fonds primitif, la communauté grandit rapidement et, quelques années après, elle comptait 30 religieuses. La ville leur payait chaque année 56 francs pour la tenue des écoles, qui leur fut confiée pendant deux siècles à la grande satisfaction de tous. Au culte de Notre-Dame du Mont elles unirent celui de sainte Agnès, comme patronne des petites filles, et la bourgeoisie, partageant cette nouvelle dévotion, fonda, le 24 mai 1624, une messe et une procession annuelles en l'honneur de cette sainte dont l'église collégiale possédait le chef[1].

Le nombre des religieuses et de leurs élèves augmentant chaque année, les dames Ursulines se virent forcées d'agrandir leur établissement ; en 1708, grâce aux libéralités du comte de la Roche, Beat Albert de Montjoie, elles purent lui donner la forme et l'étendue qu'il a aujourd'hui.

En 1789 leur maison fut déclarée bien national ; les cinq ou six fermes du couvent leur furent également enlevées, et, le 19 juillet 1792, un arrêté du département leur ordonnait d'évacuer leur établissement, les autorisant toutefois, à prélever, en sortant, les objets qu'elles avaient achetés de leurs deniers personnels ; la communauté se composait alors de 29 religieuses. Sept rentrèrent dans le monde où elles continuèrent à vivre très chrétiennement ; les 22 autres préférèrent quitter leur patrie et demeurer fidèles à leur vocation.

Au moment de la Révolution, la congrégation des Ursulines occupait le premier rang parmi celles qui se

---

[1] Monographie de Saint-Hippolyte, par l'abbé RICHARD.

livraient à l'enseignement public. Elle avait dans le département 5 maisons, composées de 110 religieuses dont 19 à Besançon, 21 à Pontarlier, 20 à Ornans, 29 à Saint-Hippolyte et 21 à Clerval. Elles instruisaient gratuitement les enfants du peuple, sans aucun secours de l'Etat.

Les dames Ursulines de Saint-Hippolyte possédaient, d'après les documents officiels, 2.800 livres de rentes ; leur communauté était donc pauvre et il leur fallait le génie le plus industrieux, joint à l'abnégation la plus complète, pour vivre avec si peu de ressources. Leur fidélité et leur dévoûment apparurent dans tout leur éclat au moment de la tourmente révolutionnaire.

On sait combien de larmes vraies ou fausses, en prose ou en vers, avaient coulé sur le papier, dans le cours du XVIII° siècle, sur le sort des religieuses, ces prétendues *victimes cloîtrées*. La philosophie avait brodé sur ce thème ses pages les plus émouvantes, et l'Assemblée Nationale voulut que l'ouverture de leurs prisons figurât au nombre de ses premiers bienfaits. On allait enfin pouvoir compter ces intéressantes victimes ; on allait les voir sortir en foule de leurs tombeaux vivants, et accourir aux genoux de leurs libérateurs. Cette épreuve, pour le succès de laquelle rien ne fut épargné, tourna partout de la manière la plus éclatante à la honte des détracteurs de la vie religieuse.

Les Ursulines de Saint-Hippolyte, appelées tour à tour et isolément devant les magistrats révolutionnaires, furent invitées de la manière la plus engageante à déclarer, loin de tout regard et de toute influence de leurs compagnes, s'il ne leur plairait pas de jouir de la liberté de sortir ; mais leur caractère se montra supérieur à toutes les tentations, surtout à celle de la peur, qui commençait à compter beaucoup plus que les charmes déjà fort compromis de la liberté. Toutes déclarèrent avoir librement embrassé leur état et n'avoir d'autre désir que celui d'y rester fidèles. Celles qui, dans la suite, renoncèrent à la vie commune, ne le firent que forcées par le malheur des temps ; et toutes, pour conserver leur vertu, préférèrent les plus dures privations au bien-être qu'elles auraient pu acquérir dans le monde. Si, à l'exception de la sœur Chopard, aucune d'elles n'eut à subir la prison ou la réclusion, toutes, également réduites à une indemnité viagère insuffisante, souvent contestée et presque toujours tardivement acquittée, eurent à subir les tourments de la misère. *Toutes ces femmes*, écrivait l'administration du district, le 27 juillet 1794, *ne se montrent point ouvertement contre la Révolution ; mais leur conduite équivoque annonce et prouve même qu'elles sont toutes fanatiques et qu'elles tiennent à leurs anciens prêtres. Aucune ne s'est mariée.*

Aujourd'hui, le couvent, propriété de la ville et du département, contient les écoles et la caserne de gendarmerie. En 1874, l'ordre de sainte Ursule se montra disposé à restaurer l'ancienne maison de Saint-Hippolyte et à y établir un important pensionnat. Au lieu d'accueillir avec reconnaissance un projet si favorable à l'importance et à la prospérité de la ville, l'administration municipale y mit obstacle. Ce fut Maîche qui profita des avantages et des profits d'abord offerts à Saint-Hippolyte.

Nous avons cru devoir pousser jusqu'au jour de sa destruction l'histoire du couvent des Ursulines de Saint-Hippolyte ; revenons maintenant à Christophe de Rye, comte de la Roche, contemporain de leur fondation.

Malheureusement, tant d'institutions précieuses et de généreux efforts furent paralysés par les désastres qui vinrent fondre sur la ville et le comté de la Roche. La lutte, qui venait d'éclater entre la France et l'Allemagne, allait accabler le pays de tous les maux à la fois. Le comté de la Roche, apanage de la maison d'Autriche, l'infatigable champion du catholicisme, était destiné, par le voisinage du comté de Montbéliard dévoué au parti protestant et à la France, à ressentir de terribles contre-coups. Pendant plus de dix-huit ans, les fléaux conjurés, la peste, la guerre et la famine vinrent fondre sur les malheureux habitants.

C'est d'abord la peste qui dépeuple le pays en 1628, 1629 et surtout en 1635. Elle sévit à Soulce et à la Roche en 1632 pendant l'hiver. Le procureur fiscal de Baume vient séquestrer ces lieux et recommande aux bourgeois de Saint-Hippolyte les plus grandes précautions. Ceux-ci profitent de l'occasion pour demander et obtenir le rétablissement de leur procureur syndic sans lequel, disent-ils, ils ne peuvent faire régner la police et l'ordre dans une ville dont la population remuante est composée de gens de métiers et de trafic, obligés d'acheter le blé et les autres provisions au marché de chaque semaine. La contagion ayant infecté Montécheroux, les habitants de Saint-Hippolyte demandent en mars 1634 à Marc de Saint-Mauris, capitaine de la Roche et de Malche depuis 1620, la réparation des brèches existant dans les murailles, afin que personne ne puisse s'introduire furtivement dans la ville et y apporter la peste. La contagion y pénètre pourtant en juin 1635 ; mais, grâce aux précautions prises par les habitants, elle fait peu de ravages. Il n'en fut pas de même à Fleurey, où la plupart des habitants furent emportés par le terrible fléau [1].

---

[1] Monographie de Saint-Hippolyte par l'abbé RICHARD.

CHAPITRE XXII

Ferdinand de Rye, Archevêque de Besançon, comte de la Roche.

1633 — 1637

Mesures de précautions prises contre l'invasion de la peste et des troupes suédoises. — Prise du château de Montjoie par le maréchal de la Force. — La chapelle de Montjoie. — Les francs montagnards accourent pour protéger Saint-Hippolyte. — Reconnaissance des bourgeois de la ville.

Christophe de Rye avait épuisé toutes ses ressources au siège de Dôle et à la défense de la province ; il avait même contracté tant de dettes que tous ses biens furent mis en discussion et presque tous achetés par son oncle, Ferdinand de Rye dit de Longwy, archevêque de Besançon, qui, pendant trois années, se trouva possesseur du comté de la Roche (1).

Sous sa sage administration, les bourgeois de Saint-Hippolyte continuèrent à prendre les plus grandes précautions, pour préserver la ville de la peste qui sévissait dans le voisinage. On fit la garde pour ne laisser entrer aucun voyageur sans certificat de santé, ni introduire

(1) Histoire de 10 ans.

aucune marchandise achetée dans les lieux contaminés. Les troupes suédoises menaçant de faire invasion dans le pays, la garnison de la ville fut renforcée et on prit les mesures les plus propres à assurer sa défense.

Dès le 22 mars 1634, le rhingrave Otto-Louis, général des Suédois, après avoir défait les troupes du marquis de Bade, allié du duc de Lorraine, qui soutenait les Espagnols, arriva sur les frontières de la Franche-Montagne et somma le baron de Montjoie de lui livrer passage, sous peine d'être traité en ennemi. Le baron en référa aux gouverneurs du comté de Bourgogne, ainsi qu'au marquis de Conflans, et réclama leur secours, sans lequel, disait-il, il ne pouvait se défendre et était contraint d'accepter la protection de la France, qui lui était offerte. Le marquis répond sur le champ que le baron de Montjoie n'a rien à craindre, puisqu'il est placé sous l'égide de l'empereur ; que, si le rhingrave attaque les montagnes, il a 10,000 hommes de milice et des montagnards armés pour voler à son secours. Cette réponse encourage Montjoie, qui, comprenant que la défense des montagnards lui appartient, envoie au rhingrave la réponse du marquis et lui refuse le passage. Otto-Louis n'ose s'avancer plus loin. Le baron de Montjoie fut loin d'être aussi heureux l'année suivante. Le maréchal de la Force, commandant un corps français de 12,000 hommes vint camper à la fin de mai, 1635, sous le château de Montjoie. Saint-Belmont, capitaine lorrain, s'était jeté dans la forteresse assise sur un roc élevé, au milieu d'une vallée profonde. Une sommation fut signifiée à Saint-Belmont, il refusa de se rendre. Pour attaquer Montjoie avec avantage, le maréchal était obligé de loger ses canons sur un tertre incliné de l'autre côté du ravin, au couchant ; mais un seul chemin conduisait dans l'étroit espace de cette coupure, au pied même des murs du château ; Saint-

Belmont tuait à coups de mousquets les bœufs et les chevaux attelés aux pièces d'artillerie. Tant qu'il y eut des munitions, l'ennemi ne put occuper le point dominant la forteresse. Quand la poudre vint à manquer, le capitaine lorrain ne se rendit pas encore ; il subit plusieurs volées de canon et ne capitula qu'après plus de trois semaines d'une honorable défense, lorsque la brèche fut praticable. Les vainqueurs firent sauter les tours, les murailles et le château, ils brûlèrent les maisons du bourg ; la chapelle seule fut épargnée ; ses murailles rougies par le feu, attestent encore de nos jours l'intensité de l'incendie qui l'entoura.

La chapelle de Montjoie remonte à la période de transition du style roman au style ogival, seconde moitié du XIIe siècle. Cet édifice comprend trois travées ; les voûtes et les deux fenêtres ouvertes au sud-ouest pour éclairer les deux premières, sont ogivales. Des colonnettes rondes d'un mètre de hauteur, d'un diamètre de deux décimètres, avec chapiteaux et bases sans sculptures, rappellent le roman. Engagées dans les murailles, elles supportent les nervures pentagonales des voûtes. La troisième fenêtre éclaire la dernière travée ; elle est très étroite et très haute, elle a été ajoutée aux deux premières au XIVe siècle (il n'y a point d'ouvertures au nord-est, car la muraille de la chapelle est appuyée contre la montagne) ; la voûte à plein cintre nous fait croire à une restauration datant des premières années du XVIIIe siècle. La façade occidentale de l'édifice est de la même époque ; elle porte d'ailleurs le millésime 1736. Une grande fenêtre ogivale existait jadis au chevet ; elle a été murée. Un vaste caveau voûté, sépulture des seigneurs de Montjoie, existe encore sous le pavé de la chapelle.

On y trouve encore quelques débris de tombes portant

divers signes gravés en creux, tels que croix, ancres, instruments de la Passion de Notre-Seigneur en partie mutilés.

La chapelle de Montjoie est entretenue par des mains pieuses dans un état qui permet d'y célébrer le saint Sacrifice. On voyait encore il y a quelques années, dans le chœur, du côté de l'épitre, une statue colossale de saint Christophe, protecteur des voyageurs ; elle était en bois peint de diverses couleurs. Le saint est debout, avec les traits rébarbatifs que lui attribue la légende ; il est appuyé de ses deux mains sur un énorme bâton et paraît se reposer ; il est représenté tel que notre aimable et spirituel compatriote X. Marmier l'a dépeint dans une légende à l'occasion du culte, qui est rendu à saint Christophe dans la chapelle de la montagne de l'Alberg, sur les limites du Tyrol et du Vorarlberg. Il est probable que cette statue a été apportée dans le val de Montjoie par les tyroliens qui y furent appelés et s'y établirent dans la seconde moitié du XVIIe siècle (1).

De ses voyages à la cour de Clément VII, le baron Louis de Montjoie rapporta la statue en pierre de la Vierge, vénérée encore de nos jours dans la chapelle de Montjoie, sous le titre de *Notre-Dame d'Avignon*. Selon toutes les probabilités les reliques de *Saint-Joyeux*, qu'on y voit aussi renfermées dans un buste de jeune homme, ont la même origine. Ces objets sont non moins respectables par leur antiquité que par la concession que le souverain pontife en aurait faite (2).

(1) Cette statue, mutilée par la dévotion indiscrète des pèlerins, a dû être remplacée par une autre statue du saint.

(2) De nombreux pèlerins viennent visiter la chapelle de Montjoie. Ils y sont conduits par leur dévotion à saint Christophe, par leur piété envers la sainte Vierge, et par leur vénération pour la pieuse

A la nouvelle de la prise du château de Montjoie, les milices de la Franche-Montagne, commandées par Jean Guyot de Maîche, accoururent sur les hauteurs qui dominent la vallée. Elles ne se montaient qu'à 600 hommes, mais, soutenues par une forte compagnie qu'amenait le chevalier Jean de Sagey, seigneur de Pierrefontaine-les-Varans, elles firent bonne contenance et inspirèrent de la frayeur à l'avant-garde ennemie, qui n'osa marcher sur Saint-Hippolyte et recula en attendant du renfort (1).

Les bourgeois de Saint-Hippolyte virent dans cette retraite une protection spéciale du ciel, et dans leur gratitude, ils fondèrent à perpétuité une procession et une messe solennelle le jour de la Présentation de N. D. On devait y porter les reliques de sainte Agnès pour lesquelles on avait la plus grande dévotion. L'acte de cette fondation que nous n'avons pu retrouver respire, au dire de l'abbé Richard, les sentiments de la plus tendre piété envers la Mère de Dieu.

---

baronne Claudine de Montjoie. Dans cette chapelle existe une confrérie de saint Nicolas de Myre. Etablie en 1693, elle a été florissante jusqu'au moment de la Révolution. Tous les membres de la famille de Montjoie faisaient partie de cette confrérie.

(1) Histoire de 10 ans.

CHAPITRE XXIII

François de Rye, comte de la Roche.

1637—1646.

Nouvelles fortifications de Saint-Hippolyte. — La ville repousse l'attaque de Grancey. — Arrivée de Bernard de Saxe-Weimar. — Les habitants du pays se retirent dans les grottes de la Roche et du Fondereau. — Dévastation du pays favorisée par les divisions entre ses défenseurs. — Prise de Saint-Hippolyte. — Résistance de Châtillon. — Départ des troupes suédoises. — Nouvelles alarmes. — Haine des Montagnards pour la France. — Triste état du comté après le passage des Suédois.

Christophe de Rye avait épousé Éléonore Chabot, dame de Neuchâtel et d'Amance, le 15 juin 1598. Il avait eu trois enfants. L'un d'eux, François, à la mort de son oncle Ferdinand de Rye, archevêque de Besançon, hérita du comté de la Roche, des terres de Châtel-Neuf et autres seigneuries, à charge de fidéi-commis en faveur de ses descendants mâles, et, à leur défaut, en faveur de Louise de Rye, sa nièce. Il remplaça son père dans le commandement des troupes de Bourgogne, sous la direction du duc de Lorraine. Son premier soin fut de pourvoir à la sûreté du pays. Sur ses ordres, le marquis de Saint-Martin se rend à Clerval pour organiser la défense de la partie orientale de la Franche-Comté. Il envoie à Saint-Hippolyte les capitaines

Cochran, Bach, Blair et le Polonais Stanislas, avec cent-quarante hommes. Le 25 du même mois, il y expédie encore soixante soldats du général Bonsfeld; cette petite troupe, accrue des bourgeois et des rétrahants, est chargée de la défense de la place, sous le commandement du marquis de Saint-Mauris et de ses fils. En même temps, Watteville, marquis de Conflans, commandant général des troupes de la Franche-Comté, renforçait les gardes du Lomont et de la Barbêche, approvisionnait l'importante forteresse de Châtillon-sous-Maîche, et arrivait auprès des garnisons de Jean Guyot, pendant que Girardot de Beauchemin, intendant général de l'armée, se rendait au Bélieu, pour mettre sur le pied de guerre le château de Réaumont, l'un des principaux avant-postes de Morteau. Le marquis de Conflans partagea ensuite les milices des montagnes en deux colonnes, dont l'une alla stationner sous les murs de Belvoir, et l'autre au pied de Châtillon, avec ordre de pousser des reconnaissances sur le Lomont et de correspondre habituellement avec Vaufrey et Saint-Hippolyte.

Le danger était imminent. Jusqu'alors la guerre n'avait sévi que dans les pays de plaine qui avaient vu passer et repasser les bandes de Bernard. Le passage de ces nouveaux vandales était marqué par le pillage, l'incendie et les ruines. Le fléau allait s'étendre à la région des montagnes et les couvrir à leur tour de deuil et de désolation.

Après la prise de l'Isle, Grancey, gouverneur de Montbéliard, se présenta devant Saint-Hippolyte vers la mi-juillet 1637; mais il comptait sans la valeur des défenseurs de la ville excitée par le souvenir des miracles de Notre-Dame-du-Mont et par l'espérance de nouvelles marques de sa protection. De fréquentes sorties des assiégés empêchent le lieutenant de Bernard de mettre ses canons en batterie. Sur la nouvelle que Jean de Sagey, seigneur de Pierrefontaine-les-Varans, leur envoie un secours de quatorze cents montagnards qui déjà menacent les derrières de l'ennemi, la garnison fait une nouvelle sortie; elle attaque les soldats de Grancey avec une telle impétuosité que les tentes, les bagages et deux canons tombent en son pouvoir. En vain le général paie-t-il de sa personne, il est lui-même blessé et ne trouve son salut que dans la fuite. Quand on lui objecte ensuite la faiblesse de la place, il répond que *les places les plus faibles valent autant que savent les défendre ceux qui sont dedans* (1).

Quelques mois plus tard, à la fin de l'automne, le duc de Weimar descendait les versants abruptes des montagnes de Seignelegier avec son principal corps d'armée, composé de protestants allemands et suédois et d'auxiliaires français, tandis qu'un détachement de 500 hommes se portait au couchant pour gagner les hauteurs de Blancheroche. Quoique l'épouvante se répandît dans tous les hameaux, on se rappela que l'ennemi n'avait pu forcer les lignes de défense gardées par Jean Guyot en face de Montjoie, et que le comte de Grancey, battu sous les murs de Saint-Hippolyte, s'était retiré couvert de blessures, abandonnant une partie de ses bagages à Marc et à François de Saint-Mauris ; on courut aux armes. Les troupes du duc de Lorraine n'étant pas éloignées, on espérait qu'elles viendraient incessamment se joindre aux milices incapables de tenir longtemps contre les forces redoutables qui se pressaient déjà sur la rive droite du Doubs et se préparaient à emporter le pont de Goumois. D'ailleurs, en occupant la ceinture de rochers qui domine le

---

(1) Annuaire du Doubs. Année 1857.

Doubs, ne pourrait-on pas rejeter dans la vallée ceux qui s'engageraient dans les gorges étroites de Fessevillers, et les tenir en échec en attendant que l'hiver les mît hors d'état de continuer leur marche? Malheureusement Weimar, faisant diligence, se jeta précipitamment dans Goumois et arriva dans les plaines de Damprichard; il y apprit de ses éclaireurs la présence de différents corps de troupes au delà de Trévillers, le long des forêts de sapins qui s'étendent au couchant. Jean Guyot et Claude Bouhélier, de Cernay-Blancheroche, qui les commandaient, n'avaient ni canons, ni soldats exercés, ni retranchement fortifié; la plupart des paysans qu'ils avaient rassemblés à la hâte n'avaient jamais vu l'ennemi. Il fallait pourtant, un contre dix, affronter des hordes barbares sorties vingt fois victorieuses du champ de bataille, et dont l'aspect, non moins que la réputation, était effrayant. Les montagnards comtois firent bonne contenance; la lutte fut vive et prolongée; après les premiers coups, ces soldats improvisés s'enhardirent et désarçonnèrent plus d'un cavalier suédois; mais il fallut céder au nombre et se réfugier dans les bois d'alentour.

Les vainqueurs s'arrêtaient au pillage de Trévillers lorsque, sur le bruit de l'arrivée des troupes du duc de Lorraine, ils se hâtèrent de regagner les plaines de l'Alsace (1).

La belle défense de Saint-Hippolyte fit apprécier l'importance de cette place. Le prince Louis de Lorraine, frère du duc Charles et commandant en chef des troupes de la Franche-Montagne, fixa son quartier général avec ses gardes, son régiment et une compagnie de dragons de Galasse. L'occupation de la ville, qui dura plusieurs mois,

---

(1) Notice historique sur la ville de Clerval, par DUVERNOIS.

ne fit qu'accroître la détresse des habitants. Pendant l'hiver, le baron de Suysse remplaça le prince Louis ; le comte de Farnesbach, son lieutenant, frappa une contribution de cent pistoles (1,000 francs) sur les habitants, emprisonna, au mois de février, tous les notables qu'il put saisir et les retint prisonniers pendant quinze jours jusqu'à ce que la somme exigée fût versée. Peu de temps après, le baron de Hontois, autre officier du général Suysse, mit en arrestation pendant cinq jours les maîtres-bourgeois, sous prétexte que Hugues Bougenet, qui devait être à ses ordres, ne revenait pas de Besançon où il était allé pour les affaires de la ville. Fatigués de ces violences, les bourgeois envoient à Belvoir une députation conduite par le chanoine Courtot, chez qui le prince de Lorraine avait été logé, afin de demander le rappel du régiment du baron de Suysse. Cette grâce est accordée sur-le-champ, mais les Saint-Hippolytains n'en retirent guère de profit, car le capitaine Lachye, qui le remplace avec sa compagnie, leur impose à son tour une nouvelle contribution. Pour surcroît de misères, la peste se déclare de nouveau, elle fait heureusement peu de victimes. Le colonel Vernier d'Orchamps-Vennes, qui déjà avait logé à Saint-Hippolyte en décembre de l'année précédente, voulut s'y installer de nouveau. Les bourgeois épuisés lui refusèrent l'entrée de la ville et portèrent cependant des vivres hors des murs à ses soldats ; ils usèrent du même bon procédé à l'égard du lieutenant du colonel Maers [1].

Malgré toutes ces charges si onéreuses, les bourgeois travaillaient activement à renforcer les fortifications de la ville. Dès le printemps on s'empressa de réparer les remparts. Sur la fin de mai, Jean de Sagey et Claude Durand

---

[1] Monographie de Saint-Hippolyte par l'abbé RICHARD.

avocat fiscal au parlement visitent les postes et les défilés de la frontière, descendent à Saint-Hippolyte et ordonnent au marquis de Saint-Mauris de prendre des mesures pour garder ce passage important. On met en bon état de défense les murailles voisines de l'église et de la porte du Dessoubre ; les barrières et les corps de garde sont rétablis sur les ponts et les arbres qui ont cru dans les fossés sont abattus ; des tranchées de sept pieds de profondeur sont creusées dans le bois jusqu'au chemin de Montjoie, et, dans le verger *Carementrand*, pour empêcher l'approche des murailles le long du Doubs, on élève une estacade dans le gué du Dessoubre proche de l'église ; la tour, dite de Laviron, est couverte afin d'abriter une galerie du haut de laquelle la mousquetterie devra jouer ; enfin, cinq nouvelles guérites sont élevées : auprès de la Tour des prisons et de la Tour Laviron, derrière chez Montursin, devant la porte du Doubs et au gué près de l'église. Toutes les maisons voisines de la prison avaient été protégées contre l'incendie (1).

Malheureusement il n'y avait pas d'entente parmi les défenseurs du pays. Nous lisons, en effet, dans la correspondance de Boyvin, publiée par le président Clerc, que le parlement n'agréait point les services de M. de Beauchemin et du marquis de Conflans ; qu'il était mécontent de l'obstination du comte de la Roche et du capitaine de Saint-Mauris à ne point exécuter ses ordres relatifs aux dispositions militaires ; aussi l'accord ne régnait-il pas entre les troupes de la garnison et celles de la ville, et Pierre-François Boissard, lieutenant du marquis de Saint-Mauris, ne voulut remettre les clefs de la forteresse au sieur Magnin, capitaine d'une compagnie provinciale,

---

(1) Monographie de Saint-Hippolyte par l'abbé Richard.

qu'après de vives instances et diverses formalités. Cette division devait être funeste à la ville qui, malgré tous les travaux de défense et toutes les précautions, allait subir de nouvelles ruines.

Au commencement de l'hiver 1638, le duc de Saxe-Weimar enlevait Brisach; mais ne pouvant plus subsister dans un pays entièrement ravagé, il revint prendre ses quartiers d'hiver dans notre contrée. Le 12 janvier 1639, il entrait en Franche-Comté par Saint-Ursanne, et, le 13, il était sous les murs de Saint-Hippolyte. La garnison le reçoit l'épée à la main ; il la fait d'abord plier un instant, mais ce n'est que pour la voir bientôt retourner à la charge avec un renfort de quatre-vingts soldats. Ne voulant pas s'exposer dans une saison rigoureuse aux difficultés d'un siège qu'il prévoit devoir traîner en longueur, Bernard charge le colonel Ohem d'emporter cette place ; puis, débouchant avec le gros de son armée le long du Dessoubre, il se dirige par des chemins qui se perdent dans les rochers au sud-ouest, vers le val de Morteau, après avoir inutilement tenté un coup de main sur le château de Maîche. C'est alors que le pays fut inondé de ces hordes dévastatrices, excitées au pillage par les longues souffrances qu'elles avaient endurées, par la résistance qu'on leur avait opposée dans plusieurs rencontres, et surtout par ces haines profondes allumées dans les cœurs par les querelles religieuses du XVIe siècle. Qu'on se figure les paysans livrés sans défense à la merci de ces féroces aventuriers; les voyant arriver par centaines dans les villages, dans les hameaux, dans les fermes isolées, et se précipiter, le fer à la main, sur ceux qui paraissaient leur cacher une partie du butin, souvent imaginaire, qu'ils s'étaient promis. Nos montagnards ne pouvaient ni les satisfaire ni implorer leur pitié puisqu'ils ignoraient leur langue ; il n'y avait point de miséricorde à attendre de ceux qui avaient, pendant tant d'années, rempli l'Allemagne catholique de sang et de ruines. Les incendies annonçaient au loin la marche des pillards ; les villages étaient déserts quand l'ennemi venait s'en emparer ; les habitants s'étaient enfuis dans le canton de Fribourg, dans le comté de Neuchâtel et dans la seigneurie de Valengin, où ils reçurent un accueil fraternel. D'autres s'étaient réfugiés dans les antres des rochers, sur le bord d'abîmes à peine accessibles aux oiseaux de proie, tels que les grottes de Saint-Maurice et du Fondereau. Les habitants de Maîche s'étaient en grande partie retirés dans cette dernière grotte où ils avaient transporté l'horloge paroissiale qui y resta plus de douze ans. Certain jour, lit-on dans un vieux manuscrit, Jean Coulau, de Maîche, se trouvant à l'entrée de la caverne, fut provoqué par un trompette suédois depuis le Cerneux-Vacheresse. Adroit tireur, Coulau répondit par un coup de carabine aux insultes du Suédois et l'étendit roide mort (1).

La grotte de la Roche et le château furent occupés par les paysans du voisinage, qui transportèrent là tout ce qu'ils avaient de précieux, des grains, du bétail, et toutes les choses nécessaires à la vie. Des fours à cuire le pain et des moulins à bras y furent établis. Le capitaine du château s'y installa avec une forte escorte pourvue d'armes et de munitions ; et il s'apprêta à soutenir et à repousser toute attaque de l'ennemi. Les plus braves sortaient la nuit pour aller chercher des provisions, explorer les alentours et reconnaître la marche des Suédois. On ne sortait point de jour, car les cavaliers de Bernard rôdaient sans cesse dans le voisinage ; épiant le moment où quelque im-

(1) **Monographie de Maîche**, par l'abbé RICHARD,

prudent sortirait de sa retraite, ils le couchaient en joue et l'étendaient mort sous les yeux de ses proches qui ne pouvaient le secourir. On ne sait si l'ennemi osa attaquer cette imposante citadelle, garnie de soldats, inaccessible de toutes parts, sauf du côté du sud-est; ce côté, par lequel on pénétrait dans le château et dans la grotte, était, comme nous l'avons dit, protégé par un rempart inexpugnable. Ni les chartes de la ville, ni la tradition locale ne font mention d'une attaque. Ce qu'il y a de certain, c'est que le château ne fut point forcé, puisque les commissaires chargés d'en faire l'inventaire en 1648, quelques années après le départ des Suédois, signalent plusieurs coffres et objets déposés par les habitants, ainsi que plusieurs pièces de canon, armes et munitions de guerre. Si l'ennemi se fût emparé du château, il n'eût pas manqué de faire main basse sur les dépôts et sur les armes. Du reste, il est dit dans l'inventaire que les objets déposés dans la forteresse, y avaient été *réfugiés* plusieurs années auparavant sous la garde de Christophe Courtois, alors sergent du château.

Rien n'arrêtait la marche du duc de Weimar. Le comte de la Roche était un habile capitaine et se fût trouvé, sans doute, à la hauteur de ses devoirs, s'il avait eu le commandement général de l'armée; malheureusement il avait à tout instant les mains liées par le duc de Lorraine et le parlement. C'est grâce à ces divisions entre les défenseurs du pays que Weimar put échapper plus d'une fois à une perte certaine, et même battre les soldats de la Franche-Montagne. Un jour qu'il était campé avec un faible corps de troupes, non loin du marquis de Varembon, il était facile de le surprendre et de l'écraser avant qu'il pût recevoir du renfort ; François de Rye brûlait du désir de saisir sa proie ; il en informa le duc de Lorraine qui lui répondit que l'occasion était belle, étant bien exploitée ; puis, au moment où le duc crut François sur le point d'agir, il l'arrêta sous de frivoles prétextes. En vain le comte de la Roche supplia, offrant de confier l'attaque à un officier agréable au duc, il ne put dissiper ses préventions et Weimar échappa au danger [1].

Le colonel Ohem, chargé de poursuivre le siège de Saint-Hippolyte, s'empara de la ville vers la mi-avril, après trois mois de siège. La garnison, énergiquement secondée par les bourgeois, fut à la hauteur du péril tant qu'elle conserva quelque espoir de secours ; mais les vivres et les munitions manquant, elle dut se rendre à discrétion. Le colonel Ohem, plein d'admiration pour l'héroïque résistance des assiégés, leur laissa la vie sauve et respecta la ville.

Maître de Saint-Hippolyte, le lieutenant de Bernard attaqua la forteressse de Châtillon [2]; mais tous ses efforts échouèrent devant les remparts de cette citadelle et le courage invincible de ses défenseurs. Ni les assauts sans cesse renouvelés, ni les horreurs de la famine ne purent vaincre la constance de cette poignée de braves. Une ancienne légende rapporte que les assiégés, se voyant à la veille d'être vaincus par la famine et dans la nécessité de se frayer un passage à travers les rangs serrés des assiégeants, essayèrent de tromper l'ennemi sur leur position désespérée. Une seule vache leur restait ; ils donnèrent à la bête affamée leur dernier boisseau de blé. Pendant la nuit, ils l'abattirent et jetèrent du haut des remparts ses

---

[1] Histoire de 10 ans.

[2] Cette forteresse était alors la plus puissante de la contrée. A l'arrivée des Suédois, toutes les richesses du voisinage y furent renfermées. Hélène de Rye, abbesse de Baumes-les-Dames, y avait fait transporter les ornements et les vases sacrés de son abbaye.

entrailles gorgées de blé. Cette ruse réussit aux assiégés ; car le lendemain matin, les assiégeants persuadés qu'il restait dans la place du bétail et du grain en abondance, se retirèrent devant la double impossibilité d'affamer ou d'escalader la citadelle (1).

Au printemps 1639, le duc de Weimar, après avoir incendié la ville de Pontarlier, dispersa ses soldats dans toute la contrée et les ramena lentement sur leurs pas, en brûlant la plupart des villages qu'il abandonnait. Saint-Hippolyte ne fut point épargné. La honte d'avoir échoué devant les forteresses de Châtillon et de la Roche, excita vivement la fureur de Bernard et attira de grands désastres sur la ville. Il la livra au pillage et à l'incendie avant de reprendre le chemin de l'Alsace. Ses soldats ne rencontrant plus d'obstacles, se disséminaient par petits groupes dans les hameaux, dans les fermes écartées, dans les forêts, sur les bords des rochers, pour y découvrir la proie qui se dérobait à leur rapacité ; gorgés de butin, ils s'abandonnaient à la joie et au désordre dans une entière sécurité. Mais les garnisons de Châtillon et de la Roche épiaient et surveillaient leurs mouvements pour profiter de leurs fautes et les leur faire expier chèrement. A la nouvelle qu'un corps de traînards était occupé à ravager les bords du Doubs près de Pont-de-Roide, une poignée de braves, commandés par Jean Guyot de Malche et son fidèle lieutenant Claude Bouhêlier de Cernay-Blancheroche, accourt du château de Châtillon, fond sur les Suédois, en massacre une partie et force les autres à se réfugier dans une tour. Vainement ils demandent grâce ; les habitants du pays exaspérés par les maux qu'ils ont

---

(1) Cette légende se dit également de plusieurs châteaux du voisinage.

soufferts, mettent le feu à la tour ; pas un seul n'échappe.

Au mois de mai 1643, la nouvelle étant arrivée d'Allemagne que les protestants avaient été battus, bien qu'ils continuassent réellement à mettre en déroute les armées impériales, on eut peur qu'ils ne fussent refoulés dans la province. Le 11 juin, la ville de Saint-Hippolyte se crut menacée d'une attaque des garnisons françaises, qui rôdaient dans le voisinage avec trois cents Suédois. Elle appela à son secours les milices de Belvoir. Celles-ci accoururent aussitôt ; déjà elles arrivaient sur les hauteurs voisines de la ville, quand on apprit que l'armée de Guébriant, après avoir fait un mouvement vers le Rhin, reprenait le chemin de la Bavière. Voici la lettre de remerciements que les bourgeois de Saint-Hippolyte adressèrent à cette occasion aux bourgeois de Belvoir :

Messieurs,

Il est véritable qu'hier au soir, par divers endroits, nous eusmes advis que les garnisons françaises qui sont cy alentour, assistez de trois cents suédois, nous debvoient attaquer ceste nuict mesme, de sorte que voyant le péril un peu pressant, nous prinmes résolution de nous adresser à nos amis et de les prier, ainsi que nous avons fais en votre endroit, d'y apporter de l'assistance ; mais Dieu grâce ! personne ne s'est présenté jusques à ceste heure ; voire nous avons appris assurément que l'armée de Guébriant, qui estoit passé le Rhin, a prins le chemin de Bavière, et nous a osté en ce pays l'appréhension que nous en pouvions avoir. Il est véritable néanmoins que lesdites garnisons françaises sont un gros en leur particulier, et, comme M. Soirpe nous a envoyé des soldats, nous différons, et pour jusques a une occasion plus pressante de vous donner la peine de passer plus avant, vous remerciant cependant infiniment de vos bonnes volontés auxquelles nous correspondrons tant qui nous sera possible, priant Dieu en cel endroit qui vous conserve et nous disons

- Messieurs

Vos très-humbles serviteurs et amis, les bourgeois de Saint-Hippolyte.

Par ordonnance : J. BOUGENE.
Saint-Hippolyte, ce XII juin 1643 (1).

L'année suivante, 1644, apporta encore des bruits alarmants. Les Suédois demandaient de nouvelles contributions et menaçaient de ravager une seconde fois le pays, si on ne cédait à leurs exigences. Alexandrine de Châteauverd, épouse de Jean-François Guyot, retirée au château de Châtillon, écrivait à sa mère cette même année : *Je ne suis restée que trois semaines à Maîche, par peur des Suédois. Croyez qu'il me fâche bien d'être ici au temps où l'on sème ; pourtant je prends toujours courage d'un peu faire semer. Les Suédois demandent trente chevaux à la montagne, et ils disent qu'ils brûleront tout, qu'ils nous prendront tous prisonniers, si on ne les donne. On ne sait comment on veut assortir à tant de ces donnements* (2).

Heureusement les évènements ne leur permirent point de mettre leur menace à exécution.

Ce furent les derniers incidents de cette guerre, qui laissa de si profonds souvenirs qu'après plus de deux siècles ils ne sont pas encore effacés. L'Espagne qui avait si peu fait pour prévenir ces malheurs, avait excité de justes mécontentements et mérité de légitimes reproches. La

(1) Comptes de Belvoir, Année 1643.
(2) Archives du château de Maîche.

France qui avait poussé à bout la Franche-Comté pour la forcer à se jeter dans ses bras, en lui prouvant combien elle avait de dangers à courir avec l'Espagne, croyait avoir remporté un grand succès. Il en fut tout autrement. L'Espagne ne souleva ni colère ni récriminations ; c'est pour la France que l'on réserva toutes les malédictions. Ceux qui avaient vu ces temps désastreux, ou qui en avaient entendu retracer le tableau à leurs ancêtres, ne pardonnèrent jamais à la France d'avoir livré toute une nation inoffensive à ses cruels ennemis. Cent ans plus tard les vieillards se faisaient enterrer le visage contre terre en haine de la France. A la fin du siècle dernier, plusieurs familles priaient encore, chaque jour, pour le roi d'Espagne. (1) Mais nul ne partagea plus vivement que les seigneurs de nos montagnes cette indignation patriotique ; ni la gloire du règne de Louis XIV, ni les honneurs offerts à leur ambition, ne purent les décider à suivre les maréchaux du grand roi dans leurs victoires. Les mères ne se laissèrent pas fléchir sur ce point : leurs fils durent briser leur épée, ou la mettre au service de l'Espagne, de la Lorraine ou de l'Autriche.

Ce que souffrit le pays de 1635 à 1644 serait impossible à raconter en détail. Lorsque les paysans sortirent des cavernes ou revinrent de la Suisse, ils trouvèrent la plupart de leurs maisons brûlées, leurs terres en friches, leurs parents et leurs amis plongés dans la misère, ou couchés dans la tombe. Par suite des nombreux incendies et de la corruption des corps d'animaux laissés sans sépulture, la peste s'était déclarée et ne cessait par intervalles que pour recommencer avec plus d'intensité. Presque toutes les bêtes de somme avaient péri ; les hommes tom-

(1) Note de M. l'avocat PERROT de Malche.

baient dans les champs, au bord des chemins ou dans les maisons. Dans la Franche-Montagne la peste régna d'une manière permanente avec plus ou moins d'intensité, de 1636 à 1646. A Maîche, on enterrait les pestiférés auprès de la chapelle de saint Michel ; à Saint-Hyppolyte auprès de la chapelle de saint Mathieu, en face du pré Taloche ; à Mancenans, près de l'Ermitage ; à Charquemont, à Frambouhans, dans des terrains choisis exprès et au milieu desquels on avait construit des chapelles. Ces lieux furent appelés dans la suite les *cimetières aux bossus*, sans doute parce que les pestiférés avaient à la gorge une grosseur en forme de bosse qui les étouffait après quelques heures d'horribles souffrances.

Comme on n'avait guère semé de 1639 à 1645, faute de grains et de laboureurs, et aussi par crainte d'alimenter la cupidité des Suédois, qui reparaissaient à chaque printemps, la famine vint en aide à la peste. On fut réduit, pour se nourrir, à faire bouillir l'herbe des champs. Plus du tiers de la population fut moissonnée par le fléau, et plusieurs villages ne se sont jamais entièrement relevés. Les malheureux survivants, découragés par tant de calamités, n'ayant plus de bétail pour labourer les terres, plus de grains pour les ensemencer, se décidaient à grand'peine à rebâtir leurs maisons et à reprendre la culture. C'était grand'pitié de voir les fils de famille, semblables à des squelettes ambulants, s'atteler à la charrue, traîner les chariots pour rentrer les récoltes, en attendant qu'ils pussent se procurer un attelage. Malgré le zèle des prêtres, venus de la Suisse, pour rétablir les fêtes et les cérémonies de la religion, une foule d'églises demeurèrent longtemps fermées, ou n'entendirent que les pleurs de ceux qui venaient redemander à Dieu des pasteurs pour remplacer ceux que la contagion leur avait enlevés. A la vue de leurs habitations en ruines, effrayés de la cherté des vivres, plusieurs ne virent d'autre moyen d'échapper à la mort que de quitter leur patrie. Ils furent remplacés par des étrangers, venus de la Savoie, du Tyrol et des montagnes de la Suisse. Ceux-ci achetèrent des terres à vil prix, repeuplèrent les pâturages et apprirent à leurs nouveaux concitoyens à exploiter de nouvelles sources de richesses ; c'est alors que les fromageries, déjà anciennes dans la Franche-Montagne, prirent un accroissement considérable.

A Saint-Hippolyte la situation n'était pas moins triste ; plus du tiers de la population avait péri par la guerre, la peste et la famine ; commune et particuliers étaient réduits au plus affreux dénuement. Plus de la moitié des maisons étaient brûlées ou abattues ; l'église avait grandement souffert, le clocher était ruiné de fond en comble. La ville avait dépensé plus de soixante mille francs pour la nourriture des troupes ; elle était sans ressources ; le cens ne lui était plus payé ; les maîtres bourgeois ne pouvaient même recouvrer un jet de quarante et quelques francs. Pour comble d'infortune, la ville avait contracté plus de trente mille francs de dettes pour les besoins de province et ses créanciers la poursuivaient sans relâche. De là, des frais, des procès qu'on suspendait, qu'on ajournait à l'aide de concessions plus onéreuses encore. Les habitants ne pouvaient payer leurs créanciers et encore moins ceux de la ville. Toutes les industries étaient ruinées ; plusieurs ne se relevèrent point. Les Etats de la province, où Saint-Hippolyte envoya deux députés, se chargèrent du payement d'une partie des dettes contractées par les communes pour la défense du pays ; cette mesure ne fut qu'un secours insuffisant pour la ville. Depuis 1637, les maîtres bourgeois n'avaient pas rendu de comptes, et, lorsqu'en

1646, il fut question de les passer, plusieurs de ces comptables étaient morts ; leurs héritiers les représentèrent, et comme la plupart étaient créanciers de la ville, ce fut encore une nouvelle source de discussions aussi épineuses qu'intarissables (1).

Philippe IV s'efforça de faire oublier l'abandon dans lequel il avait laissé la province, et répondit avec la plus grande bonté aux larmes et aux supplications de ses sujets. Les seigneurs l'imitèrent. Le départ des troupes suédoises ayant rendu les habitants de Saint-Hippolyte et du comté de la Roche à leurs travaux et à la culture, ils songèrent à relever leurs maisons et à labourer leurs champs. Ils demandèrent et obtinrent la permission de couper dans les forêts les bois dont ils avaient besoin. Ainsi, grâce aux libéralités des comtes de la Roche et au bon vouloir des populations toujours prêtes à s'entr'aider, les habitations se relevèrent peu à peu de leurs ruines ; dans la campagne les vastes maisons aux murs peu élevés, aux fenêtres étroites et garnies de parchemins huilés, aux cheminées pyramidales répandant seules la lumière dans l'immense cuisine, furent rétablies sans beaucoup de frais.

Les anciennes coutumes et l'usage des corvées permettaient d'exécuter par le concours spontané des voisins, les plus grands travaux des particuliers. Les troupeaux repeuplèrent insensiblement les pâturages et, moins de trente ans après tant de maux, on voyait les laboureurs alimenter de nouveau les marchés et les foires de Saint-Hippolyte.

---

(1) Monographie de Saint-Hippolyte, par l'abbé RICHARD.

CHAPITRE XXIV

Ferdinand François-Just de Rye, comte de la Roche.

1646 — 1657

Ferdinand François-Just de Rye lègue ses terres à son épouse, Henriette de Cusance, et fonde le couvent des Minimes de Consolation. — Les frères Jacques et Guillaume Courtois.

François de Rye avait épousé, le 6 mars 1623, Catherine d'Ostefrise ; de ce mariage, il eut trois enfants, Ferdinand, François et Jeanne-Philippe de Rye. Devenu veuf, le comte de la Roche contracta une nouvelle alliance avec Christine-Claire d'Haraucourt, (1635). Il n'en eut qu'un fils, Ferdinand François-Just, qui hérita du comté de la Roche et de ses autres seigneuries à la mort de ses deux frères, à charge de les transmettre aux descendants mâles de Jeanne-Philippe de Rye sa sœur, si lui-même n'avait point de fils qui pût lui succéder.

Ferdinand de Rye, fils aîné de François, épousa, le 1er septembre 1655, Marie-Henriette de Cusance et de Vergy, mais leur union ne fut pas de longue durée ; car le marquis mourut en 1657 sans laisser d'enfant qui pût lui succéder. Par son testament fait à Villersexel le 18 juillet de cette même année, il avait institué son épouse héritière de toutes ses possessions. De là, un grave procès entre Marie-Henriette et sa belle-sœur, Jeanne-Philippe de Rye, comtesse de Saint-Vallier. Ce procès dura plusieurs années et fut terminé par un compromis en vertu duquel les biens de la maison de la Palud, dont on jugea que le fidéicommis était périmé, restèrent à Marie-Henriette de Cusance, tandis que ceux qui provenaient de messire Ferdinand de Rye, dit de Longwy, passèrent à la maison de Poitiers, selon les conditions de la donation faite par l'archevêque.

Voici la fin de l'acte qui termina le procès : « *Déclare
« dame Jeanne Philippe de Rye non recevable... du fidéi-
« commis par elle prétendu en vigueur du testament de
« dame Claude de Rye, vefve de messire Jean de la Palu,
« et conséquemment à la distraction par elle quite des biens
« situés en ce pays, provenant de la succession de la Palu,
« sçavoir des terres et seigneuries de Villersexel, des
« comtés de la Roche, Saint-Hippolyte, Maîche, la Franche-
« Montagne, Chastel-Neuf, Noydans, Abbenans et tous leurs
« membres et dépendances et faire adjudication desdits
« biens au profit de ladite dame Marie-Henriette de Cusance
« en vertu du prolégat porté au testament de messire Ferdi-
« nand-François-Just de Rye* (1). »

Le testament de Ferdinand François-Just de Rye contient une clause qui mérite d'être mentionnée tant à cause de l'important résultat qu'elle produisit qu'à cause du fait qui lui donna lieu.

Dans cet acte, en effet, est mentionnée la plus importante fondation faite par les seigneurs de la Roche et de Châtel-

(1) Archives du département.

Neuf en faveur de l'Ermitage de Notre-Dame de Consolation, l'établissement des RR. PP. minimes.

Voici ce qu'on lit dans ce testament :

« *Au nom de la Sainte et Indivisible Trinité. Amen !*
« *Je, François Ferdinand-Just de Rye, de la Palu, mar-*
« *quis de Varambon, comte de la Roche, etc., considérant*
« *l'heure incertaine de la mort, et désirant disposer des*
« *seigneuries, terres et biens qu'il a plu à Dieu me donner*
« *avant que d'en être privé, soit par les moyens de la ma-*
« *ladie ou autres, j'ai fait ce jourd'huy mon testament en*
« *manière que suit :*
« *J'ai recommandé et recommande mon asme à Dieu, le*
« *suppliant la loger en son Paradis lorsqu'elle se séparera*
« *de mon corps, remettant le fraiz de mon enterrement et*
« *la disposition de mes obsèques à la prudence et discrétion*
« *de dame Marie-Henriette de Cusance et de Vergy, ma*
« *bien aimée femme et compagne, la priant d'y tenir à*
« *l'exécution........*
« *Je désire que mon corps soit enterré en l'église de*
« *Notre-Dame de Consolation près du Chasteau-Neuf-en-*
« *Vennes, lorsque la fondation que j'ordonnerai ci-après y*
« *estre faite de trois religieux minimes, savoir deux pères*
« *et un frère lai, y sera établie. Ce qu'attendant, j'ordonne*
« *que mon corps soit mis en dépost en l'église Saint-Nicolas,*
« *au lieu de Villersexel, et que pour le repos de mon asme,*
« *l'on fasse dire deux mille messes aux lieux et églises*
« *que ma dite dame Marie-Henriette de Cusance tiendra à*
« *propos.*
« *Et pour donner effet à la dite fondation de trois reli-*
« *gieux minimes, j'ai donné et légué, donne et lègue par*
« *actes la somme de six mille francs, remettant à la dite*

« dame, ma bien-aimée femme, de l'employer et distribuer
« aux effets, selon qu'elle trouvera convenir, ayant une
« pleine confiance à ce qu'elle fera à cet égard. »

En confiant la garde de Notre Dame de Consolation aux disciples de saint François de Paule, Ferdinand-François-Just de Rye ne faisait qu'exécuter les dernières volontés de sa mère. Christine-Claire d'Haraucourt, en mourant, avait en effet chargé son fils de fonder en quelqu'une de ses terres, une maison de religieux de l'ordre de saint François de Paule, et de la doter de revenus suffisants.

Voici le fait qui avait déterminé Madame d'Haraucourt à faire cette importante fondation. Le jeune marquis, Ferdinand-François-Just de Rye, étant tombé dangereusement malade, la pieuse marquise le voua à saint François de Paule, et bientôt l'enfant, que l'on croyait perdu, fut rendu aux larmes et à l'affection de sa mère. Pour témoigner sa reconnaissance à son bienfaiteur, la comtesse de la Roche résolut d'établir une maison de religieux de l'ordre de saint François. Voici, en effet, ce qu'on lit dans le codicille que la noble dame ajouta à son testament :

« Nous, Claire-Christine d'Haraucourt, marquise et
« douairière de Varambon..., désirant faire le présent
« codicille par adjonctance à mondit testament, (estant en
« bon sens et entendement, Dieu grace), par lequel nous
« aurions institué notre héritier universel, seul et pour le
« tout, Ferdinand-François-Just de Rye de la Palu, nostre
« cher et bien-aymé fils ; à cause des faveurs que nous
« avons reçues du Ciel, et particulièrement pour sa conser-
« vation par l'intercession du glorieux saint François de
« Paule, fondateur de l'ordre des RR. PP. Minimes, et de
« la dévotion que nous aurions toujours eue de les re-

« *cognoistre par quelques actes et œuvres de piété, lesquels*
« *nous sommes empeschée d'executer par la violence et*
« *presse du mal dont nous allistée, désirant néantmoins d'y*
« *pourvoir, nous requérons nostre bien-aymé fils et héri-*
« *tier, dès lors qu'il sera parvenu en auge de majorité et*
« *jouyra pleinement de tous ses biens et des miens, de*
« *vouloir fonder et establir en quelqu'une de ses terres*
« *qui sera jugée la plus propre et commode, une maison*
« *de relligieux de l'ordre de saint François de Paule...,*
« *à charge aussi de par lesdits RR. PP. dire et célébrer*
« *un chacun vendredy de chacune semaine une messe à*
« *l'honneur dudit saint François de Paule et en action de*
« *grâces des faveurs reçues du Ciel pour mondit fils et par*
« *ses intercessions. 5 mars 1649* » (1).

Ferdinand de Rye eut pour contemporains deux peintres d'un grand talent, les frères Jacques et Guillaume Courtois. Jacques, surnommé le *Bourguignon*, naquit en 1621 à Saint-Hippolyte et reçut de son père les premières leçons de la peinture. Il se rendit en Italie où il fréquenta les écoles les plus célèbres de son art. Il fut l'ami du Guide et de l'Albane. Ce fut surtout un peintre de batailles ; aussi suivait-il assidûment les armées en campagnes ; ses tableaux sont remarquables par un coloris éclatant et par un mouvement plein de vie, de force et de hardiesse. Ses principales œuvres sont à Rome ; le musée du Louvre en possède deux : *la bataille d'Arbelles et Moïse en prière pendant le combat contre les Amalécites.*

Faussement accusé d'avoir empoisonné sa femme, le Bourguignon quitta le monde et entra dans la Compagnie de Jésus à l'âge de 36 ans ; il y mourut en 1676. Il a été

---

(1) Archives du département.

le maître de Parrocel. Guillaume Courtois suivit son frère en Italie et entra dans l'école de Pierre de Cortone. Les œuvres sorties du pinceau de Guillaume sont fort estimées. Il peignit pour le pape Alexandre VII, *le miracle de Josué* arrêtant le soleil [1]. Le Pontife récompensa le peintre par le don d'une chaîne d'or. Notre compatriote Guillaume Courtois mourut à Rome en 1679.

[1] Ce tableau est au musée du Louvre.

CHAPITRE XXV

Charles-Eugène d'Aremberg, comte de la Roche.

1658 — 1703.

Henriette de Cusance donne sa main au prince d'Aremberg et fait élever un monument à son premier époux, dans l'église de Notre-Dame de Consolation. — Conquête de la Franche-Comté. — Prise de Saint-Hippolyte par les Français en 1668 et en 1674. — Destruction des châteaux de Châtillon, de la Roche et des fortifications de la ville. — Occupation française. — Famille des Thuillières de Montjoie.

Un an après la mort de Ferdinand-François-Just de Rye, Henriette de Cusance donna sa main à Charles-Eugène, prince d'Aremberg, gouverneur de la province [1]. Ils visitèrent Saint-Hippolyte en 1660 et y reçurent un accueil digne de leur haute situation.

Marie-Henriette de Cusance, devenue princesse d'Aremberg, ne se contenta pas de remplir fidèlement les dernières volontés de Ferdinand-François-Just de Rye, elle y ajouta d'elle-même un don de quatre mille francs avec

---

(1) Par ce mariage les terres du Comté de la Roche passent de la famille de Rye, qui les avait possédées pendant cent quatorze ans dans la maison d'Aremberg, qui, un demi siècle après, les vendra aux Montjoie-Vaufrey. Ceux-ci les garderont jusqu'au moment de la Révolution.

plusieurs concessions très avantageuses aux RR. PP. Minimes. De concert avec le prince Charles, elle fit élever, à son premier époux, un monument remarquable dans l'église de Notre-Dame de Consolation. Ce monument a été restauré, en 1860, par l'abbé Delœuvre, supérieur du petit séminaire de Consolation.

De toutes les petites nationalités, qui ont joui pendant des siècles de leur autonomie ou indépendance, il n'en est point, qui aient mieux mérité que la nôtre de continuer à vivre et durer comme telle. La population franc-comtoise avait toutes les qualités que requièrent de pareilles existences nationales : laborieuse, patiente, froide de caractère, dévouée, religieuse, attachée à ses traditions, douée d'un grand sens pratique, ayant à sa tête un parlement et des états généraux habitués aux affaires publiques, et plus réellement souverains que le comte de Bourgogne lui-même.

Evidemment cette petite nationalité était faite pour durer, mais à la condition toutefois, car il y a toujours des conditions entre voisins, de n'être pas éternellement en butte aux intrigues et à l'hostilité des Français, si bien appelés et caractérisés par notre vieil historien GOLLUT : des *remue-ménaiges*.

Depuis longtemps la France avait l'œil ouvert sur la Comté, attendant le moment favorable pour la soumettre à sa domination ; et, comme la force décide de beaucoup de choses en ce monde, surtout du droit et de l'indépendance des peuples, Louis XIV profitant de l'abaissement des deux branches de la maison d'Autriche, celle de l'Empire et celle de l'Espagne, put envahir notre province et en faire la conquête en quelques jours.

Le marquis d'Yenne, alors gouverneur de la Franche-Comté, eut vent de l'invasion au moment où elle se préparait. Il pria Hermenfroi de Saint-Mauris de Grivel de se concerter avec son cousin François de Saint-Mauris, général major de bataille, pour la défense de la frontière. Quant à lui, il se retira sur la limite du Jura, au fort de Joux, pour y attendre, disait-il, le secours des Suisses qu'il savait bien ne pas devoir venir. C'était laisser la partie belle aux Français, et leur permettre de prévenir par une marche rapide toute résistance sérieuse. Quinze jours suffirent pour réduire la province.

L'entrée soudaine de Louis XIV dans la province répandit la plus grande terreur dans Saint-Hippolyte et la contrée voisine. On croyait déjà revoir les calamités de la guerre de dix ans ; le nom de Français était presque synonyme de Suédois, car on imputait aux Français la responsabilité de tout ce que l'on avait souffert trente ans auparavant. Si l'on n'avait pas vu la main de Richelieu poussant le duc de Weimar, on avait vu les bandes mêlées de Français, d'Allemands et de Suédois. Les habitants fuyaient dans les cavernes, au fond des forêts; ils y amassaient des armes, des munitions et des vivres ; plusieurs familles allèrent chercher un asile en Suisse, sûres d'y rencontrer toujours une hospitalité pleine de charité pour les pauvres et de sécurité pour les riches. En cela, nos populations voisines de la frontière, étaient moins malheureuses que celles de l'intérieur de la province. Comme lors de la guerre de dix ans, les habitants du comté purent, pendant les deux conquêtes de la province par Louis XIV, aller déposer entre les mains de leurs bons voisins les Suisses, leur argent, leurs titres, ceux des communes, les vases sacrés, les ornements sacerdotaux et tout ce qu'ils avaient de plus précieux.

Trenchant de Borey, capitaine de Châtillon-sous-Maîche et le chevalier de Moiron, commandant du château de la

Roche, n'eurent pas le temps d'appeler sous les armes les francs-montagnards et d'aviser aux moyens de défendre le pays ; aussi allèrent ils aussitôt porter leur soumission au roi dans la ville de Dôle. Mais, de retour dans leurs forteresses, ils se repentirent de leur démarche et refusèrent de recevoir les garnisons françaises. A cette nouvelle, le comte de Gadnage marcha contre eux avec une forte colonne. A l'arrivée des troupes françaises, Trenchant de Borey prit peur, abandonna Châtillon et se sauva dans le comté de Ferrette. Le commandant de Moiron, non moins épouvanté, vint se jeter aux pieds de Gadnage et sollicita son pardon. Le comte le lui accorda « à raison, dit-il, de son humiliation et comme chose à lui glorieuse de voir à ses pieds un gentilhomme qui lui soumettait absolument la dernière et l'une des plus fortes places de la province. Mais il mit en danger évident de la vie environ vingt-cinq soldats qui composaient la garnison, qu'il accusa comme n'ayant pas voulu consentir à l'admission d'une garnison française dans le château de la Roche ; ce qui fut cause qu'il les fit conduire liés ensemble jusqu'à Dôle en guise de forçats pour ensuite les faire descendre la Saône et aller ramer sur la Méditerranée ; mais Dieu les délivra de ses mains et de sa rigueur ; car par un vœu qu'ils firent à saint Claude, ils échappèrent à l'exécution d'une sentence si déraisonnable et furent renvoyés chez eux. A quoi servit aussi l'entremise de Madame de Montby de la maison de Ligneville en Lorraine qui avait quelque parentage avec Monsieur de Gadnage » (1).

La première conquête achevée, les Français cherchèrent à gagner la population par les ménagements et la douceur. Mais cette politique dont la récompense ne leur paraissait

---

(1) Documents inédits sur l'histoire de la Franche-Comté.

pas sûre, ne leur fît pas négliger celle qui consistait à démolir les places fortes et à s'emparer, partout où ils en trouvèrent, des armes et des munitions de guerre. On aurait dit que les Français avaient tout à la fois la prévision de leur prochain départ et celle de leur prochaine rentrée. C'est à cette occasion que les fortifications de la ville, et les châteaux de la Roche, de Châtillon et de Matche furent rasés.

On ne fut pas moins étonné dans nos montagnes qu'à la cour de Madrid, d'apprendre combien le gouverneur de la province avait fait bon marché de la nationalité espagnole, si chère aux Francs-Comtois : ce ne fut de toutes parts qu'un cri de joie à la nouvelle du traité d'Aix-la-Chapelle (2 mai 1668), obligeant Louis XIV à se désister de sa conquête. Cependant on était bien loin de croire à la paix : le monarque français avait toujours le même désir de s'emparer de la province, et les prétextes n'avaient pas disparu. On se hâta donc de prendre les mesures nécessaires pour mettre le pays à l'abri d'une nouvelle surprise de la part des Français. Des troupes espagnoles et flamandes furent cantonnées sur la frontière suisse, principalement depuis Saint-Hippolyte jusqu'à Pontarlier ; mais les habitants n'avaient nulle confiance dans ces nouveaux protecteurs, plus enclins au pillage et à l'indiscipline que disposés à prendre des mesures de sûreté contre les Français. Cette armée fut placée sous les ordres du comte de la Roche, qui avait succédé au marquis d'Yenne dans le gouvernement de la province.

Le prince d'Aremberg, comte de la Roche, était un homme de guerre expérimenté. Tout à la fois attaché à la fortune de l'Espagne par sa haute position et la loyauté de son caractère, et à celle de la province par les grands biens qu'il y avait acquis, il lutta avec beaucoup d'énergie, mais sans succès, contre le désordre des milices et contre la frayeur et le découragement des populations. Les dix-huit députés des Etats lui créaient de continuels embarras pour l'entretien des troupes et refusaient de payer des subsides. Les Etats marchandaient leur coopération active à la défense du pays, demandaient la réduction des taxes, consultaient les communes sur la détresse où elles étaient réduites, sur les fardeaux qui les accablaient, et entretenaient ainsi les mécontentements et les murmures, en paralysant les efforts d'une administration animée des plus généreuses intentions.

Voyant que l'opposition des communes et des Etats lui rendait impossible le salut de son pays, le comte de la Roche prit le parti de se retirer. Ses successeurs ne furent pas plus heureux et ne purent résister aux armées françaises qui envahirent la Franche-Comté en février 1674. Besançon fut pris en vingt-sept jours et la province conquise en six mois.

Le Comté de la Roche, comme le reste de la Franche-Comté, cessa dès lors d'appartenir à la maison d'Autriche qui en possédait la suzeraineté depuis la fin du XVe siècle ; Ce grand fief resta définitivement à la France par le traité de Nimègue du 17 septembre 1678.

Le monarque français ayant brisé toute résistance dans nos montagnes, s'empressa d'envoyer des émissaires pour y ramener la confiance et la tranquilité. Le 18 juin, un édit d'amnistie générale pour tous ceux qui s'étaient déclarés contre la France, quels qu'eussent été leurs excès, fut transmis à toutes les communes et permit bientôt de respirer. Le roi invitait tous ceux qui avaient gagné le haut des montagnes ou les forêts à retourner dans les campagnes et à rester paisibles dans leurs demeures. Comme il savait quelles haines profondes fermentaient dans les cœurs, il enjoignit, sous peine de mort, à ses nouveaux sujets de porter toutes leurs armes à feu au chef-lieu du bailliage ; le mois suivant, il fit remise des trois mille francs que l'on devait payer chaque jour à l'Espagne pour l'entretien des armées, et cela, disait-il, afin de donner aux Francs-Comtois des preuves de son affection, et de les dédommager des frais de la guerre. Ces bienfaits, joints au contentement d'avoir échappé au massacre et à l'incendie, endormirent pour un instant le chagrin que l'on éprouvait d'appartenir à la France.

L'occupation de Saint-Hippolyte se prolongea jusqu'à la fin du XVIIe siècle ; pendant tout ce temps, l'administration de la ville ne négligea rien pour soulager les habitants qui devaient loger des troupes. Les Suisses et les Montagnards avaient tellement peur de l'uniforme français qu'ils n'osaient plus venir aux foires de Saint-Hippolyte. Pour remédier à cet inconvénient, les bourgeois obtinrent du parlement la permission de tenir les foires dans un emplacement voisin de la ville.

Après la conquête de la Franche-Comté, le prince d'Aremberg avait quitté la province. Se tenant à l'écart à cause de sa haine profonde contre la France, il ne reparut que de loin en loin ; en 1703 il vendit son comté de la Roche à Béat-Albert Thuillières de Montjoie, seigneur de Vaufrey (1).

La famille des Thuillières, l'une des premières de Lorraine, alliée aux Montureux-sur-Saône et à d'autres maisons de la première noblesse de cette province, avait pris son nom du village de Thuillières, chef-lieu d'une seigneurie de ce nom dans les Vosges. A la mort de Jean de Montjoie, 1438, Jean Louis de Thuillières, son neveu par

---

(1) Monographie de Saint-Hippolyte, par l'abbé RICHARD.

alliance, hérita de la seigneurie de Montjoie et devint la souche de la maison moderne dite de Thuillières de Montjoie.

Jean Louis mourut en décembre 1454 et son fils Didier Ier lui succéda. Il eut deux fils, Etienne et Jean Louis. Etienne devint chef de la branche de Fröhberg [1] et Jean Louis, de celle d'Heymerstorf. Etienne prit possession de la seigneurie de Montjoie en 1491 ; il épousa en 1500 Catherine d'Haraucourt et mourut vers l'an 1540, laissant deux fils, Népomucène et Marc. Marc devint baron de Montjoie ; il avait épousé en 1532 Jeanne de Montmartin, dont il eut trois enfants : Claudine, Didier et Jean II, qui succéda à son frère aîné.

Jean II, de son mariage avec Perronne, fille du comte Michel de Viry et de Pauline, comtesse de Vergy, eut trois fils, Michel, Siméon, Jean-Simon, et deux filles, Jeanne et Claudine ; cette dernière, comme nous l'avons vu précédemment, mourut en odeur de sainteté.

Jean-Simon devint à la mort de son père seigneur de Montjoie ; il épousa en 1591 Ursule de Reynach fille de Nicolas de Reynach, gouverneur d'Altkirch. Il eut trois fils et une fille, Jean-Paul, Ambroise, Jean-Georges et Ursule.

Jean-Georges devint à la mort de ses deux frères, le chef de la maison de Montjoie. Revêtu à Inspruck en 1621 de la dignité de Grand Chambellan de l'archiduc Léopold d'Autriche, il épousa en 1631 Marie-François, fille de Ferdinand-Georges de Montjoie, de la branche d'Heymerstorf. Après la destruction de son château de Montjoie, 1635, il habita sa maison de plaisance de Vaufrey.

Jean-Georges eut treize enfants. Les deux derniers, Béat-

---

[1] Fröhberg signifie Joie-mont ou Montjoie.

Albert et Jean-François-Ignace, divisèrent la maison de Fröhberg en deux nouvelles branches dites de Vaufrey et d'Hirsingen.

L'ancienne maison de Montjoie portait *de gueule à la clef d'argent posée en pal* ; la moderne écartelle ses armoiries de celles des Thuillières originaires de Lorraine ; de telle sorte qu'au XVIIIe siècle les armes des Montjoie étaient composées comme suit : *écartelé aux 1er et 4e de gueules à la clef d'argent en pal, tournée à dextre ; aux 2e et 3e de gueules à la clef d'or, aussi en pal, tournée à sénestre, accompagnée à dextre de quatre billettes d'or taillées en pierres précieuses et mises en pal, et à sénestre de cinq boules d'argent rangées en sautoir. En abîme un écu.... parti et coupé de deux, sommé d'une couronne de comte. L'écu était timbré d'une couronne de marquis et avait pour supports deux satyres, l'un aux pieds d'homme et l'autre aux pieds de chèvre ; celui du côté dextre soutenant une clef d'argent de la main gauche, celui du côté sénestre tenant une massue.*

CHAPITRE XXVI

Béat I Albert de Montjoie-Vaufrey,
comte de la Roche.

1703 — 1725.

Sentiments hostiles des Franc-Comtois envers la France. — Situation du pays après la conquête. — Crainte des bourgeois de Saint-Hippolyte à l'avènement des Montjoie-Vaufrey. — Procès de la ville avec les communes de Fleurey et de Vauclusotte.

Les Franc-Comtois n'acceptèrent qu'avec beaucoup de peine l'incorporation de leur province à la monarchie française. Ce changement violent blessait profondément le sentiment national si vivace chez nos pères, il leur inspirait avec un vif regret du passé des craintes sérieuses pour l'avenir. Sous la protection de l'Espagne ils avaient joui d'une telle liberté qu'ils pouvaient se croire indépendants. Les faibles impôts que payait la Comté sous le nom de don gratuit, employés dans le pays même, à son profit, en paraissaient encore plus légers. Les Comtois étaient fiers de l'estime que, depuis Charles-Quint, l'Espagne leur avait toujours témoignée, en les appelant souvent au service et jusqu'aux plus hautes fonctions de la monarchie. Tout les rattachait donc à un gouvernement dont l'action ne se faisait sentir que par des bienfaits et par une efficace protection contre d'ambitieux voisins. Le joug de la France faisait redouter, au contraire, le retour des scènes de violence et de trahison, dont l'histoire du passé était pleine et qui n'étaient que trop présentes à toutes les mémoires. Les invasions de 1477 et 1479 sous Louis XI, la conquête de 1595 par Henri IV, celle surtout de 1639 sous Louis XIII, durant laquelle les dix-huit mille soldats allemands du duc de Saxe-Weymar, à la solde du cardinal de Richelieu, au prix annuel de quatre millions, égalèrent dans le meurtre, l'incendie et le pillage, les horreurs de l'invasion d'Attila; la conquête de 1668 entachée de ruse et de trahisons, celle enfin de 1674, justifiaient la haine des Francs-Comtois pour la France.

Chef-lieu de la Franche-Montagne, la petite ville de Saint-Hippolyte, dont les habitants jouissaient depuis plusieurs siècles d'une grande liberté, fut aussi la dernière à se soumettre. Les sentiments hostiles étaient si vivaces dans le pays, que le gouvernement français fut obligé d'y maintenir un corps d'occupation pendant près d'un demi-siècle. L'attachement à l'Espagne et le dévoûment des Comtois aux rois catholiques se sont affaiblis lentement; la France s'est substituée à l'Espagne dans le cœur de nos braves montagnards et maintenant il n'y a plus parmi nous que des citoyens fiers d'être Français.

La réunion de la Franche-Comté à la France dépouilla Saint-Hippolyte de son ancienne importance. En passant sous le grand niveau égalitaire, cette ville a perdu tout caractère original, elle a fini par se confondre dans l'uniformité générale. Peu à peu s'en sont allés les vieilles coutumes et le naïf patois; les *bonnets à guéri* ont disparu avec les derniers souvenirs des princes et du germanisme. Aussi jusqu'à la révolution, ses annales offrent-elles moins de péripéties que dans les siècles précédents.

En devenant français, Saint-Hippolyte passa de la tutelle des seigneurs sous la tutelle bien autrement absolue et ombrageuse des intendants du roi. La liberté municipale, si large sous le régime féodal, fut singulièrement réduite par la centralisation du pouvoir absolu. En apparence, cependant, les anciennes coutumes étaient conservées et même étendues sur quelques points ; les habitants avaient le droit de se réunir en assemblée délibérante sans autorisation préalable, de nommer à la pluralité des voix les recteurs d'école, les gardes-forestiers, les messiers ou gardes-champêtres, les conseillers de la ville et les échevins. Comme par le passé ces derniers continuèrent à rendre leurs comptes, chaque année, en présence de leurs concitoyens et de leurs successeurs, à jurer sur les Saints Evangiles que le contenu de la recette était entier et la dépense véritable. Les bourgeois de la ville tenaient toujours leurs assemblées avec beaucoup de zèle et d'assiduité ; mais peu à peu leurs délibérations, surtout dans les affaires importantes, n'eurent de validité et d'effet qu'après avoir été soumises à l'agrément de l'intendant. Il fallut lui présenter requête et se résigner aux exigences et aux lenteurs des bureaux. Du reste, Louis XIV, irrité de l'aversion que lui témoignaient ouvertement la noblesse et le peuple, traita la province en pays conquis, abolit ses Etats et modifia son parlement. Dès lors, les impôts ne furent plus discutés et devinrent bien autrement lourds que les droits féodaux. Au lieu d'un don gratuit de deux à trois cent mille francs, accordés à l'ancien souverain, le monarque français exigea un impôt annuel de plusieurs millions. Pour mieux comprimer la population, il leva parmi elle deux ou trois fois plus de soldats que dans les autres provinces.

Béat-Albert de Montjoie, colonel d'un régiment d'infantérie dans l'armée française, jouissait de grands revenus ; ses richesses lui permirent, comme nous l'avons vu dans le chapitre précédent, d'acheter du prince d'Aremberg, retiré à Bruxelles, les terres et seigneuries de la Roche et de Malche. A cette nouvelle, les bourgeois de Saint-Hippolyte et de la Franche-Montagne, supplièrent le duc Léopold-Ebérard, prince de Montbéliard, d'user du droit de retrait-féodal que lui donnait son titre de suzerain sur le comté de la Roche. Touché de cette démarche, qui flattait son orgueil et son ambition, le duc fit déposer dans ce but cent mille francs chez un banquier de Besançon ; mais des préventions contre ce prince dont on redoutait l'agrandissement, entravèrent heureusement cette acquisition. La crainte d'un accroissement de leurs charges féodales avait déterminé les habitants du comté de la Roche à s'adresser au comte de Montbéliard (1). Les habitants de la seigneurie de Montjoie ne jouissaient pas, en effet, des mêmes privilèges ni des mêmes libertés que les bourgeois de Saint-Hippolyte et de la Franche-Montagne. Leurs charges étaient plus nombreuses et plus pénibles ; plusieurs fois même, ils avaient essayé, mais sans succès, de s'y soustraire ou au moins de les alléger. On n'ignorait point cela à Saint-Hippolyte et dans le voisinage. Heureusement le nouveau comte de la Roche sut respecter tous les droits et privilèges de ses nouveaux sujets. Sa bonté et sa générosité se manifestèrent surtout à l'égard des bourgeois de la ville par la part importante qu'il prit à la construction du nouveau couvent des Ursulines en 1700. Grâce à ses libéralités, les religieuses purent agrandir leur établissement et lui donner la forme qu'il a aujourd'hui. Il est probable que le duc Léopold Ebérard eut été

(1) Duvernois. Ephémérides de Montbéliard.

un maître moins généreux et il est à supposer que la foi catholique aurait été en péril sous son règne.

Béat-Albert étant entré en possession du comté de la Roche fit sa déclaration de vassalité à la couronne de France et fournit son dénombrement en 1716.

A cette époque, la ville de Saint-Hippolyte avait avec les communes de Fleurey et de Vauclusotte des procès que nous devons mentionner. La délimitation des territoires de la ville et de Fleurey causait le premier litige. Commencé en 1489, terminé en 1542 par une sentence arbitrale rendue par Antoine Dutartre, capitaine de la Roche, et Richard de Reynach, capitaine de Châtillon-sous-Maîche ; ravivé une première fois par la commune de Fleurey, en 1570, une seconde fois, en 1702, ce différend fut jugé en 1706 par le parlement de Besançon. L'arrêt portait que les habitants de Fleurey auraient la morte et vaine pâture depuis les planches de Brand, en passant au gué de la Menessaure, jusqu'aux roches de Neuf-gouffre, en délaissant les rochers devers bise et Saint-Hippolyte, et en montant par le bief Lavoudry jusqu'à sa source, proche le bief des Méchets en tirant contre le *Charme-Reposoir* (1) et la *Pierre-qui-vire*. Le canton s'étendant des *Sangles* au *Charme-Reposoir*, contre les rochers de *Champrue* était resté pâturage commun.

En 1793, les habitants de Fleurey s'étant permis de couper du bois dans les terrains où ils n'avaient que le droit de vaine pâture, la ville de Saint-Hippolyte renouvela l'antique procès ; il dura jusqu'au commencement de ce

---

(1) Gros tronc de charme sur lequel on se reposait. Des charmes antiques, respectés dans les coupes successives servaient de bornes. On retrouve encore quelques-uns de ces centenaires extraordinairement vivaces.

siècle. Contrairement à l'arrêt de 1706, la commune de Fleurey fut dépouillée du droit de vaine pâture dans les prés du Falot et dans une partie des planches de Bran.

La commune de Vauclusotte disputait aussi aux bourgeois de Saint-Hippolyte leur droit d'affouage dans les côtes du Dessoubre. Elle leur avait intenté au bailliage de Vesoul, en 1531, un procès qui renouvelé en 1719, à la Maîtrise des eaux et forêts de Clerval, laissa les bourgeois en possession des droits d'usage dans tous les bois contestés, jusqu'au *Moulin aux Moines de Vaucluse*, à un kilomètre au-dessus et au sud de *Saint-Maurice*.

CHAPITRE XXVII

Didier de Montjoie, comte de la Roche.

1725 —1736.

Révolte contre l'autorité seigneuriale dans les montagnes voisines de Bâle et dans le val de Montjoie. — Condamnation des rebelles. — Procès de la ville avec les habitants de Soulce.

Béat-Albert avait épousé, en 1669, Pauline, baronne de Reynach-Hirtzbach, sœur des évêques de Bâle et d'Abtera. Trois enfants sortirent de ce mariage : *Didier*, objet du présent chapitre; Nicolas, capitaine au régiment de Quat, mort jeune; et Marie-Françoise, qui épousa François-Joseph, baron de Schauenbourg.

Didier, comte de Montjoie et de la Roche, épousa, en 1702, sa parente Joséphine, baronne de Montjoie, de la branche d'Heymersdorff. Le 8 novembre 1725, il fit hommage, tant en son nom qu'en celui de tous ses parents, à Jean-Conrad de Reynach des fiefs tenus de l'Eglise de Bâle et ne tarda pas à rendre à ce prélat, son suzerain, l'éminent service de ramener à la soumission les habitants des Franches-Montagnes-des-Bois qui s'étaient soulevés contre leur prince. Pour expliquer cette révolte, nous rappellerons que la Franche-Montagne, dans le pays de Porrentruy, était peu peuplée vers la fin du XIVe siècle.

L'évêque, Imier de Ramestein, pour y amener des habitants, exempta, en 1383, les familles qui s'y fixeraient, de toutes tailles, charges et impôts, moyennant le paiement annuel de 12 deniers par chaque ménage à l'évêché de Bâle; cette concession fut accordée à perpétuité. Néanmoins les habitants furent imposés à des taxes qu'ils payèrent d'abord sans murmurer. En 1726, le prince-évêque promulgua une ordonnance générale pour l'administration des affaires, sous réserve des franchises de ses sujets. Cet acte fut accueilli assez favorablement dans tout l'évêché, à l'exception des Franches-Montagnes, où trois citoyens influents, investis de fonctions publiques, en prirent occasion pour soulever leurs concitoyens. Ils rédigèrent un cahier de doléances où ils se plaignaient, entre autres griefs, de la taxe sur les boissons, prétendant, en vertu des anciennes franchises, que personne n'avait le droit d'établir des impôts dans leur pays. Des commissaires, envoyés par l'évêché, furent insultés; des rassemblements tumultueux eurent lieu; on se mit hautement en insurrection contre le prince et son bailli. En 1731, le baron de Montjoie ménagea la soumission des insurgés; déjà intimidés par une sentence de la cour de Vetzelar, qui les inculpait de lèse-majesté, ils se soumirent à l'évêque qui fit de son côté quelques concessions. Mais les idées d'indépendance ne fermentaient pas seulement dans les montagnes de l'évêché de Bâle; les terres de Montjoie n'en étaient point exemptes. L'esprit de révolte contre l'autorité seigneuriale y éclata et se traduisit durant un siècle, de 1680 à 1780, par les actes les plus blâmables. Les droits féodaux furent attaqués dans leur ensemble ou dans chacun d'eux; les habitants refusent tantôt de payer la dîme, tantôt d'acquitter les corvées ou autres redevances, payées au seigneur de temps immémorial. Souvent ils pénètrent dans ses forêts et ne se bornent pas à y porter la hache, ils les incendient et les anéantissent. Le seigneur traduit ses vassaux devant les tribunaux; les vassaux, de leur côté, y traduisent leur seigneur, attaquant ses droits de propriété les mieux établis, lui disputant jusqu'au mode de jouissance de ses biens; pendant qu'on plaide, ils continuent à exercer leurs fureurs. Sans parler des sentences rendues par le bailliage de Montjoie, ving-deux arrêts du conseil souverain de Colmar, quatre ordonnances de l'intendant d'Alsace, trois décisions du conseil d'Etat dans les procès entre les communautés de la seigneurie de Montjoie et le seigneur, témoignent de l'acharnement des parties et des dépenses énormes qui retombèrent sur les populations, car les révoltés succombèrent devant toutes les juridictions et furent condamnés aux dépens. Funeste effet des perfides conseils de l'effervescence que des agitateurs travaillaient à répandre et à entretenir (1).

Didier mourut en 1736, laissant neuf enfants. Il fut inhumé dans la chapelle de Montjoie à côté de son épouse Joséphine, baronne et comtesse de Montjoie. Il avait été témoin du procès entre la ville de Saint-Hippolyte et les habitants de Soulce, concernant la clôture des héritages sur le territoire de la ville. En vertu des chartes de 1310 et de 1317 (2), les bourgeois soutenaient que Saint-Hippolyte était propriétaire de tous les terrains compris dans les limites du territoire de la ville, et que les parcelles accensées ne l'avaient été que sous la condition expresse que les seconds fruits et les arbres dits des *quatre fontes*, c'est-à-dire les chênes, poiriers, pommiers et cerisiers

---

(1) Histoire de Montjoie, par l'abbé RICHARD.
(2) Voir pièces justificatives.

sauvages lui appartiendraient. Les habitants de Soulce voulurent, en 1697, faucher les regains de leurs prés de Vauchamps; mais l'intendant de Franche-Comté, en 1708, le bailliage de Baume, en 1729, et le Parlement, en 1735 et 1740, maintinrent les bourgeois de Saint-Hippolyte dans leurs droits. L'édit de 1768, en permettant aux particuliers de clore leurs héritages, vint réveiller la question de propriété en seconds fruits; plusieurs particuliers ayant entouré leurs terres de clôture, la ville les attaqua, et, malgré les réclamations nombreuses et solidement motivées de ceux-ci, elle resta, en vertu d'un arrêt du Parlement (mai 1770), en possession des secondes herbes de tous les prés non tenus d'ancienneté et des arbres des *quatre fontes*.

CHAPITRE XXVIII

Béat II Jean-Baptiste Haman de Montjoie, comte de la Roche.

1736 — 1761.

Les Montjoie sont créés comtes de France et du saint empire romain ; ils partagent leurs seigneuries. — Acquisitions féodales faites par le comte Béat-Jean-Baptiste-Haman. — Réparations de l'église et du château de Vaufrey. — Les ermites d'Indevillers.

Béat-Jean-Baptiste-Haman, fils aîné de Didier, succéda à son père dans le comté de la Roche et de Montjoie, qu'il administra avec beaucoup de prudence. Le 21 février 1743, l'empereur d'Allemagne, Charles VII, considérant la haute position des Montjoie, les services rendus par eux à l'empire et à la France, les éleva tous à la dignité de comtes du Saint-Empire romain. Sept ans auparavant, en avril 1736, le roi de France, Louis XV, avait conféré, par lettres patentes, la même dignité à Philippe-Antoine de Montjoie, neveu de Béat Albert de Montjoie, et seigneur d'Hirsingen, non seulement pour lui, mais encore, par une exception très rare en France, pour tous les membres de sa famille (1).

(1) Maison et baronnie de Montjoie, par l'abbé RICHARD.

Quoiqu'ils eussent leur résidence, les uns dans le Haut-Rhin et les autres à Vaufrey, les Montjoie avaient laissé leurs seigneuries dans l'indivision ; mais, en 1741, elles furent partagées, à quelques exceptions près. Les Montjoie-Vaufrey eurent les biens et seigneuries, qui font partie maintenant du canton de Saint-Hippolyte, et la branche qui habitait Hirsingen obtint les châteaux et villages entre Altkirch et Belfort. Ce partage n'empêcha pas que toutes les propriétés, qui en avaient été l'objet, ne restassent unies moralement pour former l'unique comté de Montjoie dont tous les seigneurs de ce nom prenaient le titre. Ce nom devint ainsi un lien, qui perpétua l'admirable union, qui régnait depuis des siècles entre les membres si nombreux de cette maison.

Il est bon de mentionner ici des acquisitions féodales intéressantes. Messire François-Joseph Laviron, écuyer, seigneur de Trévillers, conseiller au parlement, avait acheté, en octobre 1753, de la comtesse de Lallemand, les fiefs et seigneuries en moyenne et basse justice, dits Valengin, relevant du comté de la Roche, et en avait fait l'hommage, le 1ᵉʳ novembre suivant, au comte de Montjoie-la-Roche. Celui-ci usa du retrait féodal et conserva pour lui, moyennant neuf mille livres, l'acquisition de M. de Trévillers aux lieux de Chamesol, Fessevillers, Charmauvillers, Courtefontaine, les Plains, Tremeux ; il lui céda en compensation une partie de la seigneurie qu'il avait acquise du conseiller Marquis dans les villages et territoires de Trévillers, Thiébouhans et Ferrières. Il acheta en même temps de M. de Malseigne le fief de Montandon pour quatre mille livres.

Le 16 avril 1754, le comte Béat-Jean-Baptiste partagea aussi la seigneurie de Maîche avec ses co-seigneurs, Desle-Alexandre Perrenot de Cernay, abbé commendataire de la royale abbaye de Saint-Sauveur de Montreuil, représenté par M. Roi, doyen de la collégiale de Saint-Hippolyte, et Béat-Joseph Guyot de Bermont, dont M. Vannier, avocat au Parlement de Besançon, était le mandataire (1). La seigneurie de Varembon continua à appartenir au comte de Montjoie, moyennant la charge dont nous parlerons ci-après. Béat-Joseph Guyot avait les deux tiers des autres terres nobles de Maîche et des hameaux voisins, et le tiers restant revenait à l'abbé Perrenot. Après avoir fait mesurer et délimiter ces terres afin de prévenir toutes difficultés entre eux, ils en formèrent trois lots. Le premier fut composé de la partie du territoire et du village de Maîche dite de Granvelle, du Prélot, le Mont-du-Pré, les Joux ; le deuxième, des villages des Ecorces et de Cernay-sur-Maîche ; le troisième enfin, comprit ce qui appartenait à la seigneurie de Granvelle dans les villages et hameaux de Pierrefontaine, Vautrans, Rosureux, Bretonvillers, Chamesey, Longevelle, Frémondans, Varin, Battenans, Friolais, Mont-de-Vougney, Longchamps, une soulte de deux mille livres et trente-six quartes de froment, mesure de Maîche, assignée sur le moulin de Varoli, payable par le comte de Montjoie-la-Roche, possesseur à Maîche de la seigneurie de Varembon. L'abbé de Cernay eut la précaution de réserver le titre noble de ce village, au cas où le lot qui le comprenait ne lui arriverait pas dans le tirage au sort. Les deux premiers lots échurent effectivement à

---

(1) Avant d'arriver à ce partage, le comte de la Roche avait essayé d'user du retrait féodal en qualité de suzerain sur la terre de Guyot de Bermont, parce que celui-ci l'avait eue et possédée sans faire reprise de fief et sans donner son dénombrement. Après avoir dépensé devant les cours de Dôle, de Metz et de Dijon, le comte de la Roche 40,000 francs, et Guyot de Maîche 20,000, ils se décidèrent enfin à transiger.

Béat Guyot de Bermont, et le troisième à l'abbé de Cernay. Il le céda au comte de Montjoie, qui l'échangea avec le chevalier François Guyot de Malseigne, contre les terres et droits dits la seigneurie de Malseigne, à Chamesol. Le chevalier de Malseigne reprit de fief, en 1762, du comte de Montjoie ce qu'il en avait reçu en contre échange. Le comte de la Roche possédait 550 feux dans la Franche-Montagne ; le marquis de Maîche 230.

Par sa haute influence, le comte obtint, en 1757, l'établissement de la route de Saint-Hippolyte à Montbéliard ; il aida à la ville à construire en pierre le pont du Doubs et prit les mesures les plus propres à faire prospérer le commerce et l'industrie. La route de Saint-Hippolyte à Maîche par Montandon commencée en 1766 fut terminée en 1769.

L'invasion suédoise avait tellement décimé la population du val de Montjoie, que les seigneurs avaient été obligés de faire tenir et cultiver leurs terres par des domestiques. Le comte Béat-Jean-Baptiste en confia l'exploitation à des fermiers, et comme les communes n'usèrent pas du droit de lui demander des contributions, il leur accorda une somme de cent francs pour leurs besoins généraux.

L'été de 1756 fut marqué par une grêle affreuse, qui détruisit la moitié des récoltes ; et, après les grands froids de l'hiver 1756 et 1757, le dégel et les grandes eaux occasionnèrent de grands et nombreux dégâts dans le val d'Ajoie (1).

---

(1) La Franche-Montagne fut désolée par l'épidémie, qui sévit de 1740 à 1746 sur le bétail de la manière la plus désastreuse, tellement que plusieurs terres restèrent en friche, et que les foires de Maîche cessèrent pendant cinq ans.

Le château seigneurial et l'église de Vaufrey tombaient de vétusté. L'église fut reconstruite dans le cours de l'année 1758. Les décimateurs payèrent les dépenses de la reconstruction du chœur et les paroissiens eurent à subir les dépenses de la reconstruction du corps de l'église. Cette contribution ne souleva aucune opposition de la part des habitants du pays ; mais il n'en fut pas de même, quand il s'agit des réparations de la demeure seigneuriale. Ils se refusèrent à faire les corvées auxquelles ils étaient tenus ; le conseil souverain d'Alsace dut contraindre les habitants de Bremoncourt, qui se prétendaient exempts de cette charge en vertu de leur charte d'affranchissement. Béat-Jean-Baptiste se montra très libéral et très généreux envers ses sujets, leur remettant à plusieurs reprises les amendes qu'ils avaient encourues pour dégradation dans ses forêts. Les habitants d'Indevillers bénéficièrent de cette remise en 1755.

Sur la fin du XVIIIe siècle, l'abbé Prieur, curé de Saint-Hippolyte, établit une papeterie et une petite imprimerie dans l'emplacement actuel du *Moulin Neuf*. Cet établissement ne fonctionna que quelques années et ne paraît pas avoir eu grand succès puisqu'il n'a pas laissé de souvenir dans le pays.

Nous ajouterons en passant que Indevillers comme Vaufrey posséda, dès le XVIe siècle, un ermitage habité par un prêtre, disciple de saint Paul, premier ermite. Le R. P. Paul Truche desservait l'ermitage de Vaufrey, et Abraham son frère celui d'Indevillers ; ils étaient originaires de Saint-Germain, dans la terre de Nantua. L'ermite d'Indevillers tenait un pensionnat de jeunes garçons; il habitait une grotte à laquelle on avait ajouté quelques constructions. La chapelle était dédiée à saint Antide, évêque de Besançon, et était ornée d'une statue de Notre-

Dame des Sept-Douleurs; chaque année, les paroisses voisines s'y rendaient en procession à la saint Antide. Abraham Truche avait habité là pendant plus de quarante ans. A sa mort, arrivée en 1693, il légua le produit des dons considérables qu'il avait reçus, pour l'entretien de la chapelle et la célébration de quatre messes aux fêtes de la Conception, de la Nativité, de la Purification et de l'Assomption de Notre-Dame (1). L'ermitage a été détruit par un incendie, et, en 1791, le jardin et les terres adjacentes furent vendus comme biens nationaux.

(1) L'abbé RICHARD, qui signale ce legs, ne fait pas connaître à qui il fut fait.

CHAPITRE XXIX

François III Ferdinand Fidèle Haman de Montjoie,
comte de la Roche.

1761 — 1818.

Les derniers comtes de la Roche. — Filiation et chronologie
des comtes de la Roche.

Béat-Jean-Baptiste-Haman avait épousé, en 1736, Marie Victoire Catherine Rinck de Baldenstein, sœur de l'évêque de Bâle; il en eut neuf enfants. L'aîné, François-Ferdinand Fidèle-Haman hérita des comtés de la Roche et de Montjoie; il épousa, au mois de septembre 1760, Marie Anne Sophie de Kageneck, de Fribourg [1]. Pendant la Révolution française, le comte de Montjoie émigra d'abord à Bâle, puis bientôt après, dans le duché de Bade, pour éviter les

---

[1] La disette se fit grandement sentir dans la contrée en 1771. Le parlement défendit sous des peines sévères l'exportation du blé en Suisse. L'intendant de la province, de Caumartin-Saint-Ange, se rendit sur les lieux pour faire garder les passages du Doubs. Les habitants veillaient nuit et jour, vaine mesure pour arrêter les accapareurs Plus de quarante d'entre eux, pris et arrêtés, furent condamnés à des amendes de 500 livres. Le blé se vendait 15 à 16 livres la mesure à a Chaux-de-Fonds et le pain d'orgier cinq sols la livre.

armées françaises, qui étaient entrées en Suisse ; il prit du service dans l'armée de Condé, et, après avoir essuyé toutes les vicissitudes de l'émigration, il fut accueilli dans la grande commanderie de l'ordre de Malte, à Hoitersheim, dans le duché de Bade. Rentré en France avec ses fils à la suite des alliés, en 1814, il fut présenté avec les débris de la noblesse de la Haute-Alsace au duc de Berry, passant à Colmar, la même année. Ce prince adressa des paroles flatteuses à ce vénérable vieillard, qui mourut, en janvier 1818, dans la commanderie où il s'était retiré.

Le fils de François-Ferdinand-Fidèle-Haman, Joseph Vuillerme de Montjoie, capitaine au Royal-Allemand, épousa, en 1785, Marie Louise Caroline, baronne d'Hesperg et de Wayer. Une fille et trois garçons sortirent de cette alliance : 1° Sophie-Amélie-Fidèle qui épousa Claude René Philippe Augier, demeurant à Dachsthull ; 2° Camille Népomucène-Christophe, commandeur de l'ordre teutonique, conseiller intime du roi de Wurtemberg, résida au château de Gersfeld, près de Fulda, grand duché de Wurtzbourg en Bavière ; 3° Ernest, qui vint en France sous la restauration et épousa la fille unique du lieutenant général d'Ambrugeac, comte et pair de France. De ce mariage est né N. comte de Montjoie-Vaufrey, qui vit retiré dans son château de Gersfeld et qui a pour fils Charles de Montjoie-Vaufrey actuellement lieutenant au 4me dragon autrichien à Ens (1) ; 4° N., troisième fils de Wuillerme, fut tué en rentrant en France, le dimanche 2 juillet 1815, dans les circonstances dramatiques que nous allons raconter. Après la seconde abdication de l'Empereur, quelques régiments alliés, s'étant mis en marche pour entrer en France, le colonel de Chambure de Dijon, se porte à leur

---

(1) Haute-Autriche.

rencontre à la tête de cent fantassins et de quarante cavaliers. Il atteint l'ennemi à Villars-les-Blamont et livre un combat qui amène l'incendie général du village. Trop faible pour repousser un corps d'armée de plusieurs milliers d'hommes, Chambure se retire à Saint-Hippolyte, le samedi 1er juillet. Mais, averti que les volontaires royaux se dirigent sur Goumois, il se met aussitôt en route avec sa petite troupe et arrive à quatre heures du matin dans la partie française du village. Après avoir enlevé la sentinelle royaliste, à l'entrée du pont, il commande un feu roulant contre l'auberge où sont réunis les officiers de l'état-major du corps royaliste. Au premier coup de feu, le marquis de Ravigny et le jeune comte de Montjoie sautent à cheval, franchissent le pont et sont accueillis par une grêle de balles. Le marquis de Ravigny tombe raide mort et le jeune comte a la cuisse fracassée. Emporté par son cheval à quelque distance du village, il se retire sous une haie au lieu dit *Derrière la Toiture*. Mais, poursuivi par les soldats de Chambure, il est impitoyablement massacré pendant que ses compagnons fuient dans toutes les directions pour échapper à l'ennemi.

Après l'émigration du comte de Montjoie, tous ses biens, avec les cantons de forêts dont il tirait son affouage, furent vendus comme biens nationaux. Quant aux forêts où les communes exerçaient un droit d'usage, ces communes, aussitôt après leur réunion au département du Doubs, s'adressèrent au conseil général pour lui demander la propriété des bois et des communaux de l'ex-seigneurie de Montjoie situés sur leurs territoires respectifs. Cette demande n'eut pas de suite. L'administration des domaines se mit en possession de ces bois, réprima les nombreuses dégradations que commettaient les habitants et régla les coupes affouagères de chaque commune, conformément à l'arrêt du conseil de Colmar de l'an 1718. Cet état de choses subsista jusqu'en 1814. Le comte de Montjoie, rentré en France à cette époque, sollicita et obtint du roi Louis XVIII, le 21 janvier 1815, la restitution de ses forêts non vendues. Au retour de l'empereur à Paris, en mars de cette année, le comte de Montjoie s'expatria de nouveau, et ses forêts rentrèrent sous la main du gouvernement. Après la seconde restauration, elles lui furent restituées une seconde fois (9 octobre 1815). A la mort du comte, ses petits-enfants n'acceptèrent sa succession que sous bénéfice d'inventaire, et, en conformité avec la loi, un inventaire, dressé le 11 février 1818, présenta les forêts comme l'actif de la succession. Elles étaient grevées des droits d'usage au profit des communes, ce qui en rendait la vente difficile. C'est pourquoi le mandataire de MM. de Montjoie se détermina, en avril 1818, à appeler en justice les communes pour faire statuer sur ce droit et établir un cantonnement qui, devenant la propriété de chaque commune, déchargerait de toute servitude les autres parties de ces forêts. Mais les créanciers de M. de Montjoie les firent saisir et en poursuivirent l'expropriation. L'adjudication de 1259 hectares de forêts fut tranchée, le 22 août 1822, devant le tribunal de Montbéliard, en faveur des quatre maires des communes de Vaufrey, Glère, Bremoncourt, Indevillers, pour la somme de quatre-vingt mille francs. On croyait généralement que ces quatre fonctionnaires achetaient ces bois pour leurs communes ; aussi les concurrents ne se présentèrent-ils pas. Deux et trois ans après (1824 et 1825), les adjudicataires, après avoir soldé le prix de l'acquisition qu'ils avaient faite et s'être indemnisés de leurs frais par la vente de plusieurs taillis, firent transport-cession à quelques habitants de chacune des communes de l'ancienne seigneurie de Montjoie, des cantons de bois situés sur leurs territoires respectifs, moyennant un prix insignifiant. Cette mesure dut prendre cette forme parce que les communes n'étaient point autorisées à acquérir ces bois. Les cessionnaires, dit-on, leur en ont fait la remise. En 1838, les héritiers bénéficiaires du comte de Montjoie actionnèrent les communes de leur ancienne terre en cantonnement des communaux et pâturages non vendus pendant la Révolution de 1789. Les assignations qu'ils firent donner à cet effet, reconnues valables par le tribunal de Montbéliard, furent déclarées nulles pour défaut de forme, en janvier 1840, par la cour d'appel de Besançon. Messieurs de Montjoie, empêchés peut-être par la prescription, ou sous l'influence de quelque autre motif, n'ont pas fait donner suite à leur action et maintenant les communes jouissent paisiblement des communaux situés sur leurs territoires (1).

FILIATION

et chronologie des Comtes de la Roche.

		Avènement
1	Simon ou Sigismond.	1150
2	Odon, fils aîné de Simon.	1180
3	Jean Ier, fils aîné d'Odon.	1216
4	Odon II, fils de Jean Ier.	1225
5	Vuillerme I, fils d'Odon II.	1240

(1) Histoire de Montjoie par l'abbé RICHARD.

6 Jean II, fils de Vuillerme, épouse Marguerite de Neuchâtel. 1260

7 Richard, fils aîné de Jean II. 1317

8 Mahaut de Montfaucon, veuve de Richard, épouse le comte de Fribourg. 1329

9 Henri de Villersexel, fils aîné d'Aimé de Faucogney et de Jeanne, fille du comte Richard de la Roche. 1360

10 Humbert, fils de Henri de Villersexel, épouse Guillemette de Vergy. 1408

11 Gillette de Villersexel, sœur de Humbert, épouse Burcard de Petite-Pierre. 1438

12 François I de la Palud, époux de Marguerite, fille de Burcard de Petite-Pierre et de Gillette de Villersexel. 1440

13 Philibert I de la Palud, fils de François de la Palud. 1454

14 Claude de la Palud, fils de Philibert de la Palud et d'Isabeau de Neuchâtel (1). 1473

15 Jean III de la Palud, abbé de Luxeuil et frère de Claude de la Palud. 1517

16 Jean IV Philibert de la Palud, cousin de Jean Ier, épouse Blaise de Laubespin. 1520

(1) Claude de la Palud mourut sans enfant et laissa le comté de la Roche et ses autres seigneuries à son frère Jean III, abbé de Luxeuil. Celui-ci les transmit par testament à son cousin Jean IV Philibert qui les transmit de même à son cousin Jean V, seigneur de Jarnosse.

17 Jean V de la Palud, seigneur de Jarnosse et cousin de Jean Philibert de la Palud, épouse Claudine de Rye. 1529

18 Claudine de Rye, fille de Simon de Rye seigneur de Balançon. 1544

19 Marc de Rye, fils de Gérard de Rye et de Louise de Longwy, neveu de Claudine de Rye. 1593

20 Philibert II de Rye, frère de Marc de Rye. 1602

21 Christophe de Rye, fils aîné de Philibert de Rye et de Claudine de Tournon. 1608

22 Ferdinand de Rye, archevêque de Besançon et oncle de Christophe (1). 1633

23 François II de Rye, fils aîné de Christophe de Rye et d'Eléonore Chabot, dame de Neuchâtel et d'Amance. 1637

24 Ferdinand II-François-Just de Rye, fils de François de Rye et de Christine Claire d'Haraucourt, épouse Henriette de Cusance. 1646

25 Charles Eugène Prince d'Aremberg, 2e époux de Henriette de Cusance. 1658

26 Béat I Albert de Montjoie-Vaufrey époux de Pauline, baronne de Reynach-Hirtsbach, acquiert du précédent le comté de la Roche. 1703

27 Didier de Montjoie, fils aîné de Béat Albert et de Pauline, baronne de Reynach-Hirtsbach, épouse Joséphine de Montjoie-Heymerstorff. 1725

(1) Ce prélat acheta les seigneuries de Christophe de Rye, ruiné par ses prodigalités et les transmit par testament à son petit-neveu, François de Rye, fils de Christophe.

28 Béat II Jean-Baptiste-Haman, fils aîné de Didier et de Joséphine de Montjoie Heymerstorff, épouse Marie Victoire Catherine Rinck de Baldenstein. 1736

29 François III Ferdinand-Fidèle-Haman, fils aîné des précédents, épouse Marie Anne Sophie de Kageneck. 1761

30 Joseph *Vuillerme* II de Montjoie, fils des précédents, épouse Marie Louise Caroline, baronne d'Esperg et de Wayer. 1818

31 Ernest, second fils des précédents, épouse N. d'Ambrugeac.

32 N. de Montjoie-Vaufrey, fils d'Ernest et de N., d'Ambrugeac habite actuellement son château de Gersfeld ; le comte Charles son fils est lieutenant au 4me dragons à Ens. (1)

---

(1) Haute-Autriche.

CHAPITRE XXX

Situation matérielle et morale du comté de la Roche aux XVIIe et XVIIIe siècles.

Avant de donner le récit des scènes émouvantes et parfois sublimes de la persécution qui va souiller et ensanglanter le comté de la Roche comme le reste de nos montagnes, il est bon de résumer dans un chapitre spécial la situation matérielle et morale de nos pères pendant les XVIIe et XVIIIe siècles. Les temps les plus rapprochés du nôtre sont souvent pour nous les plus obscurs ; on entend répéter, qu'avant la Révolution, nos campagnes offraient le spectacle lamentable de l'ignorance, de la servitude et du malheur dans la barbarie. Le cultivateur surtout, qui féconde la terre par son travail et forme la majorité, est représenté comme n'ayant été en ce temps là qu'un esclave, ignorant, abruti, enchaîné par la mainmorte, que la Révolution est venue rendre libre et heureux.

Ce préjugé, si peu flatteur pour nos pères, est un pur mensonge ; j'ajoute même, qu'entre toutes les classes de la société, c'était sans contredit celle des campagnes, la plus humble et la plus laborieuse, qui était alors la plus digne de respect.

Considérons en premier lieu la situation matérielle des populations du comté de la Roche. Sans être riches, nos ancêtres vivaient dans une honnête médiocrité et parvenaient assez souvent à l'aisance. Grâce à leur sobriété et à leur travail, leur condition s'améliorait avec la sûreté et la sage lenteur du véritable progrès. Si on avait peu, on savait vivre de peu (1). Doués d'une constitution vigoureuse et robuste, nos ancêtres ne redoutaient point les peines, les fatigues et les privations qui effrayent aujourd'hui notre excessive délicatesse. Voici le jugement que portait sur eux d'Harouys, intendant général de la Franche-Comté en 1689 : « A l'égard des peuples de ce pays, les hommes y sont grands et bien faits et par conséquent fort propres à la guerre ; mais ils ne veulent servir que dans la cavalerie, ou dans les dragons, et point du tout dans l'infanterie ». Nos montagnes ont été longtemps les nourricières des vaillants et des forts. C'est là que se recrutaient les corps d'élite. Du reste, elles n'étaient pas aussi dépourvues de ressources qu'on pourrait le supposer et le croire. Sans parler de diverses industries et du commerce important de la ville de Saint-Hippolyte, que nous avons fait connaître, et qui se relevèrent assez promptement après le départ des Suédois, nos populations rurales avaient sous la main une triple source de richesse dans leurs forêts, leurs fromageries et l'élevage.

---

(1) Nos pères se servaient pour leur vêtement d'une étoffe très simple mais très solide, le *droguet*, drap de laine tissé sur du coton ou du fil. Sa couleur naturelle, qui est le gris cendré, était très recherchée par les vieillards. Les hommes portaient le chapeau rond, à larges bords, en feutre ou en paille. L'habillement des femmes consistait dans le mantelet à petites ailes, la jupe à la taille peu élevée, le bonnet à grand fond avec large et double dentelle, enfin le tablier surmonté d'une grande bavette.

Les bois de sapin et de chêne y étaient en abondance; D'Harouys dit que de son temps on en tirait une grande quantité pour la marine. Au siècle suivant, l'exploitation des forêts et le flottage des bois sur le Doubs et le Dessoubre, pour l'approvisionnement des forges du voisinage et surtout de la ville de Besançon, prirent un accroissement considérable; et les communes, jusque là restées indifférentes à la création et à l'entretien de la viabilité, se mirent en devoir d'établir des chemins publics.

Mais les principales ressources de nos pères étaient les fromageries et l'élève du bétail. D'Harouys disait encore de nos montagnes, dans son rapport à Louis XIV : « Bien qu'il n'y croisse que de l'avoine, de l'orge et autres menus grains, ce pays ne laisse pas d'être le meilleur et le plus riche de la province par la quantité de bestiaux qui s'y nourrissent. Les foins, ajoute l'intendant, sont bons et abondants dans toute la province ; mais on ne sait pas en profiter dans le pays de plaine, où l'on nourrit peu de bétail. Dans la région des montagnes, depuis longtemps, on a suivi une autre voie : l'élève du bétail pour la boucherie et l'établissement de fromageries nombreuses et prospères ont enrichi les habitants. Comme on y élève un grand nombre de vaches qui donnent beaucoup de lait, il y a presque partout des grangeries, où l'on fait du fromage et du beurre qui s'envoient dans la plus grande partie du royaume. Mais pendant cette dernière guerre, les paysans ont trouvé plus de profit d'aller les vendre dans les armées d'Italie et d'Allemagne. Lorsque les vaches sont vieilles et qu'elles ne sont pas bonnes laitières, on les engraisse, et les marchands de Suisse, de Lorraine et d'Alsace les viennent acheter. Ceux qui étaient chargés de la fourniture de la viande pour les armées pendant cette dernière guerre en ont enlevé beaucoup. La plus grande partie des veaux, qui se consomment dans la ville de Besançon et aux environs, se tire aussi des montagnes. »

Le comté de la Roche faisait aussi un important commerce de chevaux. « Les haras, dit encore M. d'Harouys, dont l'établissement est très considérable, particulièrement à la montagne, sont, sans contredit, ce qui y rapporte le plus d'argent. Les rouliers de Champagne, du duché de Brie et de Berry y venaient chaque année acheter leurs chevaux. Les troupes de cavalerie y faisaient leur remonte. Chaque cheval coûtait 215 livres au roi. Il est aisé, ajoute en terminant l'intendant, de juger, par tout ce que l'on vient de dire, que la montagne est beaucoup meilleure que le reste de la province et que les paysans y sont mieux accommodés : à quoi leur sobriété ne contribue pas peu, ne vivant que de pain d'orge et d'avoine, de laitage et d'un peu de lard ; car ils nourrissent encore beaucoup de cochons dont ils ont même fait un commerce considérable pendant la dernière guerre, portant vendre leur lard dans les armées d'Allemagne et d'Italie. »

Telle était la situation matérielle de nos populations pendant les XVIIe et XVIIIe siècles. Cette situation, loin d'être pénible pour elles, les mettait dans une honnête aisance ; pour plusieurs même, c'était la richesse. Il y avait à cette époque plus de riches propriétaires qu'aujourd'hui ; rien ne le prouve mieux que la facilité avec laquelle Marc de Rye trouva dans son comté de la Roche les 120,000 livres nécessaires à sa rançon. Il est vrai que le pain d'orge et d'avoine, connu sous le nom de *bolon*, est remplacé actuellement par le pain de blé ; mais aussi, la sobriété dont parle l'intendant, a reçu parmi nous depuis longtemps de rudes atteintes par l'introduction et l'usage abusif des liqueurs fortes; les sociétés de tempérance qu'on a essayé d'établir, il y a un quart de siècle, attestent que la sobriété des mœurs antiques a été refoulée par le prétendu progrès; s'ils n'y prennent garde, nos montagnards finiront par perdre ce qui leur reste de cette mâle vigueur, de cette robuste constitution, de cette taille superbe dont leurs ancêtres étaient si justement fiers.

Nos pères avaient naturellement la science de la vie morale et intellectuelle aussi bien que la science de la vie matérielle. On prétend que l'instruction était rare et mal donnée, que la liberté était inconnue. Examinons.

Chaque paroisse rurale avait son école fréquentée par tous les enfants en bas âge sans exception. « Les curés, sous l'inspection très sérieuse desquels ces écoles étaient placées, y avaient déjà réalisé l'enseignement obligatoire, comme ils le pratiquent encore aujourd'hui sans que nos journalistes s'en doutent, en exigeant deux ou trois années de fréquentation scolaire avant la première communion. Les familles aisées payaient l'instruction de leurs enfants; les riches et les communes payaient celle des pauvres, ce qui est parfaitement juste, et la générosité des curés pourvoyait en partie à la fourniture des livres. Le programme de ces écoles ne différait pas notablement de celui d'aujourd'hui; et, dans des milliers de pièces, délibérations, pétitions, lettres, comptes, etc., rédigés à cette époque dans nos villages et restés plus de douze ans entre mes mains, j'ai constaté avec surprise, je l'avoue, mais de la manière la plus irréfragable, non seulement que la généralité des habitants de nos campagnes savaient alors lire et écrire correctement, mais encore qu'un grand nombre d'entre eux avaient une facilité, une habitude de rédaction, qu'on ne retrouverait peut-être pas partout aujourd'hui au même degré (1) ».

Non seulement l'instruction primaire était reconnue utile partout et pour tous ; mais l'instruction secondaire elle-même ne paraissait nullement déplacée dans les villages. Il n'y a plus aujourd'hui de collèges ni de pensionnats à Saint-Hippolyte. Autrefois le Chapitre y avait fondé un collège florissant d'où sont sortis plusieurs personnages distingués et trois grands hommes qui sont l'honneur de la ville ; les Ursulines y avaient un pensionnat considérable. Mais, dans les montagnes reculées, les Ermites d'Indevillers avaient établi, dès le XVIe siècle, un collège florissant, où les jeunes gens des familles aisées de la Franche-Montagne accouraient en grand nombre. De petites écoles latines, instituées par le clergé dans la plupart des paroisses, mettaient l'enseignement le plus élevé à la portée des plus pauvres villageois.

« Aussi trouvait-on alors dans chaque canton ce qui y manque peut-être aujourd'hui, un bon nombre de propriétaires-rentiers, de riches cultivateurs, dont les fils, après avoir terminé leurs humanités avec succès, revenaient simplement continuer la vie frugale ou les rudes labeurs de leurs pères, sans rien demander à l'État, qui avait d'ailleurs à sa disposition beaucoup moins d'emplois qu'aujourd'hui, dont il pût faire largesse. Ces jeunes gens fournissaient une excellente pépinière d'administrateurs pour leurs communes, et devenaient les guides honorés et respectés de leurs concitoyens. Tous les médecins et les notaires de village, les juges, les procureurs et les greffiers des juridictions rurales, avaient fait leurs études clas-

(1) Discours de réception de M. Jules SAUZAY, ancien inspecteur primaire, à l'académie de Besançon, 18 janvier 1870.

siques ; et un assez grand nombre de ces rentiers, de ces tabellions, de ces magistrats campagnards, étaient même avocats en parlement......... On passait peut-être alors moins d'examens qu'aujourd'hui ; mais, après les avoir passés même avec éclat, on ne disait pas à l'étude un amer et éternel adieu. Les livres étaient beaucoup plus chers et plus rares qu'aujourd'hui ; mais ils étaient généralement moins futiles, et surtout on les lisait avec plus d'attention, par conséquent avec plus de fruit............ Qui d'entre nous aussi ne se souvient encore d'avoir vu, dans son extrême jeunesse, quelqu'un de ces vieux campagnards érudits, en habits de droguet et en sabots, qui citaient Horace, Virgile et Cicéron, comme on ne les cite plus guère aujourd'hui, d'abord parce que ce n'est plus la mode, et puis....... pour bien d'autres raisons ! » (1).

Voilà pourquoi, lorsque les populations agricoles du district de Saint-Hippolyte furent appelées à se faire représenter dans les conseils du pays, elles trouvèrent dans leur propre sein bien assez de lumières pour ne pas éprouver le besoin ou la fantaisie d'en aller chercher ailleurs.

Voilà ce que la Révolution, d'après son propre témoignage, avait trouvé dans notre contrée. « Elle prétendit faire beaucoup mieux, et, à l'exemple de la plupart des réformateurs, elle commença par tout détruire, sans pouvoir rien édifier à la place. Nos dix années de guerre civile ont été à peu près perdues pour l'instruction, comme chacun de nous a eu trop souvent occasion de le reconnaître, en observant, avec tristesse, de si grandes lacunes dans l'instruction des hommes qui avaient grandi au milieu de la tourmente. Seulement l'erreur de notre juge-

(1) Discours de réception de M. Jules SAUZAY à l'académie de Besançon.

ment a été d'attribuer à la situation antérieure à la Révolution ce qui n'était que l'effet d'une décadence plus récente et d'un trouble passager (1) ».

Non seulement nos ancêtres possédaient une instruction solide, mais ils jouissaient d'une grande liberté.

Nos campagnes avaient des libertés locales que nous sommes loin de posséder aujourd'hui et qui leur étaient avec raison plus chères que toutes les prétendues libertés générales. A Saint-Hippolyte, en particulier, cet amour de la liberté était très vivace et fut même plusieurs fois poussé à l'excès. La population, composée en grande partie de gens de métier et de trafic, était *remuante* (2) et amie de ses aises ; elle ne se soumit pas toujours de bonne grâce au régime pourtant si démocratique qu'elle possédait depuis trois siècles.

Après la conquête, malgré les empiétements de la cour de Versailles, nos communautés avaient continué à s'administrer avec une indépendance presque complète, nommant elle-même échevins, percepteurs, instituteurs, gardes-champêtres, et ignorant cette étroite tutelle qui soumet les moindres délibérations à la sanction d'une approbation étrangère.

Les échevins, bien que nommés par les habitants, n'avaient dans la communauté qu'un pouvoir purement exécutif. La population entière avait gardé intégralement l'autorité délibérative, et toutes les questions d'intérêt communal se traitaient, non pas dans un conseil restreint, ni par un petit nombre de délégués, mais par l'assemblée générale des habitants, convoqués au son de la cloche et réunis, soit dans la maison commune, soit devant l'église,

---

(1) Sauzay, ibid.
(2) Lettres des bourgeois au Parlement, 1632.

soit même à l'ombre d'un de ces chênes séculaires que l'on admire encore au centre de plusieurs de nos villages. Ce suffrage universel était bien autrement complet et direct que celui d'aujourd'hui.

Ces assemblées du peuple étaient très goûtées de nos ancêtres campagnards, et elles avaient pour eux le double attrait d'un droit précieux à exercer et d'un grave devoir à remplir. Aussi, lorsque la Révolution, qui préférait beaucoup à ces honnêtes réunions en plein soleil les ténébreux conciliabules des clubs, vint restreindre nos petites souverainetés populaires et borner leur rôle à la nomination des conseils municipaux, désormais chargés de toute l'administration locale, fut-on obligé pour ne pas trop mécontenter les populations, de leur réserver expressément le droit de s'assembler encore, aussi souvent qu'elles le voudraient, pour délibérer sur toutes leurs affaires, sous la seule condition que la demande en serait faite par le sixième des habitants. Il s'ensuivit que, malgré toutes nos transformations successives et tous les obstacles, cette vieille institution comtoise parvint à se perpétuer dans une certaine mesure. On dit même (et je vous prie, Messieurs, de vouloir bien ne pas trahir cette petite confidence) qu'aujourd'hui encore, dans plus d'une commune de nos montagnes, le tambour appelle quelquefois les habitants au communal, comme au temps de leurs ancêtres, et qu'on y prend des décisions qui, pour n'être pas très régulières, ni même écrites, n'en sont pas moins respectées dans le pays et y ont force de loi (1) ».

Mais, nous l'avons appris par trop de cruelles expériences, la liberté et l'instruction, si utiles et si désirables qu'elles soient, ne sont point par elles-mêmes la base de

(1) M. Sauzay. Ibid.

la moralité et de la vertu. Ce ne sont que des instruments délicats et puissants, qui peuvent, suivant la direction qui leur est imprimée, faire beaucoup de bien ou beaucoup de mal. Or, cette bonne direction, nous avons hâte de le dire, ne manquait pas à nos pères.

Pendant de longs siècles, toutes les classes de la société, sans exception, dans notre pays, ont rivalisé de gravité dans les mœurs et de dévoûment pour le culte religieux. Descendants de ces Gaulois chez qui les Druides jouissaient déjà d'une si grande influence sur l'éducation de la jeunesse et même sur la direction des affaires politiques; de ces Romains qui multipliaient à l'infini les temples et même les dieux; de ces Burgondes, qui, après avoir reçu le baptême, étaient devenus de si fervents chrétiens; formés eux-mêmes par les moines, à la vie morale en même temps qu'à la vie agricole, nos pères ont reçu dès les premiers jours et gardent encore aujourd'hui une empreinte religieuse d'une vigueur toute exceptionnelle. On retrouve ce cachet puissant dans tous leurs édifices publics et privés, dans tous les monuments de leur législation propre, dans toutes les pages de leurs annales politiques et domestiques. Nous avons pu nous en convaincre en lisant leurs chartes, leurs contrats sociaux ou privés, leurs testaments, leurs fondations et leurs pieuses donations, qui reviennent sans cesse, qui n'en finissent pas et qui doivent même être, pour l'esprit fort, un perpétuel sujet de scandale et de colère.

Dans notre société actuelle, où la part de Dieu est si minime, on se ferait difficilement l'idée de la place que la religion occupait dans nos catholiques montagnes. « La pensée de Dieu présidait à tout; elle avait la première place dans les fêtes aussi bien que dans les calamités, dans les arrêts de la justice et les délibérations des conseils aussi bien que dans les transactions et les actes des particuliers. La croix était la première parure des femmes et le premier ornement des maisons, la gardienne tutélaire de tous les terroirs. Les églises, multipliées avec une profusion qui n'a guère été dépassée que par celle de nos cafés, étaient le rendez-vous austère et quotidien des hommes les plus absorbés par l'étude, le tracas des affaires ou le travail des bras. Les attentats contre le culte divin étaient considérés comme les plus grands crimes, et de simples transgressions étaient quelquefois punies avec une sévérité telle, que la législation même de l'Etat pontifical n'en admit jamais une pareille » (1).

Non contents des visites fréquentes qu'ils faisaient dans leurs églises, nos pères avaient transformé pour ainsi dire en sanctuaires les champs où s'écoulaient leurs laborieuses journées, en y élevant des croix de fer, de bois ou de pierre, avec une profusion qui devait, un peu plus tard, exciter à un si haut degré l'exaspération philosophique.

Leurs seules fêtes étaient les fêtes de l'Église, leurs seuls spectacles les processions et les cérémonies religieuses, leur seul luxe celui de leurs autels, partout décorés avec splendeur. La plus belle musique pour leurs oreilles était celle des cloches, et ils n'épargnaient aucun sacrifice pour leur donner toute la puissance et toute l'harmonie possibles. Leurs chants habituels étaient les hymnes et les proses liturgiques, dont la mélodie facile les enchantait particulièrement, et les berçait en quelque sorte jusqu'au milieu de leurs travaux champêtres. Les cantiques des Missions étaient gravés aussi dans toutes les mémoires.

Rien ne prouve mieux la fidélité avec laquelle les habi-

(1) M. Sauzay, ibid.

tants de nos montagnes avaient gardé le dépôt de la foi, que le courage avec lequel ils l'ont défendue pendant dix années de persécution sans relâche. Quel noble et sublime spectacle que celui de cette population héroïque, défendant, contre les violences d'une révolution qu'elle aime, les croyances religieuses qu'elle aime encore devantage ; répétant sans cesse à ses persécuteurs, qui ne peuvent sans dérision s'appeler ses représentants : « Nous vous offrons nos biens et nos bras pour vos réquisitions, nos enfants même pour vos armées ; mais, de grâce, laissez-nous nos prêtres et nos autels. Nous vous sacrifions volontiers fortune, liberté, existence même ; mais nous ne vous sacrifierons jamais nos consciences. »

Le prêtre, représentant aux yeux des fidèles l'autorité la plus sacrée, était entouré d'un saint respect. « Il y avait dans chaque village un homme qui dispensait à peu près de juge, de commissaire de police, de garde-champêtre et de gendarmes, et qui, pour le peuple, était la personnification vivante de toutes vérités et de toutes vertus. L'autorité du curé était sans aucune concurrence d'orateurs de cabaret, ni de journalistes anonymes (1).

L'autorité du prêtre et le respect que lui portaient les fidèles, ne se manifestaient pas seulement dans les campagnes, mais encore dans les bourgs et les villes. Dans toutes les circonstances les plus difficiles et les plus délicates, on recourait à sa bienveillante médiation. Rien ne le prouve mieux que le fait suivant :

En octobre 1736, les dames Ursulines de Saint-Hippolyte, ayant fait couper environ 14 voitures de bois de chauffage dans la forêt de la côte de Montandon, au lieu dit *Champchardouille*, non loin de leur ferme de Soyères,

(1) M. Sauzay, ibid.

furent traduites devant le tribunal siégeant dans la ville à la requête du sieur Guillaume François Isabey. L'audience eut lieu le 29 janvier 1737. Les religieuses produisirent, pour leur défense, l'acte de vente de la propriété en litige, passé en 1519, le 8 décembre, entre les bourgeois de la ville et Richard Pêtremand dont leur communauté était héritière ; elles réclamèrent en outre la propriété et la jouissance de trois pièces de terre écartées dont elles payaient annuellement le cens à la ville. Les bourgeois prétendaient qu'il y avait dans l'acte une erreur de contenance ; car, disaient-ils, il n'était pas possible qu'on eût aliéné un si vaste terrain pour la somme de cent francs. L'affaire parut douteuse et ne fut point terminée à cette audience ; elle demeura même pendante durant dix années. Enfin, *voulant éviter les embarras et les sollicitudes d'un grand procès qui leur causerait bien des frais…. et du bon vouloir et agrément d'illustre et puissant seigneur Messire Beat, Jean-Baptiste, comte de Montjoie et de la Roche, baron et seigneur de Saint-Hippolyte,* les parties profitèrent pour terminer leur différend de la présence de Messieurs les missionnaires de Bauprel qui donnèrent la mission en juin 1746 (1). Ceux-ci acceptèrent avec empressement l'offre qui leur était faite et eurent la consolation de terminer un procès qui menaçait de troubler les bons rapports entre les habitants de la ville et les religieuses. Les dames Ursulines furent maintenues dans la possession du terrain en litige moyennant la réserve *des quatre fontes* pour les bourgeois (2).

(1) Cette mission, fondée en 1684 par Charles Doyen, chanoine de Saint-Hippolyte, comme l'indique une pierre incrustée dans le mur au côté droit de la porte de l'église, avait lieu tous les treize ans. Les fonds de cette pieuse fondation et de plusieurs autres faites par des particuliers ont disparu au moment de la Révolution.

(2) Archives de Saint-Hippolyte. Extrait de la *grosse* de la tran-

La pureté et la gravité des mœurs de nos ancêtres étaient naturellement en rapport avec la vivacité de leur foi. Le devoir occupait dans leur vie si active une place dont on se ferait difficilement une idée. La loi morale leur était connue et sacrée. Ils avaient pour les manquements aux devoirs restés sans autre sanction que celle de la conscience, autant d'horreur que pour les délits contre les personnes ou les propriétés poursuivis par les tribunaux. La vue d'un débauché, d'un blasphémateur, leur causait une impression aussi pénible que la vue d'un homme condamné à la prison pour un acte de violence ou pour une escroquerie.

Les femmes et les filles, généralement aussi douces que courageuses, aussi chastes que passionnées dans toutes les affections permises, s'élevaient dans l'ombre de leurs chaumières à un degré de dignité et de grandeur morale qui n'avait rien à envier aux saintes femmes de la primitive Église, dont elles allaient rappeler la noble fermeté par leur attitude et leurs réponses devant les tribunaux révolutionnaires. Une faute contre les mœurs était considérée parmi elles comme un grand crime, et, dans les rares circonstances où une union légitime ne venait pas en réparer les suites, celle qui s'en était rendue coupable, repoussée également, dans les cérémonies religieuses, des rangs des vierges et de ceux des mères de famille, trouvait dans cet isolement humiliant une longue et douloureuse pénitence. La foi néanmoins faisait accepter cette rigueur sans révolte et sans murmure, comme une juste expiation ; et en même temps la faiblesse des filles trouvait une leçon et une barrière que rien n'a pu remplacer.

saction entre les bourgeois de la ville et les dames Ursulines dudit lieu, en date du 3 juillet 1746.

On comprend facilement les heureux résultats que produisaient des mœurs si pures dans ces familles patriarcales des XVIe, XVIIe et XVIIIe siècles, qu'une plume chrétienne nous a décrites avec de si poétiques couleurs (1), et dans lesquelles nous allons faire entrer un instant par la pensée notre lecteur.

« La maison a ordinairement un aspect sévère qui ne manque pourtant, ni d'élégance, ni de beauté. Tout y est conforme à la fortune des maîtres .... La première place, la plus commode ou la plus lumineuse, appartient de droit à l'aïeul. Les traits de ce vieillard sont flétris, son regard voilé, ses membres débiles, et pourtant, son aspect majestueux commande le respect, au lieu de la pitié. On s'empresse à le servir, et il reçoit les hommages avec dignité, comme un tribut qui lui est dû.

« A côté du père, une chère et auguste figure n'inspire pas moins la vénération ; c'est la mère, dont la douce majesté redouble lorsque le veuvage vient en achever la grandeur » (2).

Au-dessous de ces deux figures vénérables en apparaissent d'autres non moins dignes de notre sympathie ; la bénédiction divine a produit des fruits abondants et multiplié la famille ; des frères et des sœurs, pleins de tendresse, goûtent sous le regard paternel les douceurs d'une céleste amitié, entourent d'un saint respect ceux qui leur ont donné le jour, accomplissent leur volonté, préviennent leurs désirs et soulagent leurs infirmités. Ils aiment le foyer domestique, parce qu'ils aiment leur père, leur mère et leur Dieu dont ils ont partout sous les yeux l'image,

---

(1) Charles de Ribbe.
(2) Discours de réception de M. le comte Amédée Beneyton à l'académie de Besançon, 29 janvier 1885.

grossière peut-être, mais antique et vénérée, suspendue dans l'endroit le plus honorable de la maison, entourée du buis bénit, de l'eau sainte et de tous les souvenirs de la vie chrétienne. Si des devoirs rendent nécessaire une séparation momentanée, ils souffrent de l'absence, ils ont le mal du pays, cette maladie des âmes pures qui faisait mourir le pauvre enfant de nos montagnes transporté loin de son chalet, et quand l'heure du retour a sonné, des larmes de joie coulent de leurs yeux. La vue du toit paternel a suffi pour éveiller de délicieux souvenirs ; les illusions de l'enfance, les rêves de l'adolescence et les êtres les plus aimés sont couchés au fond d'une tombe, mais le foyer paternel console toutes les douleurs et réserve encore de douces joies.

Ainsi les existences privées s'écoulaient paisiblement dans le silence et la joie du foyer domestique. La facilité du déplacement et du transport n'enfantait pas ce *mal inquiet* dont parle l'Ecriture et qui trop souvent de nos jours relâche et dissout les liens précieux de la famille. Ne voit-on pas trop souvent, en effet, les enfants « franchir sans regrets le seuil d'une vie d'indépendance et d'égoïsme ardemment désirée, abandonner à eux-mêmes des parents qui n'ont pas su inspirer l'amour du foyer héréditaire, et dont la vieillesse sera privée des respectueuses et assidues tendresses qui l'eussent entourée de bonheur et de dignité. La fondation et la direction de nouvelles familles sont ainsi livrées à l'inexpérience d'une jeunesse sans traditions. On voit alors le dépôt des ancêtres se dilapider, et les races se réduire, pour ainsi dire, à la durée précaire de chaque génération (1). »

Plus unies et plus heureuses que les nôtres, les maisons

---

(1) M. le comte Amédée BENEYTON, ibid.

d'autrefois étaient aussi plus gaies. Une des causes de la gaîté, c'est l'*épargne* qui ôte le souci du lendemain ; or, l'épargne était une des vertus du paysan comtois. L'épargne est encore un motif de gaîté parce qu'elle encourage la pureté des mœurs et implique la sobriété. C'est le café rural, le cabaret, qui a débilité et attristé notre jeunesse. L'orgie du jeune cultivateur, le dimanche et dans la nuit suivante, n'est nullement de la gaîté, c'est de la débauche ; et les amertumes qui s'ensuivent sont de cruelles compensations.

Tels étaient nos pères aux XVIIe, XVIIIe siècles : austères, consciencieux, dévoués à Dieu et à la patrie, menant vaillamment de front la revendication de leurs droits et l'accomplissement de leurs devoirs. Naturellement libéraux, ils avaient accueilli avec faveur les belles illusions de la Révolution à son aurore; religieux et honnêtes, ils se sont séparés d'elle, lorsque la Révolution est devenue oppressive et persécutrice. Ils ne lui ont reproché que d'avoir remplacé la monarchie absolue par une tyrannie sanglante, l'ancienne aristocratie par une aristocratie nouvelle encore plus insolente, et d'avoir substitué aux vœux de la majorité de la nation, les caprices de quelques tribuns en délire.

CHAPITRE XXXI

Saint-Hippolyte et le comté de la Roche pendant la Révolution.

L'Assemblée constituante ayant voté la suppression des provinces et la division de la France en départements, Saint-Hippolyte devint chef-lieu de district. Son ressort comprenait tout l'arrondissement actuel de Montbéliard, moins le territoire qui forme aujourd'hui les cantons de Montbéliard et d'Audincourt, qui n'était pas encore réuni à la France. Les premiers administrateurs du district furent : MM. Receveur, de Bonnétage, avocat et notaire, — frère de l'abbé Receveur, — président ; Verney, de Thiébouhans, ancien juge, vice-président ; Marcel Pourcelot, de Vauclusotte, avocat, procureur syndic ; Marcou, chirurgien à Pont-de-Roide ; Modeste Rochet, négociant à Saint-Julien et C.-L.-Fr. Huot, maire de Bretonvillers, membres du Directoire. Ils choisirent pour secrétaire M. Philippe-Joseph Emonin, notaire à Belleherbe. Cette administration fut ainsi, dès le principe, composée des citoyens les plus influents et les plus modérés du pays. Ainsi s'explique la bienveillance des autorités à l'égard du Chapitre, des religieuses Ursulines de la ville et des prêtres qui refusèrent de prêter serment à la constitution schismatique du clergé. Si le Directoire ne put soustraire les vénérables chanoines et les pieuses religieuses à la loi qui les supprimait et déclarait leurs établissements biens nationaux, il voulut, du moins, que leur expulsion s'effectuât avec les égards dus à la vertu et au malheur. L'administration avait, à l'avance, garanti au département l'excellence des sentiments dont les prêtres étaient animés dans tout son ressort et elle accueillit sans observation tout ce que les municipalités dévouées à leurs pasteurs lui envoyèrent au sujet de la prestation du serment, se bornant à transmettre les dossiers au département sans faire aucune proposition contre plusieurs ecclésiastiques, dont elle connaissait parfaitement les restrictions les plus explicites. Non seulement les membres du Directoire témoignèrent hautement leur répugnance pour les mesures persécutrices, mais ils ne craignirent pas d'entrer en lutte avec le département. Deux hommes dirigeaient le district avec un talent distingué dans le sens de la modération, c'étaient MM. Pourcelot et Emonin. Le malheur des temps les entraîna sans doute à plus d'une faute, néanmoins ils acquirent assez de droits à la haine des terroristes, pour que sous le règne de l'échafaud, leurs têtes fussent demandées les premières.

Quand, en 1791, le département intima au district l'ordre de procéder à l'expulsion des prêtres fidèles, celui-ci ne craignit pas de résister ; son opposition se signala surtout en faveur du doyen d'Ajoie, M. Binétruy, curé de Blamont. Au département qui lui donnait l'ordre de chasser de son presbytère ce vénérable ecclésiastique, le district répondit: « Par sa lettre du 24 juillet, le département nous charge de faire ordonner, par la municipalité, au sieur Binétruy, curé de Blamont, d'avoir à évacuer le territoire de la paroisse dans trois jours. Le curé de Blamont n'a commis aucun délit pour lequel la loi prononce une pareille peine, et lors même qu'il en aurait commis, il doit, avant tout être jugé. L'article V de la déclaration des droits de l'homme dit : *Tout ce qui n'est pas défendu par la loi ne peut être empêché.* L'article 8 dit : *La loi ne doit établir que des peines strictement et évidemment nécessaires, et nul ne peut être puni qu'en vertu d'une loi établie et promulguée antérieurement au délit et légalement appliquée.* Cette loi éternelle, si honorable pour les législateurs qui l'ont rédigée, ne doit être ni oubliée, ni enfreinte, et, suivant l'article 7 : *Tous ceux qui feraient exécuter des ordres qui la violeraient, doivent être punis.* D'après des dispositions aussi précises d'une loi aussi juste, le directoire du district peut-il, sans danger, se charger de l'exécution que lui commet le département ? Et si les corps administratifs donnent ainsi l'exemple du mépris des lois, quel sera le terme de la licence et de l'anarchie ? Le curé de Blamont ne veut pas reconnaître le nouvel évêque, il doit être remplacé, cela est juste, cela est conforme à la loi ; mais, puisque nul ne peut être inquiété, même pour ses opinions religieuses, peut-on le chasser ignominieusement hors de sa paroisse ? D'après les lois promulguées jusqu'à ce jour, le sieur Binétruy est libre de demeurer à Blamont. S'il est reconnu qu'il y a causé du trouble, nous serons les premiers à le dénoncer et à poursuivre le jugement sans lequel on ne peut le forcer légalement d'abandonner son domicile, c'est-à-dire Blamont, où il a une maison qui lui appartient. Voilà, Messieurs, notre opinion, voilà ce qu'ont dit MM. Rochet et Pourcelot, et c'est méchamment qu'on a tronqué leurs discours. — Verney, vice-président, Huot, Emonin. »

Cette éloquente protestation en faveur de la justice, au

milieu du déchaînement universel des passions, était alors un phénomène trop rare pour ne pas faire grand honneur aux administrateurs de Saint-Hippolyte. On a peine à comprendre aujourd'hui tout ce que valait un de ces actes de courage, qui ne sembleraient en temps ordinaire qu'une satisfaction donnée à la conscience ; c'était alors de l'héroïsme et, quelques jours après, le journal *la Vedette* signalait à l'animadversion des patriotes les administrateurs de Saint-Hippolyte, comme traîtres, délateurs et calomniateurs.

Grâce à cette modération, la plupart des vicaires en chef et une dizaine de curés fidèles du district se trouvaient encore en fonctions au moment de la déportation générale ; la vente des biens ecclésiastiques, qui avait été prescrite le 1 décembre 1790, marcha d'abord assez lentement ; le département dut stimuler le zèle de l'administration. Le 30 décembre, il écrivait à M. Voisard, l'un des membres de son conseil général, qui résidait à Indevillers : *La vente des biens nationaux dans votre district éprouve beaucoup plus de retard qu'ailleurs ; voyez à quoi cela tient. Annoncez partout que le roi a accepté le dernier décret rendu pour forcer le clergé à exécuter les lois et qu'il a assuré qu'il prendrait les mesures les plus efficaces pour l'exécution ; qu'ainsi rien ne pourrait plus excuser le retard.*

Malgré ces instances, l'immense majorité des catholiques fidèles, retenus par les scrupules de leur conscience, s'abstint de prendre part aux enchères. Le département, trouvant à sa convenance l'établissement des Ursulines, s'en empara. Quelques étrangers achetèrent plusieurs propriétés du Chapitre et des religieuses ; ce fut la bourgeoisie révolutionnaire, honnête et modérée, qui fournit à l'Etat sa meilleure clientèle. C'est de cette époque que datent des fortunes qui n'ont pas lieu d'être trop fières ; quelques-unes d'ailleurs ont sombré avant la troisième génération. Il faut ajouter, pour être juste, qu'un certain nombre d'hommes probes et religieux se déterminèrent à acheter des biens ecclésiastiques sur l'assurance, donnée par l'Assemblée nationale, que le traitement du clergé aurait toujours la première place dans le budget ; ces acquisitions reçurent aussi quelqu'encouragement par le silence que gardait l'autorité religieuse. Le clergé, du sein duquel mille voix allaient s'élever aussitôt que la foi paraîtrait en péril, se tut absolument tant que la Révolution se borna à le spolier, et, dans la suite, lorsqu'il condamna au nom de la justice l'acquisition des biens nationaux, ce fut bien plutôt en vue des propriétés personnelles, confisquées par la République sur les victimes de l'exil et de l'échafaud, qu'en vue des biens dont il avait depuis longtemps fait le sacrifice.

Le conflit du district avec le département s'envenima encore à propos du capucin Tournoux et de la cure de Dampjoux. Les électeurs, appelés à élire un curé constitutionnel pour cette paroisse, avaient, malgré la pression du département, préféré le prêtre Bretillot au P. Tournoux, candidat de l'Évêque. M. Bretillot ayant opté pour Déservillers où il avait été également élu, le département s'empressa d'enjoindre au district d'installer le P. Tournoux. La lettre du département contenant contre M. Rougnon, curé dépossédé, des expressions fort dures et un nouvel ordre de l'éloigner, le district répondit que *d'après l'attestation de toutes les municipalités de sa paroisse, le rapport de tous les citoyens et la connaissance personnelle des membres du district, M. Rougnon, après avoir prêté un serment reconnu valable, avait usé de la plus grande circonspection dans les discussions ecclésiastiques... que c'était d'ailleurs un citoyen parfaitement tranquille, jouissant d'une réputation intacte et réunissant tous les vœux du pays. Il paraît,* ajoutait le district, *qu'il n'en est pas de même de celui que vous lui donnez pour successeur, puisqu'il n'a pas réuni plus de deux voix dans les élections pour cette cure ni aucune autre. Il faudrait vous en donner la raison ; mais nous avons appris que nos observations confidentielles pourraient nous mettre dans le cas d'en répondre devant les tribunaux, ce qui nous oblige à une discrétion très préjudiciable au bien public. Nous allons en conséquence notifier votre volonté aux paroissiens de Dampjoux.*

D'honorables scrupules portèrent le district à faire en même temps un dernier appel à la conscience de M. Seguin pour l'intéresser à l'honneur compromis de son clergé.

Il n'en fallut pas davantage pour mettre à bout la patience du département. Il cassa, le 20 octobre, l'arrêté du district et accusa les administrateurs d'avoir provoqué à la désobéissance les municipaux de Dampjoux, et le procureur syndic, en particulier, d'avoir cautionné le civisme du curé Rougnon avec aussi peu de raison que de bonne foi.

M. Pourcelot se chargea de répondre et il le fit vaillamment. Mais comme la force primait le droit, le district dut céder au département et faire installer contre le vœu formel de la population, à la cure de Dampjoux, un moine dont l'inconduite était devenue si notoire qu'elle n'était même plus contestée par ses protecteurs.

Tel était l'état du district de Saint-Hippolyte au moment où allaient avoir lieu les élections pour le renouvellement des différentes administrations. Le 15 novembre 1791, les électeurs se réunirent ; mais la difficulté de trouver des administrateurs fit maintenir en place tous les membres du directoire précédent, à l'exception de M. Cl.-Léger-Prothade Borrelet, élu président en remplacement de M.

Receveur, qui avait donné trop de gages à la Révolution. Les relations des administrateurs de Saint-Hippolyte avec le département continuèrent à être fort peu sympathiques; elles le devinrent encore moins par l'acquittement de huit habitants de Sancey, accusés, mais sans preuve aucune, de s'être livrés à des voies de fait sur la personne de leur curé, l'intrus Vernier, et surtout par la fermeté admirable que l'administration déploya pour soutenir la pieuse institution de l'abbé Receveur. Le département lui ayant intimé l'ordre de formuler son avis sur cet établissement, le district, donnant un nouvel exemple de justice et de courage, répondit :

Le Directoire estime, 1° que si l'ordre et le calme sont compromis dans la commune des Fontenelles, les lois indiquent à la municipalité les mesures et les précautions à prendre dans tous les cas qui en exigent ; 2° que si les habitants ont éprouvé quelque dommage par suite de la construction de la maison de la Retraite, ils doivent se pourvoir devant le juge compétent ; 3° que la consommation de bois faite par cet établissement est pour la commune un débouché avantageux plutôt qu'un préjudice ; 4° que les parents ayant les voies ouvertes pour réclamer ceux de leurs enfants qui sont dans cette maison, et n'en profitant pas, il n'y a pas lieu de supposer que ces enfants y soient retenus contre le gré de leurs familles ; 5° que toute personne majeure peut prendre tel parti qui lui convient et disposer de ses biens à sa volonté, sans quoi la liberté n'existerait pas en France ; 6° que personne n'est astreint à assister aux offices publics ; 7° que la municipalité doit surveiller et empêcher tout rassemblement suspect par la voie que la loi lui indique, mais constater préalablement que ces rassemblements sont réellement suspects et ne pas les confondre avec un atelier de travail et une manufacture dont l'objet est notoirement connu ; 8° *qu'un costume bizarre n'est point par cela même proscrit par la loi, mais que puisqu'il porte ombrage à la municipalité, on peut, conformément aux conclusions du sieur Millot, ordonner aux ouvriers de la Retraite de prendre des habits ordinaires;* 9° *que les lois ayant réglé les punitions à infliger à ceux qui manquent au service de la garde nationale, on doit se conformer à ces lois ;* 10° *enfin que toutes les opinions religieuses, qui n'ont rien de contraire aux lois, doivent être tolérées et protégées par les municipalités. Si quelque individu,* ajoutait le district, *manifeste une opinion subversive, on doit le dénoncer et articuler le fait, non par des expressions vagues, mais en désignant spécialement en quoi il contrevient à la loi. Un délit de ce genre ne pouvant être excusé par aucune considération, la municipalité se serait rendue coupable de négligence et s'accuserait elle-même, si les plaintes portées en son nom étaient vraies et avaient un autre fondement que la simple allégation du particulier qui les a signées. Nous observons en finissant que l'établissement attaqué approche beaucoup de ceux que l'administration a en vue dans la création des ateliers de charité, surtout dans un pays qui n'a point d'autre ressource que l'industrie et le commerce, et que les réponses du sieur Millot doivent faire tomber les plaintes de la municipalité si elle n'a rien à y opposer.* Le département, se voyant si mal secondé par les autorités inférieures, se décida à ajourner, mais pour bien peu de temps, la suppression de la *Retraite.*

Par un arrêté du 21 août, il chargea la municipalité des Fontenelles de fermer cet établissement et d'y établir un gardien, après y avoir posé les scellés. Mais la dispersion des solitaires ne se fit qu'avec peine, malgré la présence du deuxième bataillon des gardes nationales du district, et donna lieu aux scènes les plus émouvantes. *Jamais,* dit

LA VEDETTE, *il n'a été possible de venir à bout de faire évacuer la maison, tellement qu'il a fallu, ces jours derniers, y conduire un bataillon entier de gardes nationaux, qui a été forcé d'arracher l'un après l'autre de la maison tous ces frénétiques. Si on les frappait, ils chantaient le Miserere. Si quelqu'un tirait son sabre pour les épouvanter, ils venaient l'un après l'autre lui tendre le cou en disant : Ah! copaz-me voue lou cô, set vo pia. Ah! coupez-moi le cou s'il vous plaît! et chantant le Miserere et des cantiques.*

Le département commença à faire sentir son mécontentement au district, en ne tenant aucun compte de ses réclamations en faveur des paroisses catholiques de Glay, de Seloncourt, de Bondeval, de Villars-les-Blamont, de Montécheroux, dépossédées de leurs églises par les protestants de ces localités. Quelques jours après, avant de remettre l'administration au conseil général, il prenait une dernière mesure, odieuse aux catholiques de Saint-Hippolyte, en décidant, le 19 juillet 1791, que les Ursulines de cette ville seraient réunies à celles de Besançon et leurs maisons converties en caserne. Cet arrêté fut aussitôt adressé au président de l'assemblée législative pour être sanctionné comme mesure d'urgence. L'urgence peut paraître contestable, lorsqu'on voit la même maison mise en vente six semaines après. Le département n'avait pas craint, du reste, de manifester publiquement sa défiance à l'égard du district, en nommant, dans le pays même, trois commissaires ostensiblement chargés d'une partie de ses attributions.

Leur arrivée, en paralysant l'action de l'administration, fut le signal des troubles et de la persécution dans le pays. M. Pourcelot, procureur syndic, ayant osé signaler ces excès dans un rapport intéressant et habile dans lequel ses sympathies pour les catholiques percent visiblement, ne fit qu'accroître la défiance du département et exciter la haine des Jacobins. Les administrateurs crurent alors prudent de donner un gage aux passions du moment, en organisant un club où ils admirent les rares perturbateurs de la contrée ; ils eurent même la malheureuse idée de députer l'un d'entre eux pour solliciter leur affiliation au club de Besançon. Cet acte de faiblesse, bien loin d'attirer sur eux la protection du département, ne fit que provoquer de nouvelles mesures de violences. Quand les délégués de la Convention, trois futurs régicides, accompagnés du citoyen Lambert, membre du parlement, arrivèrent à Saint-Hippolyte, le 29 octobre 1792, le district ne trouva en eux aucun appui pour faire cesser le désordre. L'honnête hésitation que témoignaient en ce moment, même les administrateurs à faire mettre en réclusion les vieux chanoines de Saint-Hippolyte, dénoncés, malgré leur patriotisme notoire et leurs infirmités, par quelques démagogues forcenés, avait été signalée aux trois conventionnels comme un dernier crime. Le district allégua en vain que ces prêtres ayant été accusés de troubler l'ordre public, il était nécessaire de vérifier avant de les laisser partir, s'ils n'avaient pas encouru pour ce fait une peine plus forte que l'exil ou la réclusion ; que le département lui-même avait partagé cette manière de voir comme le prouvait la réponse qu'on en avait reçue à ce sujet. Le citoyen Lambert répliqua aigrement, *que le district n'aurait dû tenir aucun compte de cette réponse qui n'était signée que par le secrétaire et d'ailleurs en opposition flagrante avec la loi.* Les députés témoignèrent un vif mécontentement et donnèrent l'ordre d'envoyer sur-le-champ à Besançon les malheureux vieillards et laissèrent les membres du district fort effrayés d'avoir encouru le blâme du représentant de l'autorité suprême.

Depuis ce jour, le district de Saint-Hippolyte jusque là si modéré commença à être livré à l'effervescence des passions révolutionnaires. Les quelques agitateurs que renfermaient la ville et le pays, ne trouvant aucune complicité ni dans le bons sens des habitants, ni dans l'honnêteté des administrations locales, cherchèrent auprès du département un appui qui leur fut accordé avec empressement.

Enhardis par cette protection, ils recrutèrent des adhérents dans le district et devinrent chaque jour plus violents. Aussi quand arriva l'époque du renouvellement des administrateurs du district, ils résolurent de procéder entre eux à l'élection sans se préoccuper de la généralité des électeurs, bien convaincus que l'administration départementale ne manquerait pas de la ratifier. L'assemblée électorale, réunie le 6 janvier 1793, dans l'église des Ursulines, se trouvant en majorité pour les catholiques, ils se retirèrent dans une salle du couvent et procédèrent à une contre-élection, qui fut, comme ils l'avaient prévu, reconnue valide par le département. Grâce à cette odieuse et inique manœuvre, le district de Saint-Hippolyte composé d'étrangers et de gens sans aveu, se trouva au niveau des autres et dès lors sa lutte avec le département cessa.

Les Pourcelot, les Rochet, les Verney, les Marcou, les Pequignot, les Perronne et leurs estimables collègues du directoire avaient été exclus. M. Théodore Emonin avait été seul maintenu au secrétariat où il était sans doute trop difficile de le remplacer en ce moment. Le maire de Pont-de-Roide, J. Cl. Félix Monnot fut élu président et le médecin Morey de Chamésey, vice président. La médiocrité turbulente de Mairot des Bréseux, déjà récompensée par un siège au conseil général du département, fut encore honorée des fonctions de procureur syndic. Le reste du directoire fut composé du fabricant de draps, J. P. Peugeot, d'Hérimoncourt, des cultivateurs Blaise-Félix Chatelain, de Blancheroche, et J.-B. Maillot, du Luhier, représentants du plus pur jacobinisme dans la contrée.

Le premier soin des nouveaux administrateurs fut de demander, le 1er février 1793, une enquête contre les cantons de Maîche et du Russey, qui avaient plus ostensiblement manifesté leur opposition. Le département accueillit cette proposition avec faveur et chargea l'avocat Gavail, de Baume, de se rendre sur les lieux pour se concerter avec le district et prendre lui-même contre le fanatisme les mesures les plus urgentes. La fermeture d'un grand nombre d'églises et d'écoles, qui ne se rouvrirent plus, demeura le principal fruit de l'expédition patriotique du citoyen Gavail. C'était un faible profit pour l'honneur et la prospérité de la République ; mais c'était l'indice de nouveaux malheurs.

Tout ce que les villages environnants contenaient d'instincts désordonnés et de passions subversives vinrent se concentrer au chef-lieu et donnèrent ainsi au parti démagogique une force plus grande, un personnel plus nombreux et de plus puissants moyens d'action. Dès lors la persécution ne s'appesantit plus seulement sur les prêtres et les religieux, mais encore sur les simples fidèles. Traités en parias, chassés des assemblées publiques, dépouillés de leurs armes comme des malfaiteurs, privés de *l'exercice* de leur culte par des hommes couverts jusque-là de leur juste animadversion et de leur mépris, les catholiques fidèles eurent surtout à souffrir de l'institution de ce pouvoir occulte et formidable, qui, sous le nom de comité de salut public, acquit une si sanglante célébrité ; Châtelain, Maillot et Buessard en furent les premiers membres. Les prisons furent bientôt encombrées ; et la plupart des détenus furent les personnages les plus notables et les plus dévoués à la religion.

Pour l'aider à pervertir et à opprimer les catholiques, on avait envoyé au district de Saint-Hippolyte le secours d'un bataillon de volontaires ; mais telle était la licence de ces jeunes soldats, qu'ils étaient devenus pour les protestants et les Jacobins eux-mêmes un objet d'horreur et d'effroi. Romain, membre du district, chargé de faire une enquête au sujet des brigandages commis à Chamesol par la garnison de Blamont, déclara, le 15 janvier, dans son rapport, *qu'il était constant que les volontaires avaient volé dans toutes les maisons du village, des vêtements d'hommes et de femmes, des denrées, du vin et du lard; qu'ils avaient contraint les propriétaires à leur donner de l'argent, brisé les portes et les fenêtres, emporté les meubles, dépeuplé les basses-cours, vidé les caves, et s'étaient livré aux plus monstrueux excès de l'ivresse ; que ces attentats s'étaient renouvelés à plusieurs reprises, les armes à la main, et par des bandes considérables.* Les mêmes excès furent commis à Montécheroux.

A tous ces maux la famine ne tarda pas à joindre ses souffrances. Le 5 juillet 1793, le chef du génie militaire à Blamont, écrivait que les ouvriers occupés aux fortifications de cette place manquaient de pain et que la faim leur arrachait des larmes. Le 27 août, huit prisonniers autrichiens ayant été amenés à Saint-Hippolyte, on ne put leur trouver à manger qu'en faisant une quête chez les particuliers.

La foi, chez de simples citoyens, étant punie de la prison, l'exil dut évidemment paraître insuffisant pour les prêtres ; aussi, vit-on paraître coup sur coup deux nouveaux décrets destinés à aggraver le sort de ces paisibles victimes et à faire encore parmi les malheureux restes du clergé de nouveaux proscrits. Le 18 mars 1793, la Convention commença par infliger la peine de mort à tout ecclésiastique dans le cas de la déportation, qui serait arrêté après le délai de huit jours, sur le territoire français ; elle fit une obligation à tous les citoyens, de dénoncer et même d'arrêter les malheureux qu'ils sauraient être placés sous le coup de cette horrible loi. La première victime fut l'abbé Huot, curé de la Grange.

Né à Laviron, le 13 octobre 1750, l'abbé Huot avait été vicaire à Guyans-Vennes ; il n'avait pas peu contribué à affermir cette paroisse dans la foi, qui lui a fait soutenir avec courage les assauts du schisme et de la fureur révolutionnaire. Depuis six ans, succursaliste à la Grange, il portait les bénédictions de Dieu partout où il allait ; la Grange devint aussi, sous sa direction, une de celles qui se conservèrent intactes dans le temps de la persécution.

Obligé de quitter sa paroisse pour n'avoir pas voulu prêter le serment constitutionnel, l'abbé Huot se retira dans sa famille à Laviron. La loi de déportation étant survenue, il crut prudent de prendre un passe-port dans sa commune et de rendre public son départ pour la Suisse. Mais bientôt, il revint auprès de ses compatriotes qu'il ne pouvait se résoudre à abandonner dans ces temps calamiteux.

Dans la soirée du 25 juin, quelques gardes nationaux de Vernois, de Vellerot et de Vyt-lès-Belvoir plus particulièrement animés contre les prêtres fidèles, ayant surpris l'abbé Huot, près du moulin de Gour, commune de Rosières, le conduisirent au corps de garde de Vernois. Le lendemain matin, une troupe de jacobins amena le digne ecclésiastique au district. Les juges n'eurent pas de peine à reconnaître qu'il était sous le coup du décret du 18 mars, qui ordonnait que les émigrés et prêtres déportés fussent jugés au chef-lieu même du district par un jury militaire, et mis à mort dans les vingt-quatre heures ; mais comme il n'y avait pas dans la ville de troupe régulière, dans laquelle on pût former un jury militaire, craignant du reste, que le spectacle d'une exécution sanglante ne révoltât la population, ils prirent le parti d'en référer au département (1).

Pendant qu'on discutait à Besançon sur le sort de l'abbé Huot, il se passait à Saint-Hippolyte un de ces incidents étranges, qu'on ne peut voir qu'au milieu d'un bouleversement complet des idées et qui nous a paru intéressant à noter.

Le 29 juin, entre neuf et dix heures du soir, une jeune femme de Saint-Hippolyte, nommée Angélique Prélot, femme de P. Roy, se mourait par suite de couches très pénibles. On avait couru chercher le curé constitutionnel pour lui administrer les derniers sacrements ; mais le curé se trouvait à Montandon ; le temps pressait, la malade s'affaiblissait à vue d'œil ; en désespoir de cause, on pensa au prêtre qui venait d'être jeté en prison, mais comment l'en faire sortir ? La belle-sœur de la mourante plus désireuse que personne de lui procurer en ce moment suprême les secours de la religion, était mariée à l'avoué J.-B. Cretin, procureur de la commune, le plus ardent du district et peut-être du département. Ce fut à cet homme qu'on résolut de s'adresser comme pouvant seul tenter avec quelque espoir d'impunité une démarche aussi compromettante. Cretin se trouvait en ce moment à souper avec le lieutenant de gendarmerie et quelques membres du district. Sa femme et son beau-frère accoururent tout en larmes, en

(1) La guillotine ne séjourna qu'un jour (9 juillet 1793) à Saint-Hippolyte pour l'exécution d'un *nommé Bellerose*. En octobre, elle fut transportée à Maiche, où dix-neuf têtes tombèrent dans un seul jour.

s'écriant que la jeune femme était expirante et le curé introuvable, et en suppliant Cretin de procurer à cette personne qui lui était chère le ministère du prêtre prisonnier. Les convives, tous bons jacobins, mais encore chrétiens, ayant reconnu à l'envi l'urgence de cette mesure, Cretin courut à toutes jambes à la prison, se fit ouvrir le cachot de l'abbé Huot qui était déjà couché et le pria de se lever à l'instant pour venir assister une mourante. L'abbé Huot répondit qu'il le ferait volontiers si tout le monde y consentait et il s'habilla à la hâte. Pendant ce temps, Cretin était allé demander la garde et le chef de poste pour escorter le prisonnier jusqu'à la maison de son beau-frère. Le commandant de poste était ce jour là un très jeune horloger, nommé Bernard Sylvant ; il refusa de laisser sortir le détenu. Cretin lui répliqua en vain qu'en sa qualité de procureur, il répondait du prisonnier sur sa tête ; il s'offrit même de prendre la place du prêtre. Le jeune Sylvant n'était toujours pas convaincu. Le Maire arrivé sur ses entrefaites, joignit ses instances à celles de Cretin, et, pour tranquilliser le chef de poste, il déclara qu'il allait chez lui rédiger un ordre écrit. Mais en attendant cet ordre, s'écriait Cretin, le prêtre arriverait certainement trop tard ! Pendant cette contestation, la foule s'était rassemblée devant la prison et criait qu'il fallait laisser sortir le prêtre. L'animation était si grande, que les gendarmes craignirent un instant une insurrection. A la fin, Cretin résolut de faire sortir l'abbé Huot, de gré ou de force. Lorsque celui-ci se présenta devant la porte, l'un des factionnaires le saisit par le bras, tandis que l'autre lui barrait le passage. Mais Cretin, aussi robuste que violent, l'arracha des mains des soldats, et le prenant par un bras pendant que le médecin Pourcelot le tenait par l'autre, ils coururent de toute la vitesse de leurs jambes jusqu'à la maison de la mourante. Là, le clerc de l'église avait déjà apporté les saintes huiles, une étole et un rochet. L'abbé Huot s'en revêtit et fit avec le plus grand calme toutes les cérémonies de l'Extrême-Onction, sous les yeux de Maillot, le fougueux administrateur du district, que l'amitié avait aussi amené près de ce lit de mort. Quand il eut quitté ses ornements sacerdotaux, Cretin et Maillot prirent chacun un flambeau et le reconduisirent en prison avec l'escorte de la garde nationale. Quelque temps après, Cretin, dénoncé pour ce fait par ses ennemis, était jeté en prison, où il demeura quelques jours.

En face d'un tel acte, on ne peut s'empêcher de dire avec Monseigneur de Chaffoy : « Quel inconcevable renversement de toute idée d'ordre, de justice, du bien et du mal, la Révolution avait opéré dans les têtes ! Dans quelles étranges inconséquences elle faisait tomber les hommes ! Tel qui faisait poursuivre les prêtres pour avoir assisté les mourants et travestissait cette œuvre de charité en crime digne de mort, considérait en même temps ce prétendu crime comme l'avantage le plus grand, la consolation la plus parfaite, le service le plus important qu'il pût procurer à une personne qui lui était chère. »

Le lendemain, l'abbé Huot fut transféré dans la maison de justice de Besançon, où il fut écroué avec l'abbé Tournier, de Noël-Cerneux. Après trois mois de détention les deux prisonniers parurent devant leurs juges. Les débats ne furent pas longs ; une seule séance suffit, et l'arrêt de mort fut prononcé. Comme la guillotine voyageait en ce moment à travers les montagnes, il fut décidé que les deux prêtres seraient fusillés. Arrivés à l'endroit où ils devaient mourir ils furent débarrassés de leurs fers. M. Tournier embrassa M. Huot en lui disant : « Adieu, mon frère, dans peu nous nous reverrons. » Lui-même banda les yeux à M. Huot et donna ensuite son mouchoir à un soldat pour qu'il lui bandât les siens. Après quoi, ils se mirent tous deux à genoux, en face des soldats, pour recevoir la mort. L'exécution eut lieu au Grand-Chamars, en présence d'une foule immense qui s'empressa de se procurer quelques portions des vêtements des deux martyrs, considérant ces débris comme de précieuses reliques.

Quelques mois après, 15 janvier 1794, l'abbé Robert, vicaire à Guyans-Vennes, fut surpris à Mont-de-Vougney, chez son oncle Ch.-Jos. Noroy ; arrêté par ses compatriotes, il fut conduit à Saint-Hippolyte et écroué à la maison d'arrêt. A l'arrivée de ce courageux confesseur, qui tant de fois avait déjoué les poursuites de ses ennemis, le district ne se sentit pas de joie ; il s'empressa d'envoyer au département une estafette munie de la lettre suivante, écrite par Châtelain : *Enfin, on vient de nous amener le fameux abbé Robert de Mont-de-Vougney, ce fameux rebelle qui en a tant fait passer à la guillotine. Les papiers trouvés sur lui ne respirent que le fanatisme, le royalisme et la rébellion la mieux prononcée. Il serait peut-être utile que le tribunal se transportât ici pour faire un exemple d'autant plus remarquable que ce scélérat a été plus important. Cette arrestation est de la plus grande conséquence. Quarante émigrés pris n'écalleraient pas plus nos cœurs que la conquête de ce prêtre. Vive la République !*

P. S. *Les gendarmes Bersot et Jeannin sont les ameneurs de ce gibier. — Les administrateurs composant le district : — Châtelain, Maillot. Vive la République !*

Le département répondit courrier par courrier d'envoyer sous bonne garde le prisonnier dans la forteresse de Belvoir. Ses ordres furent ponctuellement exécutés et, le 20 janvier, une escorte nombreuse amena au château M. Robert, les pieds et les mains enchaînés. Un caveau souterrain lui servit de cachot ; il y demeura jusqu'au jour de son martyre qui eut lieu le 24 janvier.

Une dernière victime, pourchassée depuis longtemps, devait couronner le règne de Robespierre dans le district de Saint-Hippolyte. Comme M. Robert M. Louis-Joseph-Théodore Roch, de Provenchère, canton de Maîche, prodiguait sa vie avec un trop généreux abandon, pour ne pas être appelé aussi à recevoir, dans une mort prématurée et glorieuse, la récompense de ses travaux.

A l'époque de la prestation du serment, il était vicaire à Longevelle dans la Haute-Saône ; la municipalité de ce village l'envoya chercher, un dimanche, par quatre hommes armés et le somma, sur la place publique, en face d'une foule bruyante, de faire le serment exigé par la loi. M. Roch refusa catégoriquement et fut obligé de quitter sa paroisse et de se retirer dans sa famille. Au moment de la déportation, il prit un passe-port pour la Suisse ; de là il se rendit à Rome avec l'abbé Receveur des Fontenelles ; ils visitèrent avec la plus vive émotion la prison des premiers apôtres et reçurent ensemble la bénédiction du successeur de saint Pierre, le doux et infortuné Pie VI. De retour en Suisse, vers le printemps de 1793, l'abbé Roch prit le parti de rentrer immédiatement en France. Il avait alors près de trente-deux ans. Pendant dix mois, il ne cessa de prodiguer à ses compatriotes les consolations du saint ministère, au prix de toutes sortes de sacrifices et souvent au péril de sa vie.

Fidèle à suivre tous les pas de son divin maître, M. Roch était enfin arrivé avec lui au jardin des Oliviers. Dans la nuit du 15 au 16 avril, vers le commencement de la semaine sainte, on vint le prévenir qu'un malade s'en allait mourant, à Péseux, chez J.-Jos.-Ligier Thiébaud. Malgré les sentiments révolutionnaires et schismatiques bien connus de cette famille, malgré les supplications des personnes qui le conjuraient de ne pas aller dans cette maison, le courageux apôtre courut où le devoir l'appelait. Mais, pendant qu'il prodiguait au malade les consolations de la religion, les deux frères de ce dernier allèrent prévenir J.-Cl.- Melchior Boiteux, agent national de la commune, et, vers les trois heures du matin, une troupe de gardes nationaux de Péseux, Courcelles, Vernois et Rosières envahissaient la maison. L'abbé Roch avait eu le temps de se cacher dans un double plancher formé par un ciel de lit. Les gardes fouillèrent la maison pendant plusieurs heures sans pouvoir rien soupçonner. Désappointés et furieux, ils allaient se retirer lorsqu'un des fils Thiébaud finit par découvrir l'asile secret.

A peine M. Roch fut-il au pouvoir des persécuteurs qu'il demanda quel était celui d'entre eux qui avait mis le premier la main sur lui pour le saisir. Un jeune homme de Vernois nommé Antoine et surnommé *le Monsieur*, connu particulièrement de M. Roch, répondit avec effronterie : *C'est moi !* Alors le saint prêtre se dépouillant du seul objet de valeur qu'il eut gardé, le lui tendit en disant : *Tenez, voilà ma montre, elle est à vous ; depuis longtemps j'ai promis de la donner au premier qui m'arrêterait.*

Comme les gardes nationaux n'avaient rien mangé depuis longtemps, ils se retirèrent avec leur prisonnier dans une auberge et s'y firent servir à déjeuner, avant de partir pour Saint-Hippolyte. Pendant ce temps, l'abbé Roch obtint la permission d'écrire à ses parents pour leur apprendre son arrestation ; le repas fini, le confesseur appela la maîtresse de l'auberge : *Je voudrais bien*, lui dit-il, *vous payer la dépense que nous venons de faire ; mais je n'ai ni or ni argent ; ce que j'ai, je vous le donne de bon cœur. Que la paix du Seigneur soit avec vous ; conservez la foi et vous aurez tous les trésors avec elle. Priez*

Dieu pour moi. Cette femme s'approcha de lui, baisa le pan de son habit, le mouilla de ses larmes et ne put articuler une parole.

Quand on fut arrivé au pont de Saint-Hippolyte, l'escorte s'étant arrêtée un instant, M. Roch dit à ses gardes : *C'est un grand bonheur pour moi de mourir pour la foi. Cependant vous avez commis un crime en m'arrêtant et vous êtes coupables de ma mort. Je vous la pardonne bien volontiers et je prie Dieu de tout mon cœur qu'il vous fasse miséricorde.* Il s'avança ensuite vers chacun d'eux pour les embrasser. Il les serra avec effusion dans ses bras; plusieurs fondaient en larmes, mais quelques-uns le repoussèrent avec dureté.

Conduit devant les administrateurs du district, M. Roch fut interrogé par le président Pâris. Il répondit qu'il était prêtre catholique-romain, qu'il était rentré en France pour prêcher l'Évangile et soutenir la religion et qu'il s'était vraiment déclaré, comme on l'en accusait, contre le gouvernement de la République, parce que celui-ci ne s'appliquait qu'à détruire le christianisme. Après son interrogatoire, il se fouilla lui-même et déposa sur le bureau du district tout ce qui se trouvait dans ses poches : une paire de boutons en argent, un briquet en acier, un bréviaire, une Imitation de Jésus-Christ et un petit livre intitulé : *Pratique de l'amour de Dieu*. De là il fut conduit en prison. Ce n'était pas pour longtemps, car le jour même, le district écrivit à l'accusateur public Rambour : *Un prêtre séducteur vient encore d'être arrêté à Péseux. C'est le collaborateur du fameux Robert. . . . . Nous pensons que le jugement à mort de ce contre-révolutionnaire ne souffrira aucune difficulté. Il faut donner des exemples frappants. Tu voudras bien demander que l'exécution de ce scélérat soit faite dans ce district. Signé Maillot-Boillon,*

Le vieux père du prisonnier, Ant.-F. Roch, accouru à Saint-Hippolyte pour lui faire ses derniers adieux, n'eut que le temps de l'entrevoir à la porte de la maison d'arrêt, à travers l'escorte qui le conduisait à Besançon avec d'autres accusés; des torrents de larmes le dérobèrent à sa vue.

Le dimanche 4 mai, à dix heures du matin, M. Roch paraissait devant ses juges, et à trois heures de l'après-midi il était exécuté sur la place de la Loi (place St-Pierre).

La mort de ce généreux martyr ne demeura point stérile et ce fut sur le théâtre même de son arrestation qu'elle porta ses premiers fruits. *A dater de ce moment*, dit M. Vauthier, curé de Valonne, *la plupart des patriotes de Péseux revinrent à la foi véritable, et ce village parut tout transformé.*

Tournier, directeur des usines du Grand-Denis à Flangebouche, ayant été chargé par les deux délégués de la Convention, Bassal et Bernard, de procéder, de concert avec les patriotes les plus connus, à la nomination des comités de Salut public et de surveillance, composa, le le 7 novembre 1793, celui de Saint-Hippolyte des douze membres dont les noms suivent : Blondeau aîné, directeur de la verrerie du bief d'Eloz, procureur syndic; Pâris, président du district; Châtelain, administrateur; Pascal Bouvier, marchand; Sonnet, chapelier; J.-P. Méquillet, père, de Montécheroux; Tournoux, précepteur de morale à Dampjoux; Hug. Louvet, de Bief; Georges Girard-Clos, maire de Chaux; P.-F. Guillaume, de Courcelles et P. Jos. Choignard, de Froidevaux. A ce comité succéda bientôt un comité local, élu le 19 février, et présidé par le notaire Jos. Hippolyte Barberot. Les autres membres étaient: J.-B. Darceot; Cl. Jos. Bonnot, commandant en second de la garde nationale; P. Gabriel Roger, médecin; P. Jos.

Crolot; Albert Briot; Cl. Jos. Toitot, porteur de contraintes; Honoré Jos. Monnot; Cl. Jos. Thalmann; P. F. Courvoisier; Hugues Donzelot et Jos. Prélot.

Ce nouveau comité, livré à ses propres inspirations, fut d'abord assez tranquille; mais les ardents le firent bien vite changer d'allures. Le 12 juillet 1794, à leur instigation, il sévit contre trois vieilles personnes, déjà trop éprouvées, et qui ne demandaient qu'à se faire oublier. Deux mandats d'arrêt furent lancés, l'un contre Mademoiselle Anne Claude Farey, comme parente d'émigrés, et soupçonnée d'entretenir des relations avec les prêtres déportés, les émigrés et tous les fanatiques du canton; l'autre, contre Mlle Jeanne Darceot, comme sœur et tante de prêtres déportés, et comme favorisant le fanatisme. Madame Ligier, associée à leur sort, attendu, disait le comité, que si elle n'avait pas de parents émigrés, en revanche, elle n'avait montré aucune ardeur pour la chose publique, fut cependant, à raison de son grand âge et de sa caducité, laissée en réclusion chez elle. Vint ensuite le tour de M. Gabriel Guillon, ancien président du tribunal de Saint-Hippolyte. Accusé d'avoir favorisé les aristocrates et les prêtres fidèles, il fut écroué à la maison d'arrêt de Vaufrey; mais, quelques jours après, il fut élargi et mis en simple surveillance à raison des intérêts nombreux dont il était chargé en sa qualité d'avoué près le tribunal.

MM. Pourcelot et Emonin frères avaient amassé trop de haines sur leurs têtes, en soutenant longtemps la cause de la justice et de la modération dans le district de Saint-Hippolyte, pour échapper à la vengeance et aux persécutions des Jacobins de la ville. Non seulement ils furent chassés de l'administration comme réactionnaires, mais bientôt ils furent déclarés suspects et, par ordre de Cretin, incarcérés avec les personnes les plus honorables de Saint-Hippolyte. Cet ordre, exécuté avec une brutalité révoltante, souleva vivement l'opinion publique, surtout lorsqu'on vit Jeanne Agnès Racine mourir par suite de l'effroi que lui avait causé son arrestation. Deux courageux officiers municipaux, Duloele et Ligier, en profitèrent pour ouvrir les portes de la prison à toutes les victimes, mais ce fut malheureusement pour trop peu de temps. Les deux commissaires du département suspendirent Duloele et Ligier, qui expièrent, par une année de captivité, le soin qu'ils avaient pris de l'honneur de la République, à laquelle ils étaient notoirement dévoués ; sept jours après, le comité, présidé par Blondeau, décida à l'unanimité la réincarcération de MM. Pourcelot frères. Il motiva ainsi ses mesures de rigueur à leur égard : *Marcel Pourcelot, ex-procureur syndic s'est conduit dès le commencement de la Révolution, comme un homme voué à l'aristocratie. Il a protégé ouvertement les prêtres réfractaires dans l'exercice de leurs fonctions, ne remettant jamais à la gendarmerie l'ordre de les arrêter, qu'après les avoir mis à l'abri des poursuites. Philomène Pourcelot, médecin, est accusé, entre autres griefs, d'avoir mis le trouble dans l'assemblée primaire, par la motion dangereuse qu'il fit et soutint avec la plus grande chaleur, que l'on ne devait pas voter à haute voix et que ce mode gênait les suffrages, d'avoir refusé le serment révolutionnaire, lors de la nomination des députés à la Convention, et d'avoir dit, après le 10 août que Paris était le repaire de la canaille.*

Obligés de se rendre à Besançon pour se justifier, les frères Pourcelot n'échappèrent à la prison, que grâce à l'intervention du conventionnel Bernard, résidant à Montbéliard. Mais leurs ennemis ne se tinrent point pour battus ; ils ne cessèrent de les poursuivre de leurs calomnies, jusqu'à ce que, sur la dénonciation de Cretin, élevé de méfaits en méfaits à la place de juge et de directeur du jury d'accusation, ils parvinrent à les faire traduire au tribunal révolutionnaire de Paris.

Ils n'y arrivèrent pas seuls. MM. Philomène Joseph Emonin et Prosper Théodore Emonin, tous deux notaires, l'un à Saint-Hippolyte et l'autre à Damprichard, avaient suivi la même ligne de conduite que MM. Pourcelot; traînés en prison à Besançon, ils y furent interrogés par l'accusateur public Fouquier-Tinville. Celui-ci, sur les instances de leur ennemi Guedot de Vaucluse, membre du département, fit conduire les quatre honnêtes patriotes de brigade en brigade à la conciergerie de Paris.

MM. Pourcelot et Emonin s'étaient acquis tant d'estime auprès des honnêtes gens de tous les partis, et ils exerçaient sur la contrée tant d'ascendant que, en dépit de toutes ces accusations, ils parvinrent en pleine Terreur à conjurer le danger qui menaçait leurs têtes. Ils trouvèrent auprès des sociétés populaires de Montbéliard, de Maîche, de Damprichard et du Russey un concours qu'aucune main malveillante ne put paralyser; et le 12 août, sur le témoignage favorable de ces quatre clubs, le comité de sûreté générale de la Convention, sans attendre la décision du tribunal révolutionnaire, arrêta que les quatre prisonniers de la Conciergerie seraient mis en liberté et même réintégrés dans leurs fonctions.

Le 7 octobre 1793, des ouvriers occupés dans un petit grenier au-dessus de la sacristie de la chapelle des Ursulines, y découvrirent deux caisses contenant, l'une, quelques ornements d'autel, l'autre vingt panaches blancs, quatorze cartouches à balle, une livre de plomb de chasse, soixante-seize balles et vingt-huit pierres à fusil. Cette dernière caisse portait sur son couvercle le nom de Madame Pourcelot et avait été déposée là, par les soins de cette dame, qui y avait réuni tout ce qu'elle avait trouvé d'objets compromettants dans sa maison, lorsque son mari déclaré suspect, fut arrêté par les ordres de Cretin, procureur de la commune. Comme on était au lendemain de l'insurrection des montagnes, connue sous le nom de petite Vendée, il n'en fallut pas davantage pour faire croire à un nouveau complot d'armements contre-révolutionnaires ; et le district s'empressa de faire incarcérer trois religieuses Ursulines et les époux Pourcelot. Les prévenus furent conduits devant le tribunal révolutionnaire siégeant à Maîche. Les époux Pourcelot et les deux religieuses Marie Victoire Chopard et Marie Xavière Brassard furent acquittés après un premier interrogatoire ; mais il n'en fut pas de même de Marie Françoise Mérat qui fut condamnée à quatre années de réclusion pour avoir soi-disant volé des effets provenant de l'église des Ursulines, qui étaient acquis à la nation. Avant de subir sa peine, elle fut conduite sur la place publique de Saint-Hippolyte, et attachée à un poteau placé sur un échafaud où elle demeura exposée aux regards du peuple pendant six heures, ayant au-dessus de sa tête un écriteau indiquant qu'elle était condamnée pour vol.

Après cette douloureuse humiliation, la sainte femme passa près de deux ans, enfermée avec les malfaiteurs dans les prisons de Besançon, jusqu'au moment où elle obtint la révision de son jugement et la proclamation de son innocence.

Les terroristes ne furent guère plus heureux que les catholiques restés fidèles. Divisés en deux factions qui se détestaient, ils ne cessèrent de s'entre-déchirer et de se faire châtier mutuellement.

Sur la dénonciation de quelques jacobins jaloux, René

Chaudot, ancien avocat du roi au bailliage d'Auxonne, alors commissaire de la nation près le tribunal de Saint-Hippolyte, fut incarcéré, le 14 juillet 1794, par ordre du comité. Ne pouvant se résoudre à souffrir sans réclamation les rigueurs de la Révolution à laquelle il avait donné tous les gages possibles, il écrivit, le 15 juillet, à Lejeune : *Depuis ton départ de Saint-Hippolyte, les vexations se multiplient à mon égard. Cretin, irrité, m'a fait arrêter en plein tribunal et incarcérer.* Après avoir rappelé qu'il était dans le ministère public depuis vingt-quatre ans, et que, s'il avait pu méconnaître un instant les services de la Montagne, il avait bien réparé ses torts, il ajoutait : *Je luttai contre les prêtres réfractaires ; je prononçai le premier discours décadaire. On m'a accusé d'avoir fréquenté un prêtre insermenté. J'avais, il est vrai, acheté la maison du doyen du Chapitre, il était resté mon locataire, mais je ne conversais avec lui que pour combattre ses opinions, plus fanatiques qu'inconstitutionnelles.* Cette lettre n'empêcha pas le vieux limier des parquets royaux de subir un emprisonnement de deux mois.

Cretin, incarcéré une première fois, comme nous l'avons dit, pour la meilleure action qu'il eût faite en sa vie, en conduisant auprès de sa belle-sœur mourante l'abbé Huot, avait été jeté une seconde fois en prison, après avoir été suspendu de ses fonctions, le 27 octobre 1793, par le proconsul Bernard en même temps que le président Receveur ; il fut réduit à solliciter comme une grâce d'être transféré et reclus dans son domicile, à cause de la maladie qui le faisait vivement souffrir.

Barthélemy Blondeau, de Baume, issu d'une famille de gentilshommes verriers qu'il ne faut pas confondre avec la famille de Blondeau de Saint-Hippolyte, joignait à une haine implacable contre tout ce qui appartenait à la religion, le caractère le plus épineux, le plus querelleur et le plus intraitable. Son tempérament fougueux, surexcité par une maladie humiliante qui le dévorait, le jetait dans des accès de colère qui faisaient le supplice de ses collaborateurs eux-mêmes. Le peuple, dans son langage si expressif, l'avait peint d'un seul mot, en l'appelant le *Broussu*, c'est-à-dire le Hérisson. Réduit à son tour à la condition de suspect, et destitué par le proconsul Bernard, il fut emprisonné, traduit devant le tribunal criminel de la Haute-Saône, et se trouva très heureux de profiter de la modération que les sans-culottes du Doubs avaient tant reproché à ce tribunal.

Le fougueux démagogue Maillot, du Luhier, membre destitué du district, accusé d'avoir avili la représentation nationale dans la personne du citoyen Lejeune, fut écroué dans la maison d'arrêt de Saint-Hippolyte. Cet homme, qui avait incarcéré si facilement tant d'innocentes victimes, paraît avoir supporté moins aisément lui-même les épreuves de la prison. Il écrivait, le 23 octobre, à Rambour : *Mon crime est-il grand à ne pas être pardonné, que l'on me fasse mourir ; je ne souffrirai qu'un moment. Je te demande donc, au nom de la fraternité du républicanisme qui t'anime, de vouloir bien écrire de nouveau à Paris pour presser mon jugement, et, du fond de ma prison, j'adresserai des vœux à l'Être Suprême pour ta conservation.*

Pâris et Châtelain, qui avaient condamné les premiers suspects, devinrent suspects à leur tour et furent expulsés de l'administration du district par le proconsul Lejeune, lors de son passage à Saint-Hippolyte ; ils furent même consignés dans la ville sous la surveillance des autorités, avec obligation de se présenter devant elles deux fois par jour. L'administration du district fut alors confiée à quelques démagogues étrangers, tels que Magnin-Tochot, exintrus de Gilley, Callier, Sombarde, venus de Pontarlier avec le proconsul. Leur arrivée aggrava encore la position des suspects et augmenta le nombre des émigrés.

La Révolution, non contente de terroriser les consciences honnêtes, s'en prit encore à Dieu lui-même et à ses Saints. Effaçant d'un seul trait ce qu'elle appelait dix-huit siècles de « *superstitions, de hontes et de malheurs,* » la Convention avait décidé que l'*ère de gloire* et *de félicité* qui s'ouvrait pour la France daterait du 22 septembre 1792, jour de la proclamation de la République ; que l'année s'ouvrirait désormais à l'anniversaire de ce grand évènement et serait divisée en douze mois égaux (1), de trente jours, suivis de cinq jours de fête décorés du beau nom de *sansculottides*. Les mois furent divisés en trois décades (2), qui devaient être les seuls jours chômés. Plus tard, lorsqu'on reconnut que les jours de repos étaient trop espacés, et que les hommes comme les bœufs regrettaient le dimanche, on accorda aux fonctionnaires un demi-congé. L'ancien calendrier présentait à chaque jour le souvenir d'un saint ; Fabre trouva plus ingénieux d'inscrire, à chaque quintidi, le nom d'un animal et à chaque décadi le nom d'un instrument aratoire.

Non seulement les Saints furent chassés du calendrier auquel on reprochait d'être le répertoire du mensonge et de la duperie, mais la Convention décréta encore, le 22 février 1793, l'abrogation des expressions chrétiennes dans le langage.

---

(1) Les noms des mois étaient, pour l'automne : vendémiaire, brumaire, frimaire ; pour l'hiver, nivôse, pluviôse, ventôse ; pour le printemps, germinal, floréal, prairial ; pour l'été, messidor, thermidor, fructidor.

(2) Les jours de la décade se nommaient : Primidi, duodi, tridi quatridi, quintidi, sextidi.

Les jacobins de Saint-Hippolyte saluèrent cette innovation avec le même enthousiasme inconstant et servile avec lequel ils avaient salué toutes les autres.

Sur l'invitation du département, Saint-Hippolyte, par le plus malheureux de tous les choix, se décerna le nom de Doubs-Marat. Ce nom, formé d'un accouplement si étrange pour l'oreille, resta infligé à cette petite ville pendant plus d'un an, et, lorsque Marat eut été traîné aux gémonies, sa véritable place, comme à cette époque les Saints se trouvaient encore proscrits, la pauvre ville dut se contenter du nom d'Hippolyte.

Par une inspiration vraiment réussie, la raison déifiée se choisit pour symbole une femme publique. L'église de Saint-Hippolyte, consacrée à la très sainte Vierge, fut, par une exécration non moins significative, nommée le temple de la Nouvelle-Déesse. L'idole impure fut portée en triomphe ; un cortège impie lui rendit un culte sacrilège. On plaça sur l'autel, consacré à nos divins mystères, le vil objet d'une adoration infâme. Des blasphèmes profanèrent la chaire de vérité, et ces murs, qui avaient si souvent retenti des saints cantiques, ne répétèrent plus que des airs profanes et de sauvages refrains. Cependant, nous avons hâte de le dire, ces saturnales ne furent le fait que de quelques meneurs, la plupart étrangers au pays ; la grande majorité de la population refusa d'y prendre part.

En effet, le 2 juillet, Chatelain, agent national par intérim, représenta au district *que dans plusieurs communes, les travaux de toute espèce étaient tolérés les jours de décade, tandis que les fêtes du régime esclave y étaient chômées avec un scandale odieux et qui prouvait tout l'incivisme des personnes oisives ces jours-là.* Il requit, en conséquence, qu'il fût arrêté, en vertu du décret constitutif du culte de l'Être Suprême, que les *décadis seraient chômés, ainsi que toutes les fêtes décrétées, soit pour célébrer la puissance de l'Être Suprême, soit pour d'autres objets relatifs à l'heureuse et immortelle Révolution française. Que tout individu reconnu pour avoir fait sa récolte les jours de décadi et s'en être abstenu les jours de fêtes chômées sous l'ancien régime, serait condamné à une amende proportionnée à son état d'aisance, et s'il ne possédait aucun bien, à la détention pendant un temps déterminé.* Le district décida qu'une circulaire, contenant la substance de ce réquisitoire, serait adressée à toutes les municipalités, avec injonction de l'exécuter.

Le culte décadaire, malgré tous les moyens de coercition mis à son service par la plus franche intolérance, continuait à gagner peu de prosélytes, et l'intervention du proconsul lui-même ne fut pas de trop pour l'asseoir. Le 9 mai, Lejeune vint à Saint-Hippolyte, et naturellement ce fut par le club de cette ville qu'il commença ses prédications. *Le représentant a fait un discours pathétique et touchant,* dit le secrétaire du club, *pour ramener au giron de la patrie les esprits égarés par le fanatisme ou effrayés par la terreur imprimée dans leurs âmes par les charlatans.......... Ce discours couvert d'applaudissements, a été terminé par une prière civique, faite en commun devant l'Être Suprême par le représentant, des mains duquel le peuple, avec une avidité inouïe, en a arraché un grand nombre d'exemplaires.* Pour cultiver ces premiers germes, Lejeune envoya pour le remplacer dans la ville, Bourgeon, commis du département, l'un des plus verbeux orateurs du club et du temple décadaire de Besançon. Le nouveau missionnaire établit son centre d'action au club qui se tenait dans l'église des Ursulines. Dans la séance du 30 juillet, Bourgeon voulut que le club rédigeât une adresse à tous les clubs du département pour leur témoigner qu'il était entièrement dépouillé de ses anciens préjugés sur les superstitions du culte et qu'il avait embrassé avec enthousiasme le culte de la Raison. Il déclara ensuite qu'il avait été édifié de voir l'énergie et l'activité avec lesquelles la commune de Doubs-Marat s'était dépouillée des marques extérieures d'un culte superstitieux et fanatique ; mais qu'il était surpris de voir si peu de monde assister aux exercices, qui se faisaient au temple de la Raison, les jours de décade. Il conclut en demandant que le comité de correspondance fît sur le champ une adresse au peuple. L'appel du club ayant eu peu de succès, un membre demanda, le 17 août, qu'il fût défendu aux habitants de jouer au billard les jours de décade pendant le discours. L'assemblée applaudit, et décida que tous les jeux de billard, ainsi que les auberges, seraient fermés depuis dix heures jusqu'à midi, tous les décadis.

Rappelé à Besançon, au milieu de ses travaux *apostoliques*, Bourgeon ne voulut pas quitter Doubs-Marat, sans avoir pourvu, de concert avec les Jacobins, au service du culte décadaire. Le club nomma, le 7 septembre, une commission de trois membres, Violand, Receveur et Mercier, pour diriger les fêtes des sans-culottides. Il décida que les membres de toutes les administrations seraient tenus d'y assister, revêtus de leurs marques distinctives, et il choisit, pour chacun des jours de fête, les orateurs chargés de prêcher dans le temple de la Raison. Magnin-Tochot fut désigné pour le décadi suivant ; le juge Mercier, pour la première sans-culottide ; Faivre, membre du district, pour la seconde ; le juge Receveur, pour la troisième ; Violand, pour la quatrième ; Delfils, pour la cinquième, et Cretin, pour la première décade de la nouvelle année.

Mais les clubistes avaient beau multiplier les orateurs et fermer les auberges ; tout demeura inutile.

Les campagnes n'étaient pas moins travaillées que le chef-lieu du district. Elles avaient aussi leurs missionnaires, sans compter ceux que le club de Besançon leur envoyait, comme Trinque, Batte, Huguet et Reverchon. Mais, en dépit des moyens d'intimidation employés pour leur procurer des auditeurs, ces missionnaires ruraux eurent encore moins de succès que ceux de la ville.

Impuissante à vaincre la résistance des catholiques du Doubs, l'hypocrisie révolutionnaire jeta enfin le masque et déclara une guerre à mort au christianisme et à la liberté des cultes. Le 20 novembre, ou 30 brumaire 1794, les conventionnels Pelletier et Besson, se trouvant à Pontarlier, prirent l'arrêté suivant :

« *Au nom du peuple français, Besson et Pelletier, représentants du peuple dans les départements du Doubs et du Jura ; considérant que le fanatisme, depuis plusieurs siècles, a concouru à l'asservissement et à l'esclavage du genre humain ; qu'il est intéressant de terrasser et détruire tout à la fois l'hydre du despotisme de la tyrannie monarchique féodale et sacerdotale ; considérant que le fanatisme est porté à un tel point dans les communes frontières des départements du Jura et du Doubs, que les habitants des campagnes se réunissent dans les ci-devant églises pour y célébrer eux-mêmes les ci-devant dimanches et fêtes....... considérant que plusieurs prêtres exercent encore publiquement leurs fonctions....... arrêtent :*

Art. 1. — Les prêtres et autres particuliers qui exercent ou exerceront un culte quelconque seront mis en état d'arrestation et poursuivis par les accusateurs publics près les tribunaux.

Art. 2. — Tous les prêtres qui ont exercé des fonctions publiques dans l'étendue des départements du Jura et du Doubs, sont dès ce moment mis sous la surveillance des autorités constituées et des comités révolutionnaires.

Art. 3. — *Tous les temples qui ont servi à un culte, seront fermés.....*

Art. 4. — *Tous les signes d'un culte quelconque seront enlevés à la diligence des agents nationaux des communes, dans la décade qui suivra la promulgation du présent arrêté......*

Art. 5. — *Les temples qui ont servi à l'exercice d'un culte quelconque ne seront ouverts que les jours de décade et aux heures indiquées par les municipalités, pour la lecture et la publication des lois et celle des discours décadaires ; ils seront fermés immédiatement après par l'agent national, qui en conservera la clef.....*

La généralité du parti révolutionnaire étant restée profondément chrétienne dans le district de Saint-Hippolyte, l'abdication forcée des prêtres s'opérait très difficilement dans cette contrée, malgré l'infatigable activité de l'apostat Magnin-Tochot et de ses collègues, qui inspiraient à la population encore plus de dégoût que d'effroi ; et ce fut surtout pour vaincre les nobles résistances de ces montagnes, que les proconsuls Besson et Pelletier s'étaient vus réduits à prendre l'odieux et tyrannique arrêté dont nous venons de donner quelques extraits.

Les administrateurs du district s'empressèrent de notifier cet arrêté à toutes les communes de leur ressort ; ils invitèrent en même temps toutes les sociétés populaires à se réunir à Doubs-Marat, pour se concerter sur les moyens les plus propres à assurer son exécution.

La réunion eut lieu le 15 frimaire ou 5 décembre. Le citoyen Farine y prononça un discours dont nous extrayons quelques passages comme modèles du genre tragico-comique florissant à cette époque.

C'est dans le sein des sociétés populaires que l'homme qui aime son pays doit apprendre à le servir...... Les sociétés populaires furent le berceau de la liberté naissante ; elles précipitèrent de son trône ensanglanté l'ancienne tyrannie, et le dernier des brigands de la France monarchique reçut des Jacobins le coup heureux qui en délivra la terre...... Jacobins, votre tâche glorieuse n'est point encore achevée, vous avez encore des lauriers à cueillir ; vous avez deux monstres hideux et dévorants à étouffer, le fanatisme et l'aristocratie. Que vos bras, plus forts que ceux d'Hercule, les attaquent avec rigueur...... Jacobins, laisseriez-vous plus longtemps habiter parmi vous les crapauds du marais qui trop longtemps croassent dans la fange du crime ? Le royalisme serait-il encore dans le cœur de quelqu'un des habitants de ces contrées ? Ah ! s'il est un monstre qui regrette César, n'avez vous pas le poignard de Brutus ?.... Courage donc, patriotes, soyez montagnards ; que la liberté seule soit votre idole...... et qu'enfin ces pays deviennent aussi hauts en patriotisme qu'ils le sont, par la nature, dans leur position topographique.

Inutile d'ajouter que cette poignée d'énergumènes s'en retournèrent, impatients de manifester leur zèle patriotique. Leur première victime fut le prêtre Huot, intrus à Provenchères, arrêté au moment même où il disait la messe dans l'église de cette paroisse, en présence de cinquante personnes. Vint ensuite l'abbé Morizot, vicaire en chef de Solemont, qui fut condamné à s'éloigner de cette paroisse. Quelques jours après, l'intrus Tournoux fut écroué dans la prison de Saint-Hippolyte où il demeura enfermé plusieurs mois, bien qu'il eût envoyé au département sa renonciation formelle à toutes fonctions ecclésiastiques.

L'incarcération de Tournoux n'était qu'un épisode de la guerre générale contre les prêtres, qui s'était rallumée avec une nouvelle fureur, après le moment de surprise causé par la chute de Robespierre. Pelletier vint lui-même à Saint-Hippolyte surveiller l'exécution de son arrêté et exciter l'ardeur de l'administration. Le 4 décembre, les gendarmes de Damprichard amenèrent à Saint-Hippolyte les prêtres Gouvier, desservant des Plains, et Fleury, ex-capucin, desservant Charmauvillers. Le lendemain, l'agent national Davoux les fit conduire à Besançon. Rambour, assez embarrassé de cet envoi, se tira d'affaire en renvoyant les deux prisonniers au juge de paix de Maîche qui les acquitta. Le desservant d'Indevillers, Alexis Roy-Comte de Damprichard, fut arrêté le lendemain et conduit également à Saint-Hippolyte, puis écroué à la maison d'arrêt de Besançon. Neuf jours après, les mêmes gendarmes de Damprichard amenaient encore au district deux prêtres constitutionnels : J. B. Guillemin, intrus à Mont-de-Vougney, et Modeste Besançon, le spirituel écrivain, intrus à Framberhans. Les deux prévenus demeurèrent incarcérés à Saint-Hippolyte jusqu'au 26 décembre, jour de leur transfert au tribunal criminel. Le 17 décembre, comparaissait l'abbé Paul Emonin, ancien vicaire de Belleherbe, et qui vivait retiré avec ses frères aux Granges de la Violette. Le district l'acquitta à raison de son grand âge et du certificat de civisme délivré par l'agent national de sa commune. L'abbé Paget, curé de Goux, arrêté à Dambelin, fut moins heureux. Conduit à Saint-Hippolyte, il fut transféré quelques jours après dans les prisons de Besançon.

La soif de persécution était telle chez les administrateurs du district, qu'ils n'épargnaient pas même les leurs. Témoin l'arrestation de l'abbé Maurice Vernerey, intrus de Laval et du Luhier, ex-vicaire épiscopal du Jura, qui, par ses talents et son ardeur révolutionnaire, était devenu le chef des Jacobins du pays. Par ordre de Pelletier, il fut écroué dans la maison d'arrêt de Saint-Hippolyte, pour être de là transféré dans les prisons de Besançon. A cette nouvelle, tous les clubistes de la montagne s'adressèrent au proconsul. Leur nombre, leur importance révolutionnaire et l'énergie de leurs réclamations en imposèrent à Pelletier, qui fit mettre aussitôt son prisonnier en liberté.

Il y a trois choses qui ont toujours eu le privilège de troubler et d'irriter profondément les déserteurs ou les ennemis de la religion : c'est la rencontre d'un prêtre, la vue d'une croix et le son des cloches. La déportation et la guillotine les avaient débarrassés du premier objet de leur répulsion. Pour se débarrasser des deux autres, ils imaginèrent de dire que leur existence portait atteinte à l'égalité entre les cultes et donnait à la religion chrétienne une supériorité blessante pour les autres religions qui ne possédaient aucun signe extérieur de ce genre. Les Jacobins de Saint-Hippolyte ne montrèrent pas moins d'ardeur dans cette besogne que dans la précédente. Le club envoya deux de ses membres auprès du district pour l'inviter à faire disparaître la croix placée au sommet de la maison nationale des ci-devant Ursulines, et auprès de la municipalité pour l'engager à substituer à la croix qui surmontait également la colonne placée près de la grande fontaine, le bonnet de la liberté ou tel autre emblème plus analogue au siècle de la Raison. Cette première campagne contre les croix ayant produit peu d'effet, le club revint à la charge trois mois après. Sa séance du 18 juillet, présidée par le juge Receveur, fut toute consacrée à écraser l'Infâme; les motions y foisonnèrent. Un membre représenta d'abord qu'il était à propos de faire enlever du temple de l'Être Suprême tous les signes qui entretenaient encore le fanatisme dans les esprits ; un autre demanda qu'une pétition adressée à la municipalité l'invitât à accélérer cet enlèvement ; un troisième émit l'avis qu'avant de dépouiller le temple de ses tableaux et de ses statues, on prononçât un discours sur l'inutilité de tous ces signes du fanatisme. Bourgeon fut chargé de cette besogne.

En dépit de ces motions, l'enlèvement des croix n'avançait pas. Le 27 juillet, à la séance du club de Saint-Hippolyte, un membre se plaignit amèrement de ce que la croix continuait à s'étaler au sommet du clocher de cette ville même, qui se montrait ainsi bien peu digne de son nouveau nom philosophique de Doubs-Marat. Le maire, présent à la séance, répondit que la municipalité avait fait toutes les démarches possibles pour parvenir à l'enlèvement de cette croix, mais que, par suite de la rareté des ouvriers et de la difficulté que présentait cette opération, toutes les délibérations et les invitations étaient restées inutiles. Un membre du club, nommé F. Fassenoz, déclara qu'il se chargerait volontiers de l'entreprise, pourvu qu'il pût trouver des ouvriers et qu'on le payât convenablement. Un autre membre répondit que Fassenoz pourrait requérir les employés à l'atelier national, qu'il s'entendrait, pour le prix, avec les officiers municipaux qui furent invités à passer sur le champ un marché avec le patriote Fassenoz.

La croix du clocher ayant été condamnée à disparaître, on ne pouvait s'attendre à voir respecter le crucifix placé dans l'église. Le 12 février 1795, un membre du district en fit la remarque en ces termes : *Tandis que l'administration prend des mesures pour la destruction des signes extérieurs du culte dans toute l'étendue du district, il existe dans le temple de la Raison de la commune d'Hippolyte et sous les yeux des administrateurs, un grand Christ placé au-dessus de la voûte du chœur, et dans l'intérieur du temple, plusieurs cellules connues sous la dénomination de confessionnaux ; je présume que ces objets ont échappé à la vigilance soit de l'administration, soit du district, et je crois devoir en rappeler le souvenir.* Le conseil déclara *qu'effectivement cette contravention n'était, selon toute apparence, qu'un simple oubli ; attendu que les officiers municipaux d'Hippolyte avaient, en plusieurs rencontres, manifesté des opinions qui ne respiraient rien moins que le fanatisme ; qu'en conséquence, l'agent national de la commune serait simplement requis de faire enlever le Christ et tous les autres objets de fanatisme, de manière qu'aucun de ces objets ne tombât sous la vue, à la prochaine assemblée décadaire.*

Le dépouillement des églises suivit de près quand il ne précéda pas l'enlèvement des croix. Le 12 décembre 1794, le district de Saint-Hippolyte nomma huit commissaires chargés, pour chaque canton, de faire disparaître les signes extérieurs du culte. Grâce à l'excitation des ardents du club, cette opération s'effectua à Saint-Hippolyte avec une véritable rage et le sac de la vieille et vénérable église collégiale (1) se fit avec un cynisme tel qu'il révolta toutes les consciences même les moins honnêtes. Les images, les statues, les reliques des Saints, tous les objets servant au culte ou à la décoration de l'église en furent arrachés ; puis, après avoir été horriblement mutilés, ils furent jetés dans un immense bûcher allumé au milieu de la place publique sous les yeux de la population égarée ou tremblante. Cet acte de vandalisme fut le signal de la dislocation du club qui, dès lors, tomba sous le mépris public. On en peut juger par l'extrait suivant du procès-verbal de la séance du 19 thermidor ; *Depuis l'époque,* disait le secrétaire, *où la société avait enlevé du temple de la Raison les signes de superstition et de fanatisme et avait*

---

(1) M. Sauzay, Histoire de la persécution religieuse.... Tome VII, page 85.

fait justice de ces objets en livrant aux flammes une partie des idoles de bois et autres et en apportant les ornements du culte à l'administration pour être envoyés à la Monnaie, depuis que des patriotes zélés avaient consacré les temples de la Raison par des discours patriotiques, propres à éclairer le peuple sur ses véritables intérêts ; depuis qu'on lui avait fait voir que les prêtres n'avaient cherché qu'à l'asservir et le courber sous le joug du despotisme et de la superstition, la plupart des membres étaient moins assidus aux séances et les tribunes étaient presque désertes, à raison du mécontentement qu'avaient produit les différentes expéditions dont on a parlé.

Le district de Saint-Hippolyte, au milieu de ses pieux et énergiques montagnards, avait beaucoup plus à faire que tous les autres, pour accomplir le dépouillement général des églises ; il n'en put même venir à bout, tant la résistance fut vigoureuse et opiniâtre. Dans plusieurs communes, la population, pour conserver les objets les plus précieux de son culte, avait pris le parti de les enlever par force ou par ruse.

A Soulce, au moment où l'autorité se disposait à faire transporter au chef-lieu les vases sacrés et d'autres objets précieux de l'église, ils furent enlevés nuitamment à l'aide d'effraction et mis en sûreté.

A Fleurey, dit M. Sauzay, l'insurrection fut complète. Le couvreur J. B. André d'Ornans, et son adjoint le menuisier Henri Courvoisier, de Saint-Hippolyte, s'étaient rendus le 15 septembre à Fleurey munis de la commission du district qui les chargeait d'abattre les croix des clochers ; ils commencèrent à s'installer à l'auberge et envoyèrent leur hôtesse la veuve Buron, prévenir le maire, J. Cl. Jeannin, que des commissaires du district le demandaient. Le maire se borna à répondre : « Je sais ce que c'est; » et au lieu de se rendre à leur appel, il s'empressa de s'évader et s'éloigna du village. Les commissaires, las de l'attendre, se décidèrent à aller eux-mêmes le trouver chez lui, malgré l'autorité supérieure dont ils se croyaient revêtus ; mais il leur fut répondu que le maire était absent, et qu'on ne savait pas où il était. Les deux commissaires se transportèrent alors chez l'officier municipal, Félix Miget, à qui ils firent part de leur mission. Et comme ils avaient vu, en allant d'une maison à l'autre, les femmes se rassembler dans un état de surexcitation visible, ils avertirent le municipal qu'il y aurait vraisemblablement du désordre, de la résistance à leurs opérations, et ils lui demandèrent secours contre les mauvais traitements dont ils se voyaient menacés. L'officier municipal, ayant pris lecture de leurs pouvoirs, répondit que leur demande était juste et qu'il fallait se soumettre. Il sortit donc avec eux pour aller chercher les clefs de l'église chez le maître d'école.

Mais ils avaient à peine fait quelques pas, qu'une troupe d'hommes et de femmes s'était déjà emparée du clocher et sonnait le tocsin. Le municipal courut leur intimer l'ordre de cesser et ils y obtempérèrent presque aussitôt. Mais, pendant ce temps là, il s'était formé une autre troupe, composée principalement de femmes armées de piques, de faulx, de fourches, de râteaux, de bâtons, qui enveloppa les deux commissaires et le municipal. Ce dernier chercha, par tous les moyens possibles, à dissiper l'attroupement ; il somma les assistants au nom de la loi de se retirer ; il chercha lui-même à les écarter. Tout fut inutile. Les femmes criaient de toutes leurs forces les menaces les plus terribles. Elles parvinrent à séparer les trois iconoclastes, et celles qui entouraient Courvoisier criaient à l'une de leurs compagnes, qui était armée d'une faulx : Coupe lui les jambes ! Celle-ci se borna pourtant à administrer quelques bourrades au malencontreux jacobin ; mais, comme rien ne garantissait à Courvoisier qu'on n'irait pas plus loin, et comme il ne se sentait pas à beaucoup près le plus fort, il prit le parti d'opérer une trouée à travers le cercle qui l'étreignait, et il se sauva à toutes jambes vers le bas du village où les femmes le poursuivirent à coups de pierres.

Au même moment, un homme armé d'un bâton frappait André sur le bras à coups redoublés, et faisait tomber le portefeuille et la tabatière que celui-ci tenait à la main. Pendant qu'André se baissait pour les ramasser, il sentit dans ses reins la pointe d'une pique qu'une femme dirigeait contre lui ; alors, il abandonna tout sur le champ de bataille pour se sauver à la suite de Courvoisier. Comme il passait en courant devant une grange, il en sortit un homme armé d'une bûche qui s'avança contre lui, en criant : Cours b.. gre ! et qui lui asséna plusieurs coups de sa bûche sur le corps et sur les jambes pour le faire tomber. André parvint cependant à reprendre sa course sous une grêle de pierres, lancées par les femmes acharnées à sa poursuite, et l'une de ces pierres lui fit une blessure assez grave. Il rattrapa Courvoisier à peu de distance de l'auberge d'Hyacinthe Viatte, et tous deux se jetèrent dans l'écurie de cette auberge, dont ils virent la porte ouverte, pour y trouver un refuge. Ne s'y croyant pas encore en sûreté, ils grimpèrent sur les greniers, et, de là, ils entendaient les femmes crier : Ils sont ici cachés, avancez, nous les tenons, il faut les tuer.

Cependant l'officier municipal Miget, Létondal, capitaine de la garde nationale, et un citoyen nommé Champagne (1), craignant que l'exaspération des esprits n'amenât de plus

---

(1) Champagne était un surnom de régiment ; son vrai nom était Perrey.

graves excès, s'étaient rendus, à la suite de l'attroupement, vers l'auberge où les deux commissaires étaient en état de siège. Ils y pénétrèrent et cherchèrent les fugitifs à travers toute la maison. Arrivé au grenier, qui était dans une complète obscurité, Champagne dit à haute voix: Courvoisier, êtes-vous ici? — Oui, lui répondit-on. — Eh bien! il faut nous suivre et vous sauver sans perdre de temps, parce que les femmes sont en colère et pourraient bien vous faire du mal. Alors les deux commissaires sortirent de leur cachette et on les fit évader par une porte de derrière donnant issue dans les vergers et les champs. Ils se remirent à courir de toutes leurs forces ; mais leur évasion fut bientôt signalée à la foule, qui se précipita de nouveau à leur poursuite, renforcée d'un chien vigoureux et furieux qui cherchait à mordre les jambes des fugitifs. L'officier municipal Miget se remit aussitôt à courir après la foule, en lui criant, au nom de la loi, de cesser ce désordre; mais les pierres n'en tombaient pas moins serrées autour des malheureux commissaires. Cette reconduite peu agréable eut enfin un terme. André et son adjoint regagnèrent clopin-clopant Saint-Hippolyte et s'empressèrent de faire au district le récit qu'on vient de reproduire d'après leur déposition. De là, André se rendit chez le médecin Roger pour faire constater légalement le piteux état dans lequel il revenait de sa mission. Le médecin certifia qu'il avait reconnu plusieurs excoriations à l'avant bras, à l'extrémité des doigts et au cartilage stiloïde ; mais que ces excoriations étaient très minces ; qu'un coup contondant asséné sur les reins avait causé une commotion générale et amené un crachement de sang, mais en très petite quantité (1).

(1) Histoire de la persécution révolutionnaire dans le Doubs, tome VI page 173.

Le lendemain, le district fit venir, pour plus amples renseignements, le municipal Miget, avec deux autres habitants P.-Alexis Farey et P.-Cl. Renaud, qui avaient aussi contribué à protéger la fuite des deux commissaires. Miget reproduisit à peu près le récit des victimes ; mais quand on lui demanda le nom des assaillants et des assaillantes, il répondit que toutes les femmes de la commune lui avaient paru en faire partie, et qu'il les croyait aussi coupables l'une que l'autre. Les deux autres témoins déposèrent également de manière à ne charger personne en particulier. Ils avaient bien vu, disaient-ils, des femmes armées, mais sans savoir ni qui elles étaient ni ce qu'elles voulaient faire de leurs armes. Ils n'avaient pas vu insulter les commissaires, et ils s'étaient bornés à faire évader ceux-ci qu'ils avaient trouvés cachés, ils ne savaient pourquoi, dans un grenier.

Devant l'impossibilité de mettre en jugement la population toute entière, le district trouva commode de faire tomber toute sa vengeance sur une seule tête. Un mandat fut lancé contre le maire de Fleurey. J.-Cl. Jeannin fut conduit immédiatement à Besançon par les gendarmes. Après deux mois de détention, il comparut, le 14 novembre, devant le jury qui l'acquitta et ordonna son élargissement immédiat.

L'enlèvement des croix des clochers avait été confié au citoyen J.-B. André, couvreur à Ornans, à raison de 72 livres pour chaque croix de clocher. Le 22 décembre, après bien des entraves et des déboires, André vint déclarer que sa mission était enfin terminée, et il reçut du district 2,307 livres pour cette misérable besogne.

Le district de Saint-Hippolyte fournit 26 kilogrammes d'argenterie enlevée aux églises. C'est celui qui en fournit le moins après Quingey. Le poids des cloches envoyées au dépôt central s'éleva à 20,277 kilogs.

En dépit de leur faiblesse, les meneurs de l'administration de Saint-Hippolyte ne craignirent pas, pour assouvir leur haine contre la religion, d'entreprendre la campagne la plus audacieuse contre la liberté du peuple, en voulant le forcer à travailler le dimanche. Mais cette nouvelle mesure ne fit qu'accroître la résistance. Depuis ce moment, la population ne perdit aucune occasion de manifester ses sentiments hostiles, et de faire comprendre à ces insensés qu'ils aboutiraient nécessairement à amener la contre-révolution dont ils redoutaient tant le triomphe. Bientôt, en effet, la Convention effrayée de ses propres crimes, revint à des sentiments plus humains ; les suspects furent élargis, le tribunal révolutionnaire fut supprimé et ceux de ses membres, qui s'étaient le plus signalés par leurs excès, furent d'abord désarmés, puis mis en arrestation.

Après le coup d'état du 9 thermidor, le proconsul Pelletier avait remplacé l'administration foncièrement méchante du district de Saint-Hippolyte par une administration incolore, disposée à suivre les inspirations bonnes ou mauvaises de la Convention. Saladin, député de la Somme, chargé du gouvernement, ayant remis à cette administration la loi décrétant la liberté des cultes, celle-ci s'empressa de l'envoyer aux communes avec la proclamation suivante imprimée à mille exemplaires :

C'est une jouissance bien douce pour nous d'apaiser vos soupirs, en vous adressant, en tête de la présente, une copie de la loi du 3 ventôse pour l'exercice du culte. Nous venons seulement de la recevoir, et nous nous empressons de la rendre publique, dans l'espoir de calmer les inquiétudes qui depuis longtemps agitent vos esprits. Bénissez la Convention nationale qui l'a dictée dans sa sagesse, pour votre satisfaction, et qui ne cesse de s'occuper de votre bonheur. Outrepasser les bornes de cette loi salutaire, ce serait ingratitude de votre part. Mais nous aimons à croire que vous vous pénétrerez des principes qu'elle renferme, pour n'en pas outrepasser les dispositions et pour que vous puissiez vous garantir des fausses interprétations des ennemis de votre bonheur. Vous êtes les conquérants de votre liberté, vous l'avez produite au sein de ce vaste empire par les grands mouvements de votre courage. Soyez-en maintenant les conservateurs par votre prudence et votre sagesse. Répandez autour de vous l'esprit de patience et de raison. Versez les consolations de la fraternité dans le sein de ceux de vos concitoyens à qui la Révolution a imposé de douloureux sacrifices, et n'oubliez jamais que, si la régénération des empires ne peut s'exécuter que par la force des peuples, elle ne peut non plus se maintenir que par l'union et le recueillement des vertus. — Bavoux, agent national, Mercier, vice prés., Perrone, Sombarde.

A la réception de cette lettre, tous les habitants du district ne s'occupèrent plus qu'à poursuivre la reddition plus complète de leurs droits; catholiques et constitutionnels étaient également jaloux de reconquérir immédiatement la liberté entière de leur culte. La lutte devint générale entre les communes et l'administration. Celle-ci, effrayée de ce mouvement prodigieux, résista avec une énergie digne d'une meilleure cause. Elle n'épargna point son éloquence; et, si les dispositions restrictives contenues dans la loi du 3 ventôse avaient pu se maintenir à l'aide de proclamations et de circulaires, c'est surtout dans le district de Saint-Hippolyte qu'elles auraient dû triompher. Ce fut, en effet, un véritable déluge de prose chauffée et boursoufflée. Sans parler des honnêtes campagnards, sur qui tombait naturellement la majeure partie de ces cataractes, le comité de sûreté générale, le département et les districts voisins en étaient eux-mêmes inondés. Dès le 3 avril, le district, se voyant complètement isolé autour de l'autel de la Raison, criait avec désespoir à ce peuple aveuglé :

Les maux affreux de la Vendée vous sont connus. Vous n'en ignorez pas les causes. Vous avez eu la sagesse de vous en garantir pendant cinq années d'une Révolution glorieuse, et vous êtes à la veille de les tous ressentir! Encore un jour, et, perdant le fruit de tous les sacrifices que vous avez faits pour une patrie qui ne peut cesser de vous être chère, vous devenez méconnaissables. Vous n'êtes plus à vous; les ennemis de votre bonheur sont vos maîtres, et il ne vous reste plus qu'à recevoir les chaînes qu'ils vous ont destinées dans tous les temps. Ces chaînes, citoyens, vous ne les apercevez pas encore; c'est la ruse, c'est la fourberie, c'est le fanatisme, qui vous les préparent; et c'est votre bonne foi, vos préjugés, qui vous empêchent de les découvrir.....

Citoyens, réfléchissez, parez aux coups de vos ennemis, il en est temps encore. Songez que, le moindre avantage que vous leur donnerez sur vous, au lieu de s'occuper de votre bonheur, ils ne s'occuperont, comme du passé, que du leur. Ils ne s'en prévaudront que pour vous dominer, pour vous rendre intolérants, cruels et féroces, et enfin pour porter la désolation dans vos familles et déchirer la patrie.

Le 12 avril, nouvelle lamentation du district, dans une longue délibération, sur les progrès toujours croissants de deux sectes *superstitieuses* et sur l'impuissance absolue de faire exécuter la loi. Le district ne voit plus d'autre ressource que d'en référer au gouvernement.

Le comité de sûreté générale répondit, le 21 avril : *Sans aucun doute, les ci-devant églises et tout ce qu'elles renferment appartiennent à la république, et aucune commune n'a droit d'en disposer pour l'exercice d'aucun culte. Votre devoir et votre responsabilité exigent que vous preniez toutes les mesures convenables pour faire exécuter ponctuellement la loi ; que vous fassiez arrêter les principaux auteurs et instigateurs des rassemblements et que vous les traduisiez devant les tribunaux.* — Montmayou, Guffroy.

Le district de Saint-Hippolyte eut beau faire imprimer la réponse des deux conventionnels ; toujours confiant dans le succès d'une espèce d'amorce qui lui avait pourtant peu réussi jusqu'alors, il eut beau envelopper cette réponse dans une nouvelle proclamation attendrie et pâteuse, d'une longueur démesurée, et l'expédier même aux districts voisins, les populations continuèrent à revendiquer leurs églises avec plus de force que jamais.

Les administrateurs du district ne montrèrent pas autant de zèle pour faire exécuter la loi qui prescrivait le désarmement des terroristes ; ils répondirent au représentant Saladin qu'ils ne connaissaient pas eux-mêmes les individus atteints par la loi, et que les municipalités procéderaient au désarmement comme elles l'entendraient. Le député ayant insisté, la municipalité lui répondit, le 22 mai, qu'elle ne voyait aucun citoyen qui pût tomber sous le coup de la loi, mais que cependant elle y réfléchirait encore.

Fatigué des lenteurs et de la mauvaise volonté du district, Saladin révoqua tous les administrateurs ; puis, après avoir recueilli les vœux des chefs du parti modéré, il procéda à la nomination d'une nouvelle administration. Il choisit : J.-F. Emonin de Belleherbe, président ; Delfls, de Vaufrey ; Châtelain, fils puîné, des Verrières-de-Blancheroche ; Mercier et Hyacinthe Renaud, du Russey, membres du directoire ; Parent, médecin au Russey, procureur syndic ; Augustin Emonin, secrétaire ; Ch. Messagier, de Mathay ; J.-P. Peugeot ; P. Méquillet fils, de Montécheroux ; Buessard, juge de paix ; Pequignot, de Damprichard, ex-administrateur ; Félix Monnot, de Pont-de-Roide ; et F.-Jos. Petit, de Charquemont, membres du conseil général.

Saladin avait aussi réformé l'administration judiciaire. L'avocat Belin, du Barboux, fut nommé président du tribunal; Léon Ligier ; Nic.-Jos. Briot, de Belleherbe ; P.-Math. Verney, de Thiébouhans, et Boillon furent nommés juges ; Chaudot fut nommé commissaire national ; Monnot, notaire à Maîche, greffier ; Ch. Cordier, juge de paix.

La plupart de ces choix étaient de nature à tranquilliser les catholiques, et à leur faire espérer, sinon une justice complète, au moins un adoucissement notable à leurs maux. La nouvelle administration du district reconnut la nécessité d'un changement complet de système, et les mesures réparatrices qu'elle prit relevèrent le courage des catholiques ; ils osèrent demander hautement qu'on leur rendît leur culte et leur religion, et poursuivre la restitution de leurs droits ; les proclamations, les circulaires, les lamentations des administrateurs effrayés de ce prodigieux retour ne purent arrêter leur ardeur. On vit bientôt les prêtres réfugiés en Suisse, rentrer dans les paroisses voisines de Saint-Hippolyte ; leur rentrée donna lieu à de dramatiques incidents.

Encouragés par le bon accueil des populations si heureuses de les revoir, les plus jeunes et les plus vigoureux de ces nobles exilés se mirent à parcourir les paroisses et à y donner des missions. Leurs succès toujours croissants irritèrent les rares Jacobins des campagnes ; ceux-ci résolurent d'arrêter les missionnaires au milieu de la joie générale.

Quatre de ces prêtres zélés, MM. Morel, Humbert, Flottat et Monnin, surpris le 9 septembre au moment où ils se rendaient à Ecot, furent conduits devant le district d'Hippolyte et écroués à la maison d'arrêt. Le lendemain, à six heures du matin, ils furent emmenés au fort de Blamont par deux brigades de gendarmerie. Cette injuste et odieuse arrestation souleva aussitôt la population déjà trop exaspérée par la prolongation indéfinie de ses souffrances ; 3,000 hommes accoururent pour arracher aux gendarmes leurs prisonniers et ils y seraient parvenus sans l'arrivée d'une pièce de canon, envoyée du fort au secours de la force armée.

La troupe rentra à Saint Hippolyte, après avoir accompli sa mission, mais non sans beaucoup de difficulté, comme le constate ce rapport des quatre officiers qui la commandaient : « *A sept heures, comme nous suivions la route qui conduit de Saint-Hippolyte à Pont-de-Roide, les deux gendarmes qui éclairaient notre marche aperçurent près du village de Bief, à une lieue de Saint-Hippolyte, un attroupement nombreux d'hommes armés de fusils et de carabines, retranchés sur la rive gauche du Doubs, pour nous arrêter à notre passage. A l'instant, cet attroupement a commencé de faire sur nous un feu de file soutenu avec opiniâtreté et acharnement, en nous criant :* Les voilà, ces scélérats ! Lâchez nos prêtres, ou sans quoi vous n'irez pas loin ! *Voyant leur feu continuer et leurs balles tomber sur nous, nous leur avons crié et commandé, au nom de la loi, de cesser ce carnage, ce qui ne les a que plus animés. Les rebelles armés ne cessant d'accourir de toutes parts pour se réunir aux premiers, l'attroupement nous a paru être au nombre d'environ trois mille hommes, tenant sur la rive gauche du Doubs un front d'une lieue d'étendue. Nous continuâmes notre marche, et ils ne cessèrent de tirer sur nous ; de sorte que, voyant les gendarmes Vacheresse et Jeannin blessés, nous avons commandé à notre troupe de faire feu sur les rebelles, qui nous serraient de plus en plus près. C'est ce qui engagea un combat qui dura pendant une heure, et dans lequel un officier de gendarmerie et un volontaire de Barbézieux ont encore été blessés. Enfin, nous n'avons pu disperser les rebelles que lorsqu'une pièce de canon est venue du fort de Blamont à notre secours. Ce n'est que grâce à ce renfort que nous avons pu continuer notre marche et déposer les quatre prêtres au fort de Blamont. Nous avons immédiatement rétrogradé du côté de Saint-Hippolyte, et sur la route nous avons été attaqués de nouveau par les rebelles retranchés dans les rochers. Ils faisaient sur nous un feu continuel, qui nous a obligés à répondre avec fermeté ».*

Cet insuccès ne fit qu'allumer la colère des catholiques. Le lendemain, 10,000 hommes mieux pourvus d'armes et mieux dirigés se levaient pour forcer les murailles de la forteresse, et délivrer leurs prêtres. Mais, grâce à la prudence du pasteur Kilg de Blamont et à l'arrivée du docteur Pourcelot, membre du conseil général du département et de Briot, de Belleherbe, juge au tribunal dont les sentiments favorables étaient bien connus des catholiques, l'assaut ne fut point donné et le sang ne coula pas, les assaillants se retirèrent devant la promesse formelle qu'on leur rendrait bientôt leurs pasteurs. Quelques jours après fatiguées des lenteurs apportées par le département, quelques personnes fidèles et dévouées procurèrent l'évasion des prisonniers et l'administration, trop près du terme de sa carrière, ne se mit pas beaucoup en peine de les retrouver. Ils purent donc reprendre leurs courses apostoliques à peu près aussi tranquillement qu'auparavant.

Le 17 août, la gendarmerie du district de Saint-Hippolyte faisait une autre capture, mais elle n'eut pas lieu de s'en réjouir longtemps. M. Guillaume-Joseph Receveur, vicaire à Mathay en 1791, était rentré en France, comme la plupart de ses collègues, et s'était fixé dans le voisinage de sa paroisse natale, à Blancheroche, pour y remplir les fonctions de son ministère. Cette résolution ne manquait pas de hardiesse, car Blancheroche même était la résidence d'un détachement de gendarmerie. Le 17 août, le lieutenant Jos. Visteaux envahit la demeure de M. Receveur, avec deux brigadiers et deux gendarmes, et somma le prêtre d'exhiber ses papiers. M. Receveur remit son passe-port. L'officier retint cette pièce et somma le digne ecclésiastique de suivre les gendarmes, qui le conduisirent à Saint-Hippolyte. L'expédition, jusque là si facile, devait échouer complètement. Le lieutenant Visteaux, qui emmenait lui-même le prisonnier, escorté de sept gendarmes, a laissé le récit suivant de sa mésaventure : « *Étant arrivés à la Chavolle, près de Montandon, nous avons été cernés par un attroupement d'environ quatre mille individus, armés la plupart de fusils, piques, tridents, faulx et autres armes offensives. Ils se sont récriés, en s'approchant de nous violemment, et nous ont sommés d'avoir à leur rendre le prêtre que nous conduisions, faute de quoi ils emploieraient avec vigueur toutes leurs forces, et qu'ils aimeraient mieux mou... ~ir tous sur-le-champ s'ils ne nous l'enlevaient pas. Cela nous a ... déterminés à leur parler par la voix de la raison, en les reque... ~ant, au nom de la loi, d'avoir à se dissoudre incontinent, sans q... ~oi nous serions obligés d'employer la force. Mais nos efforts son... ~t devenus infructueux. Pour prévenir le danger qui se préparait, n... ~us avons pris le parti de faire entrer le déporté dans la maison d... Jos. Donzelot, à Montandon ; et instamment le gendarme Moulet s'est transporté à la municipalité, dans l'intention de requérir de la force pour dissoudre l'attroupement. Il ne put rencontrer que le citoyen Ant-F. Prétel, procureur de la* commune, qui s'est transporté, muni de son écharpe, au lieu où étaient les séditieux. Mais, après les avoir engagés par des supplications à se retirer, voyant qu'ils s'opiniâtraient dans leurs résolutions, il s'est retiré en disant : Je ne veux point me faire massacrer. Nous avons tenu ferme pendant deux heures, en réclamant l'obéissance à la loi, mais sans obtenir d'eux que des réponses de fureur. Tout à coup une grande partie d'entre eux, armés de fusils, nous ont mis en joue, et ils étaient prêts à faire feu, si nous ne les eussions pas laissés arracher ce prêtre de nos mains, ce qui s'est exécuté avec la plus grande violence. Dans le nombre des séditieux nous avons reconnu Jac.-Jos. Marion, lieutenant de la garde nationale et fils du maire de Charquemont, Désiré Monnin et J.-Jos. Mougin, émigré rentré, du même lieu, P.-Jos. Morel, de Thiébouhans, et Bouhélier, de la Seigne-Bernard, à Damprichard. Si les révoltés restent impunis, il ne serait plus possible à la gendarmerie, malgré son désir, de faire exécuter la loi relative aux prêtres déportés, qui ne sont malheureusement qu'en trop grand nombre dans ces contrées ».

Pendant que nos populations affirmaient ainsi leur foi, les mêmes sentiments s'étaient propagés dans tout le reste de la France et avaient même fini par s'imposer aux assemblées législatives régénérées par de nouvelles recrues. Le 7 fructidor, l'assemblée des Cinq-cents votait l'abrogation des peines portées par la Convention contre les prêtres. Un instant on put croire que l'ère de la persécution était close, que les exilés allaient être rendus à leur patrie, les prêtres à leurs troupeaux et à leurs autels. Ce beau rêve que fit toute la France au mois d'août 1797, ne dura malheureusement pas plus de dix jours ; elle se réveilla en pleine terreur.

Mais ces nouvelles mesures de rigueur, prises en cette

circonstance contre les prêtres, ne firent qu'enflammer le sentiment public en leur faveur. Aussi quand ce dernier orage eut passé, les catholiques reçurent-ils ces nobles exilés avec une joie et un empressement qui leur firent bientôt oublier les souffrances de la persécution. Ils trouvèrent même parmi leurs ennemis désabusés des prosélytes ardents et de fidèles amis.

Nous avons essayé de retracer les principaux faits de l'histoire de la Révolution dans le pays de Saint-Hippolyte, d'après les documents conservés dans les archives et dans les greffes. Ces scènes trop souvent sanglantes montrent que, parmi les attentats de l'anarchie triomphante, il n'en est pas de plus odieux que ceux qui se couvrent hypocritement du manteau de la légalité. L'ordre est parodié par le désordre, l'équité par l'iniquité ; des hommes pervers font comparaître devant eux la vertu, la religion et l'innocence ; des juges iniques assis sur les sièges quittés par des magistrats révérés usent, pour prononcer leurs abominables sentences, des vieilles formules de la justice, devant un auditoire consterné ou complice, au nom d'une société bouleversée. Après avoir raconté les douleurs et la constance de nos pères, empruntons sa sage et instructive conclusion au laborieux historien qui a si bien exposé cette lutte gigantesque :

« Si les leçons du passé et les douloureuses expériences des pères ne doivent pas toujours être perdues pour les enfants, ce tableau servira peut-être à convaincre que ni la démocratie, ni la liberté ne peuvent se fonder ou se maintenir par l'oppression des consciences ; que faire la guerre aux convictions religieuses, c'est faire la guerre à l'un des plus nobles et des plus indestructibles instincts de l'homme, et aller au-devant d'une défaite plus ou moins tardive, mais certaine ; qu'un gouvernement, quel qu'il soit, en travaillant contre la religion, travaille beaucoup plus sûrement contre lui-même, et que, miné par l'anarchie ou la corruption, il tombera en ruine au pied de la croix presqu'aussitôt relevée qu'abattue (1) ».

C'est ce qu'un autre comtois (2), témoin de la Révolution, avait résumé en cette magnifique devise qui consola sa vieillesse et par laquelle nous terminerons ce récit :

Stat Crux dùm volvitur orbis.

---

(1) M. Jules SAUZAY. Histoire de la persécution révolutionnaire dans le département du Doubs.

(2) Le marquis Terrier de Montciel, ancien ministre de Louis XVI.

CHAPITRE XXXII

Le culte de Notre-Dame du Mont
depuis le XVIIe siècle jusqu'à nos jours.

Pour donner plus de suite aux évènements politiques, qui se sont accomplis dans le comté de la Roche depuis son annexion à la France jusqu'à nos jours, nous avons dû interrompre un instant l'exposé du culte de nos pères pour Notre-Dame du Mont; nous allons en donner un récit succinct dans le présent chapitre.

Pour retrouver l'histoire de la Vierge protectrice pendant le XVIIe siècle, il faudrait parcourir toute la contrée, pénétrer dans tous les foyers, ressusciter dans tous les cimetières les cendres de nos pères. Les notes historiques que M. le chanoine Suchet a bien voulu nous communiquer, nous apprennent qu'à cette époque Notre-Dame du Mont était un but de pèlerinages pour la Comté, la Suisse et l'Alsace. Quand le cruel Suédois faisait de nos montagnes un monceau de ruines et que le prêtre comme le peuple était sans pain et sans asile, c'était aux pieds de Notre-Dame du Mont qu'ils venaient tous deux chercher la force de souffrir, et déposer leurs prières pour fléchir la colère de Dieu. De tous les pays voisins on aimait à venir saluer et bénir celle que l'on appelait à bon droit la gardienne de la foi catholique. Jamais les habitants de la contrée ne quittaient leurs foyers, sans venir s'agenouiller à ses pieds et lui demander de les protéger partout contre les dangers du corps et de l'âme. Ils emportaient avec eux son image, gravée au plus profond de leur cœur, comme un doux souvenir; ce souvenir était si vivace qu'il ne les quittait jamais; la bonne Vierge parlait toujours à leur âme de leur paroisse, de leur curé, de leur famille; ils n'oubliaient point le jour ou leur mère les avait voués à Notre-Dame. Témoin le jeune Louis Terron, de Saint-Hippolyte, étudiant en philosophie à Besançon. Etant tombé du plus haut étage de la maison qu'il habitait, il se brisa les membres. Les chirurgiens, appelés pour le panser, l'ayant examiné avec tout le soin que réclamait sa triste situation, se retirèrent, déclarant leur science impuissante à le guérir et ajoutant même que le malade n'avait plus que quelques instants à vivre. Le jeune Terron, se voyant abandonné des hommes, eut aussitôt recours à Notre-Dame du Mont et à Notre-Dame des Ermites, qui lui étaient également chères. A l'instant même ses blessures se cicatrisent, ses membres se redressent. Il était guéri ! [1]

Les comtes de la Roche, de la maison de Montjoie, à l'exemple de leurs prédécesseurs, se montrèrent très dévots envers Notre-Dame du Mont. En 1721, Béat I Albert, qui, treize ans auparavant, avait grandement contribué à la construction du couvent des dames Ursulines, voulut encore aider à l'agrandissement de la chapelle de la Vierge. Grâce à la générosité du noble baron, Claude Donzelot, curé de la paroisse de Saint-Hipolyte, put ajouter à l'oratoire primitif une nef à plafond où furent établis deux autels latéraux, ce qui en fit une petite église, surmontée

---

[1] Notes historiques de M. le chanoine SUCHET.

d'un clocher à flèche élancée. Au-dessus de la porte d'entrée, on avait placé dans une niche, une statue de Notre-Dame de Pitié, supportée par un ange : l'inscription gothique qui l'entoure est du XVe siècle. Cette inscription intéressante en elle-même et qui, dit-on, avait pour l'histoire de l'image miraculeuse une importance particulière, nous avait été signalée par M. le chanoine Suchet, lors de nos recherches sur le culte de Notre-Dame du Mont. Malheureusement, lorsque nous avons voulu en prendre copie, nous avons constaté avec regret qu'elle avait été entièrement cachée par des travaux de maçonnerie.

Le pèlerinage de Notre-Dame du Mont se soutint et s'accrut même pendant toute la durée du XVIIIe siècle. Rien ne le prouve mieux qu'une supplique adressée à l'archevêque de Besançon pour l'érection de la confrérie de Notre-Dame.

« Il y avait (1) dans l'église collégiale et paroissiale de Saint-Hippolyte, une confrérie de saint-Joseph, très ancienne et autrefois fort nombreuse. Les plus honnêtes gens, non seulement du lieu, mais de tout le voisinage, s'empressaient de s'y faire enrôler. Il y a quelques années que le grand âge de celui qui en était directeur, fit qu'elle fut négligée..... On ne recevait plus de nouveaux confrères, au point qu'il n'en restait que M. le chanoine Ligier.

« Il désirait ranimer une dévotion si louable et si avantageuse ; mais il ne désirait pas moins d'en établir une particulière envers la Sainte-Vierge, il y était même invité par les circonstances. Il y a, près de Saint-Hippolyte, à mi-côte d'une haute montagne, et dans une place ouverte

(1) Notice imprimée en 1788.

de toutes parts, une chapelle appelée Notre-Dame-du-Mont, dans laquelle, depuis un temps immémorial, les fidèles vont rendre leurs hommages à la Mère de Dieu. La longueur du temps n'a point ralenti cette dévotion, elle augmente au contraire de jour en jour, on s'y rend de tout le voisinage : vingt-deux communautés des environs ont la coutume d'y envoyer chaque jour, depuis une des Sainte-Croix à l'autre, une personne de leur village respectif, pour y entendre la Messe, et y prier pour les besoins communs. On entend de toutes parts publier les faveurs particulières qu'on a obtenues dans cette chapelle, par l'intercession de la Sainte-Vierge : il était difficile de méconnaître en tout cela la voix de Dieu ; la Providence semblait déclarer assez hautement, que Dieu voulait que sa mère fût spécialement honorée dans ce lieu ; qu'il était particulièrement destiné pour exaucer ceux qui s'adresseraient à elle ; qu'il convenait par conséquent d'y établir une Confrérie, pour seconder la dévotion des fidèles, et mettre, dans le culte qu'ils rendaient à Marie, l'ordre et la décence convenables.

« Pour remplir cet objet, et relever en même temps la Confrérie de Saint-Joseph, ledit sieur Ligier a présenté une requête à Monseigneur de Rans, évêque de Rosy, et suffragant de Besançon, tendant à ce qu'il plût à sa Grandeur de transférer dans ladite chapelle la Confrérie de Saint-Joseph, établie auparavant dans l'église collégiale et paroissiale de Saint-Hippolyte, et ordonner que cette confrérie sera en même temps en l'honneur de la Sainte-Vierge. »

On ne prétendait point, par cette demande, confondre le culte de la Sainte-Vierge avec celui de Saint Joseph. Marie, reine du ciel et de la terre, mérite des hommages, qui ne peuvent être rendus qu'à elle ; mais ce n'est pas à dire qu'on ne puisse s'associer pour rendre à chacun d'eux le culte qui lui est dû ; il paraît même convenable de les honorer ensemble et par une même Confrérie, quoique les honneurs qu'on leur rend ne soient pas les mêmes.

Aussi l'évêque de Rosy n'aperçut-il rien d'irrégulier dans la demande qu'on lui faisait. Il fut vérifié par le doyen rural et par le curé du lieu que la chapelle de Notre-Dame-du-Mont était fort décente ; qu'il y avait trois autels dont l'un consacré, et très bien ornés ; qu'il y a abondance d'ornements et de linges ; qu'on n'a jamais remarqué le plus léger abus dans les assemblées et pèlerinages qui s'y font, où jamais on ne voit aucune espèce de denrées ou de marchandises exposées en vente ; qu'on voit au contraire tant d'édification, que les hérétiques même en sont touchés, jusque là qu'il en est plusieurs, qui ont contribué à l'entretien et décoration de ladite chapelle. A la suite d'une requête si favorable intervint l'approbation suivante : (1)

« Vu la présente requête et après avoir entendu le sieur Binétrui, curé de Blamont, doyen d'Ajoie, et le sieur Prieur, curé de Saint-Hippolyte, nous avons transféré et transférons la Confrérie de Saint-Joseph, ci-devant établie dans l'église collégiale et paroissiale de Saint-Hippolyte, en la chapelle du Mont, laquelle Confrérie sera sous l'invocation de la Sainte-Vierge et de Saint Joseph. Permettons au suppliant de faire imprimer le petit livre à l'usage des confrères, à la charge de nous en présenter préalablement le manuscrit pour être approuvé, s'il y échet (2).

A Besançon, le 25 mai 1784.

† C. J., évêque de Rosy, suffragant.

(1) Notice historique.
(2) Voir aux pièces justificatives, les statuts de la Confrérie.

L'institution de cette Confrérie augmenta encore la vénération déjà si grande des catholiques de la contrée pour Notre-Dame du Mont, et lui valut d'être respectée à l'heure de la grande Révolution. En effet, pendant que l'église de Saint-Hippolyte était le théâtre d'une affreuse orgie, pendant qu'un immense bûcher, élevé en plein jour sur la place publique, engloutissait et consumait sous les yeux d'une population égarée ou tremblante, les saintes reliques et les saintes images, Notre-Dame du Mont était respectée. L'écume de cette tempête vint mourir à ses pieds. L'impiété détrôna le Fils, mais s'arrêta devant la Mère.

Non seulement la chapelle et la Vierge du Mont furent respectées ; mais les fidèles du voisinage continuèrent à y venir invoquer leur auguste et puissante protectrice ; ils y vinrent même au plus fort de la tourmente et réussirent toujours à tromper la surveillance des jacobins de la ville. Le 15 décembre 1794, lendemain du jour où les administrateurs du district avaient envoyé à toutes les brigades de gendarmerie, l'arrêté des représentants Pelletier et Besson, prohibant tout exercice public d'un culte quelconque, un nombre considérable de catholiques se réunit dans la chapelle. Le conseil était en séance au moment même où cette nouvelle fut connue dans la ville. Aussitôt il arrête et ordonne que Faivre, l'un de ses membres, se rendra à l'instant sur les lieux avec la force armée, pour faire saisir ces perturbateurs du repos public et les faire punir suivant la rigueur des lois. Il était expressément recommandé au commissaire de faire observer par sa troupe la plus exacte discipline, afin que tout se passât sans trouble et cependant avec la fermeté qui convenait aux surveillants du peuple. Faivre courut remplir une mission si conforme à ses sentiments ; et, de retour vers la fin de la séance, il exposa qu'il s'était transporté à la chapelle du Mont avec la gendarmerie et quelques gardes nationaux affidés, après avoir pris secrètement toutes les précautions requises en pareil cas ; mais qu'il n'avait trouvé à l'endroit indiqué qu'un jeune homme de dix-sept ans, d'un esprit très faible, et occupé, suivant sa coutume, à réciter ses anciennes prières et à faire le prédicateur. Les gendarmes l'ayant questionné et même menacé, pour voir s'il ne révèlerait rien, ce jeune homme d'abord effrayé, avait dit : *il s'est caché* ; puis, sur la demande qui lui avait été faite de qui il parlait et où l'on s'était caché, il avait répondu : « Si vous me faites parler, je dirai des mensonges », et à l'instant même, il s'était mis à pleurer. Enfin, après avoir fait toutes les recherches nécessaires en ce lieu, on n'avait rien pu découvrir(1). Les catholiques, à l'arrivée des gendarmes, s'étaient dispersés et avaient gagné la forêt voisine ; ce qu'ils faisaient, du reste, toutes les fois que la haine des sans-culottes se mettait à leur poursuite. La Vierge du Mont ne permit pas qu'aucun de ceux qui étaient demeurés fidèles à son pèlerinage, tombât entre les mains des persécuteurs. Une foi si vive explique les actes de dévoûment, qui furent si nombreux dans notre région pendant les périls de la Terreur. Les prêtres ont trouvé partout un sûr asile, le proscrit un guide dévoué pour s'échapper à travers des chemins perdus, le saint sacrifice de nombreux fidèles dans les forêts, avant le lever du jour. C'est à Notre-Dame du Mont que notre pays doit d'avoir gardé sa foi, ses mœurs, son esprit chrétien et son caractère particulier de rude fermeté et de droiture.

L'impiété révolutionnaire, qui a détruit bien des sanctuaires de la Mère de Dieu et fait disparaître bien des pè-

---

(1) Jules SAUZAY. Histoire de la persécution révolutionnaire dans le Doubs. Tome VI, page 448.

lerinages en son honneur, n'a que faiblement atteint Notre-Dame du Mont. La paroisse de Saint-Hippolyte, bien que plus rudement éprouvée dans sa foi que nos paroisses rurales durant la grande tourmente, a conservé à son auguste protectrice sa pieuse vénération et son inébranlable confiance. Chaque année, le dimanche dans l'octave de la Visitation, fête de Notre-Dame, elle va solennellement visiter la montagne bénie que Marie a choisie pour faire éclater la puissance de son amour. Il n'y a pas de semaine où quelques familles de la ville ou des villages voisins ne sollicitent la faveur d'y entendre la sainte messe. Notre vallée, nos plaines et nos montagnes retentissent, surtout pendant le mois de Marie, de son nom et de ses louanges. Il n'y a pas d'année, où quelques traits de foi ne viennent réveiller le long de ces pentes abruptes, la poussière de nos ancêtres; point de jours où notre aimable protectrice ne nous fasse sentir sa bonté; point de cœurs vraiment chrétiens, qui ne le disent et ne le proclament : Marie est toujours là. L'enfance la connaît et vient jouer à ses pieds. La jeune fille lui témoigne sa dévotion et sa confiance. C'est là qu'on apporte l'enfant après son baptême, pour le consacrer à Marie après l'avoir délivré du démon par la grâce de Jésus ; là qu'on sollicite la guérison inespérée, le succès des grandes entreprises, la paix d'une bonne mort. Quand le ciel est sans chaleur ou sans rosée, quand les espérances du laboureur semblent trahies ou commencent à fléchir, à qui demande-t-on, selon le besoin, ou la pluie ou le soleil ? Tous les regards se portent vers Notre-Dame du Mont, et bientôt toutes les paroisses du voisinage vont solennellement se jeter aux pieds de celle que l'on n'invoque jamais en vain. La santé, la graisse de la terre ne sont qu'un bien fragile et passager, tandis qu'une bonne vie et une sainte mort sont un présent du ciel ; cette grâce, Notre-Dame du Mont l'a demandée et obtenue mille et mille fois pour les indifférents et pour les impies, pour les justes et les pécheurs. Combien d'humbles Moniques de nos villages, après avoir longtemps pleuré sur leur patrie ou sur leur Augustin, ont vu leurs larmes et leurs prières exaucées. Il n'est guère, dans nos paroisses, de prêtre qui ne connaisse des traits édifiants et qui ne puisse les raconter. Saint-Hippolyte, Pont-de-Roide, Blamont, Dampjoux, Chaux-les-Chatillon, Fleurey, Valoreille, Vauclusotte, Maîche, les Bréseux, Montandon, Les Plains, Courtefontaine, Soulce, Vaufrey, Chamesol, Villars, Dampvans, Réclère, Raucourt, Montécheroux, Grandfontaine, etc.; toute la vallée de St-Hippolyte, tous les plateaux de nos montagnes ont dans les modestes annales de ce pèlerinage, plusieurs pages, plusieurs noms, plusieurs grâces, plusieurs faveurs. Ces faveurs, je les crois avec ceux qui les sollicitent et qui les obtiennent, avec le témoignage populaire qui les consacre, avec l'attestation authentique et solennelle qui les rappelle.

Après nos désastres, quand la France entière se jetait dans les bras de Marie, dix-mille pèlerins accouraient aux pieds de Notre-Dame du Mont.

Voici un fait qui suffit à lui seul pour prouver l'attachement des populations de la contrée à leur auguste protectrice. Il y a six ans, les quelques protestants qui habitent St-Hippolyte, profitant de l'influence qu'ils avaient dans la municipalité de la ville, crurent le moment favorable pour occuper la chapelle de Notre-Dame du Mont. L'entreprise, conduite par quelques meneurs ardents et habiles, demeura secrète plusieurs mois ; pendant ce temps on ne négligea rien pour la faire réussir. On comptait sans l'intervention de la bonne Vierge. L'affaire fut portée devant la municipalité ; mais celle-ci, dont on avait escompté d'avance la complaisance, refusa de se prêter à l'odieuse spoliation pour laquelle on réclamait son concours. Elle n'avait pas, du reste, à intervenir, puisque le sanctuaire n'est ni un édifice communal ni une chapelle de secours.

Les catholiques ne connurent le danger qui les avait menacés, qu'au moment où il avait disparu. Leur premier sentiment fut l'étonnement et l'indignation ; mais bientôt il fit place à la joie et à la reconnaissance ; et, à l'appel de M. l'abbé Jeanclerc alors curé doyen de Saint-Hippolyte, plus de trois mille fidèles accoururent dans le sanctuaire de Notre-Dame du Mont pour témoigner à la bonne Vierge leur fidélité, leur confiance et leur amour.

La piété des fidèles prit un nouvel élan et des dons considérables, faits par des habitants de Saint-Hippolyte, s'ajoutèrent aux offrandes que, depuis bien des années, les pèlerins des environs avaient déposées dans le tronc de la chapelle. M. l'abbé Jeanclerc résolut alors de restaurer et d'embellir le Sanctuaire de Marie, afin d'y attirer encore plus les chrétiens ; mais il mourut avant d'avoir réalisé un projet si cher à son cœur. M. l'abbé Robert, son successeur, s'est empressé de continuer son œuvre. En 1887, un carrelage simple et de bon goût, a remplacé les vieilles dalles de pierre ; des statues en terre cuite ont été placées dans la nef ; des peintures à fresque, remarquables par leur fraîcheur, ornent les murs ; enfin, on a posé au chœur deux magnifiques vitraux, dont l'un, représentant saint Laurent, a été donné par les habitants de Courtefontaine et de Fleurey, dont l'autre, représentant saint Hippolyte, est dû à la générosité des habitants de la ville. Bientôt, dit-on, le maître-autel sera richement restauré et les quatre fenêtres de la nef auront aussi leurs vitraux. Quand un tel culte enfante de tels actes, ce culte est bien vivant encore et la postérité la plus lointaine ne le verra pas finir.

CHAPITRE XXXIII

Saint-Hippolyte et l'ancien comté de la Roche depuis la Révolution jusqu'à nos jours.

Statistiques industrielle, agricole et commerciale.
Alimentation publique.

Nous avons vu Saint-Hippolyte, chef-lieu de district pendant la Révolution, devenir chef-lieu de sous-préfecture du troisième arrondissement du Doubs en 1799, lors de la réorganisation de la France par le premier consul Bonaparte. Micaud, membre de l'administration départementale, y fut nommé sous-préfet.

Deux ans après, 15 juillet 1801, le concordat était signé et l'abbé Ardin, prédicateur éloquent, était nommé curé de la paroisse.

Au moment de la Révolution, le département s'était attribué la propriété du couvent des dames Ursulines avec toutes ses dépendances. En 1799, il vendit, pour la somme de cent trente mille francs, à Hippolyte Prélot qui la démolit, la chapelle avec les vergers et clos voisins ; le couvent, tel qu'il existe actuellement, fut affecté au service des administrations publiques.

En 1816, la sous-préfecture et le tribunal furent transférés à Montbéliard et le couvent demeura à peu près vide. Ce transfert dépouillait Saint-Hippolyte de son importance et rendait très difficiles les communications et les rapports de la partie haute de l'arrondissement avec le chef-lieu. Aussi, de nombreuses et vives réclamations furent-elles faites.

Les cantons de Pont-de-Roide, de Saint-Hippolyte, de Maîche et du Russey insistèrent pendant plusieurs années auprès du Ministre de l'Intérieur pour obtenir le rétablissement de l'ancien état de choses. Ils s'engagèrent même à pourvoir à toutes les dépenses qu'occasionnerait cette mesure ; malheureusement leurs efforts échouèrent devant les hautes influences que la ville de Montbéliard sut se concilier, et Saint-Hippolyte, ancienne capitale d'un comté, fut condamné à demeurer simple chef-lieu de canton.

En 1837, la ville acheta, moyennant la somme de dix-mille francs, payables en dix annuités, l'ancien couvent des Ursulines, sauf l'aile *nord-est* que le département se réserva pour le logement de la gendarmerie. La justice de paix, la municipalité et les écoles occupaient l'autre partie ; mais, en 1849, la commune construisit sur la place un hôtel de ville, où la justice de paix, la municipalité et les salles d'asile furent transférées.

Saint-Hippolyte ne doit plus son importance qu'à sa situation au pied des monts entre les deux parties de l'arrondissement de Montbéliard, qu'on appelle la *Plaine* et la *Montagne*. La création du chemin de fer, due aux efforts persévérants de M. de Blondeau ; l'ouverture d'une route directe de Saint-Hippolyte à Saint-Ursanne par Soulce, Vaufrey et Glère ; les voies de communication, qui rayonnent dans toutes les directions, celle qui suit notamment la vallée industrieuse du Dessoubre jusqu'à Rosureux et Consolation, font de Saint-Hippolyte un centre topographique qui ne peut qu'augmenter encore d'importance et de relief.

Le commerce est représenté à Saint-Hippolyte par des maisons tant anciennes que nouvelles dont les relations lointaines font souvent citer avantageusement cette petite ville.

L'industrie y occupe également une place importante. On remarque *les forges du Lods*. Fondées en 1838 par MM. de Blondeau et Delavelle, frères, elles sont placées aujourd'hui sous la direction d'une compagnie parisienne, dite la *Raison sociale* ; leurs produits, dits *fers aux bois*, sont renommés.

Des tanneries, aussi anciennes que la ville, envoient sur les principaux marchés de France des cuirs très recherchés.

Les scieries, au nombre de trois, toutes importantes et habilement dirigées, soutiennent la concurrence étrangère et sont un précieux débouché pour les bois de la haute montagne. On compte encore deux filatures, l'une de coton, et l'autre de lin et de chanvre. Cette dernière, récemment incendiée, a été reconstruite sur un plus vaste plan et va centraliser tous les produits du pays. Enfin de nombreuses roches de tuf et une carrière de pierres que les constructeurs préfèrent aux produits similaires vont être l'objet d'une exploitation plus étendue, grâce à l'ouverture de la voie ferrée.

La région, qui formait autrefois le comté de la Roche, est aujourd'hui très peuplée. On y trouve non seulement de grands villages, comme Maîche, Charquemont, Damprichard, Trévillers, Chamesol, Montécheroux, mais encore de nombreux hameaux et des fermes disséminées au milieu des pâturages.

Les anciennes maisons rurales ne ressemblent pas à celles de la plaine. Ces vastes demeures ont un caractère particulier. Leur façade principale est percée de nombreuses fenêtres à chaque étage ; le pignon se rétrécit jusqu'au sommet en forme de triangle orné de voliges de sapin découpé [1]. Le vaste toit est à deux pentes, il surplombe en avant-toit sur la façade et descend très bas des deux côtés. Les maisons étaient autrefois couvertes en bardeaux, assujettis par des pierres, comme en Suisse ; les tuiles sont maintenant préférées. Les sources étant rares, chaque habitation a sa citerne ; c'est sans doute pour faire une plus grande récolte d'eau que les montagnards donnent à leurs toitures un développement si considérable.

La partie antérieure de la maison est occupée uniquement par le propriétaire et par sa famille. Au rez-de-chaussée, et généralement au centre de la maison, se trouve une vaste cuisine ; au lieu de plafond, un vide pyramidal, à quatre pans, se prolonge jusqu'au delà du toit et se termine par une ouverture recouverte d'une bascule en bois, appelée *Louene* [2], que l'on peut ouvrir ou fermer à volonté au moyen d'une tringle ou d'une chaîne. La cuisine n'est plus qu'une vaste cheminée aux parois de laquelle les paysans suspendent la viande de conserve ; celle-ci s'imprègne des arômes de la fumée résineuse et devient très recherchée sous le nom de *bresi*. Le bœuf est le mets favori des montagnards et s'exporte dans la province. Les jambons et saucissons fumés sont renommés au loin.

A côté de la cuisine se trouve une salle spacieuse appelée

---

[1] Ces anciennes constructions révèlent l'architecture espagnole du temps de Charles-Quint et des Philippe.
[2] Louene du celtique *lu* ou *lou* eau et *en* et *enne*, dessus.

poêle et consacrée aux réunions et aux repas. C'est là que se passent les longues veillées d'hiver, où les vieilles coutumes et les vieux récits se perpétuent [1].

Sur la façade postérieure de la maison se trouvent les écuries destinées à abriter le bétail pendant la saison d'hiver ; au-dessus d'elles, au niveau du premier étage, sont de vastes greniers où l'on entasse les fourrages. On y accède du dehors par un plan incliné, sorte de pont accessible aux voitures qui pénètrent dans la grange, tout attelées, et toutes chargées de gerbes ou de foin.

Ce qui donne encore un caractère saisissant à cette région ce sont ses forêts, ses tourbières et ses pâturages. Malgré les défrichements et les coupes nombreuses, les forêts couvrent de vastes espaces et on rencontre encore beaucoup d'arbres séculaires. Rien n'est majestueux et imposant comme l'intérieur d'une forêt de sapins. Les troncs énormes, droits et unis comme des colonnades, s'élèvent parfois jusqu'à trente-cinq mètres ; leurs branches entrelacées forment un dôme impénétrable aux rayons du soleil. Un religieux silence règne sous ces voûtes majestueuses, où l'on respire le parfum des fleurs et des fruits sauvages, mêlé aux senteurs résineuses.

A côté de ces forêts gigantesques s'étendent de riches prairies et de gras pâturages. Les pâturages sont divisés en enclos, entourés de murs ou de troncs de sapins couchés sur des fourches. Les chemins vicinaux, qui se détachent des grandes voies de communications pour se rendre aux hameaux et aux fermes, sont interrompus,

---

[1] Les anciennes habitations sont traversées au centre par un corridor, appelé *pourtche*, et ménagent une issue facile en cas de danger ; elles sont enfoncées de plusieurs pieds dans le sol, ce qui les rend plus chaudes.

pour traverser chaque enclos, par des barrières ou *doulaises*, espèces de portes formées de deux montants et de quatre traverses en sapin.

Les chevaux et le bétail passent l'hiver à l'étable, mais dès l'arrivée des beaux jours, on les parque en liberté dans les enclos. Pendant le mauvais temps, ils se réfugient dans des loges ou cabanes en bois toujours ouvertes. Une citerne se trouve auprès de chaque loge, elle est alimentée par les eaux pluviales provenant de la toiture de la loge. Chaque jour, le fermier vient visiter son bétail; il remplit l'auge pour vingt-quatre heures et distribue le *léché*, mélange de sel et de graine de foin dont l'espèce bovine est si avide qu'on voit accourir les vaches au grand galop vers leur maître, depuis les solitudes de la pâture, pour recevoir de sa main l'aubaine quotidienne.

Le sol de la haute montagne présente des dépressions dont le fond n'est pas perméable; les eaux qui proviennent de la pluie et de la fonte des neiges, ne trouvant pas d'écoulement, transforment ces terrains en prairies marécageuses. C'est ce que les montagnards appellent des *seignes*. Plusieurs de ces seignes sont devenues à la longue des *tourbières*, amas de végétaux, *sphaignes, conserves, algues, mousse*, etc. dont la décomposition fournit un combustible particulier nommé *tourbe*. On remarque que les tourbières servent de station à des plantes qu'on ne rencontre que dans le nord de l'Europe; le thermomètre y indique, du reste, plusieurs degrés de moins que dans les localités environnantes. Sur les plateaux de la partie haute de l'ancien comté de la Roche, de nombreuses cavités ou entonnoirs sont remplis d'arbres, qui ne croissent plus en ces lieux. Aux Guinots près du Russey, on a extrait de la base des dépôts tourbeux des troncs de chêne peu altérés, qui témoignent d'un changement dans les essences forestières de la montagne où le chêne est inconnu de nos jours; les essences y ont suivi des alternances contraires à celles de certains autres pays, le Danemark par exemple, où le pin a précédé le chêne et le hêtre.

L'agriculture, l'élève du bétail et la fabrication des fromages forment les principales ressources du pays.

L'agriculture comprend la récolte en pleins champs des céréales: froment, orge, avoine, et des plantes tuberculeuses ou racineuses telles que : pommes de terre, carottes et raves. A ces produits, il faut ajouter ceux des prairies naturelles et artificielles. Ces dernières comprennent la luzerne et le trèfle, mais l'esparcette domine. Duvernois raconte dans ses éphémérides que ce fut Antoine Bregenzer, directeur des forges d'Audincourt, qui introduisit, en 1739, la culture de l'esparcette dans le pays de Montbéliard. Il acheta en Suisse des graines de cette plante utile pour une valeur de soixante livres, et les fit semer avec succès dans une partie du vaste jardin qui joignait son habitation. Ce salutaire exemple fut un bienfait pour le pays.

Voici le mode de culture généralement admis dans la région. Lorsqu'une surface engazonnée, ou *Pré sec*, est usée, c'est-à-dire quand elle ne produit plus, on lui donne un labour à plat, sur lequel, avec un engrais, on sème du blé ou de l'avoine ; l'année suivante, on retourne au moyen de la charrue et l'on sème, sans engrais, de l'avoine ou du blé ; la troisième année, sur un seul labour mais avec une large fumure, on sème comme les années précédentes. Après ces trois récoltes on laisse le champ se *réenherber* naturellement. Dans certaines localités, et principalement pour les communaux, qui sont loués aux habitants pauvres, on se livre à *l'écobuage*, pratique agricole, qui consiste à enlever les gazons, à les faire sécher et à les brûler après les avoir disposés en petits fourneaux. Les gazons réduits en cendres sont répandus aussi également que possible sur le champ et on donne aussitôt un labour pour planter des pommes de terre ou semer de l'orge ; la seconde année, c'est le tour du froment avec fumure ; et la troisième année, celui de l'avoine ; après cette dernière récolte, on abandonne la terre à un *réengazonnement* spontané, auquel on devrait préférer un semis de graines fourragères appropriées au sol et au climat.

La végétation ne durant que six mois au plus dans cette zone, c'est pendant cette courte période que tous les travaux agricoles doivent s'accomplir.

L'agriculture est peu prospère dans la contrée. Cela tient d'abord à ce que les ouvriers agricoles manquent ; les meilleurs abandonnent la campagne et émigrent dans les villes, où ils espèrent trouver un gain supérieur. Cela tient ensuite à ce qu'il n'y a point ou très peu de riches agriculteurs, capables de mener de front la théorie et la pratique. La plupart de nos cultivateurs sont des fermiers, qui ne peuvent faire les dépenses nécessaires à l'amélioration de la ferme. Du reste, il faut bien le dire, les cultivateurs même aisés, quoique économes et laborieux, ne connaissent pas leur métier. La routine est leur seul guide. Leur manière de cultiver est une sorte de religion transmise par leurs pères et hors de laquelle ils ne voient que péril et ruine.

Il faut ranger encore dans l'agriculture les récoltes des jardins potagers : choux, choux-raves, pois, haricots, oignons, poireaux, ail, échalotte, ciboule, oseille, épinards, asperges, carottes, raves, pommes-de-terre, radis, cerfeuil, persil, estragon, salades, laitues, romaine et chicorées, fraises, framboises, cornichons, concombres, courges et tomates. On récolte dans les ruisseaux d'excellent cresson.

On cultive enfin les plantes textiles tels que le lin et le chanvre.

Le lin est la plante qui donne la filasse la plus fine. Sa graine produit une boisson mucilagineuse, une huile pour la peinture et une farine employée en médecine.

Le chanvre sert à la fabrication de la toile et des cordages. Le rouissage du chanvre se fait sur le pré. On prépare le chanvre de deux manières : on le *tille* à la main, c'est-à-dire on le brise de distance en distance à mesure que les filaments se détachent. Le tillage se fait surtout pendant les veillées d'automne et d'hiver. On se sert aussi de la *maque*, en patois *brocou*, antique instrument en bois composé d'un chevalet avec des rainures et d'un manche à charnières, en honneur au moyen âge, puisque les armoiries parlantes du sire de Joinville dont le nom patronymique était de Broyes, sont trois *broies* à *broyer le chanvre*, d'or en champ d'azur. Le mot patois *brocou* semble garder quelque chose de l'étymologie et de la forme imitative.

Pendant les longues veillées d'hiver, les femmes des cultivateurs filent avec le rouet, quelques unes avec l'antique quenouille et le fuseau déjà connus des Aryas.

On cultive très peu dans la contrée les plantes oléagineuses, c'est à peine si l'on rencontre quelques champs de navette. Les arbres dont les fruits sont employés à la préparation de l'huile sont le noyer, le noisetier et le hêtre très commun dans nos forêts.

Dans la partie haute de l'ancien comté de la Roche on distille la gentiane. La racine de cette plante produit une liqueur amère à laquelle les montagnards attribuent des vertus nombreuses ; pour eux c'est la liqueur tonique par excellence ; ils l'emploient pour relever les forces des convalescents et pour combattre la fièvre.

Les montagnards font aussi un grand usage de l'arnica dans leur médecine domestique.

Parmi les nombreux champignons qui croissent dans le pays, deux surtout sont très estimés : le *mousseron* et la *morille*.

Le mousseron croît dans les vieilles pâtures, jamais isolément, mais par familles. On reconnaît sa présence dans l'herbe à une sorte de fer à cheval dont le centre paraît brûlé ; à l'extérieur du cercle est un ruban d'herbe drue plus verte que le reste de la prairie et dans lequel se trouvent les mousserons. On rencontre aussi dans les pâtures le champignon de carrière ou mousseron de Paris.

La morille se plaît au pied des ormes, des frênes, des troènes, des chênes et des sapins. On la cueille en mars, avril et mai. Il y a deux espèces de morilles, les grises et les blanches ; les premières ne se rencontrent que sous les sapins et sont les plus estimées. La morille est très nutritive et donne aux mets une saveur délicate. Séchée, elle se conserve très longtemps.

On récolte encore la roussotte, champignon orange en cornet lamellé et la chanterelle. Le pays produit un grand nombre d'autres champignons la plupart dangereux. On doit les redouter. En cas d'incertitude, il est indispensable de laver les champignons dans de l'eau fortement vinaigrée.

Les villages de la partie basse de la région sont entourés d'arbres fruitiers rustiques : ce sont, principalement, les pruniers, les poiriers, les pommiers, les noyers et les cerisiers.

Le prunier, qui produit la Quetche, est très commun. On fait avec ses fruits une eau-de-vie qui ressemble au kirsch ; on fait aussi sécher la Quetche au four après la cuisson du pain, mais ces *pruneaux*, n'étant pas soignés, sont de qualité inférieure.

Les poiriers et les pommiers sont les plus anciens de nos arbres fruitiers ; les Celtes les cultivaient déjà. Les paysans font sécher au four les quartiers de poires et de pommes et les conservent ainsi jusqu'à la récolte suivante.

Les cerisiers et les noyers, introduits dans la contrée sous le règne de l'empereur Probus, abondent aussi.

Les animaux domestiques sont la richesse du pays. Le bœuf et le veau entrent pour une grande part dans l'alimentation publique. Les vaches laitières sont élevées dans tous nos villages et dans toutes nos fermes. Nos cultivateurs ont créé, par le croisement de la race suisse et de la race comtoise, une race mixte, donnant en même temps le veau pour la boucherie et pour l'élève, le bœuf pour le labour et pour la boucherie et la vache bonne laitière.

Cette race ne diffère des types originaires que par des nuances légères, elle y est ramenée par des croisements continuels.

Notre contrée, déjà fort réputée pour ses bons chevaux au temps des Celtes et des Romains, a dégénéré ; pourtant elle en fournit encore aujourd'hui un grand nombre ; ils sont estimés pour le trait. L'artillerie en emploie pour le train des équipages. On distingue dans le pays plusieurs races ou variétés : 1° la race comtoise, cheval de trait dont le caractère particulier est la croupe avalée ; 2° la race de Delémont, cheval trapu, membres secs, articulations larges, tête osseuse et sèche ; cheval de trait léger, bon pour l'artillerie ; 3° les produits de la race comtoise croisée avec la race de Delémont ; 4° La variété de Maîche, à croupe carrée, à encolure forte, d'une taille moyenne de un mètre cinquante-quatre centimètres à un mètre soixante. Ces chevaux sont destinés au gros trait ; ils sont dociles mais un peu mous.

Le pays, grâce à ses pâtures et à la disposition du sol, trouverait de grands avantages à l'élevage du cheval. Malheureusement nos cultivateurs n'y apportent pas de soin. Les croisements sont peu raisonnés. Le travail de la mère est excessif, celui du poulain prématuré, les soins hygiéniques presque nuls.

L'âne est malheureusement peu employé dans nos campagnes où il serait si utile; on ne l'y voit guère qu'attelé aux petites charrettes des marchands ambulants. Il en est de même du mulet, qui n'est employé que dans quelques moulins. Il faut espérer que ces préjugés tomberont et que l'on comprendra que l'âne et surtout le mulet, que l'on recherche et que l'on emploie dans tous les autres pays de montagne et que l'État achète si cher pour l'artillerie et le train, seront employés dans le nôtre où leurs qualités spéciales rendraient de si grands services. Un éleveur intelligent, qui croiserait nos juments avec l'étalon asin du Poitou ou du midi, serait peut-être le bienfaiteur de la montagne en faisant sa fortune.

On ne voit pas dans notre pays les grands troupeaux de moutons particuliers aux contrées à vastes pâturages. Chaque ménage de cultivateurs possède quelques paires de moutons. Un petit pâtre les réunit chaque matin au son du cornet, les mène sur les finages communaux et les ramène le soir à leurs propriétaires.

La chèvre est une précieuse ressource pour les ménages pauvres ; elle donne de trois à quatre litres de lait par jour. C'est la vache du pauvre. On estime dans notre pays la chair du cabri.

Le cochon domestique est l'animal qui fournit la part de viande la plus considérable à l'alimentation publique.

Presque tous les ménages, même les plus pauvres, engraissent un cochon pour l'hiver ; le genre de nourriture de cet animal permet d'utiliser tous les débris de la cuisine et des récoltes. C'est en général au mois de Décembre que les cultivateurs tuent leur cochon. C'est un jour de fête pour la famille. On se régale de boudin et de grillades. Les voisins ne sont jamais oubliés, c'est un usage constant de leur offrir une portion de viande ou de boudin.

Dans nos villages, la viande de porc est presque la seule en usage chez les petits agriculteurs et chez les ouvriers. Elle est le complément obligé des choux, de la choucroute, des raves salées et des pommes de terre. Notre pays a conservé la renommée de l'ancienne Séquanie, pour la préparation supérieure des jambons ; il est également réputé pour l'excellence des saucissons et des andouilles au cumin.

La transformation du lait en fromage de Gruyère constitue l'industrie agricole de la région voisine de Saint-Hippolyte. Cette fabrication exige une quantité considérable de lait ; la plupart des habitants ne possédant qu'un nombre insuffisant de vaches, aucun d'eux ne fabrique pour son compte ; ils se réunissent par groupes ou *associations fruitières,* qui se composent ordinairement de vingt à trente sociétaires, selon l'importance des villages ou des hameaux.

A l'origine, l'organisation de ces associations était fort élémentaire. Chacun des sociétaires devait à son tour faire le fromage au jour fixé ; tous les autres lui apportaient à titre de prêt réciproque le lait de leurs vaches. Le titulaire momentané devenait débiteur d'une quantité de lait qu'il rendait successivement. Plus tard, ce système s'est perfectionné ; les associations ont construit ou loué des chalets, dans lesquels un fromager reçoit chaque jour le lait de tous les sociétaires, fabrique le fromage pour chacun à tour de rôle, emmagasine et soigne les produits jusqu'à leur vente. Les fromages appartiennent à l'association ; les accessoires, c'est-à-dire la crème, le céret et le petit-lait, sont seuls la propriété individuelle des sociétaires. Les fromageries nouvelles adoptent généralement le système suisse, qui paraît plus rationnel et pratiquement préférable. Il consiste à rendre l'association propriétaire indivisible du lait dès qu'il est arrivé à la fruitière, et de tous les produits qui résultent de la fabrication.

La comptabilité tenue par le fruitier est fort simple ; chaque membre de l'association est muni d'une double règle sur laquelle le fruitier, au moyen d'encoches, marque le nombre de litres de lait qui lui ont été livrés, c'est ce qu'on appelle la *taille*. Cet usage rustique tend généralement à disparaître pour faire place au *livret* sur lequel l'apport et le rendement de chaque sociétaire sont inscrits.

Ce qu'il y a de plus curieux dans l'institution des *sociétés fromagères,* c'est qu'il n'existe généralement, entre les sociétaires, aucune convention écrite ; la société n'existe que de fait et se proroge ou cesse tacitement. L'association repose sur un droit coutumier en dehors de toute jurisprudence reçue ; ces sociétés sont fondées sur une confiance réciproque et sur la bonne foi.

En dehors de l'agriculture, de l'élève du bétail et des fromageries, la région possède diverses industries qui méritent d'être signalées.

La plus importante est l'horlogerie. Cette industrie comprend l'horlogerie de gros volume et celle de petit volume.

La grosse horlogerie n'est représentée dans la région que par un seul établissement : celui de M. Lucien Prêtre à Rosureux. M. Prêtre établit des horloges de tours ou de clochers, d'un bon travail, (genre Morez) et à des prix très modérés ; la disposition des cylindres en dehors de la cage du rouage enfermé complètement, est une heureuse application de son invention. M. Prêtre a aussi un atelier pour la fabrication des pompes à incendie et autres.

La petite horlogerie est représentée par de nombreux établissements ; les plus importants sont à Charquemont, à Damprichard et à Fournet-Blancheroche. Cette industrie, introduite dans le pays à la fin du XVIIe siècle par un paysan de la vallée de la Sagne, Daniel-Jean Richard, s'est répandue dans la plupart des villages voisins de la Suisse. Pratiquée patriarcalement dans le poêle, l'horlogerie a été durant un quart de siècle une source de travail, de richesse et de bien-être pour les familles rurales que le climat laissait inoccupées pendant les longs hivers. Malheureusement l'appât des gros gains a détourné la jeunesse des travaux rustiques ; le bien-être a amené parmi les populations un luxe de mauvais aloi, souvent l'ivrognerie, et finalement a produit la ruine de cultivateurs, qui avaient d'abord trouvé dans l'horlogerie le moyen d'accroître leurs propriétés et leurs troupeaux.

Les habitants de Montécheroux se livrent à un genre spécial d'industrie : la fabrication des outils d'horlogerie tels que tours, pinces et étaux. Ces produits sont vendus aux horlogers des montagnes de Neuchâtel, du pays de Montbéliard et de la Forêt-Noire. Les ouvriers de Montécheroux tirent leurs ébauches de la forge de Liebvillers.

Le pays de Saint-Hippolyte et de Maîche possède plusieurs petites forges. Outre l'important établissement de M. de Blondeau, il existait à Neuf-Gouffre, sur le Dessoubre, une fabrique de machines-outils pour le travail du bois et des métaux. Cette usine, construite en 1864 et exploitée en 1865 par Messieurs Ferdinand Arbey et Cie, ingénieurs-mécaniciens, a fonctionné jusqu'en 1870 ; elle occupait cinquante ouvriers.

L'art du potier, l'un des plus anciens, ne compte plus dans le pays que des établissements sans importance, à Bief, à Dampjoux et à Vauclusotte.

L'industrie verrière était représentée dans la région à la fin du siècle dernier, par trois établissements, le premier à la Grand-Combe-des-Bois, le second au Bief d'Etoz, et le troisième au Bélieu.

La verrerie du Bief d'Etoz s'est fait une place dans l'histoire par ses produits au moment de la Révolution. Quand la Convention eut décrété le vol des vases sacrés de toutes les églises de France, le conseil général du Doubs, le 23 novembre 1793, « considérant que les calices, ciboires et ostensoirs peuvent s'exécuter en verre et qu'ils seraient plus agréables et plus propres qu'en métal, » arrêta que le citoyen Blondeau, aîné, serait invité « à fabriquer à sa verrerie du Bief d'Etoz, des modèles de la forme la plus solide et la plus convenable ; que ces modèles seraient présentés au département pour faire choix de ceux qui lui paraîtront réunir le plus d'avantages, et pour traiter ensuite de l'acquisition d'une quantité déterminée. »

Le citoyen Blondeau se mit aussitôt à l'œuvre ; mais le succès ne répondit point à son attente. On peut s'en convaincre par l'extrait suivant de la correspondance échangée entre le fabricant et le district de Pontarlier :

« Conformément à un arrêté du département, écrivait Blondeau, je vous envoie une petite caisse de calices et de ciboires de verre. J'aurais fait la pacotille plus considérable, si l'échange de ceux d'or contre ceux de verre se soutenait ; mais je crains que les dispositions à ces sacrifices ne soient bien affaiblies. J'ai fait interrompre cette fabrication, sauf à la reprendre dans des circonstances plus favorables. »

« Nous avons reçu, répondait le district, la caisse contenant cent quatre-vingt-quatre calices et sept ciboires ; nous les distribuerons aux communes, qui se sont dépouillées de leur argenterie et qui le feront dans la suite ; mais *cela ne prend pas*. Cependant nous ferons tout pour les y décider ; mais il faut du temps. »

Lorsque le citoyen Blondeau présenta la facture des objets qu'il avait livrés, le département lui répondit, le 17 février, par l'arrêté suivant :

« Vu l'état des calices et ciboires fournis par le citoyen Blondeau, montant à mille sept cent quatre-vingt-sept livres, le directoire, considérant qu'il n'a aucuns fonds, que cependant ces objets sont nécessaires, puisqu'ils procurent à la République un échange avantageux, en ce que les habitants encore accoutumés au culte catholique, *assurés de trouver des meubles de verre, apporteront en remplacement leur argenterie*, renvoie le citoyen Blondeau au représentant Lejeune pour être payé sur les fonds provenant de l'argenterie déposée. »

Après quelques difficultés, Blondeau finit par être payé ; mais il se vit plus tard obligé de rendre une grande partie de cet argent. En effet, l'échange des calices d'argent contre ceux de verre *n'ayant décidément pas pris*, et l'usage de toute espèce de calices ayant été proscrit peu de temps après, il restait au 4 mai 1795, à l'époque de la réaction, une grande partie des produits du Bief d'Etoz, sans emploi dans les magasins du département. Le citoyen Blondeau fut obligé de reprendre pour son compte onze ciboires, trois cent treize calices et deux cent quatre-vingt-quatre patènes, au prix de cinq livres, trois livres et cinquante centimes, ce qui l'obligea à une restitution totale de mille cent trente-six livres.

Cette mesure acheva la ruine de l'établissement.

La verrerie du Bélieu a fonctionné jusqu'à la fin de la première moitié de ce siècle. Elle appartenait à M. Louis Accarier et occupait près de cinquante ouvriers. On y fabriquait des verres de pendules et de baromètres, des litres, deux cent cinquante mille feuilles de verre à vitre, pour une valeur annuelle de soixante-quatorze mille sept cents francs. Ces produits se plaçaient dans le département du Doubs, dans le Jura, à Neuchâtel, à Yverdon et à la Chaux-de-Fonds. On consommait dans le roulement six mille trois cent stères de tourbe et deux cents stères de bois.

Au commencement de ce siècle, on exploitait à Chamesol un minerai de fer qui servait à l'alimentation des hauts-fourneaux de Bourguignon et d'Audincourt. Ce minerai est formé de tout petits grains disséminés dans une pâte marno-siliceuse ; sa richesse étant inférieure à 20 %, il n'était employé que comme fondant. Il forme une couche de 0^m,60 à 0^m,70 d'épaisseur au-dessus de la marne et du calcaire marneux oxfordien ; il est surmonté de couches siliceuses qui représentent la chaille, et au-sus desquelles apparaît le corrallien inférieur à polypiers siliceux [1].

La présence du minerai de fer à la base des chailles, ne doit pas être considérée à Chamesol comme un accident local, elle se reconnaît dans les environs, notamment à Dampjoux et à Fleurey, au lieu dit les Prés-de-Fer, mais il est encore moins riche.

On exploite de nombreuses carrières de tuf dans la vallée du Dessoubre, à Consolation, à Laval, à Rosureux, à

---

[1] Statistique géologique, minéralogique et minéralurgique du département du Doubs, par M. Résal, ingénieur des mines.

Orgeans, et dans la vallée du Doubs, à **Vaufrey**, à la ferme de la Petite-Roche près de Saint-Hippolyte et à Liebvillers. On travaille le tuf en carrés longs et on le livre ainsi au commerce ; on l'emploie pour les constructions légères des cheminées, des voûtes, des cloisons, etc. (1).

Le commerce de la région est alimenté par de nombreuses foires où se font d'importantes transactions. Les principales sont celles de Belleherbe, le second jeudi du mois ; celles du Russey, le premier jeudi ; celles de Maîche, le troisième jeudi ; celles de Saint-Hippolyte, le quatrième jeudi, et celles de Pont-de-Roide, le premier mardi du mois. Ces trois dernières localités ont en outre chaque semaine un marché où les populations bourgeoises et ouvrières font leurs approvisionnements.

Les grandes foires du pays attirent la population de tous les villages voisins ; elle s'y rend pour vendre ou acheter du bétail, chevaux, porcs, moutons, etc..., denrées, céréales : C'est la *bourse agricole*.

Les foires offrent un spectacle mouvant, animé, auquel il est intéressant d'assister pour étudier la physionomie de l'habitant des campagnes. Nos paysans aiment beaucoup les foires ; ils les fréquentent même quand ils n'ont aucune transaction à faire. C'est pour eux une occasion de se tenir au courant des affaires, de voir leurs amis et leurs connaissances, et quelquefois aussi de faire un *bon dîner*.

Il y a dans chaque bourg ou village un lieu spécial

---

(1) Il existe à la *Cendrée* territoire de Charquemont, une mine d'or, d'argent et autres métaux, exploitée par les Bouhèlier, au milieu du XVIe siècle, avec la permission de l'empereur Charles-Quint. Un galérien de Marseille qui, par l'espoir de sa grâce, avait indiqué la mine d'argent de la Cendrée, fut amené à Charquemont, en 1704, par Bombelle, directeur des galères, mais l'exploitation n'en parut pas assez fructueuse.

qu'on appelle le *champ de foire* : c'est là que l'on parque le bétail.

Les rues, les places sont couvertes des boutiques en planches, et des tentes des marchands ambulants, qui viennent faire concurrence aux marchands de la localité. Les populations rurales profitent des foires pour faire leurs approvisionnements ; elles y trouvent, suivant les saisons, de quoi satisfaire à toutes les exigences de leur situation respective.

C'est aux foires que se fait la mercuriale ou prix de tous les produits de la région, en particulier du bétail et des céréales.

Il se fait à nos foires un grand commerce de bétail. Des exportations considérables s'opèrent pour la Flandre, la Bourgogne et l'Alsace.

Les herbagers du Nord, que l'on désigne sous le nom de *Flamands* et qui appartiennent principalement à l'arrondissement d'Avesnes (Nord), parcourent chaque printemps les foires du pays et achètent des bœufs qu'ils engraissent dans leurs pâturages.

La foire de Maîche en septembre est très renommée ; elle est fréquentée par des marchands et des cultivateurs de divers pays, qui viennent y acheter les beaux poulains de cinq à sept mois.

Un mot, en terminant ce chapitre, de l'alimentation publique dans la contrée.

L'homme est un animal *omnivore*, c'est-à-dire qu'il peut faire usage pour sa nourriture de tous les produits que la Providence a dispensés sur la terre.

Il est des peuples, cependant, qui sont obligés, sous le climat et dans la région qu'ils habitent, de se contenter d'un ordre restreint d'aliments, tels sont les Esquimaux par exemple, qui se nourrissent de poissons, d'huile de phoques et de lichens. Il n'en est pas de même des habitants de notre contrée qui sont *omnivores* par excellence, grâce à la fertilité de leur sol. Les céréales nous donnent du pain de bonne qualité ; nos légumes de toute espèce sont l'accompagnement obligé de nos viandes ; le porc, le bœuf, le veau, le mouton, sont des viandes succulentes d'un usage journalier ; la chasse et la pêche nous fournissent du gibier et du poisson en abondance ; nos basses-cours, des œufs et des volailles grasses ; enfin les vins de la Comté, du Jura et de la Bourgogne, une boisson qui n'est point à dédaigner.

Il est donc peu de pays aussi favorisés que le nôtre au point de vue matériel, et comme l'alimentation joue un rôle capital sur le développement physique, et le physique sur le moral des hommes, il en résulte que notre population est bien partagée aussi sous le rapport intellectuel ; si elle est *omnivore*, elle est aussi apte à beaucoup de choses, aussi bien à l'industrie qu'aux lettres, aux sciences et aux arts.

L'ordre habituel des repas pour la population ouvrière est basée sur les heures du travail des fabriques. Le déjeûner est de sept à huit heures, le dîner à midi et le souper de sept à huit heures. L'heure du repas du matin et du soir varie chez nos populations agricoles avec les différentes saisons.

Autrefois, comme le prouvent différentes chartes, c'était le magistrat qui réglait le prix de la table d'hôte dans les auberges.

L'alimentation actuelle varie suivant les classes et suivant les fortunes. La table du cultivateur, de l'artisan et de l'ouvrier est naturellement plus modeste que celle du riche bourgeois. Le repas du matin consiste ordinairement dans une soupe ou dans un bol de café au lait. A midi a lieu le dîner ; c'est le repas principal : il consiste dans un bouillon gras ou maigre, selon que l'abstinence est ou non prescrite, dans un plat de viande et de légumes, un jour choucroûte et andouille, un autre jour en choux, en raves salées ou poires cuites etc... accompagnées de tranches de lard [1]. Le soir, le régal de nos compagnards consiste dans un bol de lait et des pommes de terre en robe de chambre. Dans les localités où l'on fait la fromagerie, le lait est remplacé par la *laitue* et le *melton*. La boisson ordinaire est l'eau. Le paysan qui n'est pas riche, ne boit du vin que le dimanche ou quand il voyage. Pendant les fenaisons et les moissons, les travaux du cultivateur étant plus pénibles, les repas sont aussi plus copieux et plus nombreux. On fait une plus grande consommation de viande, le vin est de rigueur, et, outre les trois repas habituels, on fait les *dix heures*, le matin, et les *quatre heures* dans l'après midi.

La consommation du pain est considérable surtout chez le paysan ; il est partout de bonne qualité ; on ne trouve plus le pain noir d'autrefois ; le *bolon,* pain d'orge et d'avoine, a complètement disparu. La plupart des ménages font leur pain ; on ne trouve de boulangers que dans les villages importants ; à la fabrication et à la vente du pain, ils ajoutent ordinairement le commerce d'épicerie et de mercerie. La consommation de la bière est considérable surtout pendant les grandes chaleurs de l'été. L'usage des boissons alcooliques et des liqueurs fortes se répand de plus en plus et conduit bon nombre d'ouvriers et de paysans à l'ivrognerie et quelquefois même à l'abrutisssement et à la ruine.

(1) Les dimanche, mardi et jeudi sont encore pour plusieurs comme au temps de Frédéric Barberousse les seuls jours de la semaine où ils mangent du porc salé.

CHAPITRE XXXIV

Mœurs, Fêtes domestiques, Fêtes publiques,
Coutumes, Croyances et pratiques superstitieuses
de l'ancien comté de la Roche.

Dans le chapitre précédent, nous avons exposé la situation matérielle des habitants de la contrée ; il n'est pas moins intéressant de faire connaître leur état moral. Au chapitre xxx de cette histoire, nous avons constaté combien l'ancienne population du comté de la Roche était digne de respect, non seulement par la gravité de ses mœurs, son amour pour la liberté et la pureté de sa foi, mais encore par son degré d'instruction. L'état actuel de nos populations mérite également notre attention.

Sous le rapport de l'instruction, nos populations tiennent un rang honorable dans un département privilégié. Si l'on trouve en moins grand nombre qu'autrefois de riches paysans ayant fait des études secondaires, la proportion des cultivateurs possédant une instruction suffisante s'est accrue. Les écoles sont fréquentées assidûment. Si les cours d'adultes étaient sérieusement faits, ils auraient certainement du succès.

L'amour de la liberté n'est point affaibli dans le cœur de nos braves montagnards ; mais les innovations violentes n'ont point leurs sympathies. Ils n'ont pas oublié les sanglantes déceptions de leurs pères pendant la révolution ; ils se paient moins facilement de belles paroles et ne séparent pas la liberté de la justice et de l'ordre. Ils ne permettraient pas qu'on attaquât directement leurs croyances, que l'on persécutât la religion et leurs prêtres. Malgré la diffusion des mauvais écrits, nos populations sont restées dans leur ensemble profondément religieuses. Dans la plupart de nos paroisses, les hommes qui ne remplissent pas leurs devoirs de catholiques sont rares. Cependant l'observation du dimanche n'est plus aussi exacte. Il est fort rare que l'on travaille, mais on voyage volontiers. Si l'assistance aux offices du soir est moins nombreuse, la messe dominicale est encore, pour la masse du peuple, un devoir fidèlement observé.

Les mœurs patriarcales sont encore en honneur dans l'intérieur des familles. La prière faite en commun, la lecture spirituelle, la récitation du chapelet pendant les veillées d'hiver, le dimanche surtout, le buis bénit placé à côté du crucifix dans l'endroit le plus honorable de la maison, l'eau sainte, le cierge de la *Chandeleur* et tous les souvenirs de la vie chrétienne se sont conservés. Dans la majorité des familles, le respect, l'union et le dévouement subsistent comme autrefois.

Les enfants sont nombreux. Bien rares sont les parents qui, obéissant à de vaines craintes ou à de méprisables calculs suggérés par l'égoïsme, mesurent leur paternité à leurs ressources, comme s'il n'y avait pas de Providence. On compte ordinairement de six à douze enfants par ménage. Nos populations professent encore que la fécondité est une récompense et qu'elle rend les maisons bénies et prospères.

Dans la campagne, le père ne se fait pas encore gloire d'être l'ami, le confident, le camarade de ses fils, et la mère la sœur de sa fille ; tous deux gardant le respect qu'ils se doivent à eux-mêmes, savent conserver une bienveillante mais ferme autorité. Les enfants ont en général conservé le respect et reçoivent avec une soumission ingénue les conseils des parents et les traditions de la maison. Les familles étant nombreuses, les enfants trouvent dans l'intérieur du foyer domestique la vie, l'entrain et les amusements qui leur conviennent ; ils sentent moins le besoin de se répandre au dehors. La correction manuelle des enfants est encore pratiquée par les parents ; elle est toujours modérée et reçue sans révolte. Les jeunes filles, par suite de l'abandon des anciens et modestes costumes de leurs aïeules, commencent à porter des imitations souvent ridicules des modes de la ville. Cependant elles demeurent généralement modestes et honnêtes. Le travail des champs et l'éducation chrétienne les sauvegardent ; elles arrivent pures et résolues au mariage, aux douleurs et aux joies d'une nombreuse maternité. L'inconduite parmi les jeunes filles de la région est encore extrêmement rare ; le respect mutuel et le respect de soi-même sont peu démonstratifs, mais vivaces.

La vie des habitants des fermes isolées de nos montagnes a, dans plusieurs familles, conservé son caractère spécial. Pour peu, en effet, qu'on ait vécu avec eux, on s'aperçoit bien vite que leurs goûts, leurs distractions mêmes sont tout autres que ceux des villageois. Les habitants de ces fermes ne sauraient pas supporter les servitudes qu'engendre, au village, le voisinage des habitations. Si le dimanche ils vont aux offices de la paroisse, c'est généralement pour rentrer de suite au logis, afin de se récréer entre eux et d'éviter les cabarets.

Rarement, l'habitant des fermes prend femme au village, plus rarement encore il vient s'y fixer ; si par hasard il tente l'aventure, presque toujours il s'en repent et finit par regagner la ferme afin d'y retrouver sa liberté et son indépendance. Avant la révolution, cette distinction était bien plus tranchée. La création des postes et de nouvelles voies de communications ont modifié un peu cet état de choses. Au XVIIIe siècle, l'habitant des fermes n'avait de relation avec le reste du pays que le dimanche en venant à la messe ; il faisait ce jour-là ample provision de nouvelles pour vivre le reste de la semaine isolé du monde entier.

C'est encore dans la ferme que l'on rencontre aujourd'hui de préférence, ces familles patriarcales dont parle Le Play. Là on voit encore les fils mariés vivre au ménage commun avec leurs grands parents. Quelques enfants seulement se marient ; les autres restent vieux célibataires, travaillant pour assurer l'avenir de leurs neveux, se constituant les premiers domestiques de la famille.

Naturellement religieux, nos montagnards sont naturellement polis. S'ils se tutoient entre eux, il ne faudrait pas les prendre pour des sans-culottes de 93. Leur familiarité est une marque de la vieille fraternité chrétienne. Quant aux formes, nos paysans ne sont jamais familiers qu'entre eux, ils savent changer de manière et de langage et témoigner à l'occasion une politesse parfaite. Ils ignorent le cérémonial, mais ils témoignent gravement dans leur conduite les sentiments auxquels ce cérémonial supplée et dont il ne devrait être que l'expression. Au reste, la politesse cordiale de nos paysans n'est qu'une preuve de leur vraie charité. Ainsi, dans nos fermes isolées, le pauvre voyageur obtient toujours comme un droit incontesté l'hospitalité du soir et de la nuit.

Pour mieux juger de ce qui reste des mœurs antiques dans nos montagnes, pénétrons dans une famille chrétienne pendant les veillées d'hiver. Tous les membres sont réunis autour du père et de la mère. La gaîté est franche et cordiale. Souvent les récits et les chansons animent les propos. Mais les mains ne sont pas inactives ; pendant que les plus jeunes s'amusent ou apprennent leurs prières et leur catéchisme, les plus âgés tillent le chanvre ou se livrent à d'autres travaux manuels, utiles au ménage, principalement à la confection des instruments nécessaires à la culture. Vient l'heure où le sommeil commence à apaiser l'entrain. Avant de céder à la fatigue, il est un devoir auquel on ne manque jamais et que l'on trouve doux et facile à accomplir : la prière en commun. Tous étant à genoux devant le crucifix ou devant une sainte image, le père de famille, et la mère à son défaut, récite la prière à haute voix et chacun unit son cœur dans une même action de grâces, une même supplication.

La prière terminée, les enfants vont prendre leur repos. La mère accompagne les plus jeunes, les place elle-même dans leur modeste couche, leur fait réciter en patois une courte prière et se retire après les avoir tendrement embrassés.

Voici la prière que les enfants récitent le plus souvent :

J'me recoumainde au bon Due, ai lait sainte Vierdge, ai mon bon aindge gairdien, ai tous les saints et saintes di pairaidi. Lou bon Due et lait sainte Vierdge me feussent lait grâce d'être in offaint bin saidge, bin éleva dains lait crainte de Due. Ai recoumainde au bon Due les âmes di purgatoire. Requiescant in pace. Amen.

FÊTES DE FAMILLE

La maison paternelle a encore dans la contrée ses fêtes dont les enfants font l'ornement et dans lesquelles la vie de famille se soutient. Les principales de ces fêtes, bien propres à faire connaître les mœurs du pays sont : les cérémonies du baptême et de la première communion, les noces, les solennités de Noël et de Pâques.

FÊTES DU BAPTÊME

A l'heure fixée pour le baptême, le parrain et la marraine, revêtus de leurs plus beaux habits et suivis de la sage-femme portant l'enfant richement emmaillotté, se rendent à l'église où le prêtre les attend. Autrefois, la marraine *marquait* le parrain ; cette marque consistait dans une fleur attachée à la boutonnière et dans un brassard blanc lié au bras gauche. En retour, le parrain offrait un châle à la marraine ; ces usages tendent à disparaître. La cérémonie du baptême est annoncée par le carillon ou la sonnerie des cloches ; aussitôt les enfants du village accourent et attendent les parrain et marraine au sortir de l'église ; ils les accompagnent jusqu'à la demeure de l'enfant. Chemin faisant les parrain et marraine distribuent les *nailles* ; le plus souvent ils les jettent en l'air ; les plus hardis et les plus habiles se disputent le butin.

Le dîner, qui suit la cérémonie du baptême, célèbre l'heureuse délivrance de la mère : ce repas se nomme le *commaré*. Mais, comme les parents ont la louable habitude de faire baptiser leurs enfants aussitôt après leur naissance, ce festin est retardé le plus souvent jusqu'au dimanche qui suit les relevailles, afin que la mère puisse y prendre part ; les parrain et marraine y sont conviés avec les proches parents, les voisins et les amis de la famille.

FÊTE DE LA PREMIÈRE COMMUNION

Les parents attachent une grande importance à la première communion de leurs enfants, et le plus grand nombre montre beaucoup de bonne volonté à les y préparer. Le jour où l'un de leurs enfants a le bonheur de s'asseoir pour la première fois à la table sainte, est toujours une grande fête. Comme au jour du baptême, parents, amis et voisins sont invités à partager la joie commune. Les parrain et marraine ne manquent pas à ce rendez-vous. L'affection qu'ils ont pour leurs enfants spirituels, se traduit toujours par quelques cadeaux choisis pour la circonstance ; quelques-uns même poussent la générosité jusqu'à fournir à tous les frais d'habillement du premier communiant. La cérémonie est une fête non seulement pour les familles, mais encore pour les paroisses ; en ce jour, nos églises sont remplies d'une foule religieuse et sympathique.

LES NOCES

Les noces sont une des principales fêtes de famille ; elles sont accompagnées d'usages propres au pays et qu'il est intéressant de mentionner.

Les préliminaires consistent dans le contrat et les achats. On se marie généralement sous le régime de la communauté réduite aux acquêts. Le contrat notarié n'est passé que par les familles aisées, il a lieu le plus souvent le jour même où les futurs se rendent dans le bourg, résidence du notaire, pour faire les achats de noces. L'usage veut que le garçon achète à la fille la robe, le châle, le bonnet, la couronne, les anneaux, la chaussure, le livre d'heures. Il offre un châle à sa belle-mère et à chacune de ses belles-sœurs. La future achète à son fiancé une chemise, un gilet, un foulard ; elle donne un chapeau à son beau-père et un foulard à chacun de ses beaux-frères et belles-sœurs.

Les jours qui précèdent la célébration du mariage, les garçons du village habité par la fiancée exécutent de nombreuses décharges d'armes à feu. Dans quelques localités, cette cérémonie se renouvelle chaque jour depuis les fiançailles jusqu'au soir du mariage. Les *tireurs* sont invités à la noce et reçoivent de larges étrennes.

La veille, le fiancé vient chercher le trousseau de sa future. L'usage est de placer sur la voiture, et en grande évidence, une filette et une quenouille enrubannées. La conduite du trousseau ne s'effectue pas toujours sans difficulté. Le chemin est souvent barré par les garçons. Cette opération s'accomplit généralement avec gentillesse. On se contente de tendre un ruban à travers le chemin et le fiancé se tire d'affaires par une généreuse poignée de main qui lève aussitôt tous les obstacles (1).

Dans la soirée qui précède le mariage, a lieu chez les parents de la future, le repas des *épingles*, ainsi appelé de ce que toutes les jeunes filles du village qui y assistent, reçoivent de la fiancée un *carleron* d'épingles. A ce repas sont invités les garçons et les filles du village ; mais le futur ne doit pas y paraître. Autrefois les frères du fiancé, ou d'autres parents, à défaut des frères, venaient la veille garder la fiancée.

(1) Les garçons prouvent ainsi qu'ils tiennent la fiancée en grande estime et que les habitants du village regrettent son départ.

La célébration du mariage civil ne donne lieu à aucune cérémonie particulière. Pour le mariage religieux, le cortège s'organise de la manière suivante : la fiancée conduite par son père, ensuite le garçon et la fille d'honneur, puis les invités selon leur rang et enfin le fiancé qui est seul. Arrivé à la porte de l'église, le père remet sa fille au garçon d'honneur qui la conduit à son siège, vient ensuite l'assistance dans le même ordre qu'elle occupait auparavant. Au retour à la maison, le cortège marche dans le même ordre que pour l'entrée à l'église. Le marié est toujours seul et le dernier.

Au dîner, le mari, le futur maître, est évidemment considéré pour la dernière fois comme un serviteur ; aussi il n'est pas admis à la table ; c'est lui qui doit servir les convives. On lui prépare une petite table avec une belle nappe bien blanche, un verre et une bouteille d'*eau* avec quelques restes des mets servis à la table principale et surtout des os en abondance. Mais au dessert, le garçon d'honneur, sous un prétexte quelconque, se lève de table un instant ; le marié, qui a le mot d'ordre, vient aussitôt prendre place auprès de sa compagne.

La jeune femme quitte le toit paternel pour aller habiter dans la maison de son mari. A son entrée dans sa nouvelle demeure, a lieu une cérémonie particulière, c'est la *remise du pochon*. La belle-mère ou la belle-sœur reçoit la mariée à la cuisine, lui présente un pochon et une poêle encore vierges et richement enrubannés (1) : c'est la tradition de tous les pouvoirs de son ressort.

Ces usages, altérés déjà sans doute par les temps, sont très curieux à rapprocher des coutumes des autres pro-

---

(1) Dans quelques localités, on déposait une pièce de monnaie dans la poêle.

vinces et même des autres nations. Ils rappellent jusqu'aux vieilles traditions de l'Orient.

NOEL

La fête de Noël a toujours été pour nos catholiques populations un jour où les solennités de la nuit et du jour se confondent avec les jouissances de la famille. Malgré l'affaiblissement de la foi, on retrouve toujours au sein de nos familles patriarcales encore nombreuses, ces chères et touchantes habitudes qui faisaient les délices de nos pères. Après la frugale et sévère collation du soir, on voit la famille se ranger autour d'un vaste foyer, n'attendant que le signal pour se rendre à la messe de *minuit*. Les mets qui doivent être servis au retour, et dont la recherche doit ajouter à la joie, sont là, préparés d'avance. Au centre du foyer, un vigoureux tronc d'arbre, décoré du nom de *bûche de Noël*, dispense une puissante chaleur dans toute la salle. Sa destinée est de se consumer lentement pendant les longues heures de l'office, afin d'offrir au retour un brasier salutaire pour réchauffer les membres des vieillards et des enfants, engourdis par la froidure.

On s'entretient avec allégresse du mystère de la grande nuit ; on compatit à Marie et à son doux Enfant, exposés dans une étable abandonnée à toutes les rigueurs de l'hiver. On connaît encore quelques-uns de ces *beaux Noëls*, au chant desquels on passait autrefois de si touchantes veillées dans tout le cours de l'Avent (1). Le charme de ces souvenirs fait passer rapidement les heures. La voix des cloches retentissant dans la nuit met un terme à la veillée.

(1) Ces Noëls, au nombre de 10, se trouvent dans les *Cantiques spirituels* imprimés pour l'usage des fidèles, avant la Révolution.

On se met en marche vers l'église ; seuls, les tout petits enfants demeurent au logis.

Pendant la nuit de Noël, le petit Jésus apporte leurs étrennes aux enfants qui ont été bien sages durant l'année. Le plus souvent, il dépose ses présents dans leur lit ou dans leur chaussure. Quelquefois, il descend par la cheminée et vient déposer ses étrennes dans un gros tronc d'arbre placé à côté du foyer et nommé dans le langage populaire la *tronche de Noël*. De grand matin, les enfants viennent frapper cette tronche qui, sous leurs coups redoublés, laisse échapper des bonbons, des dragées en quantité plus ou moins grande, selon que le petit Jésus a été plus ou moins satisfait pendant l'année des enfants de chaque famille.

Le jour de Noël, les parrains et marraines ont l'habitude d'aller visiter leurs filleuls et de leur offrir pour étrennes le *quenieu* ; c'est un petit pain pétri au lait sur lequel on enfonce à moitié une pièce de monnaie et que l'on offre dans la contrée de temps immémorial. Cet usage remonte à l'époque féodale, durant laquelle les serfs et les pauvres paysans n'avaient rien de meilleur à donner que du pain de bonne qualité.

Le jour de Pâques, les parrains et marraines vont de nouveau visiter leurs filleuls. Ils leur donnent un petit trousseau dont on les revêt pour la bénédiction des enfants.

On a aussi l'habitude, dans la contrée, de faire après la récolte des foins et des moissons, un repas de famille ; c'est le dîner des *beniots*, ainsi appelé parce qu'au dessert on sert un énorme plat de beignets. La même cérémonie se renouvelle après le battage des récoltes.

FÊTES PUBLIQUES

Sous ce titre, nous comprenons les fêtes civiques de la révolution, ainsi que les fêtes publiques soit civiles, soit religieuses de notre époque.

PLANTATION DES ARBRES DE LA LIBERTÉ

La plantation des arbres de la liberté ouvrit dans notre pays la série des fêtes héroï-comiques dont la révolution fut si prodigue, et qui, dans nos villages, furent si froides et si ridicules. La cérémonie avait généralement lieu le dimanche, à l'issue des vêpres, afin de réunir une assistance plus nombreuse. L'arbre orné de rubans tricolores était planté en présence de la foule groupée autour de la municipalité et au milieu des cris de *vive la République*. L'opération terminée, l'un des municipaux, sans doute le plus beau parleur, prenait la parole et récitait un discours soi-disant approprié à la circonstance. Venaient ensuite les chants et les danses, qui se prolongeaient jusqu'à la nuit et qui étaient ordinairement suivis du repas civique. Ce repas n'était le plus souvent qu'une véritable orgie.

Les Jacobins de certains villages, trouvant qu'un modeste pied d'arbre n'était pas un symbole assez clair, ni assez expressif de la liberté telle qu'il l'entendaient, imaginèrent d'y joindre, en guise d'ornements, des bouts de cordes, des lanternes, des potences, des glanes de haricots, le tout pour que les aristocrates, devenus, dans le dialecte jacobin du pays, des *aricots*, eussent continuellement en vue la pendaison qui les attendait.

C'est au pied de l'arbre de la liberté qu'avaient lieu toutes les réjouissances publiques. Le procès-verbal suivant, extrait des archives communales du Russey, présente le tableau le plus complet qui se soit conservé d'une de ces fêtes civiques données dans nos montagnes.

« La municipalité ayant fait avertir tous les citoyens et citoyennes du Russey, qu'il serait célébré une fête civique en réjouissance de la reprise de Toulon, avec invitation de se rencontrer ce présent jour au Russey, y étant assemblés, on commença par un repas frugal, à l'effet de discuter sur la manière de célébrer avec pompe cette fête civique. Il fut arrêté qu'elle s'ouvrirait par une marche qui serait faite depuis l'arbre de la liberté jusqu'à celui qui fut planté le jour d'hier, en mémoire des victoires que nous avons remportées sur les tyrans, qui avait pour inscription : *rejeton d'arbre de la liberté, fécondé par nos victoires* ; que pendant cette marche, il serait chanté des hymnes à la liberté, à l'égalité, etc. Ce qui fut exécuté dans l'ordre suivant : la marche fut ouverte par six sans-culottes en bonnet rouge, précédés d'un oriflamme représentant *l'œil de surveillance*, qui chantaient des hymnes analogues à la fête et que les amazones qui les suivaient, répétaient : celles-ci aussi précédées d'une oriflamme où était une devise analogue. Suivait le *bataillon d'espérance*, composé de jeunes gens de douze à dix-sept ans, aussi précédés d'un oriflamme. Ensuite venait l'instituteur avec des élèves et le bataillon des vétérans. La marche était fermée par les mères de famille. La garde nationale faisait la haie de chaque côté avec les volontaires. Arrivés au pied de l'arbre nouvellement planté, il fut prononcé un discours énergique par le maire, analogue à la fête. Ensuite l'agent national mit le feu à un paquet renfermant les titres de féodalité de la ci-devant seigneurie de Vennes, qui avait si longtemps asservi les habitants de cette commune. Ensuite on dansa la carmagnole à l'entour de ce feu, au son des instruments, des chants patriotiques, au milieu des applaudissements et des cris mille fois répétés de : *vivent la liberté, l'égalité, la république une et indivisible !* Après quoi la marche se continua dans le même ordre vers le premier arbre de la liberté, toujours chantant des hymnes patriotiques. Arrivés là, après quelques couplets bien choisis, on termina en dansant la carmagnole et en se donnant l'accolade fraternelle.

Cette fête mémorable fut terminée par les danses, les hymnes patriotiques et un repas frugal.

« Le tout pour mémoire aux générations futures. »

(Suivent les signatures de tous les municipaux).

LA COCARDE TRICOLORE

Une dévotion chère aux Jacobins était le port de la cocarde nationale. Ils ne se contentaient pas de la porter, ils voulaient encore la rendre obligatoire pour tous. Cette exigence ridicule et odieuse donna lieu à plusieurs troubles et à plusieurs querelles entre les patriotes et les aristocrates. On peut s'en convaincre en lisant les explications données par Quirot, membre du département, sur l'arrêté qui imposait le port de ces livrées révolutionnaires.

« L'administration départementale, écrivait-il en février 1796, voyait avec indignation que le signe légal du républicain était méprisé. Les patriotes, qui se glorifiaient de cette honorable distinction, étaient signalés surtout dans les montagnes, comme devant être les premières victimes des fureurs contre-révolutionnaires. Dans les grandes communes, les femmes des *honnêtes gens* arboraient effrontément les couleurs de d'Artois, de Condé ; dans les cantons ruraux, victimes de la rapacité des *bons prêtres* qui, sous prétexte de religion, prêchent hautement le royalisme, elles substituaient aux couleurs civiques des croix de bois et d'autres décorations mystiques, qu'on leur faisait porter en remplacement d'un métal plus précieux, que la friponnerie avait soustrait à l'ignorance. La tranquillité publique était menacée ; des querelles et des rixes journalières s'élevaient entre les bons et les mauvais citoyens. »

LES FÊTES DE LA LIBERTÉ

La fête de la liberté, fixée au 14 juillet, anniversaire de la prise de la Bastille, du meurtre de Delaunay et de Flesselles, eut lieu dans toute la France, pour la première fois en 1791 ; elle fut célébrée partout dans les églises, mais on lui donna un caractère religieux, qui malheureusement offrait déjà quelque chose de théâtral et d'équivoque, où l'on ne rencontrait plus la dignité et la gravité de l'Eglise catholique. Les années suivantes, quand la *déesse Raison* eut souillé les autels, cette fête, comme toutes les autres, ne fut plus qu'un carnaval burlesque et une orgie. Voici, d'après les traditions locales, comment se célébrait dans les principaux villages de la contrée la fête de la *déesse Raison*. A l'heure fixée, les municipaux, la garde nationale et tous les sans-culottes de la localité se réunissaient sur la place publique ; un instant après apparaissait la *déesse Raison* (1), ornée de fleurs et très légèrement vêtue, traînée sur un char de triomphe ou portée sur un brancard inventé pour la circonstance. Le cortège se mettait aussitôt en route pour l'église, qui servait de temple à la divinité nouvelle, au milieu des acclamations et des cris de :

(1) On cite encore dans plusieurs localités les noms des personnes qui ont rempli le rôle de la déesse Raison.

Vive la liberté! La déesse installée sur l'autel, un sans-culotte montait en chaire et prononçait un discours soit-disant patriotique, mais qui, en réalité, n'était qu'une diatribe furibonde contre les prêtres et les catholiques fidèles.

Les discours terminés, toute la troupe jacobine venait se prosterner devant la fraîche déesse, les plus purs l'embrassaient, pendant que l'assistance dansait et chantait la Marseillaise ou d'autres hymnes à la liberté.

Cette cérémonie sacrilège achevée, la déesse Raison était reconduite en triomphe à l'hôtel de ville. Le reste du jour se passait en danses autour de l'arbre de la liberté. La fête se terminait par un feu de joie allumé sur une hauteur voisine, et par l'inévitable repas civique.

FÊTE DE L'ÊTRE SUPRÊME

Le culte de la déesse Raison ne disparut point par la proclamation du culte de l'Être Suprême. Robespierre tenta vainement de l'éliminer; les Jacobins n'entendaient point que le joyeux culte de la Raison fût étouffé sous les moralités métaphysiques et ennuyeuses du nouveau culte, et ils s'obstinèrent partout à garder leur *jolie déesse*, sauf à la marier à l'Être Suprême. La déesse garda même habituellement le pas sur le *dieu* et conserva toutes les préférences de la démagogie. Elle avait, en effet, quelque chose de moins élevé, de moins aristocratique, de moins chrétien, quelque chose de plus canaille qui plaisait davantage.

Le nouveau culte ne fut donc qu'un mélange informe de spiritualisme et de rationalisme et n'offrit rien de nouveau. Partout on retrouve les scènes carnavalesques qui accompagnaient les cérémonies du culte de la déesse Raison.

On trouve dans une lettre adressée, le 9 juin 1794, à Mademoiselle Anatoile Jolyot, émigrée à Cressier, lettre saisie à la poste, de curieux détails sur la célébration de la fête de l'Être-Suprême à Morteau. « C'était le saint jour de la Pentecôte, dit la pieuse fille auteur de cette lettre; l'annonce de la fête se fit la veille au son du tambour. Ch. Pierre, agent national, a fait l'annonce de cette manière: *Citoyens et Citoyennes, nous célébrerons demain la fête de l'Être-Suprême. Vous vous y rencontrerez tous, autant que vous le pourrez. Vous ferez en sorte qu'il reste tout au plus une personne par maison. Vous garnirez de fleurs, de verdure, les portes, les fenêtres, les rues. Les filles s'habilleront de blanc et se ceindront d'un ruban tricolore.* On sonna à grands coups de cloche pour convoquer les citoyens et citoyennes devant la maison commune. Tous les patriotes s'y rassemblèrent avec la plus grande pompe, la milice nationale, les chasseurs, les gendarmes à cheval et la musique des grenadiers. La procession se mit en marche dans l'ordre suivant : d'abord la bannière des *droits de l'homme*, ensuite les deux sections de *Brutus* et de *Rousseau*, portant chacune la statue de son *saint*. Les hommes et les femmes marchaient à la tête et allaient quatre à quatre, deux femmes d'un côté et deux hommes de l'autre. Les filles et les garçons venaient ensuite, disposés de la même manière. Dans la première section se trouvait toute la municipalité ; il y avait aussi des grenadiers portant une urne où reposaient, disaient-ils, les cendres de plusieurs guerriers ; ensuite une charrue attelée de deux bœufs, autour de laquelle étaient placés quatre laboureurs tout guenilleux, portant l'un une pioche, l'autre une faulx, le troisième un fléau et le quatrième un sac sur le bras, comme pour semer. On portait aussi le coq du clocher peint aux trois couleurs et une petite fuie (1) tout entortillée de mousse. Six mères de famille, accoutrées d'une façon toute particulière, menaient par la main six petites filles portant de petits paniers remplis de verdure et de fleurs qu'elles jetaient pendant la procession. A la suite de la première section venaient les chasseurs et les gendarmes, et enfin la section de section. Ils avaient fait un théâtre où l'agent national et les municipaux annoncèrent les fêtes décadaires et cinquante-six autres bêtises que je ne peux pas vous marquer. »

Le juge de paix Singier décida que cette lettre tendait à avilir les décrets de la Convention; mais l'anonyme gardé par l'auteur la mit heureusement à l'abri des poursuites.

Quant aux fêtes secondaires de la Révolution, telles que les fêtes de l'Agriculture, des Époux, de la Jeunesse et de la Vieillesse, elles ne furent guère connues dans la contrée que par le cérémonial officiel, envoyé par le Directoire.

FÊTES ET RÉJOUISSANCES MODERNES

Aujourd'hui les fêtes et les réjouissances publiques deviennent rares. On a voulu mêler la politique à tout, et nos fêtes ont perdu leurs charmes.

Fête du 15 Août. — Autrefois on célébrait avec beaucoup d'entrain la fête du 15 Août. Instituée par Louis XIII pour placer sa couronne et son royaume sous la protection de Marie, elle était tout à la fois civique et religieuse. C'était la fête de la France et non la fête d'un parti. Dès la veille, elle était annoncée jusque dans nos

---

(1) Fuie, petite volière, sorte de colombier.

plus petits villages par de nombreuses décharges d'armes à feu ou de mortiers. Après les offices qui étaient très suivis, les divertissements profanes ne manquaient pas ; le soir les jeunes gens se réunissaient sur une hauteur voisine du village, et là, ils allumaient un grand feu de joie, autour duquel ils chantaient des hymnes patriotiques. Sous le second Empire, comme sous le premier, le 15 août, fête de l'Assomption et du vœu de Louis XIII, se compliqua de la fête du souverain, la *saint Napoléon*. Dans nos villages, ces dénominations officielles ajoutèrent peu de chose à la solennité.

Fête patronale. — La principale fête publique est la fête patronale. Elle est toujours chère à nos populations et ne cesse d'attirer dans nos villages de nombreux étrangers. A la messe solennelle, l'église regorge de fidèles. Chacun invite ses parents et ses amis. Ce jour-là, de nombreux et gais convives prennent place dans chaque famille autour de la table toute grande déployée. Oncles, neveux, cousins, réunis autour du chef de la maison, comme autrefois les enfants et les petits-enfants des patriarches, goûtent pendant quelques heures les charmes de l'amitié fraternelle et chrétienne. Ces heureux moments resserrent les relations de famille.

Les principaux amusements des jours de fête sont les jeux de quilles, la roulette, les courses au sac, les mâts de cocagne.., etc. on y rencontre aussi fréquemment les chevaux de bois et, malheureusement, les bals publics, source de désordres et de la ruine des familles. Beaucoup de jeunes gens, dans nos contrées, se respectent encore assez pour s'abstenir d'y paraître.

Autrefois, on célébrait beaucoup mieux la fête patronale qu'aujourd'hui. Les réunions dans la même famille étaient nombreuses et gaies, et les jeunes gens restaient avec plaisir sous le toit paternel. La multiplicité des cabarets, la fréquence des appels militaires, trop courts pour donner les vertus guerrières, assez longs pour détourner des habitudes sobres et laborieuses, inspirent à la jeunesse le besoin de quitter le foyer paisible, et de rechercher des amusements bruyants : de là, les orgies, les querelles, les rixes qui marquent chaque année dans nos villages le retour de la fête patronale.

Noces des jeunes prêtres. — Une fête également chère à nos populations, c'est la solennité de la première messe, célébrée par un jeune prêtre dans son village. Ce jour-là n'est pas seulement une fête pour la famille, mais pour toute la paroisse. L'église, parée comme aux jours des plus grandes solennités, est remplie par une assistance recueillie et sympathique qui vient partager le bonheur du néophyte et se recommander à ses prières. Tous les prêtres du voisinage, heureux de compter un frère de plus dans leurs rangs, accourent avec empressement et mêlent leurs félicitations et leur joie aux félicitations et à la joie d'une religieuse paroisse. Cette fête frappe aussi l'esprit des enfants et contribue grandement à entretenir dans nos montagnes les vocations sacerdotales.

La cérémonie religieuse est suivie d'un banquet fraternel auquel prennent part le clergé, les parents, les amis, la municipalité, et, quand les ressources du jeune prêtre le permettent, un membre des principales familles de la paroisse. Ce repas est celui d'une véritable noce, car le jeune prêtre vient de prendre pour épouse la sainte Église catholique. Il est d'usage que les invités lui fassent un cadeau ; quelques-uns même donnent des étrennes aux personnes qui ont servi le dîner.

Le lendemain de sa première messe, le nouveau prêtre célèbre le saint Sacrifice pour ses parents défunts et pour les défunts de la paroisse. A cet office assistent les invités à la noce et une grande partie de la paroisse. En somme, la fête de la première messe est un jour d'édification pour la paroisse et ne saurait se renouveler trop souvent.

AMUSEMENTS ET JEUX PUBLICS

Les principaux amusements des jeunes gens dans nos campagnes sont les jeux de quilles, la roulette, le billard, les cartes, la danse et le café.

Le jeu de quilles est en vogue pendant la saison d'été ; c'est la principale récréation de nos campagnards. Cet honnête exercice, favorable au développement des facultés physiques, ne saurait être trop encouragé. Ces parties animées intéressent vivement les joueurs et l'assistance. La présence des parieurs donne au jeu un nouvel attrait. L'enjeu, généralement de cinq centimes, est à la portée de toutes les bourses ; aussi, n'est-il pas rare de voir sur le jeu de quilles en plein air, jusque dans nos plus petites localités, vingt à trente jeunes gens, entourés de la majeure partie des hommes du village.

A côté du jeu de quilles est souvent installé un jeu de roulette, et il n'est pas rare de voir dans les bourgs, des jeunes gens passionnés pour le jeu, risquer en même temps de l'argent aux quilles et à la roulette. Les jeux de roulette sont surtout fréquentés par les très jeunes gens et par les personnes à qui leurs forces ne permettent pas de lancer la boule. Ce jeu de hasard et d'argent n'est pas à encourager.

Dans les villages importants, dans ceux surtout où se trouvent quelques bourgeois et dans les centres industriels, outre les jeux de quilles et la roulette, la jeunesse joue au billard, récréation innocente et amusante en elle-même, mais moins saine, puisqu'on s'y livre dans une salle de café étroite et puante, et en buvant.

Pendant les longues soirées d'hiver, nos campagnards jouent assez volontiers aux cartes, mais les enjeux sont très modestes quand on en risque. Le jeu le plus en vogue se nomme la *bête*; on joue aussi le *piquet* et surtout le *tarot*, plus compliqué, mais aussi plus intéressant.

Dans les familles nombreuses, on aime beaucoup le jeu de *pâtés*. Ce jeu est à la portée des plus petits enfants. On donne trois cartes; chacun joue à son tour et doit fournir la couleur; s'il n'en a pas, il puise dans le reste des cartes qui n'ont pas été données, jusqu'à ce qu'il trouve la couleur voulue; s'il n'y a plus de cartes, il attend un autre tour. Celui qui n'a pas pu jouer toutes ses cartes, est condamné à recevoir les pâtés. Il présente la main et chaque joueur a droit de lui donner sur la main, avec un livre ou un autre objet, un nombre de coups plus ou moins grand, selon les points qui lui restent. Avant de frapper, on emploie une certaine formule qui varie selon les villages; on dit généralement: *honneur au plume sac*; on doit également déclarer pour quelle carte on donne les pâtés; faute d'employer cette formule, ou si l'on se trompe dans le nombre de pâtés, ce qui arrive fréquemment, on est condamné à recevoir du perdant, le double du nombre des coups perdus. Ce jeu amuse beaucoup les enfants et intéresse même les personnes âgées qui souvent y prennent part.

Le jeu préféré des enfants est la *cache-maillotte*, jeu très simple qui ne manque pourtant pas d'intérêt. Les enfants forment un cercle au milieu duquel se place celui qui doit cacher la *maillotte*, une noix, une noisette ou un bonbon; en dehors du cercle est un second enfant chargé de deviner dans quelle main a été déposée la maillotte. Quand le premier a parcouru tous les rangs en disant à tous : *cache maillotte et ne dis pais q'te l'ai ;* (1) le second se retourne vers le groupe et, après avoir examiné toutes les figures, il nomme celui qu'il croit dépositaire de la maillotte ; s'il ne réussit pas dans les trois premiers noms, il donne un gage, tel que noix, noisette... etc. Le gagnant est remplacé par celui chez qui la maillotte a été trouvée. A la fin, les gages sont répartis entre tous les joueurs, à la grande joie de ceux qui ont été assez heureux pour n'avoir pas eu à donner de gage.

Deux amusements moins honnêtes sont malheureusement trop fréquents de nos jours. Dans quelques familles les parents oublieux de leurs devoirs, laissent à leurs enfants, surtout aux jeunes filles, une liberté dangereuse, pendant les veillées d'hiver, le dimanche principalement. On danse, on tient des propos et on chante des chansons trop libres ; les jeunes gens perdent le respect qu'ils se doivent ; de là viennent des scandales qui déshonorent les familles et affligent les paroisses.

Nous avons déjà parlé d'un autre divertissement non moins dangereux, non moins funeste à nos populations : la fréquentation des cabarets. Le cabaret est la plaie de notre époque et de notre région. Les jeunes gens y perdent le goût des plaisirs honnêtes d'autrefois, des vrais plaisirs. Les cabaretiers, trop souvent, encouragent les vols de denrées que les enfants de famille commettent dans

---

(1) C'est le jeu du *Furet,* autrefois fort à la mode, qui se joue en chantant :

>   Il a passé par ici,
>   Le furet du bois, mesdames ;
>   Il a passé par ici
>   Le furet du bois joli.

la maison paternelle pour acquitter leurs dépenses occultes. Aux intempérances, aux débauches secrètes s'ajoutent le trouble et la gêne du foyer, les querelles et l'oubli du respect filial.

COUTUMES

COUTUMES PROFANES.

Les coutumes particulières à notre contrée sont : la *corvée*, la *dîme*, les *foires-franches*, la plantation des *mais d'honneur*, les *contrats de mariage*, les *baux*, le *louage des domestiques*, la *célébration du nouvel an*, de la *fête des Rois*, du *premier dimanche du carême*, des *fêtes de Pâques et de Noël*.

La corvée. — Un usage très ancien dans le pays, puisqu'il remonte à l'origine des charges féodales, c'est la corvée. Dès le principe, les seigneurs exigèrent à leur gré de leurs sujets des prestations corporelles. A l'affranchissement des communes, ces prestations perdirent leur caractère arbitraire et furent réglées d'une manière fixe ; elles furent même remplacées dans la suite par des redevances pécuniaires. Aujourd'hui il ne reste plus de la corvée que les prestations sur les chemins vicinaux, et le déblaiement des chemins, imposé aux habitants par le maire en temps de neige. La corvée à laquelle nos ancêtres étaient assujettis nous a transmis un usage très louable. L'habitude de travailler en commun facilita les rapports de bon voisinage, fit naître l'heureuse idée de s'aider mutuellement dans les circonstances graves et permit d'exécuter par un concours spontané de voisins, les plus grands travaux des particuliers. L'usage de s'entr'aider s'est conservé dans nos contrées. Nos populations se rendent de nombreux et importants services. Un fermier quitte-t-il sa ferme pour se rendre dans un autre village ? les voisins s'empressent de lui offrir gratuitement leurs attelages pour le transport de son mobilier. Un autre, par suite d'accident, se trouve-t-il au dépourvu pour la rentrée de ses récoltes ? aussitôt une compagnie de gens de bonne volonté se présentent pour le tirer de sa détresse. Un troisième veut-il faire à sa maison d'importantes réparations qui nécessitent de nombreux charrois ? voisins et amis mettent leurs chevaux et leurs voitures à sa disposition. Nous connaissons, dans la partie haute de l'ancien comté de la Roche, plusieurs chefs de famille dont les attelages sont moins à leur disposition qu'au service des pauvres et des personnes qui recourent à leur générosité.

Lorsqu'un curé nouveau vient prendre possession de son presbytère, il est de tradition que ses nouveaux paroissiens aillent quérir son mobilier et souvent à de très-grandes distances. Tous ces services sont absolument gratuits. Un dîner seulement en est d'habitude la récompense.

La dîme. — La dîme est le droit de percevoir la dixième partie des produits annuels des biens fonciers. La dîme se retrouve chez tous les anciens peuples comme coutume religieuse, comme tribut payé à la divinité ou à ses prêtres. La dîme était de deux espèces : la dîme ecclésiastique, fondée sur le sentiment de foi poussant l'homme à témoigner sa reconnaissance envers le Seigneur qui a béni son travail, et à offrir ce tribut de gratitude à l'Eglise et à ses ministres. La dîme laïque ou séculière, acquittée entre les mains du seigneur par ses sujets, par des fermiers, n'était pas toujours invariablement la dixième partie de la récolte; elle variait suivant la qualité des terres et aussi suivant le mode de perception (1). La dîme a été remplacée par l'impôt foncier et par l'impôt indirect, non moins onéreux mais plus conformes à nos mœurs actuelles. Cependant il en reste encore quelque chose dans la contrée. Dans quelques paroisses, il est d'usage après la moisson de donner une gerbe de blé au curé de la paroisse, comme rétribution de la récitation de la passion d'une sainte croix à l'autre, c'est-à-dire du 3 mai au 14 septembre : c'est la gerbe de Passion. Bien que personne ne soit tenu légalement d'acquitter cette redevance, personne ne s'en dispense. Plusieurs familles, surtout dans la partie haute de la contrée, ont l'habitude de donner chaque année à leur curé un jambon, ou une part du porc frais avec du boudin.

Certains travaux sont rétribués par le prélèvement d'une partie de la denrée transformée. Ainsi les meuniers perçoivent réellement la dîme du grain, car ils se chargent de moudre le blé conduit à leur moulin, moyennant un vingtième de la quantité moulue. Le prélèvement est double quand ils vont eux-mêmes le chercher à domicile. Ce prélèvement ne diffère guère de celui établi en 1317, par le comte Richard de la Roche pour son moulin. Son meunier prélevait déjà la vingt-quatrième partie de la quarte de Montbéliard.

C'est encore la dîme qui paie 1° la préparation du chanvre à la *ribe*, moyennant le vingtième; quelquefois on se contente d'une tresse par *ribée*; 2° le battage des grains à la mécanique ; le prélèvement varie ordinairement du vingtième au trentième du blé battu ; 3° même système

(1) Pièces justificatives.

dans les huileries et pour toutes les préparations que l'on fait aux grains dans les moulins.

Les mais d'honneur. — La plantation des *mais* est d'un usage fréquent dans la contrée. A chaque élection municipale, cette cérémonie se renouvelle en l'honneur des nouveaux maire et adjoint et même des conseillers municipaux nouvellement élus. La plantation des *mais* s'effectue généralement pendant la nuit qui suit la nomination du candidat. Pendant la journée, les jeunes gens se réunissent secrètement et vont couper des sapins soit dans les propriétés privées, soit dans les forêts communales, au risque de se faire prendre par le garde forestier. L'arbre est préparé sur place et loin de tout regard indiscret, car sa plantation doit être une surprise ; elle n'a lieu que bien avant dans la nuit et dans un profond silence, quand la personne à qui on fait cet honneur, est censée dormir d'un profond sommeil. Les jeunes gens ne s'entendent pas toujours pour cette opération, et il arrive quelquefois que plusieurs groupes se présentent pendant la même nuit pour le même but. Dans certains villages, les premiers arrivants sont privilégiés au détriment des derniers. Dans d'autres, tous s'arrogeant le même droit, il arrive que M. le maire trouve à son réveil deux et même trois factionnaires, montant la garde à la porte de sa maison.

La cérémonie de la plantation des mais d'honneur est suivie de son arrosement, c'est-à-dire d'un repas auquel sont invités tous ceux qui ont participé à la plantation. Si l'arbre n'était pas arrosé, il ne prendrait pas racine.

Ce qui déprécie un peu ces honneurs officiels, c'est qu'ils sont rendus quelquefois à l'occasion de l'ouverture d'un café ou d'une auberge. Il est permis d'en conclure que **l'arrosement des *mais* est la cause déterminante et le fidèle conservateur de cette antique coutume.**

Les foires franches. — Ce qu'on appelle dans nos villages les *foires franches* tient encore à nos anciens usages. Lorsqu'un négociant, un propriétaire ou un fermier cesse, sans y être forcé, son négoce ou sa culture, il vend généralement sur place ses provisions, son bétail ou ses instruments de labour. A cet effet de nombreuses affiches, placardées dans les villages voisins, annoncent le jour et le détail de la vente, présidée par un notaire, un huissier ou le greffier de la justice de paix. Au jour fixé, les amateurs arrivent en foule au lieu désigné où s'établit une véritable foire. Toutes les marchandises sont mises aux enchères, et livrées au plus offrant. Ces ventes sont généralement très courues et très fructueuses. L'émulation des enchérisseurs est excitée par des délais assez longs accordés aux acquisitions importantes. Ces ventes sont appelées *foires franches* par opposition aux ventes par autorité de justice.

Louage des domestiques. — Les domestiques sont ordinairement loués à l'année, moyennant un salaire qui varie suivant les forces et les qualités de la personne et suivant les travaux pour lesquels elle est engagée. Le salaire moyen, à la campagne, est pour un domestique 300 francs, pour une servante 200 francs. Les engagements commencent à différentes époques : à Noël, à la Notre-Dame (25 mars), à la saint Martin (11 novembre), à la Toussaint. Les enfants engagés comme bergers le sont ordinairement du 25 mars au 1er novembre. Ils ont tantôt un salaire fixe pour le temps de leur engagement, tantôt un prix fixe pour chaque journée, ou pour chaque mois. On ajoute souvent au prix principal quelques fournitures, une paire de chaussures, une blouse ou un pantalon pour les hommes, une jupe pour les femmes.

Les domestiques sont généralement traités comme les

membres de la famille, nourris de la même manière, à la même table, et soignés, s'ils tombent malades, avec les mêmes soins.

Contrats de mariage. — Le plus grand nombre des mariages se conclut, comme nous l'avons dit, sans contrat notarié. Mais si les parents font une avance sur l'héritage qui reviendra aux futurs époux, un contrat est nécessaire pour constater cette avance et éviter toute injustice dans le partage après la mort des pères et mères. Dans ce cas les époux acceptent généralement le régime de la communauté légale, réduite aux acquets. Dans quelques localités, ces actes sont simplement rédigés sous seings privés ou sur papier libre. Quelquefois les parties ignorent la nullité de ces actes, mais elles montrent le plus souvent une probité ingénue ; car les conventions s'exécutent fidèlement, et il est très rare qu'elles soient déférées à la justice qui en prononcerait *de plano* la nullité dans presque tous les cas.

Baux et redevances. — Les baux à loyer sont ordinairement faits pour une année ; la location des auberges ou magasins se fait généralement à longs termes. Les paiements sont stipulés en deux termes, payables à la *saint Martin* et à la *Notre Dame* du 25 mars.

Les baux de corps de ferme se font le plus souvent pour 9 ans, avec facilité pour chaque partie de faire cesser le bail après trois ou six années, à condition de prévenir six mois à l'avance. Le fermage se paie ordinairement aux mêmes termes. Le fermier est ordinairement tenu de laisser à sa sortie une quantité de fourrage déterminé, à peu près ce qui est nécessaire pour nourrir le bétail jusqu'à la récolte du foin ; il doit également ensemencer une étendue convenue de terrain : c'est ce qu'on appelle la rendue. Si au moment de sa sortie, le fermier n'a pas consommé tout le reste du fourrage, il a droit, dans l'écurie, à une place suffisante pour y maintenir son bétail et, dans le logement, à une chambre. Dans certaines localités, le fermier sortant a droit aux deux tiers des emblavures, à condition de participer pour les deux tiers dans les travaux de la récolte et du battage des grains. Le fermage se paie en argent ; cependant plusieurs propriétaires, surtout dans les fermes de la montagne, se réservent un fromage, une certaine quantité de beurre, des choux, des pommes de terre, des légumes et quelques pièces de *brési*. Les charrois pour les réparations de la maison de ferme sont le plus souvent à la charge du fermier, ainsi que la nourriture des conducteurs.

Le nouvel an. Le nouvel an est chez nous, comme ailleurs, un jour de fête et de réjouissance, mais avec certaines particularités. A minuit précis, les jeunes gens réunis sur la place publique saluent la nouvelle année par de nombreuses décharges d'armes à feu. Ils se rendent ensuite près des maisons des principales familles du village et y exécutent de nouvelles décharges. Dans les localités importantes, ces visites durent tout le reste de la nuit. L'usage est de recevoir les jeunes visiteurs et de leur offrir un petit verre d'eau de vie, qu'ils acceptent avec empressement et non sans compromettre leur sang-froid, vers le matin. Aux tireurs succèdent les enfants. Dès l'aube du jour, on les voit parcourir les maisons, sans en excepter une seule ; leur démarche n'est pas seulement dictée par la politesse, l'intérêt y est pour quelque chose. L'usage est de leur faire un petit cadeau : des fruits, des pommes, des noix, des noisettes ou une pièce de monnaie. Ces petits enfants qui souvent savent à peine marcher et bégayer, récitent leurs souhaits de bonne année ou chantent le gai refrain patois, que leurs mamans leur ont appris les jours précédents :

1. Voici lou bon an qu'au veni (*bis*).
   Tout lou monde en au réjoui
   Autaint les grainds que les petits.

Refrain : Ah ! que Due vos baille
   Lait bonne enna
   Que Due vos boute en in bon an.

2. Que Due bénisse s'te mauson. (*bis*)
   Les lettes et les tchevrons,
   Tout ce qu'au dains lai mauson.

3. L'offaintot qu'au y berceau (*bis*).
   De lait main de Due s'est-tu soignic
   D'au lai tête jusqué piés (1)

Les Rois. — Le 6 janvier, l'Église célèbre la fête de l'Épiphanie, familièrement nommée en France la *fête des Rois*, en souvenir de l'adoration des mages. A l'occasion de cette solennité, la piété naïve de nos pères et leur attachement à la royauté avaient donné naissance à plusieurs usages, tels que le gâteau des rois, le voyage des mages et les feux de joie.

(1) 1. Voici la bonne année qui est venue,
   Tout le monde en est réjoui,
   Autant les grands que les petits.

Refrain : Ah ! que Dieu vous donne
   La bonne année ;
   Que Dieu vous introduise dans une bonne année.

2. Que Dieu bénisse cette maison,
   Les lattes et les chevrons,
   Tout ce qu'il y a dans la maison.

3. Le petit enfant qui est au berceau
   De la main de Dieu soit soigné
   Depuis la tête jusqu'aux pieds.

Le plus ancien de ces usages, c'est le gâteau des rois. Nos pères, pour honorer la double royauté de Jésus et de Marie, élisaient dans chaque famille un roi et une reine pendant le souper du jour de l'Épiphanie. On rompait un gâteau dont deux parts servaient à désigner les deux convives auxquels était échue cette royauté d'un moment. Les joies de la famille se confondaient avec celle de la religion. Les liens de l'amitié et du voisinage se resserraient autour de cette table des rois ; et si la faiblesse humaine apparaissait quelquefois dans le laisser-aller du festin, l'idée chrétienne veillait au fond des cœurs. Les familles célèbrent encore aujourd'hui la fête des rois ; mais pour le plus grand nombre, la pensée chrétienne a presque disparu. Le titre de roi est plus redouté qu'envié ; il est moins un honneur qu'une charge, car il impose à l'élu l'obligation de donner un repas à tous les convives témoins de sa royauté.

Il est aussi d'usage, à cette époque de l'année, de simuler le voyage des rois mages. Quelques enfants plus ou moins travestis parcourent les villages par groupe de trois et se présentent dans les maisons en chantant la chanson bien connue :

> Trois rois nous nous sommes rencontrés
> Venant de diverses contrées ;
> Trois rois nous sommes ici venus
> Pour adorer l'enfant Jésus.

Leur coiffure prétend ordinairement ressembler à un diadème ; l'un deux se noircit le visage pour représenter le roi nègre ; ils portent une étoile rappelant l'étoile miraculeuse. C'est ordinairement le roi nègre qui est chargé de recueillir les dons qu'il sollicite en secouant une tire-lire sonore.

Le soir du dimanche des rois, dans certaines localités, les jeunes gens se réunissent sur une hauteur voisine du village. Là, ils allument un grand feu, autour duquel ils chantent et dansent pendant que quelques-uns prennent des tisons ardents, les agitent en l'air et crient : *Vive le Roi*.

Le dimanche des brandons ou des piquerés. — Depuis le Xe siècle, le premier dimanche du carême s'appelle le dimanche des *brandons*, mot qui signifie flambeau. Cette dénomination singulière vient de ce que, le premier dimanche du carême, les jeunes gens, principalement ceux qui s'étaient un peu trop divertis pendant le carnaval, venaient se présenter à l'église, le flambeau ou torche à la main, comme pour faire satisfaction publique des mauvais exemples qu'ils avaient donnés et demander à se purifier. Leurs pasteurs les astreignaient à des pénitences qui duraient pendant tout le carême jusqu'au Jeudi-Saint. Ils recevaient, ce jour-là, l'absolution ordinaire. Cette cérémonie toute religieuse a disparu depuis des siècles dans notre contrée, et a été remplacée par une coutume profane. Depuis un temps immémorial, les jeunes gens avaient l'habitude de se réunir le premier dimanche du carême, à la nuit tombante, sur une hauteur voisine ; là, ils amassaient une grande quantité de bois et allumaient un feu autour duquel ils chantaient et dansaient (1). Pendant les intervalles, quelques-uns prenaient des tisons ardents, les agitaient en décrivant un cercle et en criant : *bon anna revin, di grain et di vin* (2). Le feu éteint, toute la troupe

---

(1) Cet usage des feux allumés sur les hauteurs est d'origine païenne et venait des Romains, avant d'avoir été adopté et purifié par les chrétiens.

(2) Bonne année nous apporte grain et vin.

rentrait au village en chantant, et se rendait chez les nouveaux mariés à qui était généralement réservé l'honneur d'allumer le feu de joie et qui en retour devaient recevoir les jeunes gens. Cette réception consistait simplement dans une distribution de pois préalablement infusés dans de l'eau salée, puis grillés comme du café. De là le nom de dimanche des *pois sos* (pois secs) et ailleurs des *piquerés*.

Cette réjouissance carnavalesque se perd depuis quelques années ; c'est à peine si on la retrouve dans quelques localités.

Pendant cette même soirée avait lieu une autre cérémonie : les adieux des garçons aux filles. Chaque garçon faisait ses adieux à sa *bonne amie* ; il lui couvrait le visage d'un voile, d'un mouchoir, puis se retirait. L'usage interdisait tout rapport entre les jeunes gens de sexe différent depuis le premier dimanche de carême jusqu'au dimanche de Quasimodo ; cet usage est encore pratiqué aujourd'hui par les jeunes gens des meilleures familles de nos montagnes. Cette cérémonie des adieux avait une origine toute chrétienne. C'était une privation que les jeunes gens s'imposaient par esprit de mortification pendant le carême.

Plusieurs voient dans cette coutume un souvenir d'une ancienne pratique en usage dans l'Eglise et qui consistait à tendre un immense voile, ordinairement de couleur violette, et appelée *courtine*, entre le chœur et l'autel, en sorte que le peuple n'avait plus la vue des saints mystères qui se célébraient derrière cette impénétrable barrière. Ce voile était un symbole du deuil et de la pénitence auxquels le pécheur doit se soumettre pour mériter de contempler de nouveau la majesté de Dieu, dont il a offensé les regards par le péché. Ce voile est demeuré longtemps en usage dans divers lieux, et notamment dans l'église métropolitaine de Paris. C'est sans doute la même pensée qui avait inspiré à nos pères la cessation de tout rapport en vue d'un futur mariage avec des personnes qui leur étaient chères et qui durant le carême devaient demeurer pour ainsi dire voilées à leurs regards. De là cette dénomination de *boutchoux* (1) donnée aussi au premier dimanche du carême.

La cérémonie *di boutchou* donnait lieu à celle du *déboutchou*, c'est-à-dire de l'enlèvement du voile. Le dimanche de *Quasimodo*, les garçons retournaient voir leurs *bonnes amies* qui les recevaient la figure voilée comme au moment où ils les avaient quittées. Avec la permission des parents, ils procédaient à l'enlèvement du voile ; et les rapports, un instant interrompus, se continuaient comme auparavant. La jeune fille, sans doute pour se conformer au proverbe qui dit que les petits cadeaux entretiennent l'amitié, offrait un œuf à son bon ami.

COUTUMES FUNÉRAIRES

Le culte des morts est très vivace dans la contrée, et donne lieu à différents usages qui méritent d'être signalés.

Il est avéré que les habitants de la montagne se préparent à la mort avec une fermeté exceptionnelle. Dès les premières atteintes du mal qui doit mettre un terme à leur existence terrestre, ils font venir le prêtre, mettent ordre à leurs affaires spirituelles et temporelles et reçoivent les derniers sacrements en pleine connaissance avec une piété profonde. C'est une tradition de race. C'est en présence de

---

(1) Mot patois qui signifie voile : c'est le voile qui couvre le berceau des enfants. Ce mot caractérise le sens de ces coutumes chrétiennes.

toute la famille, des proches, des amis et des voisins réunis, que le malade veut recevoir les sacrements. A mesure que le moment solennel approche, les assistants redoublent de soins affectueux autour du moribond et s'efforcent d'adoucir ses souffrances, de soulager son agonie ; et quand son âme a quitté cette terre, pendant que la famille éplorée se retire pour donner cours à sa douleur, les amis et les voisins du défunt veillent sur sa dépouille mortelle avec un religieux respect. Une coutume particulière au pays veut que le défunt ne soit point enseveli immédiatement. On l'habille complètement en noir si c'est un père ou une mère de famille ; un garçon ou une fille sont vêtus de blanc. Le cadavre est assis dans un fauteuil ; on le dépose ensuite sur la couche, témoin de son dernier combat, jusqu'au moment des obsèques. En face du lit funèbre, sur une table décemment ornée, est placé le crucifix entre deux cierges ardents, avec un vase d'eau bénite. Dans la chambre mortuaire se trouvent toujours deux personnes de bonne volonté, priant pour le repos de l'âme du défunt ; mais à certaines heures de la journée, le soir en particulier, les habitants viennent donner à leur frère un dernier témoignage de leur religieuse sympathie. L'usage est de donner une chemise du défunt à chacune des personnes qui l'ont enseveli.

Au moment même du décès, la cloche avertit les fidèles de prier pour leur frère. Le glas funèbre est renouvelé à chaque *Angelus*, jusqu'au moment où l'on confie à la terre ce qui appartient à la terre. Quel que soit le rang du défunt, on sonne généralement toutes les cloches ; on commence et l'on finit par la grosse cloche si c'est un défunt et par la petite si c'est une défunte. Dans certaines paroisses, le glas funèbre est interrompu deux fois pour un défunt et une fois seulement pour une défunte. Pendant ce temps là, on récite le *de profundis* pour le repos de l'âme du fidèle trépassé. Dans plusieurs localités, on annonce l'ouverture de la fosse par un coup de cloche ; dans quelques unes on tinte trois fois, au commencement, au milieu et à la fin de cette opération.

L'heure des obsèques étant arrivée, le curé de la paroisse, revêtu du surplis, de l'étole et de la chape noire, accompagné de ses ministres, et précédé de la croix, se rend à la maison mortuaire pour faire la levée du corps. Dans les hameaux et les fermes, la levée du corps est faite par les voisins. Celui qui doit conduire le défunt, récite lui-même le *de profundis*; on place ensuite le cercueil sur un chariot, tous les assistants viennent jeter l'eau bénite et le convoi se met en marche vers l'église. Voici l'ordre généralement adopté dans les villages : le prêtre précédé de la croix et suivi de ses ministres, puis les membres de la confrérie à laquelle le défunt appartient, avec les bannières et les cierges ; immédiatement après, le cercueil, ensuite la croix qui sera plantée sur la fosse et qui est, autant que faire se peut, portée par un filleul du défunt. L'usage est que les garçons ou les filles ornent cette croix quand le défunt appartient à l'une de ces deux catégories. L'usage veut également que les hommes soient portés en terre par les hommes, les femmes par les femmes, les garçons par les garçons, et les filles par les filles. Immédiatement après la croix viennent les parents, puis les amis, les invités et les fidèles de la paroisse. Si c'est un défunt, ce sont les hommes qui marchent les premiers ; si c'est une défunte, ce sont les femmes. Généralement, toutes les familles de la paroisse sont représentées aux obsèques, sans distinction de sexe ; l'assistance est toujours proportionnée au mérite et au rang du défunt. Dans quelques localités, les hommes seuls assistent à l'enterrement des hommes, et les femmes seules au convoi d'une femme. Cette coutume, fondée sur une réserve mal placée, a pour résultat de rendre les enterrements moins solennels et moins imposants, surtout dans les petites paroisses.

A la messe des obsèques, au moment de l'offertoire, tous les assistants vont présenter leur offrande ; le prêtre offre à leur vénération les reliques des saints protecteurs de la paroisse ; après avoir baisé la glace du reliquaire, les fidèles jettent l'eau bénite sur le cercueil et reprennent leur place. Autrefois, on offrait du blé, comme étant la matière du saint Sacrifice ; la quantité variait avec la fortune du défunt. Cet usage tend à disparaître ; chaque fidèle donne son offrande selon ses facultés et ses bonnes dispositions. La famille du défunt présente généralement un pain. La personne qui porte ce pain, que ce soit une parente ou une voisine, va toujours la première à l'offrande. Viennent ensuite les membres des confréries, les parents et enfin la paroisse. Les familles aisées tiennent à avoir plusieurs prêtres aux funérailles de leurs parents ; sur la demande du curé de la paroisse, les confrères du voisinage viennent offrir le saint Sacrifice pour le défunt. Autrefois, on chantait trois messes le jour des obsèques, comme aussi aux offices de *quarantal* et d'*anniversaire*. La cérémonie était longue et devenait souvent pénible surtout pendant les grands froids et pendant les grandes chaleurs. Aujourd'hui, conformément à la liturgie romaine, on se contente d'une messe solennelle, précédée du chant de l'office des morts. Pendant la cérémonie, on brûle la paille du lit du défunt, afin de ne pas faire servir à des usages profanes la couche de douleur sur laquelle a reposé un chrétien, oint de l'huile sainte des infirmes.

Les obsèques sont suivies du repas funèbre auquel prennent part les parents, les invités et toutes les personnes qui ont rendu les derniers devoirs au défunt; chacun y garde la gravité réclamée par la circonstance; autrefois, on ne servait ni vin, ni café au repas funèbre d'un père et d'une mère de famille; depuis quelques années, l'usage contraire tend à prévaloir; ce repas est toujours terminé par le *de profundis* que tous récitent avec une religieuse émotion. Il y a plus de laisser-aller au repas d'enterrement d'un garçon ou d'une fille : on fait alors son repas de noces auquel prennent part tous les garçons ou toutes les filles du village. Autrefois, on dînait à la maison mortuaire, aujourd'hui la tenue des convives étant souvent trop peu en harmonie avec la douleur de la famille, on a jugé à propos de servir dans une maison voisine ou à l'auberge.

Après la messe du dimanche qui suit les obsèques, à moins qu'en ce jour on ne célèbre une fête solennelle, a lieu l'*offerte* pour le défunt. Cette cérémonie consiste dans le chant du *libera* pendant lequel les parents et les fidèles vont offrir et jettent l'eau bénite sur le catafalque. Le curé donne ensuite l'*absoute*, comme au jour de l'enterrement. Autrefois, on offrait trois dimanches de suite. A la cérémonie de l'*offertoire* assistent les parents les amis et la paroisse ; on a soin d'y inviter les personnes que l'on n'a pas pu prévenir à temps pour le jour des funérailles. On choisit généralement ce jour là pour donner aux parents lecture du testament laissé par le défunt.

Là ne se bornent pas les témoignages de respect et de religieux souvenirs accordés aux défunts. Nulle part, l'usage de prier pour les morts n'est plus en honneur que dans la contrée. Outre les services de *quarantal* et d'*anniversaire* qui se font avec une scrupuleuse exactitude, chaque famille fait célébrer, pendant de longues années, le Saint Sacrifice pour ses défunts. On associe même les défunts à la joie des vivants : le lendemain d'une fête patronale, d'un mariage, le jour d'une réunion de famille, on ne manque pas de faire un office pour les défunts ; pendant longtemps, on fait recommander les défunts aux prières des fidèles : dans ce but est lue au prône du dimanche une longue liste des personnes décédées depuis de longues années.

A ces souvenirs exclusivement religieux, il faut ajouter les manifestations extérieures de la douleur que nous fait éprouver la mort d'une personne qui nous est chère. Le deuil a été et il est encore en usage chez tous les peuples ; mais, nulle part, il n'est mieux porté que dans notre contrée.

Voici quels sont parmi nous les signes extérieurs de deuil : la couleur de l'habit est noire ; les hommes portent un crêpe à leur chapeau, les femmes portent un voile noir. Autrefois, les veuves avaient une manière particulière de porter le deuil de leur mari. Les six premières semaines qui suivaient le décès, elles portaient sur la tête un mouchoir ou voile blanc, tombant sur les épaules et fixé au cou au moyen d'un nœud ou d'une agrafe; les six semaines écoulées, elles portaient pendant une année la capote ou capeline noire.

La durée du deuil varie selon la qualité des personnes dont on pleure la mort, elle se gradue généralement ainsi qu'il suit :

Pour un mari, deux ans: un an en grand deuil, six mois en deuil ordinaire et six mois en petit deuil.

Pour une femme, un an : six mois en grand deuil.

Pour un père et une mère, un an et demi : un an en grand deuil.

Pour les grands parents, un an en grand deuil, deux mois en deuil ordinaire et un mois en petit deuil.

Pour un enfant, six mois.

Pour un frère et une sœur, un an : six mois en grand deuil et six mois en deuil ordinaire.

Pour un oncle et une tante, six mois de deuil ordinaire.

Pour les cousins germains, deux mois de deuil ordinaire.

Pour un parrain et une marraine, trois mois de deuil ordinaire.

COUTUMES RELIGIEUSES

Les principales coutumes religieuses de la contrée sont les bénédictions et les cérémonies dont nous allons donner le détail.

Bénédiction des enfants. — Dans toutes les paroisses, les parents ont la louable habitude de faire bénir ceux de leurs enfants qui ne communient pas encore, le saint jour de Pâques, ou un des dimanches suivants, selon que le temps est favorable. Ce jour est une véritable fête pour les enfants et pour les parents.

Bénédiction des maisons. — Chaque année, à l'époque des Rogations, les fidèles font bénir, par le curé, leurs maisons, leur bétail, leurs abeilles et leurs fontaines. Tous, même les moins religieux, attachent une grande importance à cette bénédiction. Tous les membres de la famille assistent à genoux à cette cérémonie pour attirer les grâces de Dieu sur leurs personnes, sur leurs biens et sur leurs entreprises.

Bénédiction du pain et du sel. — Les familles chrétiennes font bénir chaque année, du pain et du sel destinés à être mêlés, le jour même, à la nourriture du bétail. Cette bénédiction, qui se fait généralement à la Saint-Antoine, est en usage dans la contrée depuis un temps immémorial ;

elle a pour but de préserver le bétail des maladies contagieuses. Dans certaines localités on ne donne ce pain et ce sel au bétail qu'au moment de le mettre dans les pâturages.

Bénédiction des glanes. — A la saint Barthélemy, le 24 août, on fait aussi bénir la récolte des moissons. Chaque famille compose une glane d'épis de toutes les récoltes et l'apporte à l'église. Cette pratique a une double fin : remercier Dieu qui a favorisé la moisson et lui demander de protéger cette récolte contre tout malheur ; c'est pour cela qu'au retour de l'église on va égrener la glane sur le gerbier.

Bénédiction des croix. — Il est d'usage dans toutes les paroisses de la contrée de bénir, le jour de la fête de l'Invention de la sainte Croix, 3 mai, de petites croix d'osier ou de coudre. Ces croix sont gardées à la maison jusqu'au dimanche de la Pentecôte. Ce jour là, ou pendant la semaine, chaque chef de famille va les planter dans les héritages. A chaque croix, on fixe un morceau de buis bénit le dimanche des Rameaux, puis on trempe le pied de la croix dans de l'eau bénite la veille de la Pentecôte. La croix plantée, on se met à genoux et on récite cinq *Pater* et cinq *Ave* en l'honneur des cinq plaies de Notre-Seigneur. Il y a généralement une croix pour chaque champ de blé, d'orge et d'avoine. On en conserve aussi une dans chaque maison. Dans quelques paroisses, les familles se réunissent pour planter ces croix ; le dimanche, après les vêpres, on les voit parcourir leurs héritages par groupes plus ou moins nombreux, et prier pieusement au pied de chaque croix. Cette pratique de bénir et de planter ces croix dans les héritages, est sainte, touchante et utile autant que poétique.

Bénédiction des Rameaux. — Le dimanche des Palmes,

ou des Rameaux, comme nous disons en France, chaque famille apporte à l'église, pour les faire bénir, un rameau de buis, de houx ou d'if, en mémoire des palmes dont le peuple honora l'entrée triomphale du Sauveur dans Jérusalem. De là est venu le nom populaire de *dimanche des Rameaux*. Nos pères l'ont nommé longtemps le *dimanche de Pâques fleuries* [1], parce que Pâques, qui n'est qu'à huit jours d'intervalle, est en ce jour comme en floraison, et que les fidèles peuvent dès lors remplir le devoir de la communion annuelle [2]. L'usage de bénir les rameaux, en France, est très ancien ; il remonte à la fin du VIe siècle. Les familles chrétiennes de l'ancien comté ont soin de les conserver avec honneur dans leurs maisons, comme un signe de leur foi et une espérance dans le secours divin. Le rameau bénit est placé au pied du crucifix ou à côté du bénitier. On a recours au buis bénit dans toutes les circonstances graves de la vie. Pendant les orages, on en détache un morceau que l'on brûle pour se préserver de la foudre. Quand le prêtre vient bénir les maisons, c'est avec ce buis qu'il les asperge de l'eau sainte ; quand la mort vient frapper un membre de la famille, c'est encore avec le buis bénit que les fidèles viennent jeter sur la dépouille mortelle, l'eau sanctifiée par les prières de l'Église.

Bénédiction des Cierges à la Chandeleur. — Le 2 février, fête de la Purification de la Sainte Vierge, mieux connue

---

(1) C'est en souvenir de cette appellation que les Espagnols, ayant découvert, le dimanche des Rameaux de l'an 1513, la vaste contrée qui avoisine le Mexique, lui donnèrent le nom de Floride.

(2) D'après la loi générale de l'Église, le temps pascal commence le dimanche des Rameaux, et finit le dimanche de Quasimodo. Seulement les évêques ont le pouvoir d'avancer et de retarder la période pascale.

sous le nom de *Chandeleur*, l'Église bénit les cierges que les prêtres et les fidèles portent à la procession, comme symbole de Jésus, lumière du monde, présenté au temple par Marie son auguste Mère. En ce jour, chacune des familles chrétiennes du pays ne manque pas d'apporter deux cierges à l'église pour les faire bénir. Au retour de la cérémonie, tous les membres de la famille étant réunis, on allume un des cierges ; chaque membre récite en le tenant un *Pater* et un *Ave* ; ensuite le chef de la famille prend le cierge et trace une croix au plafond de la pièce principale, pour attirer les bénédictions du ciel sur la maison et ses habitants. Ces cierges sont conservés avec respect ; on les allume dans toutes les circonstances les plus importantes de l'année : dans un moment de tempête pour l'apaiser ; lorsque le tonnerre gronde, pour être préservé de la foudre ; auprès du lit d'un mourant, comme un souvenir de l'immortalité que le Christ nous a méritée et comme un signe de la protection de Marie contre les attaques du démon ; avant un pèlerinage ou un voyage de longue durée ; en cas d'accident ou de maladies graves ; à certaines fêtes de l'année ; le soir, pendant la prière faite en commun ; avant un mariage, lorsqu'un enfant vient s'agenouiller aux pieds de son père et de sa mère et recevoir leur bénédiction. C'est là une pratique pieuse que l'on ne saurait trop encourager et qui est tellement propre à la contrée, qu'elle en donne l'image par un des côtés les plus curieux.

Offrande du dimanche des Rois. — Dans quelques paroisses de la partie haute de l'ancien comté de la Roche, les mères de famille avaient coutume d'offrir, le *dimanche des Rois* à la messe, des oignons et des pommes en souvenir des présents offerts par les Rois mages à l'Enfant Jésus et des deux colombes données par Marie, le jour de la Purification au temple. Cette pratique n'a plus guère lieu de nos jours.

CROYANCES ET PRATIQUES SUPERSTITIEUSES DANS L'ANCIEN COMTÉ DE LA ROCHE.

J'ai considéré comme utile, après tant de choses sérieuses, de ne pas mépriser les suivantes, quoiqu'elles soient rebutantes en apparence. J'y vois un élément précieux d'appréciation du passé et une occasion de fixer l'état actuel des esprits au moyen de faits à la veille de disparaître à jamais dans l'oubli.

Le deuil des abeilles. — Autrefois, à la mort du chef de famille, on ne manquait jamais d'aller faire part aux abeilles de ce changement de règne. Un membre de la famille entrait dans le rûcher et disait aux abeilles : *Votre maître est mort.* On attachait ensuite à chaque ruche un morceau de crêpe ou d'étoffe noire. Si l'on négligeait ce devoir d'étiquette, *les abeilles périssaient ou s'en allaient.* Cette croyance et cette pratique superstitieuse existent encore dans plusieurs familles.

Le Sabbat. — Par le sabbat, le peuple entend la réunion de sorciers, ayant le pouvoir de se transporter dans les airs pendant la nuit, pour aller dans des lieux écartés adorer le diable et s'y livrer avec lui aux excès de l'intempérance et à des impudicités. Cette croyance a été importée dans notre pays par les barbares du Nord ; elle s'y est accréditée au milieu de l'ignorance dont leur irruption fut suivie ; elle s'est maintenue dans quelques âmes simples par les récits des peureux qui, égarés ou attardés dans certains lieux, réputés hantés par les sorciers, ont cru entendre le *sabbat* dont ils avaient l'imagination frappée.

Nous avons eu l'occasion d'interroger plusieurs personnes qui prétendent avoir entendu les cris et les chants des sorciers se rendant au sabbat. Nombreux sont les endroits qui passent pour avoir été des lieux de réunion. Citons en particulier : les *Combes de Fleurey*, les *Plains d'entier* au-dessus de Cour-Saint-Maurice, le Clos dit les *grands pas*, à la *Sincelle* de Fleurey.

Voici ce que la tradition populaire raconte encore au sujet du sabbat.

Les sorciers, pour se rendre au sabbat, se plaçaient sous le manteau de la cheminée, enfourchaient un manche à balai et prononçaient la formule cabalistique : *Pais dessus bo, pais dessus barres, pais dessus braintches, pais dessus tout* (1). Au même instant, ils s'échappaient par la cheminée et se rendaient au lieu de leur réunion. Pour n'être pas reconnus, ils avaient le pouvoir de se changer en toute espèce d'animaux dont ils imitaient les cris ; en cet état, ils ne pouvaient être atteints par aucun projectile, par aucune arme, à moins qu'elle n'eût été bénite par un prêtre. Dans ce seul cas, ils reprenaient leur forme naturelle et pouvaient être reconnus. Il existait contre le sabbat une conjuration anticabalistique : *Voilail lou saibbail*. Il suffisait de prononcer ces trois mots à haute voix pour disperser la diabolique assemblée.

Il était dangereux de mal connaître ou de mal prononcer la formule cabalistique. On raconte qu'une jeune fille, ayant surpris son père partant pour le sabbat, voulut l'imiter. Mal lui en prit ; car n'ayant pas bien entendu la formule, elle se mit à dire : *Pais dedains bo, pais dedains barres, pais dedains braintches, pais dedains tout*. Aussi-

---

(1) Par dessus bois, par dessus barres, par dessus branches, par dessus tout.

tôt elle s'élança par la cheminée et fut traînée pendant toute la nuit dans les buissons et retrouvée au matin à moitié morte.

La Dame verte. — On désignait sous ce nom, dans le pays, une fée qui hantait principalement les lieux solitaires, les hauts plateaux environnés de précipices, le voisinage des châteaux, tous les endroits réputés dangereux, dans lesquels le voyageur pouvait s'égarer. Dans le voisinage de Saint-Hippolyte, les lieux qui lui étaient le plus familiers, étaient les plaines de Chamesol, au-dessus du château de la Roche, le chemin de Valoreille à Châtillon par l'oratoire actuel de Saint-Léger, au-dessus de Saint-Maurice, le sentier des Plains d'entier et près du château de Châtillon, la ferme de Combe-Damotte (2) à laquelle elle aurait laissé son nom.

La *dame verte* ne se montrait que la nuit ; elle apparaissait sous la forme d'une belle dame tout de vert habillée ; elle forçait le voyageur attardé à marcher avec elle ; souvent, après l'avoir promené pendant une partie de la nuit, elle le précipitait du haut d'un rocher, sans toutefois lui donner la mort ; quelquefois, elle se contentait de l'égarer et l'abandonnait subitement en se moquant de lui. Cette croyance comme la précédente était entretenue chez les simples, ou par des maris amuseurs, heureux de trouver un prétexte pour n'être pas grondés par leurs femmes, ou par des peureux qui s'égaraient et croyaient voir la fée dont ils avaient l'imagination frappée.

Les Follets. — D'après nos traditions populaires, les follets mieux connus sous le nom de *foulellots*, étaient des esprits familiers, espiègles, malicieux, mais jamais malfaisants, qui hantaient les maisons des laboureurs et prin-

---

(2) Combe de la petite Dame.

cipalement les écuries. Ils avaient une prédilection marquée pour les chevaux, et ils les pansaient et les soignaient mieux que personne. On faisait parfois silence un instant pendant les veillées pour pouvoir entendre un bruit cadencé : c'était le choc de l'étrille contre la crèche. Le follet interrompait le pansage pour secouer la poussière. Mais, si l'on pénétrait dans l'écurie, le follet ne se laissait pas surprendre, il s'échappait par le ratelier. On trouvait les chevaux soigneusement brossés, le poil luisant, la crinière et la queue artistement tressées. On devait bien se garder d'ajouter à ces soins merveilleux, les chevaux auraient dépéri. Un cheval, dans chaque écurie, était l'objet de toutes les préférences des follets. Ils dérobaient l'avoine aux autres chevaux pour la lui donner. Aussi était-il toujours le plus gras. Ces lutins hantaient aussi les granges, mais rarement les appartements habités par les gens de la maison. Quelques personnes cependant prétendaient les y avoir vus, sous la forme d'enfants de deux à trois ans, fluets et agiles, vêtus d'une culotte et d'une jacquette rouges et coiffés d'une calotte de même couleur.

On croyait généralement que les follets étaient les enfants morts sans baptême. On attribuait à leur présence, ces exhalaisons lumineuses, connues sous le nom de feux follets, qui errent la nuit dans les marécages.

A ces croyances superstitieuses, il faut ajouter certaines pratiques magiques encore en usage dans la contrée et exercées par des devins et des sorciers. Les premiers font connaître l'avenir et découvrent les objets cachés ; les seconds sont censés opérer des guérisons ou obtenir des résultats merveilleux. Les différentes pratiques dont nous allons parler sont des restes du paganisme et se conservent principalement chez les anabaptistes du pays.

La Cartomancie. — La cartomancie est l'art de prédire

l'avenir par le moyen des cartes. C'est de toutes les divinations celle que l'on pratiquait le plus il y a un quart de siècle. Elle était surtout exercée par des femmes vagabondes et de mœurs suspectes. Les jeunes gens de l'un et de l'autre sexe, surtout ceux qui pensaient à s'établir, allaient trouver la *tireuse ou tourneuse de cartes* et ne rougissaient nullement d'ajouter foi à toutes ses extravagances. Aujourd'hui, le bon sens commence à faire justice d'une aussi puérile superstition ; à part quelques personnes dont l'ignorance égale la simplicité, nul n'ajoute plus foi aux cartomanes.

Le Somnambulisme. — Le somnambulisme avait aussi de nombreux partisans à l'époque où la cartomancie était en vogue. Il y a vingt à trente ans, on voyait encore un grand nombre de campagnards, monter, les jours de foire, dans la voiture d'une bohémienne, soit-disant somnambule, et en redescendre assez impressionnés par ses prédictions saugrenues. Le sentiment public a toujours attaché une note infamante à ceux qui consultèrent ces prétendus sorciers. De nombreuses déceptions ont dégoûté nos populations de ces stupides consultations.

Il y a quelques années, une somnambule a été amenée dans les ruines du château de Châtillon-sous-Maîche pour y rechercher un prétendu trésor.

Devins. — Certains individus, dans nos contrées, ont la réputation de savoir découvrir les choses secrètes ou cachées. Les anabaptistes ont la spécialité de ces procédés; il est rare qu'on ne trouve pas dans leurs familles quelque membre dépositaire de certaines recettes ou pratiques secrètes. Dans nos familles sérieuses et chrétiennes, on se garde bien d'avoir recours à ces prétendus devins. On les consulte de moins en moins.

Sorciers. — Outre les devins, nous avons les sorciers;

quelquefois c'est la même personne qui exerce les deux arts. Sous le nom de sorciers, le peuple désigne communément certaines personnes qui ont le pouvoir de faire des choses merveilleuses. On distingue deux sortes de sorciers ; les bons et les mauvais ; les premiers sont ceux qui n'usent de leur pouvoir que pour rendre service, les seconds ne l'exercent que pour nuire. Les œuvres accomplies par le pouvoir magique des bons sorciers sont de différentes espèces. Ils tissent en un instant plusieurs mètres de toile ; ils conduisent leur charrue ou portent leur faulx près du champ à labourer ou à faucher, et, sans qu'ils s'en occupent, la charrue et la faulx manœuvreront. D'autres avaient la spécialité de faire du beurre sans crème. On conte pour preuve l'aventure suivante : Un cordonnier en journée dans une maison, voyait chaque jour une vieille femme faire du beurre sans jamais rien mettre dans la baratte. Un jour que la vieille, après avoir apporté comme de coutume sa baratte, avait été obligée de s'absenter un instant, le cordonnier ouvrit l'instrument et ne trouva au fond qu'un paquet de ficelle. La maîtresse du logis faillit le surprendre. Il n'eut que le temps de cacher sous sa chemise le paquet magique et de se remettre au travail. La sorcière continua à battre son beurre ; mais à chaque coup la crème jaillissait en abondance dans la poitrine de l'infortuné cordonnier dont la chemise était inondée. Epouvanté, il supplie la vieille de s'arrêter, lui jette le paquet de ficelle, prend ses outils et s'enfuit de cette maison ensorcelée.

C'étaient là les sorciers du vieux temps ; on n'en trouve plus de tels de nos jours. Les bons sorciers qui existent dans la contrée s'occupent principalement de guérir les maladies. Les cures sont très rares. Leur manière d'opérer sur les hommes et sur les animaux est toujours mêlée de pratiques superstitieuses. Leur spécialité est la guérison des entorses et des foulures. Pour guérir les entorses, ils font trois signes de croix à rebours en prononçant les paroles suivantes : *Ante te, super te, et superante te*, paroles qui adressées au démon constituent un horrible blasphème et une sacrilège profanation.

Les mauvais sorciers étaient autrefois très communs, si l'on en croit la tradition populaire, et se livraient à toutes sortes de méfaits. Les uns se servaient de leur pouvoir magique pour voler le bien d'autrui. D'autres, au moyen de ficelles ensorcelées, se mettaient en communication occulte avec les maisons voisines, tiraient le lait des vaches, vidaient les tonneaux de vin. On désigne encore plusieurs maisons dans la contrée où ces faits sont arrivés. Notre incrédulité a été un sujet d'étonnement, presque de scandale, pour plusieurs personnes qui nous attestaient ces faits. D'autres mauvais sorciers jettent des sorts et des maléfices sur les personnes et les animaux. On nous en a nommé plusieurs qui auraient été maltraités par les sorciers ; des écuries auraient été dépeuplées par eux. Cependant les sorciers ont peu à peu disparu aujourd'hui de nos contrées. Tous n'avaient pas le même pouvoir ; le plus grand nombre ne connaissait que le *petit grimoire* ; quelques-uns seulement en rapports plus intimes avec le démon possédaient le *grand grimoire* et pouvaient jeter et lever à leur gré tous les maléfices. L'Eglise, qui a toujours recommandé la plus grande réserve en cette matière, exige que, si l'on a des raisons sérieuses de solliciter des prières et des exorcismes, on ait recours à son curé, qui lui-même doit en référer à son évêque. Le pouvoir du prêtre a fait croire à des ignorants que tout curé possède le *grand grimoire* et que son caractère sacerdotal lui permet de s'en servir. Quelques personnes croient également que si les fidèles touchaient au grimoire du curé, et essayaient de s'en servir, ils s'exposeraient à obtenir des résultats tout opposés à leurs vues. On cite une jeune fille qui, chargée de balayer la sacristie, trouva le grimoire du curé, ouvert sur la crédence; cédant à la curiosité naturelle à son sexe, elle se mit à lire; aussitôt le démon apparut et l'emporta avec son balai. Avisé par les parents, le curé de la paroisse ayant trouvé son grimoire dérangé, fit des exorcismes, et au même moment le diable sortit d'un puits et rapporta le balai et la jeune fille, qui demeura folle et ne put rien dire de ce qui s'était passé. De pareilles naïvetés, dont il est inutile de faire justice, se racontent dans le pays.

Voici la nomenclature d'autres croyances et pratiques superstitieuses assez en vogue dans la région et qui ne comportent pas de commentaires.

Le foin fauché dans les trois premiers jours des canicules n'est pas mangé par le bétail et ne peut servir que pour la litière.

Si l'on enlève le fumier des étables, le jour de carnaval, on ôte sept maladies de l'écurie.

Pour guérir les animaux atteints de dartres, il faut aller cueillir dans le bois une branche de houx, être de retour avant le lever du soleil et la suspendre au râtelier ou au plafond de l'écurie au-dessus de l'animal malade.

Dans certaines localités on croit que les bêtes qui vont les premières à l'abreuvoir le matin de Noël, boivent de l'eau bénite et sont préservées de toute maladie.

Pour savoir quel temps il fera dans l'année, il suffit de placer, pendant la nuit de Noël, douze oignons rangés soigneusement sur une planche. On met sur chacun d'eux une pincée de sel. Ils représentent les douze mois de l'année et ceux sur lesquels le sel se dissout font connaître les mois pluvieux.

Les pommes de terre et les pois doivent être plantés en vieille lune ; si on les sème en jeune lune, ils fleurissent bien, mais ne donnent pas de fruits.

Les petits choux doivent être semés le jour de la fête de saint Joseph et replantés le premier vendredi de juin.

Le chanvre doit être semé le jour de la saint Pancrace :

Ai lai saint Pancra, vouogne ton tcheneva.

L'orge doit être semé le jour de la saint Georges :

Ai lai saint Jeourdge, vouogne ton ouerdge.

Les raves doivent être semées à la saint Barnabé :

Ai lai saint Barnabé, vouogne das raves, t'en airé.

Il y avait au commencement de ce siècle des personnes qui croyaient aux revenants. On cite dans tous nos villages leurs prétendues apparitions.

PATOIS

Le patois étant, à très peu de chose près, le même dans toute l'étendue de l'ancien comté, nous ne donnons qu'une seule version des deux pièces que nous allons citer.

Parabole de l'Enfant prodigue.

In père aiva dou bouebes ; lou pu djuene diait ai son pére : Pére, baillie me lait pa qu'me r'vin de vos bins. Lou père li paitaidjait tout c'que l'aiva. Quéque temps aiprai, lou pu djuene raimaidjait tout son butin, s'en allait bin long dains in pays etraindjie, ai maindjeait tout, ai rofait tout en vivaint q'ment in libertin.

Quaind ai n'eut pu pais in ya dains sai tatche, el y v'gniait enne grosse faimeune dains l'pays l'aivou el étâ ; ai q'mossait ai senti lait misére. Ai se piédait va (vé) in homme di pays que l'enviait és tchaimps les gayots dains in de ses chos. El èra bin viu maindgie des tchouffes de pois que les baucks djauffavint ; mains nun n'y en via baillie. Ai se boutait au musa, ai se dire en lu-même : Combin n'y ai-tu pais de vaulots tchie nos que n'mainquant de ran, et moi y creve ici de faim. I m'en envais vé mon père, i zi dira : Pere i a péché contre lou ciel et contre vos, i ne seu pu digne d'étre aipela votre fils ; vouetiez me q'mo un de vos vaulots.

Ais'en aillait tchie iou. El étâ encouo bien long de l'hotau quaind son père lou voyait ; son père en eut pidie ; el i fuait au-devain, li sautait au co et l'embraissait. Ai diait ai ses vaulots : aipouetcha zi tout content son ancienne robe ; bouta zi sai baigue au da et peu ses soulas ó pies ; amena lou vé gra, tua lou, maindgeans et fains lai fête, pouoche que mon offaint étâ peurdju et que l'au retrouva.

Mains taindi que l'étins en train de faire lait fête, lou pu véille des bouebes rentrait des tchaimps ; tout émeillie d'entodre lait dainse et peu lait musique, ai demaindait ai un des vaulots porquà tout ci train. Ayaint aipris qu'on fétâ lou r'tour de son frâre, ait se mit en couléré et ne viait pais entrâ. Q'mo, diais-tu, ait y ait taint d'annas qu'ai sâs mon père, sains dj'mas l'y fare lait mondre pouene et dj'mas ai ne m'ai baillie seulement in caibri po m'aimusa d'aivo mas aimis, et on tue lou vé gra po mon frâre qu'ai tout rofa son butin, en faisaint lai vie d'évo des femelles,

Lou père ottodaint son bouebe cria devaint l'hotau, quittait lait taule et vgniait lou trouva po l'y fare ai compainre quel èva toue de s'engregnier et qu'ai deva se réjoui d'évo son père d'y retour de son frâre qu'éta peurdju.

Le Corbeau et le Renard.

Mâtre cro, su in âbre edjou
Teniâ en son bec in fouermaidje.
Mâtre renâ, pai l'odeu ellatchie,
Li teniait ai po pré c'langaidge :
Hé ! bondjeu, monsieu lou cro !
Qu'vos êtes djoli, q'vos me r'sonna bé !
Sains moti, s'vot raimaidge
R'sonne ai vot' pieumaidge,
Vos êtes lou phénix des hôtes de ces bôs.
Ai ces mous, lou cro ne s'sent pais de djoie ;
Et po môtra sai belle voix
El œuvre in lardje bec et laisse tchouere sai proue.
Lou renâ s'en saisit et diait : Mon bé monsieu,
Epprote que tout flattou
Vit au dépens de s'tu que l'écoute.
S'te leçon vaut bin in fouermaidge, sains doute ;
Lou cro, hontou et confu
Djurait, main in po tâ ; qu'on n'li r'painrait pu.

PIÈCES JUSTIFICATIVES

NOTE I.

Affranchissement de Saint-Hippolyte par le comte Jean II de la Roche, 1298.

Nos officialx de la cour de Besançon, faisons savoir à tous celx qui verront et oiront les présentes.

Que en la présance pierre dit Cochys cler de Besançon notaire jurie de nostre dicte cor nostre commandement au envoyé expécialement de par nos aquel nos havons commis notre pooir quant à ce et commettons per ces présentes lettres pou ce personalement et expécialement estaublis nobles Bers Saiges et puissans Jehans de Rosche, sires de Chestoillon damoiseaux d'une part, Henriaz de Saint Ypolithe fevres, Girardoz quaboce, Perrenins de Vernoy, haymonins li maignins, Menegoz li amonins, Vuillemins liguille, Perrenins Liclopaz, Estevins li Corvoisiers, Estevenins Romenaz, abris li Signandez, Vernois Varescons, Estevenins Quarementrant, hugonins Lipate, Vuillemin Abraam Girard libergiers, Jehannin Li cocherce Vibers Lambers et Simonins Doubiez Mambelins li Pelletiers de Saint Ypolythe en lour nom et au nom de tout le communaltel de la dite vile de Saint Ypolythe pou lour et pou lour successours d'autre part, lidi Jehans pou lui et pou ses hoirs ha accensé et affranchi les devans diz homes it les et les succédants en la dite peu maignaublement de tailles et de censes et lour ha outraie por lui et por ses hoirs tele franchise que le li borjois de Montbéliard. Lont et hont accoustumé à avoir salve à dit Jehans la justice grant et petite et toutes les appertenances de lidictes justices quels que eles soient et sauf a dit Jehans et à ses hoirs que li dit Borjois de Saint Ypolythe et lour successour en la dite vile aillent et soient tenu de aler es hoz et ez chevauchies a dit Jehan toutes les foyes que besoing li sera et à ses hoirs et ils en seront requis meismement salves a dit Jehans et à ses hoirs toutes les susdits autres choses selon les uz et les custumes de Montbéliard et por y ce lidit Borjois de St-Ypolythe hont promis en nom que dessus per lour soirement donnez sur ce sur sainctes esvangiles corporelement dones et paier un chescuns ant permaignaublement le jour de la feste de la annonciation Nostre Dame a dit Jehan ou a ses hoirs tenans la dicte vile de St-Ypolythe par chescune toise de maison à mesurer par devant doze deniers de la Menoie que por le temps corra en la citey et en la dyocèse de Besançons en tel menière que cel qui ne hont ou ne tiennent maison en la dicte yile ne sont tenu de paier la dicte cense de XII deniers por la toise de terre. Liquels chose accordee est entre les dictes parties de leurs communs consentement que quelconque qui ne sera des homes ou dou fye a dit Jehan et voudra des or en avant habiter et demorer en la dicte vile il doit aller a dit Jehans se il peut havoir copie de lui se ce nom à sa fone ou a prévost de chesteillon quiconque eil soit et doit donner et présenter a dit Jehan ou à sa fone ou a dit prévost doze deniers de li menoie dessus dite par raison de entraige et jurer per son sairement que il gardera la feultel doudit Jehan de ses hoirs de la dite vile et de ses autres choses et que il ne soffrira le dommaige, ne la perte doudit Jehan soremontant la some de quatre petits tornois qu'il sitost qu'il porra ne li fare savoir.

Après ce acuns des Borjois de la dite vile s'en veut départir de y celi ville pour faire autre part demorance il doit venir à dit jehans se il peut avoir copie de lui se ce nom à sa fone ou a prévost de Chesteillon et doit présenter et donner a dit Jehan ou à sa jone ou a prévost dessus dit se il ne pu et havoir copie doudit Jehans XII deniers de la dicte menoie et recommander a Deu le dit Jehan, et se il le fait autrement, il s'en va fugitif.

Et se ensi est que li borjois qui s'en ira autre part faire demorance ne trevisse dans l'année en laquel il s'en ira qui achetoit sa maison assise en la dite vile li dy jehans doit acheter la dicte maison.

A l'esgard à Curie de la dicte vile et de trois des borjois de la dicte ville à eslire et appeler doudit curie quel qu'il soit et se li dit Jehan ne la vuelt paier à l'esgard dou Curie et des diz trois borjois la dicte maison demeure a dit borjois par la Cense paant tant que acheterres apparesse.

Après se aucuns des dits borjois se départ de la dite vile por faire autrepart demorance sans comander a deu le dit Jehan et sens paier les diz XII deniers selon la forme et la meniere dessus dicte, lidiz Jehan le puet faire ammonester de par noz que il deanz huit jours après la dicte monition reveigne en la dicte ville ensemble tous les biens que il en aura portez ou fait porter, laquelle chose se il n'a fait deanz le terme de la dicte monition nos dois à dor en avant le poons exiger et faire noncier porceque publiquement en quelque lieu qu'il fasse demorance. Et est à savoir que lidiz jehans doit conduire de lui et des siens et de toutes autres gens selon son pouvoir un jour et une nuit le borjois qui s'en ira de la dicte ville faire demorance autre part ensamble toutes ses choses qu'il en portera ou fera porter se lidiz Jehanz en ert sur ce requis doudit borjois, se li diz borjois ha paie les diz XII deniers et comande a deu ledit jehanz.

Et hont promis les dites parties et une chescune de yceles per lour soirement sur ce donez en la main doudit notre commandement por lours et par lours hoirs toutes les choses dessus dites et une chescune de yceles por soy tenir et fermement garder et que eles ne vendront en contre les choses dessus dites per lour ne per autrui ou temps avenir en fait ne en parole paisiblement ne expressément et hont vuillû et autorisé les dictes parties et une chacune de yceles que nos lour et une chacune de lour contraigniens et feciens contraindre à la observance et à la garde des choses dessus dites per sentence d'excommuniement en quelque lieu que eles fussent lour mancions toutes exception de fait de droit et de custume errière mise

Ces choses dessus dictes toutes et une chescune de yceles per soy hont confessé et publicment reconnu les dictes parties en droit en leu de nos per devant ledit nostre comandement por ce expécialement tenans estre vraies.

En témoignaige de laquel chose nos officialx dessus diz et à la requeste et à la prière desdictes parties faite a dit nostre commandement en leu de nos et à la relacion doudit nostre commandement faite à nos havons mis le scel de la dite Cort en celx présentes lettre, ensamble le scel a diz jehanz et les scels monsoignour Willame seignour de Montjoye et Monsoignour jaquon priour de Valcluse.

Et nos lidevanz diz jehanz damoiseaux qui confessons les choses dessus dites estre veraies en tant com il nos pertient havons mis nostre scel pendant en ces présentes lettres en tesmoignaige de vérité ensamble les scex de la dite Cort doudit chevalier et doudit priour.

Et nos li devant Villames chevaliers et Jeiques priours en la lui présence les dites parties hont confessé toutes les choses dessus dites être veraies por y tant com il apertient a chescune havons mis nos scex à la prière et à la requête des dites parties ensemble les scex de la dite Cort et doudit Jehan en témoignaige de vérité en ces présentes lettres faites et données le jour dou sambadi en la vigile Saint Mathey, apostre, l'an de la Incarnation nostre Seignour mil dous cenz nonante huit au mois de septembre.

Nous havons por bone la sous-suscription faite en la dozème ligne doné cay dessus.   Ainsi signé

(*Cartulaire du comté de la Roche. Biblioth. de la ville de Besançon*).

NOTE II

Statuts du Chapitre de Saint-Hippolyte.
1321 — 1399.

Statuta antiqua Capituli de Sancto Hypolito.

Teneur d'un billet écrit en parchemin scellé d'un scel eu cire verte.

Haec sunt statuta Ecclesiae B. Mariae Virginis Sancti Hypoliti supra dubium ad mandatum et requisitionem nobilis et portalis viri Domini Joannis Comitis de Rupe Domini de Castellione dictae Ecclesiae fundatoris, per ejusdem Ecclesiae decanum et Capitulum facta, curata, publicata et approbata ipsis decano et Capitulo ad hoc Convocatis et Congregatis die quarta mensis Martii anno Domini millesimo trecentesimo vigesimo primo.

1° Quidem ipsius Ecclesiae Canonicorum stagium incipit quolibet anno in die festo B. M. Virginis Assumptionis Item si quis canonicorum dictae Ecclesiae decesserit anno dicti stagii incepto idem canonicus licet suum stagium fecerit, sive non, debet habere et percipere fructus prebendae suae ipsius anni sic jam incepti pro ipsius canonici debitis clamoribus et necessariis persolvendis ac et supportandis, videlicet in decimis illam partem, quam in iisdem decimis unus dictorum canonicorum percipere consuevit.

Item quod quilibet canonicus novus intra duos annos a tempore suae receptionis debet habere domum seu hospitium sufficienter intra metas cemeterii Ecclesiae Canonicatum et praebendam ; debet tradere et dibrare entragium suum faciendo, Ecclesiae et canonicis unam Capam valoris sexaginta solidorum Stephanensium ad minus de qua debet die receptionis suae indui sic honorem debitum dictae Ecclesiae deferendo.

Item quod post mortem cujuslibet canonici domus ipsius debet taxari vendi vel disponi ad arbitrium dictorum decani et capituli pro ipsius canonici debitis et clamoribus persolvendis et necessariis ejus supportandis, ac (preciptius) animae remedio, et, in dictae Ecclesiae utilitate prout ipsis decano et capitulo melius videbitur expedire in quorum omnium Testimonium sigillum dicti Capituli huic presenti scripto est appensum.

15 novembre 1399. — Nous doyen et chapitre de l'église collégiale de Notre Dame de St hypolite sur Doux, C'est à savoir je Jean Geroy doyen en ladite Eglise, Bourquard Vaulflard chantre et chanoine, Etienne Gaterid, Hugue Clerc, Richard Faivre, Jean de Chatillon et Vernier de Sourray, prêtres chanoines de ladite Eglise faisons savoir à tous ceux qui verront et orrons ces présentes lettres que du consentement volonté et commandement de notre très-cher et redouté seigneur, Monseigneur Henri Comte de La Roche, seigneur de Villersexel et de St Hypolite notre très-cher seigneur et fondateur et par la bouche et Conseil de vénérable et discrette personne maitre Hugues de Ruppes licencié es loix, chanoine et chambrier de Besançon, cousin de notre dit cher seigneur et fondateur sur ce expressément de par le notre dit Seigneur et fondateur et plusieurs autres saiges et discrettes personnes avons reconfirmé et renouvellé et par ces présentes reconfirmons et renouvellons par l'ordonnance dudit maitre Hugues commis et auditeur ainsi comme il appert par la commission sur ce octroyé audit maitre Hugues à nous envoyé par notre dit cher Seigneur et fondateur les statuts et ordonnances de notre Eglise et Chapitre de Notre Dame de Saint-Hypolite en accroissance et augmentation du divin office par la manière que s'ensuit.

Primo. — Nous constituons et ordonnons pour nous et nos successeurs doyen et chanoines qui vienront et sarons après nous que l'estaige de ladite église se fasse par les doyen et chanoines qui saront en ladite église et que de présent y sont, par le terme de quarantes semaines ainsi comme estaige se doit faire es eglises collégiales, c'est à savoir en l'église collégiale de la Madeleine de Besançon, de St Maimbeuf de Montbelliard et en plusieurs autres églises collégiales de la Diocèse de Besançon, en telle manière que si aucun sont défaillants de faire le dit estaige que jour pour jour

jour soient conté et rabatu par le saichaut que par le terme y sceray, ou par son lieutenant et se doit faire ledit estaige en doues hores de trois hores principaux au moins, c'est à savoir à matines et à la messe ou à vespres et à matines ou à doues d'icelles, si être ne pouvrent es trois hores esquelles ils doivent demorer, à matines dois le premier gloria du premier psaume jusqu'à Te Deum laudamus, à la messe jusqu'à l'agnus, dès et à vespres jusqu'à Magnificat et es vigiles des morts dois le premier psaume du magnificat jusqu'à la fin, et se doit commencer ledit estaige la veille de l'assomption Notre Dame à vespres ou le jour à la messe, pour ce que si aucun chanoine trépassoit dans l'année dois ladite veille et jour de l'assomption Notre Dame si tout n'avoit-il fait son estaige entièrement puis qu'il fut esté a dit jour et veille aux dits lieux et hores compétantes, il doit avoir et percevoir les fruits de la prébende de cette année ainsi en commencée pour apaiser et supporter les charges nécessaires pour lui et son obit, c'est à savoir le gros qui lui devroit ou pourroit appartenir pour sa partie de sa prébende tant en disme comme autrement il pourroit compéter es autres chanoines.

Item est à savoir que nul de nous ni de nous chanoines ne doit venir ni entrer en chœur en ladite église sans habit tel comme le temps le requert tant comme l'on dit les hores, c'est à savoir dois la feste de tous les saints jusqu'à Pasques en sourplis et chappe noire et dois Pasques jusqu'à la Toussaint en sourplis et en aumuses sans chaperon et sans guernaiche, et non pas sur coste simple mais sur coste honnête et sans bouton dois la poitrine en aval et par . . . . dois matines en avant et celui qui y vient en autre manière que dessus est dit, il fait défaut en l'hore en laquelle il y vient.

Item peut entrer un chacun de nos chanoines en chœur en habit à matine devant le Gloria Patri du premier psaume à la messe devant le répond après l'épitre, à vespres après le Gloria du premier psaume, a vigile au premier psaume après le magnificat et si aucun de nos dits chanoines entroit en autre horres que dit est dessus fut en habit ou sans habit il ne gagneroit rien pour les horres qu'il y vinroit, il ne se doit occuper aucun de nos chanoines en disant les horres qui se doivent dire haut en aucune manière en autre chose fors qu'à aider à chanter ceux qui sont au chœur, car autrement il ne gagneroit rien de l'horre à laquelle ils seroient, si n'étoit chose notoire qu'il fut enrumé ou autrement malade ou tellement empesché qu'il ne put chanter.

Item ordonnons chaque semaine deux semeniers qui soient de nos chanoines qui seront tenus de chanter ou faire chanter par autres de nous autres chanoines ou par autres idoines à ce faire toutes les messes et horres de la semaine, et si aucun des dits semeniers fait défaut en sa semaine des messes et des horres il perd pour chaque horre c'est à savoir prime, tierce, midi, none, vespre et complie un denier et pour chacune messe et chacune matine six deniers si est en la ville pour chacune des dites doues horres, si aucun des autres chanoines ne les dit pour lui et ly qui ne seront semenier, si sont en la ville perdront quatre deniers à matine et à la messe deux deniers; et s'ils sonts défuerts ils ne perdront à chaque horres qu'un denier et se doivent chanter les grandes messes es simples festes et es dimanches de l'an à sous diacre et à toutes les grandes festes solennelles à diacre et à sous diacre et doivent avoir par ordonnance ceux qui se répètent s'ils ne sont chanoines ou diacre ou en sou diacre par chaque fois qu'ils se revêtent par ordonnance du chantre un denier.

Item, si le seigneur du lieu veut avoir un des chanoines pour son service et il le requiert ou faire requérir à nous doyen et Chapitre dudit lieu il le doit et peut avoir et ne perd point le dit chanoine servant ledit seigneur son gros du dixme du bled, mais gagne son étaige et le gros de sa prébende entièrement tant comme il fait le service du seigneur et si ledit chanoine serviteur dudit seigneur vient aucune fois audit lieu de St-Hippolyte gagne sa distribution soit des anniversaires ou autrement à toutes les horres qu'il sera en habit comme l'un des autres par la manière que dessus est dit, il gagnera sa distribution comme l'un des autres sans ce que l'on puisse rien rabattre pour occasion dudit service dudit seigneur comme dit est.

Item si aucune bonne gens donne généralement aucune chose par une fois en ladite église sans nommer les chanoines, ce qui seroit donné ne verroit point en distribution du chanoine qui sert ledit seigneur ni des absens, fors tant seulement de ceux qui seront presens si ce n'étoit chose annuelle esquelles choses pourront distribution tous ly chanoines qui seront présens.

Item si aucun des chanoines ne fait son étaige par le tems et en la manière que dessus est dit, il perd sa prébende de cette année excepté le chanoine qui sert le seigneur comme dit est.

Item si aucun des chanoines va en pélérinage honnêtement et sans fraude il gagne son étaige pour le demi et perd son mipt si graice ne lui est faite par ses compagnons.

Item ceux qui retiennent ou reteront les dismes de l'église par l'ordonnance du sechaud ou de la plus grande partie d'iceux auront en moisson un mois d'étaige lequel ils gagneront et parront part . . . . des distributions avec les autres et si aucun des chanoines va recevoir le bled qui lui doit appartenir pour sa prébende après moisson, il peut et doit gagner quatre jours d'étaige deux pour le froment et deux pour l'avoine pourvu qu'il n'y aye point du deffaut en ladite église pour l'occasion de l'absence des dits quatre jours.

Item, si aucun de nous dits chanoines, est ordonné par la plus saine partie de nous d'aller en aucun lieu pour l'église, il doit gagner son étaige et son mipt ainsi comme s'il étoit au lieu et prend en tous les accidens que peuvent survenir durant le temps de sa légation, en faisant le profit deladite église.

Item, si aucun de nous chanoines, étoit malade en telle manière qu'il apparut à la plus grande partie des autres chanoines que ce fut sans fiction il gagne son étaige et son mipt pour le temps qu'il est malade en telle manière qu'il ne puisse bonnement venir en ladite église, car s'il fa soit ses besoignes par la ville de lui-même ou prenoit son ébattement par la ville ou defuers es horres que l'on doit être en l'église, il perd son étaige et ses distributions et si aucun est soigné de nous dits chanoines, demeurant audit lieu de St Hippolyte, il se pourra reposer ou esbattre en sa maison, par la ville ou dehors pour l'espace de deux jours tant seulement pour lesquels il gagne son étaige et ses distributions, mais qu'il ne soit semenier, car il ne gagneroit rien, s'il ne mettoit quelqu'un qui fit l'office entièrement pour lui en cette manière qu'il ne fait aucun déffaut dans l'église.

Item, si aucun anniversaire ordonné en notre dite église échoyent en aucun jour solennel ou dimanche, les dits anniversaires se devront célébrer l'avant veille de la dite feste ou le vendredi précédent le dimanche et ainsi tousjours le temps trahant en arrière.

Item si aucun chanoine y vient de nouvel il doit avoir maison ou habitation suffisante et honeste pour lui, laquelle il doit pourchasser dans les mètes du cimetière de nostre dite église et ladoit avoir dans les deux premières années et devant qu'il soit reçu en chanoine, il doit jurer les statuts de l'église et bailler ou bien plaigier de bailler une chape en faisant son entraige de la valeur de soixante sols au moins de laquelle il doit être vêtu au jour et alors de son entraige et doit demeurer ladite chappe en nostre dite église pour l'honneur de l'église et de nous tous.

Item si aucun de nos chanoines trépassoit, sa maison se devra vendre au plus offrant sans faveur et le prix et somme de ladite maison se doit convertir au profit de l'âme du trépassé, c'est à savoir pour appaiser ses clameurs, pour faire son obit et les autres choses appartenantes en tel cas, en telle manière que si aucun des plus anciens chanoines la vouloient pour le prix, il la devroit avoir, en laissant la sienne pour le nouvel chanoine et en payant le surplus que la maison du trépassé vaudroit plus que celle qu'il laisseroit lequel surplus ensemble ce qui serait trouvé par dessus les dettes du trépassé tant en gros comme ou prix de la maison devroit être converti au profit commun de nous autres, tous par manière de distribution si ne montoit plus d'un florin, autrement le surplus serait converti pour le trépassé.

Item est ordonné tant par notre très-cher et redouté seigneur Monseigneur Henri Comte de la Roche notre fondateur comme par nous que nous ayons un chantre en notre dite Eglise, lequel nous devons élire entre nous et l'un de nous chanoines par la licence de notre dit fondateur ou successeurs ou de ses commis pour ce que le dit fondateur a ordonné soixante sols de terre au profit dudit chantre, afin qu'il supporte les charges en notre dite église telles qu'on a coutume de supporter chantres es autres églises collégiales, sur laquelle donation sous lettres octroyées par ledit Comte et fondateur et pour ce voulons et ordonnons que en tant que ledit chantre fauldroit es horres qu'il doit commencer que perde pour chaque horre principale deux deniers qui se lèveront des soixante sols et es jours de feste solemnelle là où il défaudroit par sa conque il perdra es hores principalles trois deniers, s'il n'y a aucun pour lui qui fasse l'office pour ledit chantre et seront convertis les deffauts dudit chantre au profit des assistants en notre église par manière de distribution, c'est à savoir pour ceux qui seront quand il fera ses deffauts.

Item, devons avoir en notre dite église un sechaud lequel nous devons élire chacun an entre nous et l'un de nous le plus profitable selon l'âge de chacun ou de la plus saine partie de nous en bonne conscience et léalité sans lequel sechaud nous doit rendre compte quatre fois l'année en la présence de nous tous ou de ceux qui pourront estre et soit à chacun quartant en commencement le premier quartant le premier jour de Décembre et ainsi en suivant par toute l'année et au bout et fin de l'année pourront élire un autre de nous pour sechaud ou reconformer celui qui l'a été devant, selon qu'il sera être profitable pour l'église et ne perdra étaige ne distribution tant comme il fera defuers pour le fait de l'église et devra ledit Sechaud recevoir par lui ou par son commis toutes les rentes et revenus appartenants à notre dite église quelsquelles seront et quelque lieu qu'elles seront dehues soit pour gros pour anniversaire, pour donation quelconque ou autrement lesquelles rentes et émolumens, le dit Sechaud doit départir et payer à ceux à qui il appartiendra de nous selon sa portion et ainsi comme un chacun de nous l'aura gagné, c'est à savoir que les deffauts seront seront rabattus par ledit Séchaud sur ceux qui les auront fait en accroissant la portion de ceux qui saront étés défaillants, et sera tenu ledit Sechaud de jurer au jour qu'il sera reçu d'exercer l'office bien et léalement et de rendre bon conte de tout ce qu'il verra en recette. Et si voulons et ordonnons que si aulcuns de nous doyen et chanoines s'entremettoient de recevoir aucune chose rente ou émolument appartenants à notre dite église sans licence dudit Sechaud expresse, celui qui s'entremettroit perd son gros de la prébende pour l'année, et soit convertis ledit gros au profit communs de tous nous autres tant présens comme absents en reconfirmant la lettre du compromis fait et ordonné par le doyen de Rougemont a M. Richard Faivre arbitre, lesquelles lettres nous voulons pour nous et nos successeurs doyen et chanoines de notre dite église être gardé en bonne forme et vigueur selon la teneur d'icelle.

Item voulons et ordonnons que après le chapitre que nous avons coutume de tenir chaque jour selon les besoignes qui nous surviennent ou nous peuvent survenir que nous tenions notre chapitre général chaque mois une fois, c'est à savoir le quart jour de chaque mois de l'année si ce n'est jour solemnel lequel jour on le changeroit au premier jour férié suivant et qui défaudrait audit chapitre de mois en mois il perdroit deux deniers et seront quatre chapitres généraux en l'an es quatre quarts tems esquels le Sechaud doit rendre conte comme dessus et seront tenus de traiter des besoignes du chapitre es dits quatre chapitres, avec l'audition des comtes dudit Sechaud comme dit est. auquel chapitre et en chacun d'iceux les défaillants seront tenus de payer chacun huit deniers estevenans et ledit Séchaud sera tenu de rendre compte avec les choses susdites et devra ledit Séchaud raporter à la fin des dits quatre chapitres généraux au receveur qui pour lors sera pour le seigneur en ladite ville de St hippolyte sur la peine de cinq sols estevenans, s'il y a aucun des dits chanoines qui soit encouru en la peine dudit compromis et ledit receveur sera tenu d'exécuter les peines par espécial pour le seigneur et pour les autres, si en est requis, en prenant pour lui ce qui lui sera dehu.

Item voulons et ordonnons que si aucun de nous fait aucune réfection en sa maison pour quelconque réfection qu'il fasse qu'il ne puisse mettre aucune cense sur ladite maison pour l'occasion de ladite maison, ni autrement dorénavant, et si aucune cense y son étés mises pour le tems passé nous les ratifions et approuvons.

Item ordonnons au Sechaud qui sera pourtenu que la lampe ardera devant Notre Dame, fasse desservir en telle manière qu'elle arde nuit et jour et de ce faire nous le comettons en decontant de nos distributions si ne trouvoit autre part ou payer que sur les gros.

Item pareillement lui ordonnons que nous fasse avoir d'administrer avec le luminié de cire accoutumé pour l'église, chandelles de cire même pour dire les matines ou complies si métier est et suffisantes pour ceux qui diront les horres tant seulement à l'église.

Item ordonnons que si aucun de nos chanoines trépassoit qui ne fit ordonnance en sa dernière volonté des vêtemens que l'on leur a accoutumé administer en leur sévelissement c'est à savoir, aube, chasuble, ensemble les autres vêtemens, que sur son gros et sur sa maison ou sur sa distribution si aucun en avoit gagné, on prenne séquipolent des dits vêtemens et soit converti ce que l'on en aura en vêtement nouvel pour la dite église.

Item avons voulu et ordonné que prime, tiers, ensemble celle de Notre Dame sur laquelle nous sommes fondés se disent chacun jour devant la Sainte Messe et tantôt après ladite sainte Messe se die une du jour et de notre Dame devant la grande messe laquelle se doit sonner pour le dernier coup à double pour le marguillier et prebtre semenie de la sainte messe pour sa semaine, et si aucun défaut cy vient qu'il ne sonne ou qu'il ne fasse sonner à double comme dit est il perd un denier pour chacun horres principaux et pour vigile s'il fait défaut.

Item voulons et ordonnons que toutes les rentes de la joye appartenantes à notre dite église par raison de donnation, tant par Monseigneur le Cardinal comme par Jean le Siblotet de Trévillers estre et soit converties par manière de distribution entre nous autres en telle manière que pour ce li absens ne perdront point de leur estaige, pour cause d'absence, mais que chacun fasse desservir les messes sur ce ordonnées en tant comme lui touchant et en son gros car autrement les défaillants perdront la distribution pour le tems qu'il feroit défaut et devra payer pour chaque messe qu'il fauldrat à dire quatre engroignes, lesquelles se devront donner à celui qui dirat les dites messes et néanmoins se devront célébrer les anniversaires dudit Monseigneur le Cardinal solennellement les jours ordonnés et par la manière accoutumée et devront pour ce les présens estre payés pour le jour sur l'argent et les gelines et quant à l'anniversaire dudit Monsieur le Cardinal et celui à Siblotet sera distribué l'argent et les Gelines lendemain de Saint Martin d'hyvers pour ceux qui auront célébré ou fait célébrer les messes par la forme et manière que dit est du bled et seront tenus certaines semaines qui sur ce sont ordonnés de dire chaque semaine huit messes pour la semaine qu'ils seront semeniers l'une après l'autre, dont les quatre seront pour Mr le cardinal et trois pour le Sibloutet et une pour Huguenin le Montaignon lesquelles messes à Sibloutet et Huguenin le Montaignon se diront par le semenier en la grande messe la semaine après qu'ils auront été semenier, en l'autel Ste Marguerite et li semenier de la petite messe devra dire à l'autel St Antoine les quatre pour le Cardinal, la semaine après ce qu'il aura été semenier ainsi chacun par ordre.

Les prédits statuts et ordonnances suscrits et divisés, nous doyen et chapitre que dessus et chacun de nous chanoines de ladite église de Notre Dame de St Hyppolite en tant comme il nous touche et à chacun de nous peut et doit toucher, avons promis pour nous et nos successeurs et promettons les mains après comme prêtres iceux statuts, ordonnances et privilèges garder inviolablement par la forme et manière que dessus sont écris sans infraindre en aucune manière notre pouvoir pour l'observation desquelles choses dessus dites nous et chacun de nous en tant comme il touche les peines mises es ordonnances contre ceux qui ne tanront les dites ordonnances, obligeons nous et nos biens meubles et non meubles présens et avenir et nous en somettons pour nous et nos successeurs à la cohaction et contrainte de la Cour de Besançon et à celle de notre très-cher seigneur et fondateur le Comte de la Roche susdit et à la juridiction d'icelui Comte de ses hoirs et successeurs voulons être contraint et exécutés par sa juridiction sans recourse à autre a laquelle nous soumettons tous noz biens temporels chacun pour soi en tant comme il lui pourroit toucher, c'est à savoir par son baillif ou lieutenant dudit baillif ou par son receveur dudit lieu de St Hyppolite qui y sont à présent ou seront au temps avenir, et puissent mettre la main à nos gros fruits et biens temporels quelconques, et au cas que nous ou aulcun de nous serions contredisants ou refusans de payer aucune des peines dessus dittes, esquelles il apparaitrat nous ou aucun de nous être enchois sans que nous en puissions demander main levée rendue ou recréances fors que tant seulement de notre dit Seigneur et fondateur l'ordonnance à laquelle nous nous remettons, en renonceants à toutes cours excepté à celle de Besançon à laquelle nous n'entendons en aucune manière préjudicier en tant comme il lui peut compéter et appartenir pour le spirituel.

En témoignage de laquelle chose nous avons supplié et requis audit notre cher seigneur et fondateur et honoré et discrette et sage personne ledit maître Hugues de Ruppes son cousin notre commissaire et réformateur comme dessus qu'il lui plaise mettre leur sceel en ces présentes lettres en signe de vérité que furent faites et données sous les sceels que dessus ensemble les notres dont nous avons accoutumé de sceler en notre chapitre et le signet manuel dou notaire publique cy-après souscrit, lequel nous avons requis être mis aux présentes avec les scels des susdits.

Ce fut fait en la ville de Saint-Hyppolite sur Doux en la diocèse de Besançon au poêle de la maison et habitation de Messire Jean de Châtillon prebtre chanoine dudit lieu de Saint Hyppolyte à l'heure de None ou environ l'indiction neuvième du Pontifiement de notre très saint Père Benedict Pape XIII en son an septième le quinzième jour du mois de Novembre l'an notre Seigneur courant mil trois cent nonante et neuf. Présents discrette personne Messire Pierre Faivre vicaire perpétuel en ladite église de Saint Hyppolite, Gillet dit Laudon de la diocèse de Metz, clerc, Etienne de Ville Pierrot autrement dit petit chatelain de la diocèse de Besançon, Messire Girard dit de Verceul du dit lieu de St Hyppolite sous diacre et plusieurs autres témoins à ce appellé et spécialement requis.

Et ji Jean Fleuchot de Vy clerc de la diocèse de Besançon notaire publique de l'authorité de l'Empereur, et juré de la Cour de Besançon qui es constitutions, ordonnances et reconfirmation dessus escrites ensemble avec les témoins dessus escrits, ai été présent et ai reçu et nottés ces présens publiques instrumens et ecrit de ma propre mains mis et rédigé en cette forme publique et signé de mon signet accoutumé ensemble et avec le scel dudit Comte de la Roche dudit Chambrier et dudit chapitre de St Hyppolite à ce spécialement appellé et requis marqués d'une certaine marque en forme de rose à sept pointes le dedans quarré un croissant dans ledit quarré servant de la huitième pointe et scelé d'un scel en cire vermeil a queue de parchemin pendante armoyé des armes du Comte de la Roche.

M. Roy doyen du chapitre de St Hyppolite a fait cette copie sur un manuscrit, le six Mars mil sept cens quarante.

Ces présens statuts ensemble avec les premiers en latin ont été copiés et collationnés sur les vrais originaux par Claude Pajet docteur es droits, bailly de St Hyppolyte a la requisition d'illustre et puissant seigneur Christophe de Rye et des Révérends doyen et chanoines du chapitre de St Hyppolite le quatrième jour de Juin mil six cens treize, et les dites copies insérées aux actes du bailliage de Saint Hyppolite pour y avoir recours.

(*Archives du Doubs, série G, chapitre de St-Hippolyte*).

NOTE III

LES ARTICLES

Et ordonnances de la ville de S^t ypolite qui se debvent guarder et observer entre les bourgeois pour l'entretement des franchises libertez et bien publique de la ville lesquels articles a jour de l'élection des maistres bourgeois se debvent lire aultement et si se retreuve qu'il fallue adjouter ou diminuer il se pourrat faire à la pluralité des voys et Premièrement.

L'Estat des Maistres bourgeois.

Article 1er.

Le dimenche après le jour de feste St Michel Archange se fera nouvelle élection des nouveaux maistres bourgeois et seront advertiz le sambedy par le sergent tous les bourgeois se treuver à lieu acoustumé à lad élection. Lesqueulx seront appelez l'ung après l'autre avant que de procéder plus avant et tous les défaillans seront amendables de 5 solz si bien ne sont dehors la ville allors le sergent les aura adverty aussy ceulx qu'il pourront être malade lesquelles amendes seront rappourtées par les maistres bourgeois en leur compte et a prouffict de la dicte ville

Article 2.

Item par les maistres bourgeois enssemble desd. huit du conceille s'en eslirat ung comme aussy par le raiste de la ville s'en eslirat ung aultre lesqueulx par les modernes maistres bourgeois leurs serat faict faire serrement estre de leaulx et fidelle à seigneur ou dame et aussy de bien justement, léallement et fidellement gouverner le faict publique et de entrenement des franchise pugnir et corriger ceux qu'ils seront contrevenant esd. statuz les condamner à l'esmende à prouffict de la ville.

Article 3.

Item se eslirat par lesd. nouveanx maistres bourgeois quatre du conseil assavoir les deux modernes maistres bourgeois et deulx aultres de par la commune s'en eslira aultres quatres fesant le nombre de huyt.

Article 4.

Per lesd. maistres bourgeois et conssele s'en eslirat huyt aultres de par lesd. de la commune aultres huyt faisant le nombre de seize lesqueulx feront serrement esd. maistres bourgois de se retreuver toutes et quantes fois qu'ils seront adverty par le sergen et de bien et fidellement donner leur advis, conseille au faict de quoi il leurs sera demandé par lesd. maistres bourgeois se n'y a excuse légitime et congé par les deux plus de voy des huit avec les maitres bourgeois.

Article 5.

Item est statuez que la commune tiendra à faictz ce que par les maistres bourgeois ensemble des vingt quatre se ferat si bien n'est chose de grande importance ou nouvelles

Article 6.

Item aussy est statuer que les huyt du conseille enssemble des seize sy défaillent leur retreuver vers lesd. maistres bourgeois quand par le sergent seront adverty pour les affaires de la ville il seront pour chascune fois trois solz sy bien il sont à la ville et sy sont hors la ville ou qu'ils ne soient indisposé de leur personne ne pourront estre esmendable, lesquelles esmendes se prendront par les d. maistres bourgeois estant à vacquer pour les affaires de la d. ville sy ne s'excuse vers les d. maistres bourgeois.

Article 7.

Item on ne peut eslire maistres bourgeois sy déjà a estez en l'estaz qu'il ne soit passé ung an et ceulx qu'il auront exercé l'estat par trois fois seront exempts de lad. charge à tousjours mais sy bien n'est de son consentement.

Article 8.

Aussy est statué que les d. maistres bourgeois après leurs termes inspirées rendront leur compte devant le jour sirconssision Nostre Seigneur suyvant at apenne de les rendre à leurs frais et despens et seront entenuz faire apparoir de leur diligence des non solvables, en rendant lesd. compte aultrement ne leur sera rien passé.

Article 9.

Lesd. maistres bourgeois enssemble de leur conseil feront une fois de leur terme une visite es héritaiges près des communaulz pour se donner garde de toutes entreprises sur les d. communaulx avoir aussy le regard es tresain et chemins ordinaires.

Article 10.

En oultre est statué que quant à coffre de la ville au quel ont tient les tiltres se tiendra fermé de trois clefs lesquelles se garderont l'unnes par les maistres bourgeois, unes aultre par l'ung des huit, et la troisième par l'ung des seize, et ne s'ouvrirat led. coffre que ceulx ayant les d. clefs ne soyent assisté de deulx ou trois du conseille et mestant quelque pices en mains desd. maistres bourgeois se rendront suivant l'inventaire.

La Justice.

Article 11.

La justice se tiendra quatre foiz l'année selon qu'il conviendra estre nécessaire où seront appellez les mesusans et contrevenans contre les aultoritez, statuz de lad. ville à requeste du procureur desd. bourgeois qui selon les mesus seront condamnés en emende de 60 solz et a dessoubs à prouffit de la communaultez.

Article 12.

Si aulcung dommaiges se retreuvait estre faict à aulcung en ses biens et héritaiges ou pour planter bornes, les d. maistres bourgeois requis et ceulx du conseil y appellez pour chascune fois qu'ils partiront de la ville soit pour faire tauxe ou mestre bornes leur sera payé réallement ou content cinq solz et pour chascune boisné cinq solz sy leur plait et n'est fait remission.

Article 13.

Lesquels cinq solz seront à prouffict de ceulx ayant vacqué aud. visite et aboisnement.

Article 14.

En oultre est statué que personne estrange ne viendra demeuré ny estre reçu bourgeois que en premier lieu ne donne à la ville la some de trente écus d'or souleil avec deulx soillot et la banqueste accoustume aulx 24.

Article 15.

Aussi est statué que ung estrangier qu'il prendra une fille de bourgeois à femme pourroit estre bourgeois pour dix escus souleill la banqueste et les soillot.

Article 16.

Aussy est statué que personne desd. bourgeois ne laysseroit ny admodieroient à aulcung estrangez maison ny chambre sans le consentement des maistres bourgeois et leur conseil.

L'Estat du Sergent.

Article 17.

Led. Estat sera mis en pris en s'en fera les chute à ravallement le dimenche après l'eslection des maistres bourgeois.

Article 18.

Le sergen serat entenu de commander courvey quand et postes allés par la ville comandez ce qui per trois maistres lui serat ordonné sans pourter faveur ny faire tort à l'ung pour l'aultre.

Article 19.

Aussy serat entenuz led. sergen se donner garde tant à bois de Vauchans pour quelques mésus qui sy pourroit faire que en la Charière et Chafourt pour détourner les eaux en temps de pluye et es aultres bois jurez.

Article 20.

Le sergent fera tout gaigement que luy sera requis moyennant ung blanc que luy sera donné par la partie que le requerrat.

Article 21.

Et ne sera refusé nul gages aud. sergent ayant méritez ou non méritez a penne de 3 solz pour chascune fois lesquels gaiges seront par led. sergens gardé asseurement pour les rendre es personnes selon l'ordonnances des maistres bourgeois et pour chascun gaiges des led. sergent aura ung blanc.

Article 22.

Led. sergen sans faveur ou haines fermera et deffermera les portes de la ville fidellement.

Pour le feulx.

Article 23.

Les maistres bourgeois feront visite de feulx quatre fois l'an assavoir es quatre foires, et choisiront deulx hommes avec eulx et bien expressement feront ordonnances de faire toutes réparations soit des cheminées contre feulx bannols que toutes aultres choses, et sy ceulx auxquels ordonnance leur aura estez faite deffaillent à faire lesd. réparations à terme à eulx donné seront pour 10 sols d'emende avec ordonnance ne fair feulx jusques lesd. réparations soient faites.

Article 24.

Fesant lad. visitation sy sy retreuvoit en quelque part chose de grand danjier ne leur sera donné nul terme, mais avec deffenses ne faire feulx jusques lad. réparation soit faite à l'esmende susd.

Article 25.

Le cas advenant que allarme de feulx advint en la ville, se que Dieu en garde tous, les bourgeois et gens de sa familles souffizant debvent tirez cette part y faire debvoir selon que le cas requyert soit de porter eschielles, scel greaulx soillotz et aultres choses servant à la défense dud. feulx et allarme en obéissans à maistres bourgeois sans nullz excepter en cas de grands dangiers et suspicions les voisins dud. feux et dangier jusqu'à six maisons se pourront retirer en leurs maisons pour ordonner et mettre ordre à leurd. maison et biens sans pour ce enchoir à l'amende de 10 sols.

Article 26.

Item que l'on n'yra es estableries, sollier ne per villes sans lanternes. Aussy les hostes ne permettront porter chandoille aux estrangiers ne porter braise des fort qu'il ne soit esteinte, quant aux chandoille se n'est les maitres ou maitresses des maisons.

Article 27.

Quant aulx échielles et soillot, et crouchot ny les cordes sera regardé de les loger en lieux commodes lesquelles ne se prendront sans permission des maistres bourgeois à penne de 10 sols.

L'ordinaire du sel.

Article 28.

Led. ordinaire se distribuera par les maistres bourgeois et se mestrat en l'une des boutiches de la maison de la ville et seront tenuz un chascung de prendre leurs ordinaires dans 3 jours après l'avoir criez. Le dit selz se distribuera en lad. boutiche depuis la St Jehan prochainement venant.

Article 29.

Item se ferat tous les ans ung nouveaulx role dud. ordinaire sy se retreuvent qu'il en facent nécessitez et se choysiront quatre personnes pour gester led. rolle, assavoir par les maistres bourgeois et consseill deulx dud. conseil, et deulx autres par la commune lesquels seront avec les deulx maistres bourgeois et prèteront serrement de bien et justement dispercez led. ordinaire et en equytez de leurs conscience.

Article 30.

Item ne se vendra dud. ordinaire par les bourgeois a penne de n'en avoir toute l'année aulx estrangers.

Pour les bois bannaulx et jurés.

Article 31.

Item se fera de six an en six ans nouveaulx serrement desd. bois bannaulx et jurez aussy ne se coupera nul bois deffenduz comme pommier, peirier, chaisne, serisie ny les bois estantz dessoubz les chemins contregardant lesd. chemins a penne de parjurement et d'eschoir aulx esmendes de la ville que sont à soixante solz ny a modération et le bois confisquez.

Article 32.

Aussy est statué que tous bois qu'ils se vendront par les maistres bourgeois es bois bannaulx que aultre part se prendront depuis le terme et pendant l'administration des maistres bourgeois les ayant echeuz après la délivransse faicte desd. bois apenne d'estre confisquez à la ville.

Article 33.

Quand à bois jurez sy distrairont dans led. terme a penne d'estre confisquez.

Article 34.

Et ne se couperont lesd. bois que le sergen de la ville ny soit appellez par les parties afin que par led. sergen leurs soit montrez ceulx qui leurs sont eschuz moyennant salère quant au boy jure de Vausses.

Article 35.

Quant à bois sec comme pommier, perier et chaisne ne se prendront par lesd. bourgeois mais se vendront par les maistres bourgeois, à prouffit de la ville quant ils en seront adverty.

Article 36.

Item aussi quant au tillot ne s'en prendra pour le feulx ny aussy pour en faire feuille mais se garderat en bans pour marrenaige et en les demandant ès maistres bourgeois ne se doivent refuser.

Article 37.

Sy se treuvent es prelz de bois mesier à l'entor desd. bois jurez seront ceux à qui lesd. prelz appartiendront pour chascune mesiere dix solz d'Esmande à prouflit de la ville.

Article 38.

Et ne se vendra aultruy bois per lesd. maistres bourgeois qu'il ne soit publier à leglise ou dessoubz les alles.

Article 39.

Et ne se coupera en aulcungs près bois de quelque espèce que ce soit au doumaige et interrest de ceulx ayant lesd. prelz.

Pour les bestiaulx.

Article 40.

Les bergiers seront payés pour chascune beste aux termes selon la ferme et marchelz fait par les maistres-bourgeois.

Article 41.

Item ne se gardera que deulx porcs par mesnaige lesqueulx pourcs se tiendront clouez per toute l'année aussy ne. garderat'on point de truie à penne de l'amende de 10 solz.

Article 42.

Aussy est statué que tout porc qu'il se treuveront per dehors ville escloz et dehors de devant le bergie sans garde seront esmendable à une esmande ung soz et pour le sergen 1 liart et le raiste pour la ville quest 3 blancs.

Article 43.

Et ne se fera per soy d'autruy bestiaulx a penne de l'émende de dix solz pour chascune fois sy se n'est par cougie desd. maistres bourgeois Réserves les bestes marchandes que se pourront garder huyt jours et sans voulloir à toucher au droit d'aultruy. Si le sergent est requis aller prendre quelques bestes en cloz . . . . le payement . . . . trois sols pour la ville.

Article 44.

Item s'il y avait pasquier de glans et fennes, il seront ordonnez et arrêtez par le corps de la ville et communaultez.

Article 45.

Aussy ne couchera aultruy cheval es champs ny aultres bestiaulx a penne de lad. esmende de dix solz.

Article 46.

Le berger sera entenuz garder le bestiaulx sur tous les communaulx sans faveur de personnes.

Article 47.

Le bestiaulx que seront gaiges par le sergent es héritaiges des d. bourgeois seront pour trois solz d'esmende et réparation du doumaige aux parties et le salaire du sergent avec retour au berger.

Pour les Fontennes.

Article 48.

Les anciennes coustumes et ordonnance se garderont et laisseront comme du passé.

Article 49.

Aussi est il statué que personne ne tirera tappon aulx gurnel ny creuillera à l'entour d'iceulx à penne de l'amende de 5 sols.

Article 50.

Item ne se mestra poissons es fontennes, ne sy lavera linges ny jardinaiges a penne de l'esmende (et de perdre les poissons) qu'est de trois solz, comme aussy en celle de ramboz applicable les deux tiers à la ville et l'autre à l'accusateur.

Article 51.

En oultre est statué que le gurnelz estant en la monté se tiendrat nest comme les aultres fontennes a penne de trois solz per mecusans pour chascune fois.

Article 52.

Et quant à la fontenne de rambotz ne sy mestra poissons en quelque saison que ce soit à penne de III solz et confiscation à l'accusateur et es maistres bourgeois.

Pour les fruyts saulvages.

Article 53.

Estans des pommes saulvailges elles se tiendront en ban jusques autant que per les maistres bourgeois et conseill elles soyent mises hors de ban à penne de dix solz et confisques pomes.

Article 54.

Aussi est statué que les poires sauvailges ne se quedront qu'à la coulleuse jusques à ce que les maistres bourgeois ils auront ordonné à lesmende susd.

Article 55.

Aussy ne se quidra aulcung glan ny senelles à penne de l'amende susd.

Pour les Courvée.

Article 56.

Quant aulx courvée qu'est pour la réparation des chemins trannels, bois, pont l'entretenement des ponts *esseletz* et communaulx comme de toutes aultres choses ordounés par les maistres bourgeois se treuveront les maistres de maisons ou gens souffisanz pour eulx et le tout a penne de 3 solz pour chascune foys.

La tauxe du Vin et du Pein.

Article 57.

Les maistres bourgeois enssemble le conseille feront le taux des vin quant per les hastes ils en seront requiz lesqueulx n'en vendront sans estre tauxcé et n'excederont led. taulx aussy n'en refuseront es bourgeois pour leurs deniers et le tout selon l'ordonnance du prince.

Article 58.

A semblable se tauxera le pain par lesd. maistres bourgeois et deulx hommes qu'ils seront choisis pour assister lesd. maistres bourgeois lesqueulx en équitelz de conscience feront la tauxe selon le prix de la grenne et du temps estant requis les maistres bourgeois par les boulangiers.

Article 59.

En oultre est statué que toutes personnes qu'il infereront injures aulx maistres bourgeois et à ceulx du conssell pour le faict et gouvernement de la ville et du républicque seront émendable à une esmende de dix solz pour la première fois, pour la seconde foys vingt solz et sy persevere à la troisième, seront denges entièrement de la communaultez et ny seront à jamais appellez.

Article 60.

Et de toutes difficultés ou différent que se pouroit trever entre les bourgeois en serat demandé advis soit ès huyt du conssoill ou ès seize ou entierement toutes la communes et la plus de voys emportera la moings concluant au faict de la républicque.

NOTE IV

Acte d'émancipation de Ignace Parrenin-Mossard du Russey.

1709

L'an mil-sept-cent neuf avant midy du dizième moy au lieu du Russey en la maison de Joseph Genevoix par devant nous Philippe Binetruy juge et chatelain de la justice de Vennes ont comparu Clément Parrenin-Mossard du Russey et Ignace Parrenin-Mossard son fils lequel s'estant mis a genoux teste nue et les mains jointes devant son père il l'a prié et requi humblement de vouloir l'émanciper et mettre hors de sa puissance et autoriser afin qu'à la suite il puisse contracter négocier gérer ses biens et affaires comme chef de famille, a quoy son père ayant aquiescé à raison que son fils est majeur de vingt-cinq ans, capable de gérer et administrer ses biens et affaires, il l'a relevé, luy a ouvert les mains et a déclaré qu'il l'émancipait nous requérant et le déclarant tel.

Sur quoy nous juge et chatelain susdit avons déclaré et déclarons le dit Ignace Parrenin Mossard bien et dehuement émancipé et hors de la puissance et autorité de son père et qu'à la suite il pourra gérer et négocier ses biens et affaires comme chef de famille et indépendemment de luy, a charge et condition cependant qu'il aura toujours pour son père les respect soumission et obéissance qu'il luy doit et qu'il l'assistera comme il y est obligé de quoy cy-dessus nous avons donné acte au dit Ignace Parrenin et déclaré qu'il sera joint aux actes importants de cette justice pour y avoir recours ou besoin sera, ayant appelé avec nous pour greffier Jean Ignace Guillemin notaire royal résidant à Guyans-Vennes, fait les an et jour que dessus, signé sur la minute C. Parrenin, J. Parrenin, Binétruy et JJ. Guillemin.

(*Extrait des registres de la justice de Vennes, communiqué par M. l'abbé Parrenin curé de Montécheroux*).

NOTE V

Statuts de la confrérie de N. D. du Mont.

Fin et motifs de cette Confrérie.

Les fins ou les motifs de la Confrérie sont au nombre de cinq :

1° La première fin de cette confrérie, c'est d'honorer spécialement la mère de Dieu et St Joseph son époux, d'engager les fidèles à se dévouer à leur service, et à leur rendre, par le moyen de cette association, un culte public et solennel. . . . .

2° La deuxième fin est d'obtenir de Dieu, par l'intercession de Marie et de Joseph, une sainte vie et une bonne mort, comme l'Eglise nous y engage en nous faisant réciter chaque jour les deux prières suivantes : Sainte Marie, mère de Dieu, priez pour nous, pauvres pécheurs, maintenant et à l'heure de notre mort. Saint Joseph, qui avez été le chef de la plus sainte famille . . . . . obtenez nous la grâce d'une bonne mort.

3° La troisième fin est le soulagement des âmes du purgatoire, dévotion si pieuse et en même temps si naturelle.

4° La quatrième fin est de maintenir l'union et l'esprit de charité des confrères, non seulement entre eux, mais avec tout le monde, en empêchant les procès et en obligeant les confrères à s'assister et à s'édifier mutuellement.

5° Le dernier motif regarde spécialement les habitants de saint-Hippolyte et du comté. La grande et principale fin de la Confrérie, celle qui lui est propre, qui la distingue de la plupart des autres, c'est de confondre l'hérésie, de s'opposer à ses progrès, de réparer les pertes qu'elle cause à l'Eglise, les outrages qu'elle fait à Dieu, à Marie et aux Saints, d'édifier même les hérétiques et de les forcer d'admirer les pratiques de notre sainte religion. Saint-Hippolyte touche aux terres de Montbéliard, n'est pas éloigné de la Suisse, de manière qu'il est pour ainsi dire entouré d'hérétiques ; les confrères ne pouvant éviter de se trouver souvent avec eux, les édifieront ; par la sagesse de leur conduite, ils leur prouveront que ce n'est pas inutilement qu'on se dévoue au service de Marie ; que ceux, qui en ont fait profession, ont des mœurs plus pieuses, plus pures et plus charitables. De son côté, Marie, qui est la destructrice de l'hérésie, protégera les confrères et les préservera de l'erreur.

Avantages de cette Confrérie.

« Outre les nombreux avantages, qui découlent naturellement de cette Confrérie, l'Église, voulant favoriser et exciter de plus en plus la dévotion des confrères, a bien voulu leur accorder plusieurs indulgences.

1° Il y a une indulgence plénière pour ceux et celles qui, contrits, confessés et communiés, visiteront ladite Chapelle, le dimanche dans l'octave de la visitation et prieront selon les intentions de notre S. P. le Pape.

2° Toutes les autres fêtes de la Vierge, il y a sept ans d'Indulgences, avec autant de quarantaines pour ceux et celles qui rempliront les mêmes œuvres que dessus.

3° Depuis une Sainte Croix à l'autre, il y a quarante jours d'Indulgence pour tous ceux qui visiteront dévotement la Chapelle.

Statuts de la Confrérie.

1° La fête principale de la Confrérie sera le Dimanche dans l'Octave de la Visitation ; il y aura messe solennelle, sermon, exposition du St. Sacrement pendant la journée, et procession ; ensuite on tiendra une assemblée générale, soit pour élection d'officiers, soit pour réception de nouveaux confrères, soit pour délibérer sur ce qui peut regarder le bon ordre et l'avantage de la Confrérie.

2° Il y aura pour officiers, un prieur, qui sera toujours M. le curé de Saint-Hippolyte, à moins qu'il ne veuille ou ne puisse pas remplir cet office, auquel cas l'assemblée générale en choisira un autre, qui ne pourra être qu'un ecclésiastique.

3° Outre le prieur, il y aura quatre conseillers, dont deux ecclésiastiques et deux laïcs ; un dépositaire, deux sacristains et un secrétaire. Ces officiers seront élus à l'assemblée générale, qui pourra continuer les mêmes plusieurs années.

4° Le prieur aura principalement la direction de la Confrérie, mais il n'ordonnera rien dans les affaires considérables, que par le conseil des officiers ; il aura en mains tous les principaux papiers, dont il restera un double entre les mains du dépositaire ; on lui remettra une liste des vases, ornemens, linges, tableaux, ustensiles et autres meubles appartenant à la confrérie ; c'est aussi à lui à pourvoir d'un prédicateur pour le jour de la fête.

5° A l'absence de M. le prieur, un autre officier ecclésiastique, selon l'ancienneté, tiendra sa place, et fera ses fonctions.

6° Les Conseillers concourront par leur prudence et leurs conseils, au bien et à l'avantage de la Confrérie.

7° Le Dépositaire aura entre les mains l'argent de la Confrérie ; il ne fera aucun marché considérable, sans l'aveu du Prieur, et ne donnera aucun argent qu'en vertu d'un mandement : chaque année il rendra ses comptes.

8° Les Sacristains auront soin des ornements et meubles de la chapelle ; ils en tiendront une liste, dont le Prieur aura un double comme on l'a déjà dit ; tous les ans cette liste sera examinée pour y ajouter du nouveau ou pour réparer ce qui serait détérioré, selon le besoin ; ils veilleront à ce que l'ordre soit gardé dans les prières, messes et offices ; ils préviendront un nombre suffisant d'ecclésiastiques, pour qu'il y en ait continuellement devant le St. Sacrement, tandis qu'il sera exposé le jour de la fête, ainsi qu'il a toujours été d'usage ; ils pourvoieront au luminaire et autres choses nécessaires pour l'office divin ; l'office achevé, ils auront soin de resserrer les ornements ; ils se procureront un mandement pour les frais de blanchissage, entretien de linge, luminaire, etc. et feront constater chaque année à quoi a été employé l'argent qu'ils auront reçu.

9° Le secrétaire écrira les délibérations qui se feront aux assemblées, dans un livre dont il aura soin ; il y insérera les legs et aumônes qui se feront à la Confrérie, afin qu'on conserve le souvenir des bienfaiteurs et qu'on prie pour eux ; il inscrira dans un autre livre, les noms des confrères avec la date de leur réception ; le tout signé de M. le prieur.

10 Ceux qui désireront être admis dans la Confrérie, devront être d'une conduite irréprochable ; ils donneront préalablement leur nom au secrétaire et feront constater de leur bonne vie et mœurs par un certificat de M. leur curé ; si rien n'empêche, ils seront reçus selon la manière décrite ci-après.

11° Chaque confrère donnera deux sols lors de sa réception et annuellement une prestation d'un sol ; on comprend que cela ne peut pas produire une somme qui suffise à toutes les dépenses nécessaires, mais on compte sur les aumônes libres que la piété engagera de faire.

12° Si quelque confrère donne du scandale, il sera sérieusement averti par M. le prieur, ou par les officiers députés, afin de le faire rentrer dans le devoir ; s'il ne se corrige pas, il sera racé du catalogue.

13° Aucun confrère ne pourra faire procès d'injures à un autre confrère ; le cas arrivant, les parties seront obligées de s'en remettre au jugement du Sr. prieur et des officiers ; si une le refuse, elle pourra être exclue de la Confrérie ; quant aux procès civils, les confrères seront de même invités à s'accommoder, pour entretenir entre eux l'esprit de charité et de paix.

14° A toutes les fêtes de N. D. et le jour de St. Joseph, chaque confrère récitera les litanies de la Ste Vierge et celles de Saint Joseph.

15° Le jour de la Toussaint, l'après-dîner ou le lendemain, jour de la Commémoraison des morts, chaque confrère dira son chapelet avec un *de profundis* pour les confrères défunts, et donnera une aumône pour le soulagement des âmes du purgatoire : ne pouvant faire une aumône, il récitera cinq fois l'Oraison Dominicale et autant de fois la Salutation Angélique.

16° Tous les confrères sont invités à prier chaque jour les uns pour les autres, soit pour ceux qui sont encore vivants, soit pour ceux que le Seigneur a déjà appelés de ce monde. Ils doivent se rendre à cette invitation, d'autant plus volontiers qu'ils ne sont pas surchargés de devoirs nombreux, difficiles ou dispendieux ; on a préféré de ne prescrire que des pratiques faciles et en petit nombre, afin qu'on soit plus exact à les remplir.

Enfin tous les confrères se souviendront qu'ils ne peuvent rendre à Marie et à St. Joseph, aucun culte qui leur soit agréable, ni mériter leur protection qu'autant qu'ils s'efforceront d'imiter leurs vertus : exactitude et piété dans tous les devoirs de la religion ; équité et charité envers le prochain, douceur et patience, modestie et charité, tempérance et sobriété, vigilance et zèle pour le bon ordre dans les chefs de famille, obéissance et soumission dans les jeunes gens, horreur du péché, foi vive, confiance ferme, charité ardente : voilà ce que l'on doit remarquer dans tous les confrères et ce qui doit les distinguer.

Ils se souviendront aussi que la Confrérie, dont ils ont le bonheur d'être membres, est spécialement opposée aux maximes de l'hérésie ; qu'ils doivent par conséquant avoir la plus grande crainte de les accréditer, ce qui arriverait s'ils tenaient des discours ou avaient une conduite capables de scandaliser les hérétiques : ceux-ci triompheraient et auraient lieu de dire que les dévotions des catholiques ne sont que des cérémonies inutiles, et que ceux qui les pratiquent n'en sont pas plus vertueux ; un bon confrère doit même faire ce qui est en lui pour confondre l'erreur : non pas par des disputes, il doit avoir soin de les éviter, elles sont ordinairement inutiles et souvent pernicieuses, n'aboutissant qu'à aigrir les esprits et à troubler la paix : une conduite édifiante, des vertus solides et soutenues, voilà ce qui doit fermer la bouche aux hérétiques, les convaincre que notre religion et les pratiques saintes qu'elle inspire et qu'elle autorise, rendent les hommes tels qu'ils doivent être et tels que l'Évangile veut qu'ils soient.

Manière de recevoir un confrère.

« Lorsque quelqu'un aura été admis pour être confrère, M. le Prieur ou l'Ecclésiastique qui tiendra sa place, se rendra au pied de l'Autel, où étant en surplis, et le confrère ou les confrères postulants, à genoux, il lira à haute voix la formule suivante, que chaque confrère nouvellement reçu, récitera en même temps de bouche et de cœur

Formule
pour se consacrer à la Sainte Vierge et à Saint Joseph.

Marie, Mère de Dieu, toujours Vierge ; et vous St. Joseph, son chaste Époux, je N. vous choisis pour mes Protecteurs, mes Patrons et mes Avocats ; je me dévoue à votre service et je fais un ferme propos de ne jamais l'abandonner ; je vous supplie de me recevoir au nombre de vos serviteurs ; et puisque j'ai le bonheur d'être admis dans la société de vos confrères, érigée en ce lieu, je promets d'observer tous les statuts de cette Confrérie ; je m'oblige, en particulier, non par vœu, mais par devoir de réciprocité, de prier pour mes confrères, vivants et morts ; obtenez moi les grâces nécessaires pour m'acquitter de tous mes devoirs, pour vivre dans la sainteté, et surtout ne m'abandonnez pas à l'heure de ma mort.

Ainsi soit-il.

Ensuite on récitera le Te Deum en actions de grâces, après lequel M. le Prieur dira :

℣. Benedicamus Patrem et Filium cum sancto Spiritu.
℟. Laudemus et super exaltemus eum in saecula.
℣. Dominus vobiscum.
℟. Et cum spiritu tuo.

ORFMUS.

Omnipotens sempiterne Deus, qui dedisti famulis tuis in confessione verae fidei, aeternae Trinitatis gloriam agnoscere et in potentia Majestatis tuae adorare unitatem, quaesumus ut ejusdem fidei firmitate ab omnibus semper muniamur adversis.

Defende, quaesumus, Domine, beata Maria semper Virgine intercedente, istam ab omni adversitate familiam, et toto corde tibi prostratam, ab hostium propitius tuere clementer insidiis.

Sanctissimae genitricis tuae sponsi, quaesumus, Domine, meritis adjuvemur, ut quod possibilitas nostra non obtinet, ejus nobis intercessione donetur, qui vivis et regnas, Deus in saecula saeculorum. Amen.

Vu le présent manuscrit, intitulé : Confrérie érigée à l'honneur de la Sainte Vierge et de Saint Joseph dans la chapelle de Notre-Dame du Mont, près Saint-Hippolyte, nous l'avons approuvé et approuvons ainsi que les statuts qu'il contient pour être exécutés suivant leur forme et teneur, à la charge néanmoins que les 12 et 13ᵉ statuts seront exécutés avec prudence et charité et selon les loix et usages du royaume.

A Besançon, le 16 février 1788.

† C. J. Évêque de ROSY, Suffrag.

NOTE VI

Je soussigné Jean Nicolas Bulliard, greffier
des terres, justice et seigneurie de Meiche
et la Franche-Montagne, au comté de Bourgogne
Bailliage de Baume, certifie à tous
qu'il appartiendra que le nommé Benois Joseph Labre
Natif de la province d'Artois, munis de bons certificats
lequel est âgé de vingt six ans, de hauteur de cinq pieds
et quelques pouces, les yeux un peu gris, les cheveux chatains,
le visage un peu long ainsi que le nez et le teint
un peu pâle lequel souhaite aller à Rome pour
y visiter les lieux saints ; ainsi l'on prie tous ceux
qui sont à peine de le laisser passer librement
partout et réciproque sans aucun trouble ni
empêchement, mais au contraire lui procurer toute
assistance en cas de besoin, promettant en réciproque
en auditoire Justice et seigneurie avec ordre à lui
partout où il passera de se conformer aux ordre et
aux ordonnances requises dans les dites lieux où il doit passer.

Pourquoi je lui ai donné le présent certificat
pour lui valoir et servir partant que de raison
ce que dessus certifie véritable :
Pour vérité de quoi j'ai apposé mon cachet ordinaire en
cire d'Espagne rouge
Fait au greffe de la dite Justice de Meiche ce vingt décembre
mil sept cent soixante et quatorze

BULLIARD

Vu à Saint Louis de Rome le 7 septembre 1775
Vu à Lorette, Florence le 19 février 1776.

Montbéliard, imprimerie P. HOFFMANN.

TABLE DES MATIÈRES

Chapitre I. — Topographie de Saint-Hippolyte 1
Chapitre II. — Les premiers habitants du pays. 7
Chapitre III. — Etablissement du christianisme dans le comté de la Roche. 24
Chapitre IV. — Les premiers comtes de la Roche. 38
Chapitre V. — Jean II, comte de la Roche 60
Chapitre VI. — Le chapitre de Saint-Hippolyte. . . . 88
Chapitre VII. — Richard, comte de la Roche 100
Chapitre VIII. — Mahaut de Montfaucon, comtesse de la Roche. 107
Chapitre IX. — Henri de Villersexel, comte de la Roche . . 111
Chapitre X. — Humbert de Villersexel, comte de la Roche . 116
Chapitre XI. — Gillette de Villersexel, comtesse de la Roche. 121
Chapitre XII. — François de la Palud, comte de la Roche . 123
Chapitre XIII. — Philibert de la Palud, comte de la Roche . 131
Chapitre XIV. — Claude de la Palud, comte de la Roche . 147
Chapitre XV. — Jean III de la Palud, abbé de Luxeuil, comte de la Roche 156
Chapitre XVI. — Jean IV Philibert de la Palud, comte de la Roche. 160
Chapitre XVII. — Jean V de la Palud, comte de la Roche . 163
Chapitre XVIII. — Claudine de Rye, comtesse de la Roche . 168
Chapitre XIX. — Marc de Rye, comte de la Roche 174
Chapitre XX. — Philibert de Rye, comte de la Roche . . . 182
Chapitre XXI. — Chrystophe de Rye, comte de la Roche . . 186
Chapitre XXII. — Ferdinand de Rye, archevêque de Besançon, comte de la Roche. 195
Chapitre XXIII. — François de Rye, comte de la Roche . . 200

CHAPITRE XXIV. — Ferdinand François Just, de Rye, comte de la Roche. 217
CHAPITRE XXV. — Charles Eugène d'Aremberg, comte de la Roche 228
CHAPITRE XXVI. — Beat I Albert de Montjoie-Vaufrey, comte de la Roche 232
CHAPITRE XXVII. — Didier de Montjoie, comte de la Roche . 238
CHAPITRE XXVIII. — Beat II, Jean-Baptiste Haman de Montjoie, comte de la Roche 242
CHAPITRE XXIX. — François III Ferdinand Fidèle Haman de Montjoie, comte de la Roche 248
CHAPITRE XXX. — Situation matérielle et morale du comté de la Roche aux XVIIe et XVIIIe siècles . 256
CHAPITRE XXXI. — Le comté de la Roche pendant la Révolution 273
CHAPITRE XXXII. — Le culte de N. D. du Mont depuis le XVIIe siècle jusqu'à nos jours 328
CHAPITRE XXXIII. — Le comté de la Roche depuis la Révolution jusqu'à nos jours 353
CHAPITRE XXXIV. — Mœurs et coutumes des habitants du comté de la Roche 360

PIÈCES JUSTIFICATIVES

NOTE I. — Affranchissement de Saint-Hippolyte. 415
NOTE II. — Statuts du chapitre de Saint-Hippolyte. 419
NOTE III. — Anciens statuts de la ville de Saint-Hippolyte. . 420
NOTE IV. — Emancipation de Ignace Parrenin Mossard du Russey. 442
NOTE V. — Statuts de la Confrérie de N. D. du Mont . . . 445
NOTE VI. — Laissez-passer donné à Saint Benoît Labre par Bulliard greffier des terres de Maiche . . . 449

MONTBÉLIARD, IMPRIMERIE P. HOFFMANN. — 3, 456